POR UMA GEOGRAFIA DOS CAMPONESES

FUNDAÇÃO EDITORA DA UNESP

Presidente do Conselho Curador
Herman Jacobus Cornelis Voorwald

Diretor-Presidente
José Castilho Marques Neto

Editor-Executivo
Jézio Hernani Bomfim Gutierre

Conselho Editorial Acadêmico
Alberto Tsuyoshi Ikeda
Áureo Busetto
Célia Aparecida Ferreira Tolentino
Eda Maria Góes
Elisabete Maniglia
Elisabeth Criscuolo Urbinati
Ildeberto Muniz de Almeida
Maria de Lourdes Ortiz Gandini Baldan
Nilson Ghirardello
Vicente Pleitez

Editores-Assistentes
Anderson Nobara
Fabiana Mioto
Jorge Pereira Filho

ELIANE TOMIASI PAULINO

Por uma geografia dos camponeses

2ª edição

editora
unesp

© 2012 Editora UNESP

Direitos de publicação reservados à:
Fundação Editora da UNESP (FEU)

Praça da Sé, 108
01001-900 – São Paulo – SP
Tel.: (0xx11) 3242-7171
Fax: (0xx11) 3242-7172
www.editoraunesp.com.br
www.livraria.unesp.com.br
feu@editora.unesp.br

CIP – Brasil. Catalogação na fonte
Sindicato Nacional dos Editores de Livros, RJ

P353p
2.ed.

Paulino, Eliane Tomiasi, 1964-
Por uma geografia dos camponeses / Eliane Tomiasi Paulino. 2.ed. São Paulo: Editora Unesp, 2012.

Inclui bibliografia
ISBN 978-85-393-0230-7

1. Geografia agrícola – Paraná. 2. Solo rural – Uso – Paraná. 3. Camponeses – Paraná – Condições sociais. I. Título.

12-1430   CDD: 338.1098162
                                                     CDU: 338.43(816.2)

Este livro é publicado pelo projeto *Edição de Textos de Docentes e Pós-Graduados da UNESP* – Pró-Reitoria de Pós-Graduação da UNESP (PROPG) / Fundação Editora da UNESP (FEU)

Editora afiliada:

*Para os camponeses, portadores da ética
que alimenta a utopia de um planeta sustentável.*

*Para Rosa, Luís e Isabela, guardiões de
um projeto de vida inspirado na história
e nas estórias camponesas, das quais
somos fruto e semente.*

AGRADECIMENTOS

Ao Ariovaldo, pela orientação íntegra, ao mesmo tempo desafiadora e tranquilizadora. Mais que luz para os nebulosos caminhos da pesquisa, as marcas da sapiência ficarão como referência para a vida.

Às famílias visitadas, pela aquiescência em adentrarmos seu universo. Seu modo de vida, suas atitudes, seus sonhos e suas lutas nos proporcionaram um novo encontro com a utopia.

À Rose, mais que referência ao longo de todo o estradar na academia, o porto seguro, onde se pode ancorar sempre que há turbulências ou que os tempos são de calmaria.

À comunidade universitária da UEL, Unesp e demais Instituições, desde os amigos próximos até os colegas distantes, cujas convergências e divergências nos têm permitido o rico trilhar do apreender e aprender na universidade.

Aos funcionários da Cativa, Cofercatu, Confepar, Coovap, Corol, IAP, Iapar, IBGE, SEAB, Avebom, Jaguafrangos, Bratac, Kanebo, Líder e Vigor, cuja disposição em fornecer dados e informações foi de preciosa contribuição para esse trabalho.

Aos funcionários da Emater, que disponibilizaram dados atualizados e demonstraram irrestrita disposição em colaborar. A pesquisa de campo, sem suas informações privilegiadas, certamente teria sido mais árdua e menos profícua.

À Capes, pelo auxílio financeiro, via bolsa PICDT.

Enfim, o apoio, o estímulo e os ensinamentos de muitos outros não mencionados diretamente foram igualmente imprescindíveis à concretização deste livro, aos quais sou profundamente grata.

Sumário

Apresentação à segunda edição   11
Prefácio   21
Introdução   29

1 Camponeses   37
2 Questão agrária: generalidades e singularidades   75
3 A monopolização do território pelo capital   113
4 As frações camponesas do território: unidade na diversidade   283

Considerações finais   423
Bibliografia   431

APRESENTAÇÃO À SEGUNDA EDIÇÃO

Passada uma década após a realização das pesquisas que fundam este livro, permanências e mudanças justificam algumas considerações a preceder a leitura desta edição.

O contexto em que foi redigida esta obra era o do auge da política neoliberal que, no Brasil, fora levada às últimas consequências pelas mãos de Fernando Henrique Cardoso, um político egresso do seio da academia, paradoxalmente embalado por um conteúdo discursivo convergente com as lutas políticas do último quartel do século XX contra a ordem mundial assimétrica, sempre tão cara à América Latina e, em particular, ao campesinato.

Do plano mediato, o então presidente herdara uma situação agrária explosiva a gerir. O incipiente desenvolvimento técnico na agricultura e a estrutura concentrada da propriedade não impediam o uso da terra pelos camponeses – ainda que tal estrutura funcionasse como principal mecanismo de apropriação da renda, mediante concessão parcelar e precária da qual, é necessário que se diga, dependiam os grandes proprietários para a produção em escala. Todavia, com a modernização da agricultura alavancada pelo próprio Estado brasileiro na década de 1970, com o emprego intensivo da mecanização e da quimificação, o campesinato residente em terras alheias rapidamente passou de solução a problema, pois tais componentes substituíram com vantagem a força de trabalho até então imprescindível à utilização produtiva da terra. Esse é o contexto que fez coincidir, pela primeira vez, propriedade e uso do solo. Por força disso, legiões de camponeses foram desterritorializadas, restando-lhes a migração para os centros urbanos ou para as regiões de fronteira agrícola, fato particularmente avassalador na região estudada, em vista de, na ocasião, a atividade predominante ser o café.

Não foram poucos os estudiosos que equivocada ou deliberadamente caracterizaram tal fenômeno como "expropriação", quando se tratava de expulsão, ainda que a expropriação também seja um produto da mudança da base técnica da agricultura.

Como se poderá verificar, tal distinção, longe de subsumir veleidade retórica, revela marcos teórico-conceituais dos quais não convém abdicar, porque eles têm sido caros aos estudos do campesinato. Generalizar os processos ocorridos no campo por meio da expressão "expropriação" é convergir para a essência da teoria ortodoxa do desaparecimento do campesinato, na qual se pode apontar como conteúdo intrínseco, do ponto de vista dos fatores endógenos, a suposta incapacidade/incompetência dessa classe para incorporar os elementos da mudança técnica, como se eles fossem redentores em si mesmo. Do ponto de vista dos fatores exógenos, a mencionada teoria supõe a inviabilidade inexorável da produção camponesa, em razão de a área agricultável ser incompatível com os ditames da eficiência produtiva, supostamente condicionada pelo fator escala.

Por isso, é necessário lembrar que nem uma coisa nem outra é suficiente para explicar a avalanche migratória que assolou o campo brasileiro, sobretudo nas décadas de 1970 e 1980, a que se deve creditar um fator estrutural decisivo e que, como tal, continua sendo o maior obstáculo à recriação camponesa: a concentração da propriedade da terra. Passar ao largo desse fato é calar sobre essa chaga que somente uma reforma agrária poderá remover e que, obviamente, não está na pauta do pacto hegemônico do qual se valeu Fernando Henrique Cardoso para permanecer por oito anos no poder e cuja constituição não se deu em seu governo, embora a bandeira progressista com que se elegeu pudesse sugerir seu enfraquecimento.

De qualquer modo, a projeção das lutas camponesas em seu governo exigiu mediações, que foram sendo abandonadas ao longo de seus dois mandatos presidenciais, processo que culminou na criminalização institucionalizada desse movimento social, cujos efeitos deletérios ainda se fazem sentir, alguns deles debatidos neste livro.

Aos auspícios do novo milênio somaram-se as expectativas que inundaram o subcontinente, dado o esgotamento do modelo neoliberal e de sua derrota nas urnas, momento em que não só no Brasil, mas em outros países americanos ascenderam ao poder governantes gestados nas lutas populares ou com elas identificados.

A terra, para além de seu conteúdo econômico, projeta-se nesse momento com respeitável força mobilizadora, porque o simbolismo do direito de usufruto daquilo com que brinda o solo pátrio, interditado à maioria de seus filhos por novas modalidades de rapinagem, solda alianças em torno do projeto camponês. Isso porque esse é o que melhor exprime a relação simbiótica com os bens naturais e que, segundo sua lógica, precede ao conceito de recurso, expressão em si indicativa de que a flora, os minerais, a água, enfim, tudo é mercadoria, independentemente de quão indispensáveis possam ser à vida.

Por tudo isso, o esforço em compreender o campesinato transcende o mero debate sociológico, visto que essa classe tem perpetuado um modo de vida que se desdobra em lógica territorial diversa da capitalista e que é prenhe de elementos de humanização e de sustentabilidade, fulcrais para um devir possível.

Daí a distinção entre terra de trabalho e terra de negócio, essência da peculiar geografia dos camponeses. Ocorre que o adiamento, *ad infinitun*, de sua democratização, por meio de ampla reforma agrária, é o fermento das lutas no campo, malgrado os recuos impostos pelas diferentes modalidades de repressão, veladas ou explícitas.

Basta um arrefecimento dessas para que elas reacendam, em dimensões sem similares em lutas urbanas, razão do consenso de que as densas páginas da história do século XX foram inscritas por lutas camponesas, todas movidas por um ideal de liberdade que não tem como se constituir senão por meio do acesso à terra. Eis a razão do confronto até mesmo com o mais revolucionário dos projetos de transformação social e sua desarticulação enquanto força comum, porém diversa, sem a qual nenhuma transformação estrutural poderá emplacar.

Por isso, a terra segue sendo elemento de disputa sem concorrentes, porque dela emanam todas as possibilidades de acesso e partilha da riqueza, só parcialmente influenciadas pelo estágio das técnicas de que dispõem as sociedades para satisfazer suas necessidades essenciais ou virtualmente inafiançáveis.

É esse papel inalienável que, vez ou outra, colocará a terra no centro das questões nacionais para as quais ainda não foram criados mecanismos que a conservem como bem de interesse público, a despeito da pulverização entre proprietários privados, aos quais se impõe a observância desse preceito básico. Nesse sentido, a história do Brasil é profusa, sendo possível elencar uma série de fatos densos, cuja centralidade está precisamente nessa disputa entre o bem comum e o arbítrio dos que tem terra cercada em benefício estritamente individual.

Como história que se repete como farsa, parafraseando Marx, pode-se afirmar que a ascensão de Luís Inácio Lula da Silva à presidência da República reacendera velhas certezas frustradas de que se daria o devido enfrentamento à questão da terra, porque, como filho das lutas populares, esperava-se que ele fosse delas também seu guardião. Desse modo, muitos acreditaram ter chegado a hora da reforma agrária no Brasil, pelo tempo na fila de espera dos grandes problemas nacionais a serem solvidos.

Entretanto, além de isso não ter acontecido, há alguns desdobramentos das medidas que inviabilizaram a reforma agrária nesse governo que parecem confirmar a leitura desalentadora, porém precisa, de José de Souza Martins (1994) sobre a aliança do atraso de longa duração a pesar sobre o povo brasileiro, por força do pacto rentista.

Especificamente em relação à reforma agrária, embora ao deixar o governo, conforme estampado na página eletrônica do Instituto Nacional de Colonização e Reforma Agrária (Incra, 2011), Lula tenha invocado para si o feito de ter destinado 48,3 milhões de hectares para esse fim, o que corresponderia a precisamente 56,3% de tudo o que já fora transferido à reforma agrária na história do país, ele recorreu a uma contabilidade ardilosa. Na prática, todos os lotes e posses submetidos à regularização fundiária foram considerados como se fossem novas unidades produtivas. Com isso, apesar de o discurso afirmar que se assentaram 614.093 famílias (ou 66,5% de todas as até então beneficiadas no país), na prática foram criadas apenas 162.387 unidades produtivas, segundo Ariovaldo Umbelino de Oliveira (2010, p.74), que reiteradas vezes advertiu sobre os números superestimados da Reforma Agrária, tendo sido alcançado em oito anos somente um quarto da meta prevista para os primeiro quatro anos.

Não obstante, em seu governo o mecanismo de desapropriação foi praticamente abandonado em favor da compra a particulares para fins de reforma agrária, justificando-se para tanto a inexistência de terras públicas a serem destinadas para o assentamento rural. Embora esse expediente já tenha sido utilizado por seus antecessores, não alcançara preponderância em termos arrecadatórios.

Considerando-se o período entre 1995 e 2008, foram comprados 51,2 milhões de hectares, conforme o Incra, dos quais 40,4 milhões de hectares foram adquiridos durante o governo de Lula, sendo importante lembrar que somente uma parte desse estoque de terras efetivamente foi destinada a assentamentos rurais no período. Em contrapartida, foram desapropriados 13,3 milhões de hectares, mas tão somente algo em torno de 3,1 milhões em seus dois mandatos. Uma conta simples revela que a proporção entre terras desapropriadas e terras negociadas é de 1 para 13, demonstrando o duplo ônus da opção ao próprio campesinato: primeiro pela renúncia à desapropriação, cujo reflexo imediato é o aprofundamento dos mecanismos de cobrança da renda capitalizada da terra acionados pelo aumento da procura e, segundo, pela destinação da maior parte dos recursos da pasta do Ministério do Desenvolvimento Agrário justamente para latifundiários cujas terras, muitas delas passíveis de desapropriação, não tinham função outra que a especulação.

Some-se a tal contabilidade os mecanismos de regularização fundiária inaugurados nesse governo, que ferem profundamente as normas vigentes de legitimação de posses, delimitadas em apenas 50 hectares pelo Artigo 191 da Constituição de 1988. O pressuposto constitucional é o reconhecimento da terra de trabalho como posse legítima, cabendo a respectiva titulação. Por meio da deturpação do conceito e de sua definição elástica, estendida ao limite de 1.500 hectares, cerca de 67 milhões de hectares de terras públicas na Amazônia passarão ao domínio privado. Entretanto, conforme adverte Oliveira (ibidem, p.58), a área dos imóveis agora passíveis de titulação e que efetivamente se enquadram na definição constitucional de posse corresponde a apenas 8,3 milhões de hectares.

Em síntese, em nome do zelo para com a terra de trabalho, o governo Lula instaurou a legalização da grilagem em uma dimensão sem precedentes na história republicana do país, tão pródiga em tais feitos, ferindo duplamente o campesinato: primeiro, por usurpar ao patrimônio público terras que constitucionalmente somente podem ser destinadas à reforma agrária e, segundo, por ratificar a escassez nos projetos de regularização, porque não fora colocado em questão se as dimensões das posses regularizadas são suficientes para promover o progresso econômico e o bem estar das

16 ELIANE TOMIASI PAULINO

famílias. Como a área média de tais posses é menor que qualquer módulo fiscal válido para a Amazônia Legal, de antemão sabe-se que em regra são insuficientes, dado que por si só esvazia o argumento de que se trata de medida estratégica voltada ao fortalecimento do campesinato ou, nos termos institucionais, da agricultura familiar.

Essa parcimônia para com a área das unidades camponesas, que igualmente se verifica em todos os assentamentos implantados no país, evoca reflexões, pois do ponto de vista lógico as dimensões territoriais não poderão explicá-la, já que há terras suficientes para todos os que estiverem dispostos a empreender uma atividade econômica sem abdicar do progresso material e humano, sendo tudo isso compatível com reservas necessárias para a estabilidade geofísica, faunística e florística em todos os biomas.

Entretanto, nada disso se insinua no horizonte imediato. Pelo contrário, há desdobramentos ameaçadores, pois tal medida propicia a intensificação do desmatamento e de toda forma de devastação a ele associada, no limiar de um tempo de grave inquietação em vista dos estragos já provocados por tais práticas.

Embora se saiba que o pacto oligárquico tenha raízes profundas no Brasil, o que impede que se atribua a um governante específico a legalização das ações que atentam contra a própria ordem jurídica vigente, não se pode desdenhar que determinadas alianças e medidas as fortaleceram. Para não se perder a memória dos fatos, poderoso instrumento de ação política, basta lembrar episódios com importantes desdobramentos territoriais, a exemplo dos transgênicos, cultivados ilegalmente no país, até o desdito materializado na sanção da Lei, autorizando-os, sob a justificativa que já se tratava de um fato consumado no país. É nessa mesma lógica que se encaixa a legalização da grilagem. Enfim, parece que todo o arcabouço legal relativo ao ordenamento territorial no campo grassa em meio a critérios de flexibilidade que vão desde o descumprimento anuído pela flacidez fiscalizatória até a sua anulação, sempre que situações conjunturais tornarem arriscada a transgressão sistemática.

Não por acaso, nesse momento, a sociedade brasileira está diante de uma profunda derrota política, a saber, a liquidação de uma legislação ambiental das mais avançadas do planeta, embora sistematicamente descumprida: o Código Florestal Brasileiro, em vigor desde 1965 e cujos princípios basilares já aparecem delineados no Código Florestal promulgado há cerca de

78 anos, momento em que, nem de longe, o passivo ambiental começava a insinuar-se como perigosa socialização das perdas.

Foi em nome da suposta incompatibilização da legislação ambiental com os desafios da viabilização econômica da pequena propriedade que o setor ruralista pautou o debate, passando ao largo de todos os estudos científicos que apontaram a saída ambiental e socialmente adequada para o país: a ocupação produtiva da terra. Entrementes, a força do pacto rentista não só fez com que todos os argumentos cientificamente comprováveis caíssem no vazio como trouxe também um elemento novo para a ordem jurídica brasileira: a nulidade do princípio da função social da propriedade, imposto pela Carta Magna. Nela, o direito de propriedade não permite ao seu detentor dispor dela segundo seu próprio arbítrio, mas em consonância com o interesse da sociedade, o que impõe utilização racional e observância da legislação trabalhista e ambiental.

Paradoxalmente, segundo os termos do chamado Novo Código Florestal Brasileiro, o cumprimento de seus preceitos pressupõe facilidades creditícias e pagamento por serviços ambientais; em suma, prêmios aos que respeitarem os preceitos nele contidos, sendo o fundo público uma fonte privilegiada de recursos para financiá-los.

É importante destacar que, a despeito de determinadas partes do texto reservarem um tratamento diferencial aos pequenos proprietários, naquilo que representa o essencial, a possibilidade de auferir renda adicional pelo simples fato de terem terras, as quais por princípio requerem Reservas Legais e Áreas de Preservação Permanente, homogeneiza-se a categoria dos proprietários, de modo que a renda adicional deverá premiá-los em relação diretamente proporcional ao tamanho das propriedades. Sabendo-se o quão generoso é o quinhão fundiário de menos de 1% dos proprietários, é de se imaginar o quanto isso poderá representar em termos de ganhos extras, valendo o inverso para os mais de 92% de pequenos proprietários, cujas áreas diminutas não significarão relevante incremento de renda oriundo de uma legislação modificada em seu nome.

Tais artifícios somente vem confirmar as estratégias que o setor ruralista utiliza para acumular ganhos, sem que para isso tenha que aderir à própria ordem capitalista, que supõe empreendimento produtivo, leia-se: investimento e risco. Em vez disso, esse setor constrói alianças que perpetuam o acesso privilegiado ao fundo público, às expensas do campesinato que, quando muito, é contemplado com migalhas, como no caso em tela e, mais, na própria distribuição dos recursos públicos para fomento agrícola. São emblemáticos os valores da safra 2011/2012: à agricultura camponesa foram destinados 16 bilhões de reais, e à chamada agricultura empresarial, mais de 107 bilhões.

Seria de se esperar que os resultados produtivos obedecessem minimamente a lógica da proporcionalidade, fato que está longe de acontecer. Segundo os dados do último Censo Agropecuário, quanto maior o tamanho das propriedades, mais ineficientes, em média, elas são. Prova disso é que, em dados absolutos, os estabelecimentos com até 50 hectares, que têm a seu dispor apenas 13,4% das terras agrícolas declaradas, foram responsáveis por 41% do valor da produção nacional. Em contrapartida, os estabelecimentos com mais de 1.000 hectares, que controlam 44,4% das terras, foram responsáveis por apenas 24,8% do valor da produção. Em uma conta simples, chega-se ao seguinte dado: nos pequenos estabelecimentos, o rendimento por hectare de terra é, em média, cinco vezes e meia superior ao dos grandes estabelecimentos, malgrado todas as limitações técnicas e materiais próprias de condição socioprodutiva das pequenas propriedades. Para além do discurso, nada justificaria o fomento público em condições tão desiguais, se não os benefícios para uma classe que tomou para si o Estado brasileiro, impondo ao campesinato uma assimetria injustificável, a qual se refletirá em socialização das perdas transcendente ao campo.

Trata-se, pois, de uma assimetria funcional própria do modelo rentista de capitalismo e que, segundo Ariovaldo Umbelino de Oliveira (ibidem), pode explicar a razão pela qual no Brasil a constituição do monopólio fundiário se fez à revelia dos cânones capitalistas, que pressupõe a compra da terra. Ao contrário disso, no país prevaleceu a sua apropriação ilegal, posteriormente reconhecida por artifícios instituídos pelo próprio Estado, quase sempre em nome dos pobres do campo. Na prática, assim se está a subtrair do patrimônio público quinhões fundiários que, por determinação constitucional, antes mesmo da vigência da ordem republicana, somente se justificaria em ações de ordenamento fundiário em favor da terra de trabalho, sendo o campesinato seu legítimo depositário.

Enfim, esses são elementos novos de um velho problema: a política vil para a agricultura camponesa no Brasil, como desdobramento necessário do assalto aos bens inalienáveis como água, biodiversidade, terra e recursos públicos, promovido pela classe dos proprietários capitalistas rentistas, convertidos em políticos de carreira, comerciantes, industriais, banqueiros, não necessariamente nessa ordem.

Não obstante, a despeito de a redefinição das estratégias que permitem intensificar o auferimento da mais-valia social, via extração da renda da terra, estar calcada em uma lógica escalar da qual a pequena propriedade não tem como se beneficiar, o princípio da dialética continua válido para se analisar o campo brasileiro, prenhe de contradições, sendo a superioridade produtiva e a capacidade ímpar da agricultura camponesa de gerar empregos e renda em cenários tão adversos as mais expressivas delas.

Durante o período de elaboração deste livro, o hiato censitário e as taxas de crescimento do assalariamento no campo, associadas ao desaparecimento célere de pequenos estabelecimentos, ainda eram interpretados como expressão da inexorável diferenciação social na agricultura; nos termos do caminho único: o desaparecimento do campesinato. Contudo, os debates acumulados à luz das evidências e dos dados atualizados já não dão respaldo a tal compreensão, porque as pequenas unidades de produção e a participação do trabalho familiar no conjunto das atividades agrícolas seguem predominantes, malgrado o contexto adverso. Mais que isso, seguem desfilando estratégias diferenciadas por meio das quais tem sido possível assegurar a sua recriação.

É necessário asseverar, no entanto, que não se intenta com isso fazer prosperar uma visão idílica ou idealizante do campesinato, pelo simples fato de estarem perpetuando um modo de vida em que a eficiência combinada com a parcimônia têm lugar. Isso já daria o tom da sustentabilidade como realidade ou potencialidade, o que é um alento em tempos de mercantilização exponencial, a mortífera engenharia capitalista, nas palavras de Armando Bartra (2008). Contudo, a recriação do campesinato vem sendo forjada também ao preço de sangue, suor e lágrimas, o que exige que sigamos a postos, a fim de compreender e fazer ecoar sua voz, por meio do aprofundamento dos estudos, o que poderá somar em marcos para a ação política e em parâmetros para a construção de um devir, coisas de que a ciência que se pretende socialmente relevante não pode abdicar.

PREFÁCIO

Este livro é impar.

Eliane, sua autora, é impar.

Por isso foi preciso pensar um prefácio ímpar.

Se decepcioná-los, estejam certos, será também uma decepção ímpar.

Entretanto, espero firmemente, que ele seja um "agrado" igualmente ímpar.

Um dia ouvi nos discos *(longplays)* de Geraldo Vandré uma música impar.

Seu nome "O Plantador", nunca mais esqueci, é uma verdadeira música ímpar.

Os versos ímpares ele compôs com um velho amigo de turma do curso de graduação em geografia da USP nos quentes anos do final da década de 1960.

Hilton Acioli é seu nome, pelas suas mãos tivemos a oportunidade de conhecer pessoalmente em 1967, outro ímpar.

Geraldo Vandré apresentou-se no anfiteatro do Departamento de Geografia da USP com seu violão de forma simples, ímpar.

Cantou, encantou, eu pude ouvir minha/sua canção ímpar:

> [...]
> Eu que plantei muito e não tenho nada,
> Ouço tudo e calo na caminhada,
> Deixo que ele diga que eu sou preguiçoso,
> Mas não planto em tempo que é de queimada.

Este livro de Eliane é um livro sobre estes muitos plantadores ímpares: os camponeses. São eles, objeto e sujeitos desta obra, como Munhoz de Melo de Águas do Boiadeiro, também tem uma sábia camponesa ímpar:

A gente não pode ficar preso a uma coisa só, porque se não der nada, como a gente vai se manter? O sítio é pequeno então tem que fazer um pouco de tudo. Tem um pouco de café, vaca de leite, uns porquinhos e mais uma granja e um barracão de bicho-da-seda. Também tem verdura e acerola que a gente entrega na Ceasa de Maringá. É pouco, então juntamos os vizinhos que também tem, para compensar o carreto. Bem dizer aqui tem de tudo. Quando um filho reclama, porque o serviço é muito e dinheiro a gente quase não vê, eu falo que não tem nada melhor que essa vida livre, onde a gente é patrão da gente mesmo.

Eles, os ímpares camponeses da modernização da agricultura estão neste livro em "carne e osso" e de corações e mentes ímpares abertas, ensinando a seus modos ímpares: leitores ímpares.

Por isso, este livro também é par, pares... muitos pares, parcerias.

Elas, as parcerias foram sendo tecidas de forma simples nas pesquisas de campo que Eliane fez.

Na parceria da estrada e da poeira, ela foi (re)descobrindo os camponeses modernos e tradicionais do norte do Paraná, da região de sua adotiva Londrina.

Esta parceria cúmplice é parecida com a cumplicidade de Vandré com "O Plantador":

> Quanto mais eu ando, mais vejo estrada,
> Mas se não caminho, não sou é nada.
> Se tenho a poeira como companheira,
> Faço da poeira o meu camarada.

Eliane foi concebendo sua obra assim, em parceria. A parceria dos camponeses parceiros seus, foi em meio à poeira vermelha das estradas durante a seca, misturadas ao barro vermelho dos períodos de chuva. Amassou o barro, ouviu histórias e estórias, apreendeu o sentido camponês do olhar. Viu, entendeu a lógica dialética de quem ama a vida que leva, de quem leva a vida que ama. Por isso, a poeira e o barro vermelho, amarelo, esbranquiçado, foram se tornando hegemonicamente vermelhos, como rosas púrpuras. Mas, em nenhum momento deixou que a massa vermelha do barro e da poeira se tornasse sequer o retrato dos pés muitas vezes avermelhados destes camponeses modernos/tradicionais do vermelho norte do Paraná. Talvez, (eu não perguntei isto a ela) reproduziu de forma simples e sua, parte da visão de outra rosa púrpura. À moda de Rosa de Luxemburgo não deixou a massa da terra reificar os camponeses em massa. A Rosa vermelha de Lu-

POR UMA GEOGRAFIA DOS CAMPONESES   23

xemburgo ensinou-nos, você certamente compreendeu ou compreenderá, e, posso dizer de coração, Eliane você nunca decepcionou com as massas camponesas, como nas palavras mágicas da púrpura Rosa, mas ao contrário encontrou neles as leis do desenvolvimento de suas trajetórias de vida:

> A psique das massas contém sempre em si, como Thalatta, o mar eterno, todas as possibilidades latentes: mortal calmaria e enfurecida tempestade, baixa covardia e selvagem heroísmo. A massa é sempre aquilo que precisa ser, de acordo com as circunstâncias, e está sempre pronta a se tornar outra do que aquilo que precisa ser, tornar outra do que aquilo que parece. Belo capitão aquele que orientasse o seu curso pelo aspecto momentâneo da superfície das águas e não quisesse concluir, a partir dos sinais do céu e das profundezas, que a tempestade se aproxima! Minha pequena, a decepção com as massas é sempre o mais vergonhoso testemunho para um dirigente político. Um grande dirigente não orienta sua tática pelo humor momentâneo das massas, mas pelas leis de bronze do desenvolvimento, apega-se à sua tática apesar de todas as decepções e, no resto, deixa tranquilamente a história levar sua obra à maturidade.

Dessa forma, este livro é produto de uma intensa e forte pesquisa com os camponeses do norte do Paraná. Ele traz a descoberta para os camponeses óbvia, de que eles são contraditória e simultaneamente tradicionais e modernos. É lógico que se poderia dizer que eles são, ora tradicionais e modernos, e, ora modernos e tradicionais. E não se trata aqui da repetição dualista do estruturalismo de corte historicista. Ao contrário, trata-se da lógica dialética de quem eventualmente acumulou riqueza, modificou hábitos de consumo, tecnificou suas atividades, mas, ideologicamente continua fiel como escreveria Bourdieu ao *habitus* e a pertença camponesa.

Eles são camponeses modernos/tradicionais em meio aos camponeses tradicionais/modernos que embora tenham acesso à tecnificação reproduzem hábitos tradicionais. Eles convivem e se reproduzem socialmente nas festas onde um não pode ser distinguido do outro, pois são iguais sendo diferentes. A diferença não é sempre atributo da separação, mas sim, elemento constitutivo da distinção.

É esta contradição o eixo central do livro de Eliane. Nele estão os tão decantados filhos pródigos da teoria da modernização. Modernos sim, mas camponeses. Esta é a essência do desvendamento da pesquisa de Eliane. Eles podem ser camponeses pobres, camponeses médios ou remediados, ou mesmo camponeses ricos, mas são massivamente, camponeses.

Eliane quebra a teoria da modernização. Mostra que o acesso à técnica, às formas cooperadas de produção, não destroem a ideologia e a pertença camponesa. Ao contrário, elas se reforçam, se reconstroem.

Consolidam alianças políticas, saem da condição de classe em si, para aquela da classe para si. Lutam quando não têm terra. Fazem da consciência de ser "sem-terra", instrumento fundante da luta para ter terra. Fazem da consciência de que mesmo tendo terra, é preciso se organizar também para lutar contra o capital, pois, são cotidianamente ameaçados pelas regras da subordinação econômica imposta pelo mercado. Atualmente estão organizados no Movimento dos Pequenos Agricultores, irmanados na Via Campesina ao MST (Movimento dos Sem Terra), ao MAB (Movimentos dos Atingidos por Barragens), as bravas mulheres do MMC (Movimentos das Mulheres Camponesas), e à CPT (Comissão Pastoral da Terra).

Produzem a maior parte dos alimentos que os trabalhadores brasileiros consomem. Têm os olhos voltados para a pátria, para a nação. São como escreveu o poeta do cancioneiro popular roceiro Antonio Gringo (quem tive também a oportunidade de conhecer em uma noite fria em São Miguel d' Oeste-SC, tomando um delicioso vinho) no poema *Pequeno Gigante*:

Não tenho vergonha de dizer
Que sou um pequeno agricultor
Os grandes precisam saber
Que o pequeno também tem valor
E a gente tem que aprender
A encarar de frente o "doutor"
Olhar firme em seus olhos e dizer
Me orgulho em ser colono sim senhor

Pequeno em Movimento
Gigante na produção
Unidos na Agricultura
Para alimentar esta nação

Com luta e organização
Abrimos caminhos pra seguir
Ao doutor aprendemos dizer não
E da terra não vamos sair
Agora é essa a condição
Lutar contra o sistema e resistir
Vergonha é importar milho e feijão
Se no Brasil nós podemos produzir

Levante a cabeça meu parceiro
Não deixe o granfino te pisar
Exija o respeito companheiro
Daqueles que vêm pra te enganar
O agricultor é um brasileiro
Que esta pátria sempre soube honrar
Trabalha e produz o ano inteiro
E o que lhe sobra é conta pra pagar

É hora de seguir adiante
E pôr os nossos pés na estrada
Unidos somos um gigante
Sozinhos nós somos nada
Trabalho não é o bastante
Depois temos outra jornada
A luta é quase incessante
E é longa a nossa caminhada.

Por tudo isso, este livro tem como título: *Por uma geografia dos camponeses* Nele, Eliane trata dos camponeses como classe social, sua criação e recriação. Debate e rebate as visões esquizofrênicas dos intelectuais que querem a todo custo ver seu desaparecimento, para seus gozos pessoais hilários. E neste bate rebate, constrói um caminho novo de interpretação da recriação camponesa. Depois, mergulha na realidade brasileira para buscar o fio condutor para a compreensão sob o olhar da geografia do processo de construção do território.

Admitiu no livro, a meu juízo, a tese de que o território deve ser apreendido como síntese contraditória, como totalidade concreta do processo/modo de produção/distribuição/circulação/consumo e suas articulações e mediações supraestruturais (políticas, ideológicas, simbólicas etc.) onde o Estado desempenha a função de regulação. E onde o território é produto concreto da luta de classes travada pela sociedade no processo de produção de sua existência. Sociedade capitalista que está assentada em três classes sociais fundamentais: proletariado, burguesia e proprietários de terra. Eliane partiu portanto, para a compreensão de que são as relações sociais de produção e o processo contínuo/contraditório de desenvolvimento das forças produtivas que dão a configuração histórica específica ao território.

Na raiz de sua concepção, o processo de construção do território é pois, simultaneamente, construção/destruição/manutenção/transformação. É em síntese a unidade dialética, portanto contraditória, da espacialidade que a sociedade tem e desenvolve. Logo, a construção do território é contraditoriamente o desenvolvimento desigual, simultâneo e combinado, o que quer dizer: valorização, produção e reprodução.

Esta tese central no livro permitiu sua compreensão sobre o norte do Paraná admitindo que no campo o processo de construção do território está também marcado pela industrialização da agricultura, ou seja, pelo desenvolvimento da agricultura capitalista que abriu a possibilidade histórica aos proprietários de terras ou aos capitalistas/proprietários de terra para a apropriação da renda capitalista da terra quer na sua forma diferencial e/ou absoluta. É este processo que explica a territorialização do capital, sobretudo dos monopólios. Mas, contraditoriamente, é ele que explica também o processo de expansão da agricultura camponesa, onde o capital monopolista desenvolveu liames para subordinar/apropriar-se da renda da terra camponesa, transformando-a em capital. Neste processo o capital não se territorializa, mas, monopoliza o território marcado pela produção camponesa.

Com esta concepção teórica analisa magistralmente como ela mesma escreve, "o processo de territorialização camponesa como uma expressão do desenvolvimento contraditório do capitalismo, o qual se manifesta na monopolização do território pelo capital. Essa monopolização é verificada nas práticas de integração entre unidades camponesas e indústrias, com destaque para a avicultura e sericicultura. Outra forma de integração analisada é a experimentada pelo sistema cooperativista na fruticultura, especificamente na citricultura e viticultura. As demais formas de apropriação da renda com a produção camponesa são apontadas na pecuária leiteira, na cafeicultura, na policultura e nas culturas mecanizadas, para então destacarmos como a renda é drenada com o consumo produtivo que as sustenta."

Mas não termina aí seu texto, foi mais fundo, e como geógrafa, buscou geografar este processo de territorialização camponesa, resgatando as trajetórias e estratégias que se inscrevem na fração camponesa do território capitalista. Deste processo, nasceu sua análise sobre os bairros rurais e sobre os sítios camponeses do norte londrino do Paraná.

Exegese do modo de vida camponês norte-paranaense, o livro de Eliane recupera para a geografia agrária os caminhos de pesquisa que permitem sonhar muitos outros sonhos impossíveis, como nos versos de Darion e Leight na versão de Chico Buarque e Ruy Guerra, que parecem retratar simbolicamente a trajetória dos camponeses no mundo do capital:

> Sonhar
> Mais um sonho impossível
> Lutar
> Quando é fácil ceder
> Vencer o inimigo invencível
> Negar quando a regra é vender
> Sofrer a tortura implacável
> Romper a incabível prisão
> Voar num limite improvável
> Tocar o inacessível chão
> É minha lei, é minha questão
> Virar esse mundo
> Cravar esse chão
> Não me importa saber
> Se é terrível demais
> Quantas guerras terei que vencer
> Por um pouco de paz
> E amanhã, se esse chão que eu beijei
> For meu leito e perdão
> Vou saber que valeu delirar
> E morrer de paixão
> E assim, seja lá como for
> Vai ter fim a infinita aflição
> E o mundo vai ver uma flor
> Brotar do impossível chão.

Assim, é o livro de Eliane, ímpar e par. De forma ímpar teceu parcerias, construiu pares, e eu me orgulho de ter tido a oportunidade de ser um deles. Por isso agradeço ter podido caminhar também junto com camponeses do norte do Paraná, pois assim, Eliane deixa registrado para história uma outra trajetória de vida destes sujeitos sociais especiais. Ao mesmo tempo, ela permite que eles se tornem protagonistas de suas próprias histórias ímpares e pares, pois, na vida intelectual é preciso ser ímpar para poder fazer pares.

Parabéns!

Para você, e para os camponeses que passam a *ocupar* mais um pedaço do mundo dos intelectuais.

Ariovaldo Umbelino de Oliveira
(Nesta já fria sexta-feira de maio do quarto outono da decepcionante reforma agrária do governo Lula)

Introdução

As profundas transformações atreladas à expansão das relações capitalistas para o campo têm provocado, desde o século XIX, diversas interpretações acerca do papel e do destino da classe camponesa. Nesse contexto, alguns pressupostos ganharam força, sobretudo aquele que vislumbrava o seu desaparecimento, como classe. Entretanto, constata-se que, contraditoriamente, o desenvolvimento capitalista não tem provocado o desaparecimento do campesinato, mas sua recriação.

Sabendo-se que não há neutralidade científica, quaisquer esforços no sentido da apreensão da realidade não se fazem senão com um trilhar teórico-metodológico coerente com os pressupostos filosóficos de quem o empreende, o que impõe a necessidade de explicitar, de início, os referenciais que permeiam essas análises.

O primeiro desafio se exprime exatamente no plano teórico, já que trabalhamos com conceitos sobre os quais não há consenso, nem poderia haver, caso se considere que eles remetem a concepções políticas afinadas às situações de classe.

E em se tratando de classe, não há dúvida de que assinalar a presença dos camponeses, sobretudo em áreas marcadas por elevados índices de tecnificação, exige a lapidação de alguns pressupostos, já que, para muitos, o desenvolvimento do capitalismo na agricultura ou mesmo a simples emergência de uma base técnica sofisticada seria suficiente para extingui-los. Some-se a isso o fato de esses próprios sujeitos nem sempre se reconhecerem no conceito, identificando-se, via de regra, por lavradores, agricultores ou sitiantes.

30   ELIANE TOMIASI PAULINO

Neste caso, entende-se que o fato de o conceito não ser usual aos próprios camponeses não o invalida, até porque no Brasil ele foi incorporado recentemente, surgindo como expressão política do lugar comum desses sujeitos na estrutura de classes. Como lembra Martins (1995), a palavra camponês surge em substituição a uma série de termos, muitos dos quais com sentido duplo e cunho pejorativo, e que adentra nosso vocabulário exatamente pela projeção que alcançaram a organização e as lutas camponesas a partir de meados do século XX. Não se trata de uma questão meramente vocabular, mas eminentemente política.

> O escamoteamento conceitual é o produto necessário, a forma necessária e eloquente da definição do modo como o camponês tem tomado parte no processo histórico brasileiro – como um excluído, um inferior, um ausente que ele realmente é: *ausente na apropriação dos resultados objetivos do seu trabalho* [...]. (Martins, 1995, p.25, grifo do autor)

Cumpre salientar que excetuadas as condições peculiares ao caso brasileiro, não raro os camponeses foram associados à barbárie, evidentemente pela óptica dos que conservaram por séculos o poder dos registros escritos, que são os que efetivamente entram para a história.

Contudo, ao mesmo tempo em que se foram projetando como classe que interfere nos rumos da história, tais sinônimos foram se perdendo no tempo. É indubitável, portanto, que não se trata de uma questão meramente vocabular, mas eminentemente política. Nesse sentido, Almeida esclarece:

> Embora o conceito de camponês tenha sido importado pelo partido comunista na década de 1960, o seu uso ainda hoje no Brasil se explica pelo efeito de unidade que carrega, ou seja, é o único capaz de dar visibilidade à classe, ao contrário de trabalhador que é genérico. Por outro lado, não podemos esquecer que falar em classe camponesa é apenas uma estenografia conceitual, logo que é no trabalho empírico que demonstramos e definimos quem são os camponeses. Lembrando também que o mesmo vale para o proletário, ou seja, nossos trabalhadores urbanos dificilmente se identificam como proletariado, trata-se também de uma estenografia conceitual. (Almeida, 2003, p.222)

É por isso que as palavras não são vazias de significado, ainda que a realidade seja mais rica que qualquer conceituação. Nessa perspectiva, os conceitos devem ser tomados como construções teóricas que não apenas permitam compreendê-la, mas o façam a partir de um marco político definido, como já advertiram Shanin (1980) e Martins (1995).

Além disso, é esse mesmo conceito que permite vislumbrar a unidade de classe que se manifesta na ordenação das parcelas do território sob seu controle. Como classe *sui generis* do capitalismo, sua singularidade se manifesta na experiência única de reprodução, a qual se baseia no próprio controle sobre o trabalho e sobre os meios de produção. É o que lhes permite conservar a capacidade de produzirem seus próprios meios de vida, ainda que as condições concretas de reprodução de cada família nem sempre assim o determine.

Porém, não se trata de uma autonomia absoluta, que tampouco sugere a independência a fatores externos, já que os camponeses afetam e são afetados pelas condições circundantes. Antes, deve-se pensar numa autonomia que se manifesta na maneira com que os camponeses, agregados em unidades familiares e comunitárias, controlam seu tempo e seu espaço de forma contrastante com a lógica dominante.

Contemplando essas questões, o primeiro capítulo deste livro se constrói em torno da reflexão sobre a pertinência do conceito de camponês. Como atestou Shanin (1980, p.52), interpretações contraditórias e muitas vezes distanciadas, porém invocando a autoridade de Marx, têm sido utilizadas de modo recorrente, a fim de se obter respaldo para a revogação desse conceito.

Considerando que esse esforço se verifica no interior de um pacto contemporâneo, pretensamente revolucionário, mas que não reconhece na classe camponesa senão agentes a serem submetidos à hegemonia política do proletariado, não é possível compreendê-lo desvinculado das interpretações teóricas clássicas, especialmente de Kautsky e Lênin, os quais se dedicaram aos estudos da agricultura no capitalismo. Como se sabe, seus apontamentos acabaram por culminar em desdém ao campesinato, por enxergá-lo tão somente como classe em si.[1]

É esse debate que alimenta a visão reducionista da história, a qual reduz os conflitos essenciais da sociedade capitalista ao embate de apenas

---

1 Sinteticamente, a classe em si representaria uma classe sem condições de construir um projeto político com vistas à superação das condições de exploração e opressão impostas pelo modo capitalista de produção. Destoando de reflexões anteriores, Martins (2002, p.100, *passim*), faz coro a essa ideia, ao apregoar que os camponeses não têm condições de se tornar classe para si por não viverem o processo de alienação da mercadoria. Por outro, a classe para si se identificaria pela potencialidade histórica de formular um projeto de transformação para toda a sociedade; nessa mesma obra, o autor defende que essa seria uma virtualidade própria da classe operária, que vive diretamente as contradições entre capital e trabalho.

duas classes: proletários e burgueses, como se os primeiros estivessem imbuídos da tarefa histórica de conduzir o processo de transformação da sociedade. Como se sabe, ao dedicar-se ao desvendamento das contradições essenciais do modo capitalista de produção, Marx o fez com base na tríade: terra, trabalho e capital.

Com efeito, a compreensão de que as potencialidades transformadoras da sociedade capitalista estão nas mãos de uma única classe denuncia um direcionamento da teoria de Marx. No limite, pode-se falar em desvios, a exemplo da tese que preconiza que, como meio de produção, a terra tem cada vez menos importância no capitalismo. Ainda que se tenha alcançado níveis espetaculares de produtividade, é risível supor que a biotecnologia venha anular os campos de poder que emanam desse substrato material primordial a toda forma de vida no planeta.

Além disso, sugerir sua irrelevância é fazer vistas grossas ao projeto histórico do campesinato, que procura na terra muito mais que a renda, mas a concretização de um modo de vida pautado na autonomia do trabalho e na reprodução social delimitada pelos profundos vínculos familiares e comunitários, o que lhe permite se colocar no mundo de forma completamente diversa daqueles que vivenciam a alienação do trabalho.

Para se deter em apenas uma evidência desse equívoco, basta considerar a face violenta da questão agrária brasileira, marcada pela apropriação concentrada e excludente da terra. Seria até desnecessário lembrar a força das cercas que têm sido erigidas em torno da terra de trabalho, o sentido último da luta evolvendo as sucessivas gerações camponesas. É sobre essa questão que trata o segundo capítulo, o qual está estruturado basicamente em torno dos principais desdobramentos da questão agrária brasileira e, em particular, da questão agrária no Paraná, onde foi realizada a pesquisa de campo.

Entretanto, não bastaria apontá-los, é necessário compreender em que medida se dá a sua articulação com o recorte de pesquisa proposto. É por essa razão que julgamos pertinente recorrer a indicadores específicos, construídos a partir de dados estatísticos de 33 municípios do norte do Paraná, no qual os índices de tecnificação são um dos maiores do país. Se, para os camponeses, terra é sinônimo de vida, de existência, que por vez se estrutura sobre parcelas de terra, não se poderá pensar o processo de recriação do campesinato desvinculado da dinâmica que envolve a propriedade, posse e uso, sendo, pois, esse o recorte analítico deste capítulo.

POR UMA GEOGRAFIA DOS CAMPONESES   33

Ao assinalar que estamos diante do processo de recriação do campesinato, é necessário advertir que esse entendimento não implica ignorar as condições mais amplas, próprias de um tempo marcado pela hegemonia do capital. Antes, essa compreensão deriva da premissa de que esse modo de produção é essencialmente contraditório, e é no bojo dessas contradições que se verifica a recriação dessa classe.

Para constatá-la, certamente não bastariam os estudos de gabinete; é por essa razão que os elementos da pesquisa de campo permeiam este livro como um todo. Para sua realização, foram adotados dois procedimentos distintos: entrevistas e coletas de dados junto a órgãos públicos e empresas relacionados aos camponeses e o trabalho de campo propriamente dito. Esse último compreendeu a visita a comunidades de cada um dos 33 municípios pesquisados, sendo visitados 292 sítios ao todo. Merece destaque o apoio prestado pela Empresa Paranaense de Assistência Técnica e Extensão Rural (Emater), que foi decisivo para o êxito do trabalho de campo, pois em cada um dos municípios pudemos contar com a orientação dos técnicos e extensionistas para localizar as diferentes comunidades camponesas. A pesquisa de campo, sem suas informações privilegiadas, certamente teria sido mais árdua e menos profícua.

Contrastando com o caráter objetivamente abreviado do trabalho junto aos órgãos e empresas, no campo, a necessidade de romper com procedimentos rígidos, por exemplo, a aplicação de questionários, manifestou-se de imediato. Ainda na fase de reconhecimento da área de estudo, percebemos que a metodologia previamente definida mostrou-se por demais limitada diante da rica condição camponesa. Por essa razão, os questionários foram substituídos por uma espécie de súmula contendo um conjunto básico de indagações a serem feitas, sem qualquer encadeamento preestabelecido. Isso se refletiu na fluidez dos relatos, permitindo apreender muito mais elementos do que aqueles definidos como essenciais. Por outro lado, o fato de não ter sido possível retornar para que cada um dos relatantes fizesse a revisão das citações contidas no texto, levou-nos a optar por resguardar suas identidades, razão pela qual em alguns casos prevalece o completo anonimato e em outros aparecem apenas as iniciais dos seus nomes e os respectivos bairros e municípios onde residem.

Não obstante, ao nos apoiarmos na premissa de que a reprodução da classe camponesa pressupõe o controle de parcelas do território, de antemão

34 ELIANE TOMIASI PAULINO

estamos supondo que tais parcelas não podem ser entendidas senão como parte de um todo, qual seja o território capitalista, de modo que as frações do território controladas pelo campesinato são integrantes e estão integradas a essa ordem dominante. Como afirmam Calabi e Indovina (1973):

> Uma análise do território, embora possua seus próprios instrumentos, deve configurar-se como uma leitura que diz respeito ao processo total e específico do capital [...] o fim último da organização territorial. (apud Bombardi, 2001, p.48)

Trata-se, pois, de advertir que a recriação do campesinato está articulada a um sistema orientado para a acumulação ampliada do capital. Dito de outro modo, é a dinâmica das forças produtivas prevalentes que determina a configuração do território. Não obstante, Oliveira pondera:

> O *território* deve ser apreendido como síntese contraditória, como totalidade concreta do processo/modo de produção/distribuição/circulação/consumo e suas articulações e mediações [...]. O *território* é assim produto concreto da luta de classes travada pela sociedade no processo de produção de sua existência. [...] Dessa forma, são as relações sociais de produção que dão a configuração histórica específica ao território. Logo o território não é um *prius* ou um a *priori*, mas a contínua luta da sociedade pela socialização igualmente contínua da natureza. (Oliveira, 2002, p.74, grifo do autor)

Portanto, as relações de poder que estão no âmago do processo de construção do território definem-se nos embates e confrontos entre as classes. É por essa razão que, ao analisar o processo de territorialização camponesa, o fazemos na perspectiva de que a monopolização do território pelo capital não se dá harmoniosamente, mas envolve profundos conflitos. Evidentemente, tais conflitos se desenham a partir da própria condição de classe e diferem, necessariamente, do conflito entre capital e trabalho, no qual os trabalhadores percebem diretamente a exploração na relação de trabalho. O fato de os capitalistas perseguirem a renda da terra desloca o foco de conflitos para a produção camponesa, que é portadora da renda. Em situações de extrema voracidade dos capitalistas, respondem com o abandono das respectivas culturas, buscando outras que lhes permitam auferir uma margem maior de renda. Aliás, esse é o sentido da diversificação dos cultivos e da sua incessante alternância.

POR UMA GEOGRAFIA DOS CAMPONESES **35**

Assim, as diversas formas com que a monopolização do território se manifesta no norte-paranaense estão analisadas no terceiro capítulo, onde estão descritas as principais atividades econômicas com as quais se ocupam os camponeses. Com isso, elucidam-se os caminhos de drenagem da renda da terra, razão primordial da monopolização do território pelo capital.

Dentro dessa lógica, o sistema de integração, praticado na avicultura e sericicultura, é tomado como expressão da intervenção capitalista no sítio camponês, já que são as empresas integradoras que definem os métodos e as regras da atividade desenvolvida pela família. Em outras palavras, os parâmetros para a condução da atividade são impostos pelas integradoras, gerando assim um foco permanente de conflito, pois essas estão sempre a pressionar os camponeses para se adequarem às suas metas de produtividade dentro de seus padrões de qualidade.

Essas prerrogativas, somadas ao poder unilateral de definição dos preços a serem pagos pela produção dos integrados, são tomadas como evidência de que a integração é um recurso privilegiado a que recorrem as indústrias para obterem a matéria-prima básica à sua atividade. Por ser portadora da valorização conferida pelo trabalho familiar camponês, essa produção integra o circuito da produção do capital, à medida que a renda da terra, produzida por relações não capitalistas, ao ser apropriada pelos capitalistas da indústria, vai se transformando em taxa de lucro.

Uma experiência diversa de integração, mais precisamente a integração cooperativista na fruticultura, foi abordada na sequência. Nessa, a mediação da cooperativa é essencialmente diversa das empresas privadas, por serem os próprios cooperados os depositários da renda da terra por eles produzida. Porém, de antemão impôs-se a necessidade de discutir as limitações da cooperação, diante da lógica empresarial que tem orientado suas administrações.

Após essas reflexões, foram analisadas as demais atividades com que se ocupam os camponeses, a fim de elucidar a situação conjuntural das mesmas e os mecanismos de apropriação da renda, manifestados não apenas no ato da comercialização da produção, mas também no descompasso entre preços ao produtor e custos para produzir.

Por fim, no quarto capítulo, foram envidados esforços no sentido de evidenciar como a recriação do campesinato se manifesta em uma geografia peculiar. Verificamos que as políticas públicas ora se manifestam como encontros, ora como desencontros, em relação às demandas e aos interesses da classe camponesa, o que, por sua vez, reflete-se em um movimento marcado por avanços e recuos no processo de territorialização.

É a compreensão de que se trata de uma dinâmica contraditória que nos permite apreender a diversidade de estratégias e trajetórias no interior da classe. Em vez de culminarem no desaparecimento inexorável, sentença traçada sob os auspícios da lei da diferenciação social, verifica-se a sua recriação. É isso que nos obriga a tomá-la tão somente como possibilidade, como devir que comporta tanto a "descamponeização" quanto a "recamponeização". Com isso, ainda que não se possa negar a vulnerabilização ao limite da proletarização de camponeses, observa-se também o inverso, o fortalecimento como classe, graças à compra da própria parcela de terra, mostrando que é possível negar o caminho e, assim, a lei imutável contida nessa teoria.

Enfim, nos ocupamos dos marcos geográficos indissociáveis da lógica de ordenação do espaço que é própria do campesinato. Como parcelas do território onde a produção econômica e a reprodução social estão imbricadas em um plano que transcende o limite das unidades familiares, nos debruçamos nas práticas que costuram a unidade comunitária que lhes dá sustentação.

Por fim, não podemos deixar de assinalar que experimentar de perto a receptividade e cordialidade dos camponeses foi, sem dúvida, a melhor experiência que uma pesquisa poderia proporcionar.

Durante cinco meses perambulamos quase diariamente pela área de estudo, sem que, das 292 famílias visitadas, uma sequer tivesse fechado suas portas. Pudemos acompanhar a lida na lavoura, os cuidados com as criações; em suas casas fizemos as refeições e frutos de seu trabalho nos foram doados em profusão. Tudo isso veio reforçar o pressuposto de que a mera inserção no mercado não é suficiente para entronizar a lógica da mercadoria nas frações do território dominadas pelo campesinato, pois aí a pessoa tem precedência. Seu modo de vida, suas atitudes, seus sonhos e suas lutas nos proporcionaram um novo encontro com a utopia.

1
CAMPONESES

No contexto do capitalismo mundializado, onde as mudanças ocorrem em ritmo cada vez mais acelerado, muitas proposições e ferramentas construídas para interpretar a realidade tornam-se rapidamente obsoletas, levando-nos a uma permanente necessidade de (re)pensar e (re)construir um arcabouço teórico-metodológico que possa dar conta dessa dinâmica.

Assim, é a capacidade de inserção crítica e reflexão sobre os fatos que nos envolvem, como cientistas e sujeitos sociais, que movem a pesquisa, como forma de resgatar a lógica de processos que se materializam à luz de ações combinadas, perpetradas por sujeitos concretos.

O propósito de privilegiar as mediações que emanam das relações de produção no campo nos coloca a necessidade de considerar uma construção histórica, sendo imprescindível compreender e superar a visão espacial dicotômica, na qual o campo é analisado independentemente da cidade. Portanto, devemos apreender o processo de territorialização a partir de amplas e complexas condicionantes, que vão desde a análise do sentido da propriedade privada dentro do capitalismo e sua interferência no desenvolvimento da agricultura, até as relações envolvidas nesse setor produtivo particular.

É a contextualização dentro de uma dimensão macro, repleta de manifestações desiguais, resultando em construções territoriais singulares, que permite a elaboração de parâmetros para a delimitação do objeto. Assim, este livro parte da premissa de que, no Brasil, as relações econômico-institucionais encontram sustentação em formas rentistas, as quais denunciam a natureza contraditória do desenvolvimento capitalista.

38   ELIANE TOMIASI PAULINO

Com isso, a extração do excedente social está fundamentada em formas de apropriação do território baseadas no favorecimento à concentração da propriedade privada da terra, comparecendo esta como instrumento primordial de acumulação por intermédio de duas frentes:

– O cerceamento ao seu acesso atua no sentido de desequilibrar a relação oferta-procura, ocasionando uma valorização que a torna inacessível à maior parte dos trabalhadores, inclusive aqueles envolvidos em atividades agrícolas;
– Sua divisão de forma desigual confere aos proprietários um poder desmesurado, desobrigando-os de observar o cumprimento da função social desse meio de produção essencial; com isso, é reduzida de forma drástica a oferta de trabalho onde predomina a malha fundiária concentrada, gerando um excedente de mão-de-obra incompatível com a capacidade de absorção dos demais setores da economia.

No entanto, essa aparente irracionalidade atende plenamente às diretrizes essenciais do modo capitalista de produção, pois permite o rebaixamento tanto das expectativas quanto das condições efetivas de reprodução dos trabalhadores. Para Martins

Enquanto para o modelo europeu no centro do desenvolvimento capitalista está o capital, no modelo brasileiro, profundamente marcado pela tradição da dependência colonial, a terra é essencial para o desenvolvimento capitalista porque propicia uma acumulação de capital com base no tributo e na especulação, isto é, com base na renda da terra. (Martins, 1994, p.129)

Essa inversão confere ao Brasil uma posição *sui generis* dentro do capitalismo contemporâneo, cuja especificidade se sustenta na manutenção de uma estrutura fundiária altamente concentrada, sendo esse monopólio a característica essencial que marca a expansão ocidental do território brasileiro e perpassa a história de índios, negros, caboclos, enfim, de povos cuja unidade se encontra basicamente na luta contra a exclusão que essa via de apropriação da terra tem promovido há cinco séculos. Entrementes, deve--se admitir que essas diretrizes, historicamente, têm se defrontado com a recusa popular em aceitá-las.

É por essa razão que se parte do pressuposto de que a imbricação da questão fundiária com a opção política de crescimento econômico tem gerado conflitos, expressos nas mais variadas formas de insatisfação popular e enfrentamentos ao longo do tempo, haja vista as diferentes estratégias de exploração postas em prática no decorrer do processo de mercantilização da terra no interior da produção capitalista.

No intuito de contribuir para o debate, convém lembrar que estamos diante do desenvolvimento capitalista desigual e contraditório, fato analisado de forma precisa por Oliveira (1994), que se dedicou ao desvendamento das relações de produção existentes no campo.

De um lado, temos as relações tipicamente capitalistas, nas quais os trabalhadores se acham divorciados dos meios de produção, inserindo-se no mercado como portadores da exclusiva mercadoria força de trabalho. Por conseguinte, a atividade agrícola realiza-se a partir da celebração de um contrato de compra e venda, comparecendo os trabalhadores como vendedores e os proprietários dos meios de produção como compradores dessa mercadoria.

É essa transação que assegura ao contratante o incremento de sua riqueza, posto que somente o trabalho pode criar valor e, no momento em que o mesmo está sob seu controle, igualmente seus frutos a ele serão transferidos, deduzida a parte convertida em salário, a condição da reprodução da força de trabalho.

Por outro lado, temos as relações não tipicamente capitalistas, entre as quais destacamos:

– As formas de sujeição violenta empregadas sobre trabalhadores destituídos dos meios de produção. Com isso, os proprietários de tais meios que, por razões diversas, não desejam se enquadrar nos princípios básicos da ordem capitalista, a obtêm contrariando o mecanismo de compra e venda da mercadoria força de trabalho. Como exemplo destacamos a peonagem, prática que persiste no Brasil, inclusive no seio do agronegócio, conforme recentes denúncias baseadas no mapeamento das autuações promovidas pelo Ministério do Trabalho;
– As formas autônomas de trabalho, derivadas do controle dos meios de produção pelos proprietários da força de trabalho que, ao mobilizar a família e, esporadicamente, contratar força de trabalho complementar, asseguram a produção/reprodução camponesa.

Enquanto na agricultura capitalista, a mercadoria primordial dos trabalhadores é a força de trabalho, sendo como as demais transacionada no ema-

40 ELIANE TOMIASI PAULINO

ranhado das relações econômicas, nas unidades camponesas a inserção dos trabalhadores não se dá nesses mesmos moldes, pois o que eles têm a oferecer não é a mercadoria força de trabalho, mas a renda camponesa da terra.

É com a monopolização do território que é assegurada a transferência dessa renda a setores capitalistas, momento em que é convertida em capital, o que explicita a lógica contraditória do modo capitalista de produção, cuja expansão "além de redefinir antigas relações, subordinando-as à sua produção, engendra relações não capitalistas igual e contraditoriamente necessárias à sua reprodução." (Martins apud Oliveira, 1986, p.67).

Portanto, a heterogeneidade é a principal marca no campo, pois existem dois tipos de propriedade privada da terra: a capitalista e a camponesa. Dentro da propriedade capitalista, a terra constitui-se em objeto de negócio, seja pelo fato de consistir em instrumento de exploração do trabalho alheio, logo, de extração de mais-valia, seja pelo fato de ser mantida como instrumento de especulação, em outras palavras, reserva de valor.

Quanto à propriedade camponesa, constitui-se em terra de trabalho, estando a exploração restrita ao regime de trabalho familiar;[1] assim, essa não se configura como instrumento de acumulação de capital, mas de sobrevivência da família.

Essa dualidade terra de negócio *versus* terra de trabalho somente se explica por meio do caráter contraditório do desenvolvimento capitalista, que comporta tanto a propriedade privada capitalista quanto a propriedade privada camponesa da terra.

Entretanto, são regidas por princípios opostos, já que no primeiro caso prevalece o seguinte critério: D – M – D', indicando que o investimento na agricultura é realizado com o objetivo de se produzirem mercadorias que, ao serem comercializadas, devem assegurar um retorno monetário superior ao que foi investido e assim sucessivamente. Neste caso, o fim último da propriedade privada da terra é a exploração do trabalho alheio, para a extração da mais-valia.

Na propriedade camponesa, o princípio é outro: M – D – M, em que a produção de mercadorias objetiva a obtenção de dinheiro para a aquisição de mercadorias que não são produzidas, mas que são indispensáveis à reprodução da família.

---

1 Caio Prado Jr. (1981) já trabalha com o conceito de terra de negócio, posteriormente desenvolvido por Martins (1995) em oposição ao conceito de terra de trabalho.

POR UMA GEOGRAFIA DOS CAMPONESES   41

Como vimos, a lógica inerente à propriedade capitalista é a possibilidade de obtenção de lucro, o qual resulta da exploração do trabalho. Ou seja, o lucro é a parte do valor produzido pelo trabalho, subtraído dos trabalhadores. Em se tratando da atividade agrícola, a ele soma-se a renda capitalista da terra.

A renda da terra aparece como um componente distinto no modo capitalista de produção, pois, diferentemente de todos os outros meios de produção, os quais são criados a partir do trabalho, deriva da terra, que é um bem natural e não pressupõe trabalho acumulado.

Porém, o fato de estar apropriada privadamente implica o pagamento de renda aos proprietários, para que entre em disponibilidade para as atividades produtivas. Ou seja, o estatuto da propriedade privada da terra garante aos proprietários disporem desse bem natural de acordo com suas conveniências. A renda é o tributo pago a esses proprietários para que a terra, tal qual os demais meios de produção, seja posta a produzir.

No entanto, a renda não é um tributo particular, cobrado apenas aos que desejam trabalhá-la diretamente, mas sim um tributo social, pelo qual a sociedade inteira paga, pois seu cálculo já vem embutido no preço de todos os produtos primários. Vejamos a seguinte consideração:

> [...] a renda da terra também tem a sua dimensão oculta; por isso não posso entendê-la [...] se não vejo que a terra, através do proprietário, cobra no capitalismo renda da sociedade inteira, renda que nem mesmo é produzida direta e exclusivamente na sua terra, que sai do trabalho dos trabalhadores do campo e da cidade, que entra e sai do bolso do capitalista, que é paga por todos e não é paga por ninguém e que, em última instância, é uma parte do trabalho expropriado de todos os trabalhadores desta mesma sociedade. (Martins, 1995, p.169)

Nota-se que é a possibilidade de extração da renda que impele a atividade capitalista na agricultura. No entanto, esta é uma atividade produtiva singular, pois, diferentemente de todas as outras, está estritamente sujeita aos ciclos da natureza. Enquanto a produção industrial se faz a partir de um ambiente adaptado às necessidades da produção, ocorre o inverso na agricultura, que tem de adaptar-se ao meio circundante.

A despeito da incorporação de novas tecnologias, que vêm modificando e reduzindo o tempo de maturação dos alimentos e demais matérias-primas, bem como redefinindo a influência de agentes perturbadores nos ciclos produtivos, a agricultura ainda depende das forças naturais e é bastante afetada por elas, constituindo-se em uma atividade de risco.

Primordialmente, essas duas variáveis, renda e risco, são decisivas para a definição do volume de investimentos capitalistas na agricultura. A renda comparece como um lucro extraordinário, desigualmente distribuído entre os diferentes produtos agrícolas. Dessa maneira, há culturas que permitem auferir renda maior, seja pela melhor inserção na equação custo-benefício no momento da produção, seja por condições privilegiadas no âmbito da circulação, razão pela qual se constituem em objeto de interesse do setor agroindustrial.

Com isso, a instalação de agroindústrias obedece ao princípio da fusão entre atividades agrícolas e industriais, de modo a controlar tanto a produção da matéria-prima quanto o processamento industrial; isso permite aos capitalistas o domínio completo sobre o processo produtivo, do qual auferem tanto a renda, extraída socialmente, quanto o lucro, extraído individualmente dos trabalhadores envolvidos na produção.

Ao lado da renda capitalista, destacamos a renda pré-capitalista da terra que, ao contrário da primeira, comparece invariavelmente como um tributo pessoal. Na origem, manifesta-se sob três formas distintas: renda em trabalho, renda em produto e renda em dinheiro. Oliveira esclarece o seu fundamento:

> A renda pré capitalista é diretamente produto excedente, ao contrário da renda capitalista da terra, que é sempre sobra acima do lucro, fração da mais--valia, portanto. Embora na origem as primeiras formas da renda da terra sejam pré-capitalistas, cabe esclarecer que sob o capitalismo elas perdem esse caráter, à medida que entram no processo de produção do capital. [...] hoje elas devem ser entendidas dentro da lógica contraditória do capital. É através delas que o próprio capital, contraditoriamente, se produz, criando as condições necessárias para implantar e desenvolver seu processo de reprodução ampliada. (Oliveira, 1986, p.76, 77)

É o que ocorre com a monopolização do território pelo capital, quando verificamos a sujeição da renda camponesa, cuja transferência aos setores capitalistas implica a acumulação desmesurada, face à não remuneração do trabalho necessário à produção das mercadorias. Com isso, os capitalistas podem ganhar duplamente, pois os alimentos baratos que chegam à mesa dos trabalhadores permitem também o rebaixamento geral dos salários.

POR UMA GEOGRAFIA DOS CAMPONESES **43**

Depreende-se, com isso, que os camponeses operam com uma lógica distinta, já que não é a acumulação capitalista que os move. Isso não implica negar a sua capacidade de acumular, mas é necessário diferenciar essa modalidade de acumulação, como já fizera Chayanov (1974).

Isso porque a extração da mais-valia não se constitui no fundamento da atividade camponesa, o que significa que a acumulação adquire sentido diverso, retornando sempre sob a forma de aumento da produtividade do trabalho e melhoria das condições de vida da família.

Nessa forma de produzir, a renda camponesa não se confunde com a renda capitalista da terra. Diferentemente da primeira, representa um tributo pessoal, tanto do ponto de vista de sua auferição pelo camponês quanto de sua transferência aos setores capitalistas ou à sociedade. É pessoal porque o camponês detém a autonomia sobre o processo produtivo, a qual permite o controle dos resultados do esforço produtivo, ainda que o mesmo possa representar trabalho gratuito.

Isso nos permite entender a razão pela qual as culturas que compõem a alimentação básica da população, de um modo geral, são desenvolvidas pelos camponeses, pois isso representa, contraditoriamente, possibilidade de acumulação do capital fora do circuito produtivo tipicamente capitalista.

Essa situação, aparentemente paradoxal, cria dificuldade de entendimento quando se perde de vista que o modo capitalista de produção opera a partir de uma lógica contraditória.

Dela derivam debates e divergências entre pesquisadores, em consequência de diferentes posturas teórico-metodológicas adotadas para interpretar essas relações à luz das determinações do capitalismo. Especificamente com relação ao caso brasileiro, a dificuldade do consenso reside originariamente na discussão sobre a existência ou não do campesinato e de restos feudais.

Esse debate, que não é recente, remete-nos a Lênin, que não visualizou a transição entre camponês servo e camponês livre. Isso lhe custou a perda de alguns pressupostos de Marx, formulados ainda dentro de uma conjuntura de servidão, já superada em seu tempo. Basicamente, no esforço de interpretar os processos capitalistas em curso, Lênin instituiu como pontos centrais de análise a acumulação e a exploração, distanciando-se assim da teoria de Marx, que coloca as relações sociais no centro da explicação.

Para Lênin, algumas das manifestações econômicas e expressões do escravismo moderno não se distinguem em nada das do feudalismo (1980, p.10), confusão derivada da associação entre feudalismo e escravismo moderno pelos níveis de opressão e exploração praticados tanto contra escravos americanos quanto contra servos feudais.

Essa compreensão implica, em última instância, a diluição da diferença estrutural entre ambos, já que o escravismo moderno se deu no âmago do capitalismo, em que o próprio trabalhador escravo entrou no circuito como fator de reprodução de capital, pois, antes mesmo de produzir riqueza a par-tir do trabalho, já permitia o enriquecimento daqueles que intermediavam seu comércio.

Por tratar-se de uma relação eminentemente mercantil, não se pode compará-la à servidão feudal, que fora estruturada em bases essencialmente distintas, não havendo mobilidade da força de trabalho em hipótese alguma, visto que o vínculo entre o servo e a terra na qual nascera era perpétuo, mesmo que outros viessem a se assenhorear dos respectivos domínios.

Lênin, ao elaborar esses preceitos, recorreu às interpretações de Marx sobre a renda da terra, em que Marx pondera que em ambos os modos de produção não é possível separar renda e lucro de forma clara. É com o advento do capitalismo que essa separação se explicitou, e Marx, privilegiado pelo momento histórico em que se tornaram prática usual os arrendamentos capitalistas na Inglaterra, conseguiu desvendá-la plenamente.

Nessa forma de exploração, não eram os proprietários que punham a terra para produzir e sim os capitalistas, mediante o pagamento de renda e a contratação de trabalhadores assalariados. A separação entre renda e lucro explicita-se em função de os rendimentos agrícolas permitirem aos capitalistas deduzirem os salários e, da parte do trabalho não pago aos trabalhadores, a renda devida aos proprietários da terra, além do lucro médio, condição *sine qua non* para a realização de investimentos de capitais na agricultura.

Desse modo, pode-se afirmar que a similaridade apontada por Lênin encontra apenas respaldo indireto na obra de Marx, já que seu entendimento foi construído a partir da análise de outras questões. Além disso, a tese de restos feudais ou pré-capitalistas é compatível com uma concepção evolucionista da história, na qual a conquista do socialismo ocorreria necessariamente após a superação histórico-linear dos modos de produção anteriores, quais sejam, capitalismo e feudalismo.

Com isso, reconhecer a existência do feudalismo, mesmo que disfarçado sob o que Lênin chama de restos feudais, é imprescindível para a validade desse esquema interpretativo.

É por essa razão que partimos de premissa diversa, pois alguns Estados modernos, como é o caso do Brasil, já nasceram sob a égide do capitalismo, sem que isso implique ignorar as formações territoriais existentes antes da colonização. Portanto, referimo-nos ao período em que esses territórios passam sistematicamente ao controle dos colonizadores.

É a gênese capitalista do Estado brasileiro que torna incongruente a ideia de que o camponês de que tratamos deve ser considerado um resíduo feudal. Conforme foi salientado anteriormente, essa classe é a expressão contraditória de um modo de produção cuja mola propulsora não é a mercadoria, mas a acumulação.

Assim, a existência do campesinato não deve ser vista como algo descolado do capitalismo, mas como parte integrante desse modo de produção. Conforme foi demonstrado, a atividade camponesa não inverte as bases da acumulação ampliada; nota-se exatamente o contrário, pois o fato de estar assentada em relações não tipicamente capitalistas possibilita a maximização da acumulação nos setores capitalistas, visto que o excedente de renda gerado é passível de ser apropriado pelo capital sob duas formas: direta, ao ocorrer a intermediação entre os produtores e os consumidores finais, num circuito que passa pelo rebaixamento do preço inicial do produto à sua supervalorização nas etapas subsequentes; indireta, ao serem despendidos menos recursos com o pagamento de salários, visto que a reprodução da força de trabalho tem o custo reduzido quando parte dos alimentos é produzida sem que a remuneração dos produtores seja mediada pela extração do lucro médio.

Desse modo, a existência do campesinato permite a apropriação de um montante extra de renda, sendo que no universo da produção ele não comparece como vendedor da mercadoria força de trabalho, salvo em situações esporádicas, quando essa prática se constitui em recurso para a manutenção da condição camponesa, como é o caso do trabalho acessório.

Em outras palavras, a venda da força de trabalho não descaracteriza esse sujeito social, desde que seja menos representativa que a do trabalho autônomo, situação essa perfeitamente coerente com um modo de produção cujo fim precípuo não é a proletarização, mas a acumulação de capital, independentemente dos meandros a serem percorridos.

É inequívoco, portanto, que o advento do capitalismo provoca, ao mesmo tempo, o surgimento de classes sociais diversas e a transformação completa dos antigos papéis. Ao situar a origem do campesinato brasileiro na Idade Moderna, momento em que a lógica capitalista já está incrustada em todas as relações, admite-se que tal lógica é que impulsiona a territorialização dos europeus, processo eufemisticamente denominado civilizador, mas que implicou a violenta desterritorialização dos povos nativos, *pari passu* ao contato.

Com ele, as diferentes formas de organização comunal vão sendo banidas, sobrevindo a lógica mercantil e o princípio da acumulação ampliada. Desse contato nasce a aculturação e o desenraizamento dos diferentes povos indígenas, num processo de etnocídio e genocídio sem precedentes.

Na luta por liberdade e por terras livres, outros povos irão se somar aos indígenas, pois o seu encontro é a garantia de liberdade que a escravidão imposta pelos ocidentais lhes roubara. Trata-se dos povos africanos, cujo contato com os europeus implicou igualmente impactos avassaladores, pois a escravização se consumou em outro continente, tornando difícil a reconstrução de quaisquer referências que lhes permitissem a reterritorialização.

Desses grupos aprisionados, coagidos, aculturados e dissidentes deriva parcela fundamental do campesinato brasileiro. Unidos entre si e com os europeus banidos do pacto de acumulação instaurado no Brasil, irão legar gerações de migrantes na incansável marcha pela terra de trabalho.

Assim, a inserção do Brasil na rota das relações mercantis foi paulatinamente gerando uma classe social cuja identidade está na luta sistemática pela libertação do jugo representado pelo controle privilegiado da terra. A busca da terra livre tem sido uma resposta ao histórico processo de expulsões e migrações imposto pelo próprio avanço do capital.

Como vimos, este não pode conter a rejeição dos trabalhadores à completa mercantilização, fato explícito no expressivo acesso dos camponeses à terra. É a sua posse, mesmo que precária, que afasta o assalariamento e permite a reafirmação da autonomia do trabalho.

Outrossim, ao afirmar que o século XX é o da consolidação do campesinato brasileiro, Oliveira (2002) nos remete à compreensão dos processos distintos que o compuseram, cujo divisor se encontra na transformação da posse em propriedade proporcionada pela Lei de Terras de 1850.

No plano institucional, durante todo o período em que vigorou o critério de posse, formalmente extinto em 1824 com a promulgação da carta constitucional imperial, o campesinato se constituiu numa classe precária, em trânsito permanente, em função da concessão dos títulos de sesmarias, outorgados à população branca, de fidalgos e demais diletos da coroa.

Para Martins (1995), a precedência do título sobre a posse representa o banimento desses sujeitos do pacto civil, à medida que sua existência como camponeses autônomos dependia essencialmente de terras não inseridas na lógica de apropriação corrente, donde conclui-se tratarem-se, eles próprios, de sujeitos sobrantes, ausentes da composição de forças produtivas reconhecidas como tal.

Contraditoriamente, é a transformação da terra em mercadoria que permitirá a sua inserção como classe no jogo das representações políticas, pois o camponês deixa de ser um sobrante, integrando-se pelo simples fato de se tornar proprietário, independentemente do quinhão fundiário, numa sociedade em que o critério de inclusão é progressivamente mediado pela propriedade privada.

Todavia, é bom lembrarmos que esse *status* não alcança exclusivamente os pequenos proprietários de terra, mas todos os que possuem o controle dos meios de produção, seja via arrendamento, cessão ou posse. Enfim, é o reconhecimento jurídico-institucional do pequeno produtor autônomo que vai consolidar, no pacto político, a existência camponesa; daí devemos concordar que isso se impõe no século XX no cenário brasileiro.

Com base nessas ponderações, passemos a outro ponto de discordância em relação aos camponeses: trata-se das concepções fundamentadas na ideia de seres sociais isolados, ausentes das relações de mercado, por estarem fechados num círculo de precária autossuficiência e rusticidade, tal qual os concebera Kautsky (1980), contemporâneo e partidário de parte das ideias leninistas. Sem desconsiderar as preciosas contribuições de ambos os teóricos, é forçoso reconhecer a impossibilidade de se transporem integralmente para a nossa realidade as especificidades da classe camponesa por eles analisadas.

Limitemo-nos aos estudos de Kautsky, cujas evidências empíricas emanavam de um universo particular, assim como o instrumental teórico-metodológico adotado. Seu trabalho revela que a preocupação quanto ao campesinato se inscreve no contexto dos intensos debates que se desenrolaram dentro da social democracia alemã no final do século XIX, em que as propostas de transformação da sociedade esbarravam na incógnita representada pela participação da agricultura e dos camponeses no processo de desenvolvimento capitalista

Avaliar esse contexto é um passo fundamental para entender o significado de tão importante obra que, por essas mesmas características, se impôs como fetiche entre estudiosos contemporâneos da questão agrária. Pode-se concluir que muitos a tomaram como profecia, na medida em que a utilizaram desconsiderando que o território é dinâmico e adquire feições próprias em virtude da multiplicidade de variáveis amalgamadas no permanente movimento da realidade.

Dessa maneira, o esforço de desvendamento da realidade não pode se pautar em protótipos estáticos, congelados. Equívocos dessa natureza estão registrados na história brasileira, os quais têm conduzido a uma abordagem preconceituosa do papel político dos camponeses em nossa sociedade.

Isso é perceptível nos desdobramentos das lutas travadas no século XX, como as desencadeadas pelas Ligas Camponesas, em que as tentativas de mediação dos setores progressistas, notadamente dos comunistas, foram orientadas pelas concepções teóricas clássicas, produzindo assim interpretações e projetos políticos com indisfarçável caráter de tutela e distanciamento das verdadeiras aspirações camponesas. É o que indica a política de frente única que, ao propugnar a aliança da burguesia e dos trabalhadores em defesa dos interesses nacionais, perdeu de vista a dimensão de classe, em especial a rapina existente na transferência de renda representada pela existência do monopólio privado da terra.

Foi essa incapacidade de compreender o sentido das lutas camponesas que levou à perda da unidade essencial entre partidos políticos e organizações populares, culminando no refluxo das Ligas e, por fim, no golpe militar de 1964.

No cenário recente, parece que, mais uma vez, a incompreensão do universo camponês perpassa alguns cenários de luta, sobretudo as empreendidas pelo Movimento dos Trabalhadores Rurais Sem Terra (MST). É o que indica a dificuldade por que passam as experiências coletivas de assentamentos, as quais se encontram em visível refluxo em todas as regiões onde foram implantadas.

Entende-se que essa dificuldade provém da não consideração de um elemento essencial que orienta a utopia camponesa, a busca obstinada da autonomia, da liberdade de dispor de seu tempo, espaço e saber de acordo com os sonhos e projetos construídos ao longo das próprias tradições.

Assim, embora reconhecidamente positiva do ponto de vista econômico, tal experiência não seduz a maior parte dos assentados, muitos dos quais

POR UMA GEOGRAFIA DOS CAMPONESES **49**

a abandona após experimentá-la, pois a lógica capitalista, do resultado material do trabalho, não é o componente essencial a mover a classe camponesa, como o leitor verá adiante. Não se quer afirmar, com isso, que os camponeses rejeitam o progresso material, mas que eles o condicionam à garantia da autonomia, que somente a propriedade individual dos lotes assegura plenamente.

Isso não implica questionar a importância do MST, pelas conquistas e avanços que não só fragilizam o pacto agrário, mas ameaçam o pacto político, razão pela qual foi alvo de um deliberado projeto de desestruturação perpetrado pelo Estado durante o governo de Fernando Henrique Cardoso (FHC). Convém refletirmos sobre essa questão, pois leituras equivocadas sobre o universo camponês de hoje são um fator de vulnerabilidade, comprometendo as promissoras possibilidades de inclusão social que o MST representa.

Quando Oliveira (2002) adverte ser necessário sapiência, pois não se pode tirar dos camponeses o sonho histórico da produção individual autônoma, devemos concordar, pois somente sua experimentação conduzirá ao amadurecimento que poderá levar a sua superação. Tudo indica que o distanciamento entre as aspirações e os projetos postos em prática decorrem de estigmas ainda profundamente incrustados em nosso meio, consubstanciados na recusa em admitir, de fato, a existência dos camponeses.

Outrossim, quando Kautsky e Lênin sentenciaram o desaparecimento dessa classe, o fizeram num momento crucial do desenvolvimento capitalista, em que a interpretação dos fenômenos sociais estava fundamentada em teses oriundas da análise das profundas transformações urbano-industriais.

É sabido que Marx não se deteve com o mesmo esmero nas questões relativas à agricultura. Quando o fez, foi no intuito de lapidar teoricamente o seu campo analítico, o que em última instância indica que muitas das análises posteriores, tidas como marxistas, foram mais suposições e deduções que propriamente apontamentos conclusivos desse pensador.

Por outro lado, não é possível retomar a discussão sobre o campesinato sem transitar pela obra desses teóricos, pois muitas lacunas e falsos consensos podem ser explicitados à medida que as teorias revelam uma coerência compatível com o contexto em que foram produzidas. A inconsistência reside no esforço de moldar a realidade a partir de modelos previamente definidos, sem sugerir, com isso, que o permanente pulsar da história leve ao descarte dos saberes produzidos no passado: nada soaria mais insano, pois não se faz ciência por decreto, ela é uma produção humana que invariavelmente evolui a partir de preceitos que, nos diferentes tempos históricos, são aceitos como verdadeiros.

As superações insinuam-se na própria dinâmica da realidade, razão pela qual há um campo ilimitado de indagações e descobertas a serem feitas, tornando a verdade acabada a alquimia da ciência, mas que muitos inadvertidamente absolutizam, inclusive os próprios cientistas.

Portanto, é necessário um esforço de ponderação, a fim de se evitar incorrer em extremos, seja acatando integralmente teorias que, por serem consagradas, conferem segurança aos que dela se servem para construir seu arcabouço teórico-metodológico, seja ignorando-as em prol de consensos vagos e inconsistentes, denunciando em ambos os casos a perigosa inversão no sentido da ciência que, presumivelmente, consiste na busca permanente de conhecimentos passíveis de melhorar as condições de vida e bem-estar da humanidade.

Reconhecendo que a divisão da sociedade em classes torna essa função primordial um privilégio de poucos, cabe então assinalar que nenhum trabalho intelectual é neutro, produzindo frutos políticos decisivos, à medida que reforçam ou combatem essa divisão.

Na contramão da tendência atual, caracterizada pela indisfarçada descontextualização dos fenômenos, própria de um momento em que a perda da historicidade é a garantia de que nada pode conspirar contra um consenso habilmente fabricado, convidamos o leitor a revisitar alguns apontamentos que podem contribuir para o deslindamento de alguns dos nós que ofuscam a leitura do território e suas contradições, especialmente no tocante à questão agrária brasileira e suas expressões particulares no Paraná.

Se para Kautsky e Lênin, estudiosos particularmente debruçados nos estudos sobre a agricultura, em um momento singular de transição – desintegração do feudalismo, ascensão do capitalismo e iminência do socialismo –, o desaparecimento da classe camponesa era inexorável, para Chayanov isso não se colocava, a não ser em um horizonte muito distante. Quais seriam os fundamentos de visões tão distintas?

Inicialmente, leituras tão divergentes apontam distinções do ponto de vista do método, ou seja, do conjunto de proposições construídas para o entendimento dos processos, os quais refletem a própria postura político-

-filosófica desses teóricos que, em essência, consistem nos seguintes pontos: em Kautsky, há um esforço em transpor para a agricultura os pressupostos construídos por Marx, nos quais prevalecem a concepção de que o desenvolvimento capitalista no campo seria uma extensão dos processos verificados na indústria. Cumpre salientar que, nessa passagem, já se perde muito da riqueza do pensamento de Marx, construído sobre a tríade terra, trabalho e capital, pois, em grande medida, as análises privilegiam apenas o embate entre burgueses e proletários.

Essa distorção não encontra eco nas teorias classificadas como populistas, por emanarem de teóricos que, como Chayanov, não desconsideravam a importância e o peso do trabalho familiar na composição das forças políticas do momento, advogando não a extinção, mas a sua preservação mediante readequações impostas pelo próprio modo de produção em consolidação.

Para Lênin, as teorias enquadradas no rótulo "explorações fundadas no trabalho familiar" seriam românticas, já que ocultavam o grau de miserabilidade dos camponeses.

Além disso, seriam estritamente burguesas, por não exporem para a sociedade os conflitos de classe, contribuindo para o ocultamento das contradições do capitalismo e, consequentemente, atrasando o processo revolucionário que conduziria à superação desse modo de produção.

Apesar do peso dos argumentos relacionados ao rápido desaparecimento dos camponeses,[2] Chayanov mostrou-se cauteloso, mesmo considerando essa possibilidade a longo prazo. Passado um século, é possível verificar que foi ele quem melhor antecipou o processo que ambos procuraram compreender.

[...] podemos ver con toda claridad que no hay que esperar necesariamente que el desarrollo de la influencia capitalista y la concentracion en la agricultura desemboquen en la creación y el desarrollo de latifúndios. Con Mayor proba-

---

2 Cumpre ressaltar que as próprias posições de Lênin se modificaram posteriormente, conforme aponta Shanin (1980, p.53): "A própria abordagem de Lênin passou por uma mudança consistente, embora lenta. Já por volta de 1907, ele declarava ter havido claro exagero em suas primeiras conclusões sobre a natureza capitalista da agricultura russa [...]. Lênin foi além (embora mais implicitamente) na aceitação da permanência de traços camponeses. Essa mudança subjaz e explica as modificações dos programas do partido em 1917, 1921 e foi mais firmemente expressa nos últimos momentos de vida de Lênin".

bilidad había que esperar que el capitalismo comercial y financiero establezca una dictadura económica sobre considerables setores de la agricultura, la cual permacería como antes en lo relativo a producción, compuesta de empresas familiares de explotación agrícola en pequeña escala sujeitas en su organización interna a las leyes del balance entre trabajo y consumo. (Chayanov, 1974, p.42)

Nessa questão reside o cerne das divergências, as quais não somente impediram o diálogo naquele momento, como também se arrastam até hoje, mesmo que metamorfoseadas, com a ressalva de que, há um século, os teóricos tiveram que se valer de proposições de certa forma vagas, pois vivenciavam um momento de consolidação do modo de produção, com todas as indefinições e incógnitas características daquele momento de transição.

Dir-se-ia que é na atualidade que esse debate se apresenta como um ranço, visto que o movimento da história já nos dá o privilégio de analisar os desdobramentos essenciais do capitalismo na estruturação das classes, em que fica patente a reprodução da classe camponesa, contrariando assim os pressupostos destacados.

Entretanto, seria ato de extrema leviandade apontar pura e simplesmente tal equívoco sem ponderar a extraordinária visão de Kautsky e Lênin sobre a ação transformadora do capitalismo: a insuficiência de seus quadros de análise decorre, sobretudo, da concepção linear do processo histórico, que pressupunha etapas a serem cumpridas para se chegar ao socialismo.

Essa interpretação tornava imperioso considerar o caráter revolucionário do capitalismo, particularmente no que se refere ao campo, pela suposta potencialidade de eliminar os camponeses como classe e, banindo, assim, a barbárie construída pelos séculos de miséria e submissão impostas pelo regime feudal.

Atuando em um universo social presumidamente constituído de apenas duas classes politicamente representativas, seria inexorável o triunfo de uma delas, face às contradições inerentes ao modo de produção. À classe mais numerosa restava o rótulo de vacilante e oportunista: para Lênin, pequenos agraristas, pela própria fatalidade histórica de deterem os meios de produção e assim partilharem os mesmos interesses dos grandes proprietários fundiários; para Kautsky, sujeitos limitados a serem redimidos pela superioridade intelectual e política dos operários, adquirida na experiência coletiva de expropriação e exploração da força de trabalho.

POR UMA GEOGRAFIA DOS CAMPONESES   **53**

Contudo, esses referenciais não foram construídos por unanimidade: o próprio Gramsci (1987), apesar da pronunciada visão de que os operários se constituem, por excelência, nos agentes de transformação, em diversas ocasiões não lhes fará coro, não só por explicitar a impossibilidade da classe revolucionária conquistar o poder a curto prazo, mas sobretudo por defender uma aliança entre os operários do norte e os camponeses do sul da Itália, destoando assim da tese de incapacidade política do campesinato.

> [...] a regeneração econômica e política dos camponeses não deve ser buscada numa divisão das terras incultas ou mal cultivadas, mas na solidariedade com o proletariado industrial, que precisa, por sua vez, da solidariedade dos camponeses, que tem "interesse" em que o capitalismo não renasça economicamente a partir da propriedade fundiária [...]. (Gramsci, 1987, p.76, 77)

Note-se quanto esses pressupostos foram ignorados na construção do paradigma revolucionário brasileiro, seja na pretensa aliança trabalhadores/burguesia nacional contra o suposto inimigo comum: o imperialismo, travestido nas pretensões dos latifundiários, seja na clássica leitura dos restos feudais, implicando a defesa da expansão capitalista como solução imediata para o desenvolvimento do campo e diminuição da pobreza.

Ao refutar a tese de que o desenvolvimento das relações capitalistas no sul da Itália livraria os camponeses dos abjetos contratos a que estavam submetidos, abrindo-lhes melhores perspectivas, Gramsci não concordava que o desenvolvimento capitalista eliminaria o fosso imposto aos pobres do campo, sinalizando para a interpretação de que a miséria resulta exclusivamente das formas como o desenvolvimento capitalista é acionado pelo bloco social dominante.

Traduzida para a realidade brasileira, seria uma advertência de que a pobreza e a exploração não podem ser solucionadas com a proposição de uma aliança com os próprios agentes que a produzem.

Convém salientar que, para Gramsci, uma dada territorialidade é a forma como são expressos os embates em um determinado contexto histórico-social. Com isso, esse autor refuta a interpretação baseada numa parcialidade geográfica, em que prevalece a visão simplificada de explorados e redentores, o que inegavelmente suprime as contradições internas de classe.

Isso reforçá a necessidade, não de tripudiar o insucesso da aliança citada, mas de refletir sobre os equívocos teóricos diluídos nos sucessivos programas da esquerda brasileira, indicando que a crítica se faz necessária, inclusive para que sejam repensadas as estratégias de intervenção na realidade.

Não se pretende, com essas ponderações, desdenhar os pretéritos esforços empreendidos visando a uma transformação social, em função dos quais a repressão se mantém viva com as mais variadas nuances, coagindo e exterminando um sem número de trabalhadores, mas sim analisar esses equívocos buscando evidenciar a insuficiência dos pressupostos clássicos, tais como os de Kautsky, para entender a dinâmica e o lugar das classes sociais no movimento da realidade. Restringindo-se somente ao século XX, momento em que as cidades adquirem importância e a população rural deixa de ser majoritária, vê-se que os camponeses foram e continuam sendo importantes agentes de instabilidade, potencialmente decisivos para a manutenção, ou não, do *status quo*.

Isso lança por terra a tese de sua incapacidade política de organização, demonstrando ser esse mais um preceito que atravanca a construção de um projeto de cidadania coeso, que não deve ser entendido apenas a partir das heranças que a intelectualidade brasileira absorveu, mas sobretudo tendo-se um olhar mais cuidadoso para os pactos historicamente construídos no Brasil.

Como salienta Martins (1995), excetuando-se as práticas políticas dos capitalistas, o que em si dispensa comentários, por serem coerentes com o seu lugar na reprodução das classes e relações sociais, é forçoso reconhecer que os pobres, mais os do campo que os da cidade, não foram efetivamente inseridos no debate, no sentido de fazer valer os projetos delineados na sua trajetória concreta de vida. Com isso, a mediação toma caráter de tutela (muitas vezes rejeitada), materializada em soluções construídas a partir de um universo que não é o seu, estranho, portanto, às suas aspirações.

Em relação aos camponeses, isso ficou bastante evidente nos momentos em que as forças populares alcançavam uma respeitável projeção, como é o caso dos anos 1940 até os anos 1960, quando eclodiram as Ligas Camponesas. Naquele momento, os mediadores foram incapazes de formular um projeto efetivamente identificado com a essência de suas lutas: à medida que os comunistas, elite pensante do momento, preconizavam a referida aliança com a burguesia, os camponeses foram se isolando, pela própria capacidade de antecipação dos fatos que as contradições de classe lhes permitia vislumbrar.

Somente eles tiveram clareza de que a essência do embate estava centrada na questão da renda da terra, o impedimento básico de ter a burguesia como aliada. Assim, sua resistência foi construída a partir de articulações endógenas, refluindo à medida que os próprios aliados (os agentes exógenos) se mostraram inaptos a uma mediação construtiva.

Desses eventos é possível ainda extrair outros ensinamentos, tão pertinentes na atualidade, em que, inadvertidamente, se desconsidera a dimensão das contradições que emanam do modo capitalista de produção. Por mais descaracterizadas que estejam, tendo em vista que prevalece a forma homogeneizante e estrategicamente simplista de analisar quaisquer fenômenos, as classes sociais estão aí. O que falta é uma instrumentação teórica eficiente para compreendê-las, em face das novas configurações que são instauradas à medida que o próprio modo de produção evolui.

Isso seria particularmente visível em se tratando dos camponeses. Pelas próprias questões já apontadas, eles gradativamente foram sendo suprimidos das análises e, consequentemente, ignorados nas formulações e programas de intervenção, mesmo aqueles de cunho progressista.

Ao serem transformados em meros trabalhadores familiares, ao serem propugnadas realidades inverossímeis, supostamente redefinidas pela perda do papel produtivo do campo, pela perda da importância da terra, pela homogeneizante tese da multifuncionalidade das unidades produtivas e transformação dos camponeses em "proletários" parciais, está implícita a perda da dimensão de classe, o que não se justificaria diante das mudanças em curso, haja vista que a mudança é um componente da realidade, o que colocaria as demais classes sociais no mesmo patamar, o que não é o caso. Isso parece ser mais um indicativo de que ainda sobrevive a estratégia de banimento dessa classe social do pacto político.

Se os instrumentos de análise legados se mostram insuficientes, isso possivelmente se deve ao fato de não serem revistos à medida que os processos assim o exigem. Prova disso é a dificuldade com que se lida teoricamente com a noção de classes, evidenciando a fragilização dos instrumentos de intervenção na realidade, lançando-nos a uma desconfortável posição, que mais sugere ser a de expectadores, enquanto o mercado passa a ser sacramentado como o sujeito da história.

56 ELIANE TOMIASI PAULINO

[...] o capitalismo "juvenil" e otimista do século XIX influenciou muito a visão marxista clássica. Era visto como agressivo, construtivo, dominador e supereficaz em sua capacidade de se expandir. Como o dedo de Midas que transforma em ouro tudo o que toca, o capitalismo também transforma em capitalismo tudo o que toca. A terra é o limite. À luz do que realmente encontramos hoje, tudo isso parece um grande exagero. É indubitável a capacidade de os centros capitalistas explorarem todos e tudo à sua volta; mas sua capacidade ou sua necessidade (em termos de maximização dos lucros) de transformar tudo ao redor à sua semelhança não o é. Os camponeses são um exemplo. (Shanin, 1980, p.57)

Note-se que um dos principais argumentos em torno do desaparecimento dos camponeses reside no fato de os mesmos estarem inseridos no mercado, argumento esse já utilizado por Kautsky. Ora, as relações mercantis são inerentes ao modo capitalista de produção; o feudalismo sucumbiu exatamente em função do aprofundamento e refinamento das trocas. Por isso, é necessário mais cuidado ao se tratar dessa questão.

Se recorrermos a Chayanov, veremos que o mesmo não vislumbrava nessa relação um indício de desagregação rumo à proletarização, portanto de desaparecimento como classe. Ao contrário, a inserção no mercado foi tida como estratégia de fortalecimento, por permitir aos camponeses dedicarem-se com mais afinco aos cultivos mais rentáveis, adquirindo no mercado aquilo cuja produção própria roubaria tempo e recursos preciosos, especialmente terra, sempre escassa entre eles.

Cumpre destacar que Lênin já se mostrava cauteloso nessa questão, ao classificar de produção natural a agricultura voltada para o autoconsumo, diferenciando-a da produção mercantil, pois afirmava que a tese da eliminação da pequena exploração pela grande somente se aplicaria nos casos de agricultura mercantil.

[...] a produção que não é voltada para o mercado, mas para o consumo da própria família da *farm*, desempenha um papel relativamente importante na agricultura e ela só cede lugar à agricultura mercantil de forma bastante lenta. E se neste caso forem aplicadas as teses teóricas já estabelecidas pela economia política, não de uma forma estereotipada e mecânica, mas criteriosamente, veremos, por exemplo, que a lei da eliminação da pequena produção pela grande só pode ser aplicada à agricultura mercantil. (Lênin, 1980, p.58, 59)

Apesar disso, Lênin via a necessidade de potencializar os recursos no sentido de garantir o aumento da produtividade. Se isso já era evidente há um século, não é possível ignorá-lo no atual estágio das forças produtivas, em que os níveis de competitividade atingem patamares elevadíssimos.

Portanto, o próprio Lênin e, mais incisivamente Kautsky, apontaram as vantagens da produção em escala no campo, o que ambos rotulavam de racionalidade na agricultura. A viabilidade da exploração racional estaria vinculada à grande propriedade, para Kautsky, ou à grande exploração, para Lênin,[3] o que em última instância coroava o veredicto sobre a classe camponesa.

No entanto, isso é bastante discutível, como aponta Abramovay, ao indicar que o ganho de produtividade apresenta limites, à proporção que a escala de produção se compatibiliza com os meios disponíveis. É por essa razão que nos Estados Unidos, país em que os índices de tecnicidade são dos mais elevados do mundo, as propriedades em geral não apresentam dimensão superior a 3 mil hectares.

Por outro lado, o próprio Abramovay é signatário das proposições anteriormente arroladas, conforme se pode observar:

> As sociedades camponesas são incompatíveis com o ambiente econômico onde imperam relações claramente mercantis. Tão logo os mecanismos de preços adquiram a função de arbitrar as decisões referentes à produção, de funcionar como princípio alocativo do trabalho social, a reciprocidade e a personalização dos laços sociais perderão inteiramente o lugar, levando consigo o próprio caráter burguês da organização social. (Abramovay, 1990, p.124)

Essa sentença proferida por Abramovay supõe que, ao serem alteradas as bases técnicas, uma classe social (os camponeses) desapareceria, dando lugar a uma nova categoria social (os agricultores profissionais), implicitamente integrantes da burguesia pequena. Some-se a isso o fato de que o autor rejeita qualquer tipo de produção de capital sobre bases camponesas. Isso expõe a dificuldade em aceitar o movimento como componente indissociável da realidade, movimento esse que não adquire, em hipótese alguma, traçado unilateral, pois, ao mesmo tempo em que as diferenças se confrontam, se influenciam mutuamente e são superadas, sem que as forças mais vigorosas passem incólumes, por mais que triunfem.

---

3 Observe-se a distinção existente entre esses autores no que se refere ao conceito de exploração. Lênin classificava-a de acordo com o volume de investimento, ou seja, grande exploração seria aquela em que a inversão de capitais fosse ponderável, independentemente do tamanho da área. Já para Kautsky, as grandes e pequenas explorações significavam, respectivamente, grandes e pequenas propriedades.

Portanto, falta consistência ao modelo explicativo no qual os camponeses comparecem como seres alheios, alienígenas, produzindo apenas para si e sua família, como se fossem refratários às influências do modo de produção do qual fazem parte. Trata-se de uma simplificação, especialmente se entendermos que as classes sociais não estão isoladas em si mesmas, hipótese essa incompatível até mesmo para sociedades de castas.

Outro equívoco reside na definição do conceito de reprodução ampliada do capital, pelo sentido da mesma entre as classes. É notório que dentro da lógica capitalista, classifica-se de capital tudo aquilo que é investido com o objetivo de se obter mais capital, ou seja, de reproduzir-se ampliadamente.

Por outro lado, o amealhar recursos dentro da lógica camponesa é completamente diverso. Chayanov já vislumbrara isso, ao indicar que, para os camponeses, a acumulação de dinheiro tem o objetivo precípuo de aumentar a produtividade e, com isso, diminuir o esforço, garantindo mais bem-estar à família.

Não obstante, é possível que as "sobras" do trabalho camponês, deduzidos os gastos gerais com a manutenção da família e da unidade de produção, sejam investidas na extração de mais-valia. Esse é, pois, o processo de produção não capitalista do capital. Nos casos em que essa transformação ocorre, os agentes envolvidos já perderam a essência da identidade camponesa, constituindo-se em capitalistas, o que é perfeitamente compatível com a dinâmica da realidade. Portanto, o problema não está nessa dinâmica, mas nas generalizações forjadas a partir desta.

Acredita-se não ser possível definir a inserção no mercado como um dos critérios de diferenças, sobretudo quando se considera que as próprias relações humanas se encontram bastante mercantilizadas. Mesmo os grupos que rejeitam tal parâmetro estão direta ou indiretamente inseridos na lógica das transações mercantis, por aquilo que representam ou têm para oferecer como elemento de troca, sejam produtos, conhecimento, cultura, enfim, algo diferenciado que se torna objeto de apropriação por uma sociedade ávida de consumo.

É isso que permite inferir que o fato de os camponeses estarem inseridos no mercado não os torna menos camponeses. Antes, é necessário discutir os porquês e as formas como eles se inserem. Podemos começar fazendo uma distinção entre mercado de trabalho e mercado de consumo, apesar da linha tênue que separa os dois, caso se considere que nesse mercado a força de trabalho é a principal mercadoria consumida.

Há um consenso entre os autores que admitem a existência camponesa de que uma de suas características fundamentais é a autonomia do trabalho; mais precisamente, o elemento diferenciador é o trabalho familiar. Seria, pois, admissível vê-los trabalhando esporadicamente para outrem? Vejamos como os teóricos se manifestam em relação a essa questão.

Em sua obra, Kautsky já vislumbra essa relação, classificando-a de trabalho acessório; por mais paradoxal que possa parecer, não há aí divergências teóricas, mas um alinhamento com o pensamento de Chayanov, ao mostrar que a sobrevivência dos camponeses não depende, no limite, do trabalho acessório. Em outras palavras, Kautsky aponta que é a preservação dos meios de produção que garante a sobrevivência dessa classe, pois, na impossibilidade de incrementar a renda da família com a venda esporádica de trabalho, ela irá sobreviver, mesmo em piores condições, o que não seria possível caso estivesse completamente despojada disso.

Por outro lado, Chayanov adverte, sem ressalvas, que a venda esporádica da força de trabalho é benéfica quando avaliada com critério pela família. Nos momentos em que os ganhos podem ser maiores no trabalho fora da unidade de produção, a família reduz as atividades internas ao mínimo. Ao se envolver naquelas que permitem um acúmulo de recursos, terá assegurado um incremento de recursos monetários na unidade e, consequentemente, sobrevivência futura com menos esforço físico.

> La familia campesina trata de cubrir sus necesidades de la manera más fácil y, por lo tanto, pondera los medios efectivos de produción y cualquier otro objeto al cual puede aplicarse su fuerza de trabajo, y la distribuye de manera tal que puedem aprovecharse todas las oportunidades que brindan una remuneracion elevada. De esta manera, es frecuente que, al buscar la retribuición más alta por unidad domestica de trabajo, la familia campesina deje sin utilizar la tierra y los medios de producción de que dispone si otras formas de trabajo le proporcionan condiciones mas ventajosas. El unico rasgo que en este caso distingue a la familia campesina del empresario consiste en que el capitalista, de un modo u otro, distribuye siempre la totalidad de su capital; la familia campesina, en cambio, nunca utiliza completamente toda su fuerza de trabajo pues cesa de consumirla en el momento en que satisface sus necesidades y alcanza su equilibrio economico. (Chayanov, 1974, p.120)

Portanto, não é exatamente a limitação da atividade interna imposta pela escassez dos meios de produção que leva os camponeses a deixarem a unidade ou realizarem trabalhos acessórios e sim a possibilidade de obterem ganhos maiores com o mesmo esforço físico.

Desse modo, nas situações favoráveis, em que as remunerações externas são consideradas vantajosas, as atividades não agrícolas surgem como uma oportunidade de acumulação monetária, ao passo em que em condições desfavoráveis, de baixos salários, eles intensificam ao máximo as atividades dentro das próprias unidades.

Outrossim, essa inserção no mercado de trabalho, tida por parte dos teóricos clássicos e contemporâneos como sinônimo de proletarização, é interpretada por Chayanov como recurso para a manutenção da condição camponesa. Até mesmo o fato de acumular dinheiro não aparece como uma postura pequeno-burguesa, ponderando-se que a diferença fundamental entre unidades capitalistas e unidades camponesas está na lógica interna da exploração e organização.

Dessa maneira, a hipótese da melhor remuneração possível é perfeitamente compatível com tal lógica, e, assim, pode-se vislumbrar os limites da tese da diferenciação interna (Lênin, 1980). Como vemos, não se deve eleger como critério das diferenças o nível de bem-estar e o volume de bens materiais, mas a forma como se organizam internamente. Em outras palavras, deixarão de ser camponeses ao incorporarem a lógica capitalista, expressa na exploração do trabalho alheio e privilegiamento da acumulação de capital.

Pelo fato de debruçar-se sobre essa coerência interna, distinguindo-a da lógica capitalista, Chayanov foi severamente criticado em seu tempo, pela alegação de estar politicamente vinculado à defesa de interesses burgueses, idealizando uma forma de organização social reacionária, contrária aos interesses da revolução socialista.

Atualmente, o foco das divergências não é mais o mesmo, pois sugere-se aos que encontram nas evidências da existência camponesa uma suposta incapacidade de apreender as expressões do moderno. Entretanto, ao se construir o viés interpretativo baseado na inexorável força do mercado, perde-se de vista a categoria essencial para o entendimento da realidade: a contradição, por mais que toda sorte de simplificações queira suprimi-la, pois que a luta de classes é o motor do devir histórico. Ao considerá-la, não se nega a prevalência das relações estritamente mercantis, mas rejeita-se a noção de homogeneidade que o próprio desenvolvimento histórico se encarregou de desmistificar.

POR UMA GEOGRAFIA DOS CAMPONESES **61**

A simplificação revela-se na transformação da exceção em regra, como se pode notar no conceito de multifuncionalidade, o qual, além de suprimir o sujeito, privilegiando as diversas expressões produtivistas e consumíveis das unidades rurais, sugere uma subserviência intelectual aos países centrais, de onde foi importado. Ainda que isso auxilie a compreensão do que lá se desenvolve, está em desacordo com as expressões concretas da dinâmica aqui existente.

Isso revela ainda a necessidade de os geógrafos retornarem literalmente ao campo, a fim de confrontarem a diversidade que não pode ser inteiramente materializada em esquemas teóricos. Ademais, é o próprio movimento da realidade que os alimenta, razão pela qual não se pode dispensar a reflexão articulada na investigação do campo, que está em permanente transformação.

Foi exatamente o respaldo na realidade um dos fatores a conferir legitimidade à obra de Chayanov, pelo seu profundo conhecimento da lógica camponesa, decorrente da própria experiência profissional,[4] experiência essa que autores como Kautsky e Lênin não puderam desfrutar plenamente.

Partindo da diferenciação demográfica e do balanço entre trabalho e consumo, Chayanov indica os caminhos pelos quais as unidades camponesas alcançam o equilíbrio interno, destacando-se as estratégias de ocupação da família. Diferentemente da agricultura capitalista, a primeira possui força de trabalho constante, não podendo ser contratada ou dispensada de acordo com as necessidades dos cultivos.

Isso dá algumas pistas para se entender a razão pela qual os camponeses dominam as culturas alimentares que proporcionam menores rendimentos. Mesmo sabendo-se que existem outras variáveis (não possuem recursos suficientes para se lançarem a culturas mais "nobres", os meios de produção são limitados, incompatíveis com a escala de produção exigida, não estão materialmente aptos para suportar os riscos inerentes às atividades de maior rendimento etc.), optam por atividades passíveis de ocupar a mão--de-obra familiar, o que lhes assegura rendimentos brutos maiores.

---

4 Chayanov era integrante da Escola de Organização e Produção, instituição composta por técnicos agrícolas e outros estudiosos, voltada ao registro de dados e apresentação de propostas para o desenvolvimento das unidades camponesas. Com isso, reuniu informações privilegiadas, pelo contato direto com indivíduos que mais conheciam e conviviam com os camponeses: técnicos e funcionários agrícolas.

É esse conjunto particular de características que constrange o pressuposto de que camponeses necessariamente devem ser avessos a resultados satisfatórios, o que seria o mesmo que desconsiderar seu bom senso.

Outro equívoco é considerá-los a partir dos parâmetros produtivos capitalistas (mesmo que venham a contratar mão-de-obra, essa assume sempre um caráter complementar, portanto, não visam a auferir lucros a partir da exploração do trabalho alheio). Resta, portanto, admitir que atuam a partir de uma lógica distinta à capitalista, pela sua própria condição social.

Kautsky, ao perder de vista essa dimensão, chegou a apontar como limitação intelectual a restrição dos camponeses em utilizarem máquinas; impedido de compreender que essas, além de representarem um custo incompatível com seus recursos, eram poupadoras da mão-de-obra que eles necessitavam ocupar. Portanto, o empecilho à mecanização, neste caso, não era o atraso cultural e a falta de inteligência dos camponeses, conforme anunciava o autor, mas as condições objetivas internas às unidades camponesas.

Dessa maneira, o equacionamento da produção camponesa, como ilustra Chayanov, parte da composição da força de trabalho familiar, ao contrário daqueles que podem a qualquer tempo dispor de força de trabalho alheia.

No entanto, a pressão exercida pelas necessidades de consumo é o fator determinante em relação ao grau de utilização e intensificação da força de trabalho, visto que o recurso primordial dos capitalistas, o descarte dos trabalhadores não produtivos, não pode ser aplicado à família. Como diz Chayanov (1974, p.81): "El volumen de la actividad de la familia depende totalmente del numero de consumidores y de ninguma manera del numero de trabajadores".

Além disso, a decisão do que e como produzir é orientada pela promessa de rendimentos brutos a serem auferidos, diferentemente da atividade capitalista, para a qual a motivação está centrada nos rendimentos líquidos. Vejamos as razões da valorização extremada dos rendimentos brutos.

Apesar da incontestável vinculação ao mercado, fato já contemporâneo de Chayanov, não se pode perder de vista que uma das características da unidade de produção camponesa é a cultura de excedente. Para esta a seleção dos cultivos comerciais é diretamente influenciada pela capacidade de consumo interno da mesma, na iminência de percalços no momento da comercialização. Tem-se aí mais um elemento que explica o privilegiamento da produção de alimentos básicos pelos camponeses, razão pela qual a

POR UMA GEOGRAFIA DOS CAMPONESES **63**

mesma é popularmente definida por cultura de pobre. Alguns autores analisam essa combinação na perspectiva da alternatividade, como é o caso de Abramovay (1990).

Desta feita, os rendimentos brutos nada mais são que a somatória dos proventos percebidos pela família, seja na forma de produtos colhidos, seja na forma de dinheiro obtido com transações, incluindo-se a venda da força de trabalho. Porém, quanto maior for a parte da produção interna destinada ao consumo, maior a segurança alimentar da família e menor, portanto, a necessidade de recorrer ao mercado para satisfazer as necessidades básicas.

Percebe-se, com isso, que os camponeses somente abdicam da autossuficiência interna à medida que alguns produtos podem ser comprados em situação vantajosa, considerando a relação custo benefício, desde que a impossibilidade de adquiri-los não represente risco à sobrevivência imediata.

> Graças a su contacto con el mercado, la explotacion puede eliminar ahora de su plan organizativo todos los sectores de producion que proporcionan pocos ingresos y en los cuales el producto se obtiene con un esfuerzo mayor que el requerido para obtener su equivalente en el mercado mediante otras formas de actividad economica que producen ingresos mayores. En el plan organizativo solo subsiste lo que proporciona uma alta remuneracion para la fuerza de trabajo o constituye un elemento de producion irreemplazable por razones técnicas. (Chayanov, 1974, p.142)

Outrossim, a dificuldade teórica em justificar o desaparecimento da classe camponesa pode ser extraída das ponderações de Abramovay (1990). Considerando sua leitura sob a óptica do papel estratégico que a agricultura desempenha dentro do capitalismo contemporâneo, pode-se afirmar que, nos países centrais, a estruturação das relações econômicas deve ser entendida a partir da presença do Estado, que, ao garantir renda para os produtores do campo, assegura oferta abundante de alimentos.

A despeito dessas políticas indicarem projetos deliberados, no sentido de salvaguardar as bases da expansão capitalista que permitam a expansão do mercado de consumo de bens duráveis, como aponta Abramovay, é possível reconhecer vestígios do paradigma que esse autor critica, quando pondera que o legado de Lênin e Kautsky são insuficientes para analisar o desenvolvimento do capitalismo na agricultura.

Conforme já foi salientado, esse paradigma se travestiu, na contemporaneidade, de rejeição ao papel político da classe camponesa: na obra em questão, isso fica evidenciado na concepção de que o projeto político se construiu muito menos em função do poder de pressão dos agricultores e mais em função da necessidade de ampliação de mercados para os produtos industrializados.

A implicação direta dessa leitura é a concepção de que os camponeses são sujeitos passivos, incapazes de influenciar projetos políticos mais amplos. Isso explicita a perda da dimensão contraditória do desenvolvimento social, descaracterizando os embates e conflitos próprios do movimento da realidade. Certamente para entendê-lo é preciso considerar os pactos sociais e políticos construídos e refeitos historicamente, a exemplo da Revolução Francesa e da Guerra da Secessão nos Estados Unidos.

Portanto, não se trata de picuinhas conceituais, meros detalhes, visto que por trás das concepções teóricas se constroem (não necessariamente nessa ordem) projetos concretos de intervenção na realidade, os quais modificam o presente e redefinem o futuro. No quarto capítulo demonstraremos como as políticas públicas são provas irrefutáveis desses apontamentos. Sobre a dimensão desse conceito, Shanin relata:

> Um camponês não é uma palavra vazia a refletir os preconceitos do *populus*, as frivolidades linguísticas dos intelectuais ou ainda, conspirações de adeptos de uma ideologia, embora às vezes isso possa ser verdadeiro. Se revogado, este conceito (ainda?) não pode ser facilmente substituído por algo de natureza semelhante. Ele tem, assim como os conceitos de *capitalismo*, *proletariado* e, é claro, *modo de produção*, potenciais de reificação, isto é, pode ser enganoso, assim como ser usado para enganar, especialmente quando utilizado de maneira ingênua. Tem-se dito corretamente que *o preço da utilização de modelos é a eterna vigilância*. É verdade também que sem tais construções teóricas não seria absolutamente possível qualquer progresso nas ciências sociais. O camponês é uma mistificação principalmente para aqueles que são propensos a se tornar mistificados [...]. Em última instância, os conceitos devem servir não a *uma questão de reconciliação dialética de conceitos*, mas à *compreensão das relações reais*. [...] excetuando sua mistificação e sua utilização ideológica, o conceito de campesinato cumpriu, muitas vezes, todos esses serviços. Esta capacidade ainda não se esgotou. (Shanin, 1980, p.76, 77, grifo do autor)

Assim, ao instituir como eixo estrutural de análise as relações econômicas, nas quais o mercado comparece como agente exclusivo e soberano, toma vulto a ideia de que o camponês deixa de ser *sujeito criador de sua própria existência*, tarefa essa supostamente assumida pelo mercado. É imbuído dessa concep-

POR UMA GEOGRAFIA DOS CAMPONESES **65**

ção teórica que Abramovay propõe a substituição automática do conceito de camponês por agricultor familiar, excluindo as demais dimensões que constituem esse modo de vida, pela própria noção de inconsistência de análises que possam privilegiar a lógica que preside a fração camponesa do território:

> Uma agricultura familiar, altamente integrada ao mercado, capaz de incorporar os principais avanços técnicos e de responder às políticas governamentais não pode ser nem de longe caracterizada como camponesa... [Teríamos assim] unidades produtivas que são familiares, mas não camponesas. (Abramovay, 1990, p.7, 10)

Daí inferirmos que a referida análise distancia-se dos pressupostos de Marx, ao privilegiar não as relações sociais, mas o mercado, instituindo--o como elemento que funda a sociedade e as classes, sugerindo assim um alinhamento com algumas concepções leninistas.

Perde-se, assim, a dimensão multiforme das relações sociais (o que não exclui a dimensão econômica), visto que as trocas são um componente indissociável desse modo de produção, o que não permite supor que as relações, qualquer que seja o recorte de classe, passem incólumes a essa lógica.

O pressuposto de que a iminência do mercado extermina o campesinato nos remete àquela velha concepção de que essa classe social seria um resíduo em vias de extinção, pois, se admitirmos que ela é parte do capitalismo, não é possível sentenciá-la ao isolamento das condições produtivas orquestradas por esse modo de produção.

Esse seria um dos exemplos em que a obliteração de uma classe social (os camponeses), em função de um elo econômico (a relação com o mercado), revela um hiato analítico, o qual é questionado por Shanin:

> Aceitar a marginalização como um dos padrões de mudança *camponesa*, sob o impacto do capitalismo, é condição para a resolução de mais uma dúvida conceitual. Quando, se acontecer, um camponês deixa de ser camponês, mantendo embora como unidade de produção o estabelecimento rural familiar? (Shanin, 1980, p.59, grifo do autor)

Como se viu, em Abramovay (1990, p.139), a resposta estaria na metamorfose dos camponeses em *agricultores profissionais*, o que a nosso ver suprime, num passe de mágica, uma classe e, por extensão, os embates políticos existentes no interior do modo capitalista de produção.

66 ELIANE TOMIASI PAULINO

Some-se a isto o equívoco em interpretar a sociedade partindo do pressuposto de que a produção do capital é incompatível com a lógica de reprodução camponesa. Isso permite uma constatação: desconsidera-se a constante readequação capitalista com vistas a manter as condições da reprodução ampliada. Conforme já foi salientado, peca-se por reduzir a lógica capitalista a um jogo de forças de composição binária, ou seja, capital e trabalho, simplificação que o próprio Lefebvre (apud Martins, 2000, p.112) considera um empobrecimento caro ao pensamento de Marx. Shanin assim se pronuncia a respeito:

> [...] sob certas condições, os camponeses não se dissolvem, nem se diferenciam em empresários capitalistas e trabalhadores assalariados e tampouco são simplesmente pauperizados. Eles persistem, ao mesmo tempo que se transformam e se vinculam gradualmente à economia capitalista circundante, que pervade suas vidas. Os camponeses continuam a existir, correspondendo a unidades agrícolas diferentes, em estrutura e tamanho, do clássico estabelecimento rural familiar camponês. (Shanin, 1980, p.58)

Por outro lado, a falta de definição do que seria acumulação monetária dentro das unidades camponesas se encarrega de fomentar a confusão: ao se estabelecer como critério metodológico a homogeneidade, elegendo a primazia absoluta das relações capitalistas, perde-se de vista a essência das diferenças. Conforme demonstrou exaustivamente Chayanov (1974), a acumulação monetária dentro das unidades camponesas tem por critério a garantia da satisfação das necessidades de consumo da família, por intermédio do princípio de equilíbrio entre trabalho e consumo às expensas da diminuição da autoexploração.

Não se quer, com isso, corroborar a ideia recorrente em Abramovay (1990, p.95) de que os camponeses são avessos ao trabalho exaustivo. Ao contrário, isso explicita uma lógica diametralmente oposta à capitalista, visto que na última, a acumulação de capital segue o princípio do investimento associado à expansão do trabalho assalariado; em outras palavras, aumento da exploração da força de trabalho, coroando o processo da reprodução ampliada.

Outrossim, é incontestável o papel estratégico da agricultura dentro do capitalismo contemporâneo. É esse autor que adverte que há uma monitoração criteriosa dos países centrais na atividade, com pesados subsídios, para garantir renda aos produtores e, por extensão, oferta de alimentos a preços que permitam a supremacia econômica da burguesia industrial:

[...] a agricultura tem um papel decisivo no processo de rebaixamento permanente do custo de reprodução da força de trabalho. Neste sentido, o mecanismo de preços permite uma verdadeira transferência intersetorial de renda, onde se beneficiam não só os setores que lidam diretamente com a compra de produtos agrícolas e a venda de insumos e máquinas, mas o conjunto do sistema econômico, pelo caminho da redução da parte do orçamento das famílias dedicadas diretamente à alimentação. (Abramovay, 1990, p.271)

Contudo, analisemos algumas derivações desses pressupostos:

O peso da produção familiar na agricultura faz dela hoje um setor único no capitalismo contemporâneo: não há atividade econômica em que o trabalho e a gestão estruturem-se tão fortemente em torno de vínculos de parentesco e onde a participação de mão-de-obra não contratada seja tão importante [...]. Todas as comparações a respeito de rendas agrícolas e de setores da economia urbana mostram, com efeito que, nos países capitalistas avançados, os agricultores frequentemente não alcançam sequer o correspondente ao salário de um trabalhador com um mínimo de qualificação [...]. Em 1960 estavam [...] abaixo deste referencial em 43,5%. [...] Esta aliás é a base objetiva da capacidade que tem o Estado, em vários países europeus [...] de estabelecer o nível de preços agrícolas tomando por referência *uma renda onde os agricultores avaliam sua atividade não a partir do custo de oportunidade do capital, mas sim do custo de oportunidade do trabalho.* (Abramovay, 1990, p.251, 272, grifo da autora)

Na trilha de tantos outros autores que investiram na supressão conceitual, Abramovay explicita nessa passagem a dificuldade de cotejar os pressupostos teóricos com as evidências destacadas. Como já foi demonstrado, a explicação da sujeição desses que ele chama de *agricultores profissionais* a uma atividade cujo rendimento chega praticamente à metade daquela dos trabalhadores assalariados mais desqualificados, não pode se pautar por parâmetros capitalistas, por denunciar a singular lógica camponesa.

Parece um equívoco preconizar a diluição do código camponês no entrelaçamento com o mercado, quando o mesmo não incorporou padrões proletários, tampouco capitalistas, conforme foi destacado na transcrição acima. Assim, há que se considerar que somente a lógica *sui generis* do campesinato é que pode lançar luzes para a devida compreensão dessas questões.

Considerando que a renda se reveste do resultado estrito do trabalho camponês, é necessário considerá-la dentro da especificidade de classe, pois como nos lembra Chayanov, a renda é um fenômeno real, econômico e social, criado a partir de uma gama de relações sociais, que surgiram a partir das bases da produção agrícola.

[...] podemos admitir que los factores generadores de renta que en la unidade de explotación capitalista dan surgimiento a los fenomenos de la renta economica de la tierra como una forma particular de ganancia extraordinaria, en las unidades de explotacion domestica y familiar provocan un alza del nivel de consumo, un aumento en la capacidad de acumular capital y un relajamento de la intensidad en la fuerza de trabajo. (Chayanov, 1974, p.276)

Portanto, no caso em questão, os ganhos realizam-se sob a forma de rendimentos brutos divididos entre acumulação monetária e satisfação das necessidades de consumo da família, tornando muito complexa a estimativa da renda da terra, mas que em última instância não se traduz em aumento ou diminuição de ganhos monetários, mas no aumento da produtividade do trabalho, o qual se reflete no nível de consumo e bem-estar da família.

Isso nos obriga a rever os indicadores tradicionais dos rendimentos camponeses, já que não foi suficientemente aclarado qual o patamar definidor do nível de miserabilidade relacionado a essa classe.

Onde entra a segurança alimentar da família camponesa? Igualar essa classe aos demais trabalhadores, que obrigatoriamente adquirem tudo o que consomem no mercado, camufla um ganho efetivo que não tem condição de ser computado.

Além disso, não é possível descartar a alimentação da cesta de consumo de uma população empobrecida, como o é a brasileira, ao se perder de vista que os camponeses têm uma produção voltada para o autoconsumo, variável de acordo com sua inserção no circuito produtivo.

Questões para as quais não se tem respostas acabadas. É por isso que os conceitos somente são válidos desde que representem e expliquem aspectos do real. O permanente movimento da realidade não permite o seu congelamento, obrigando a uma interminável reconstrução e, quiçá, seu descarte, sempre que a realidade o exigir e a capacidade intelectual permitir, pelas próprias limitações com que nos deparamos no esforço de interpretar a realidade.

A desconceituação pode ser um caminho válido, desde que não floresça o hiato conceitual. É certo que esse muito mais favorece a manutenção do *status quo* que auxilia o avanço do conhecimento, entendendo este não como produto neutro de uma sociedade de classes, mas resultado concreto do trabalho intelectual voltado à humanização da sociedade.

Debates e embates na geografia agrária brasileira

Após essa reflexão acerca das questões conceituais mais amplas que envolvem o campesinato, é conveniente que se aponte, em linhas gerais, como a geografia agrária se inscreve nesse debate.

Porém, ao fazer isso é importante retomar os pressupostos filosóficos que têm norteado esse campo do conhecimento, o que nos leva a rever os fundamentos próprios do conhecimento geográfico e dos embates travados no interior dessa ciência.

Ao relembrar a história do pensamento geográfico, é necessário situar a sua origem a partir de um enfrentamento de cunho geopolítico travado no século XIX por duas nações emergentes, a França e a Alemanha.

O embate supostamente fundamental da ciência geográfica nascente, qual seja, os pressupostos deterministas, de um lado, e os possibilistas, de outro, reforçou a ideia de que essa ciência se constituiu, exclusivamente, sob o signo do positivismo, como se estivesse circunscrita às evidências empírico-descritivas da paisagem.

Entretanto, essa ideia revela-se mais uma simplificação que, entre tantas outras, visa a ocultar a pluralidade filosófica existente no interior do processo de constituição do pensamento geográfico.

Segundo Oliveira (1994, p.25, 26), no século XIX, momento em que se registra a gênese da geografia moderna, houve importante debate travado no interior das ciências humanas entre materialismo e idealismo, debate este que provocou, na geografia, uma fissura teórico-metodológica, face à incorporação de fundamentos filosóficos tão opostos como o são o positivismo, o historicismo e a dialética.

Com o ocultamento dessas diferenças estruturais presentes nos alicerces da geografia, em essência, dificultou-se a propagação dos fundamentos filosóficos do materialismo e da dialética, somente retomados décadas depois.

Isso de certo modo revela a falácia do ideário da liberdade, igualdade e fraternidade empunhado pela burguesia, desde o princípio ocupada em implantar o consenso, inclusive dentro da ciência. Essa é a razão pela qual os estudiosos de orientação materialista e suas respectivas obras foram ignorados, dificultando a consolidação dessa matriz filosófica. Assim, não é por acaso que a produção geográfica está impregnada das premissas do positivismo, entre as quais Oliveira destaca:

70 ELIANE TOMIASI PAULINO

- A sociedade seria regida por leis naturais, sobre as quais não se tem controle, o que implicitamente sugere não ser a mesma dotada de capacidade de interferir nos rumos dos processos sociais;
- Supondo-se legítima a naturalização da sociedade, a utilização dos procedimentos e métodos empregados para a interpretação dos fenômenos da natureza não comprometeria o entendimento dos fenômenos sociais, sendo dispensável métodos próprios;
- Os cientistas deveriam limitar-se a atuar de forma objetiva e neutra, o que implica ignorar os condicionantes sociopolíticos decorrentes de sua inserção em uma sociedade de classes, com interesses divergentes.

Convém lembrar que embora o positivismo tenha surgido como utopia crítico-revolucionária da burguesia antiabsolutista, tornou-se, ainda no século XIX, uma ideologia conservadora, identificada com a ordem industrial/burguesa estabelecida. Este postulado de neutralidade valorativa das ciências humanas conduziu, inevitavelmente, à negação, ou, a que os seguidores ignorassem o condicionamento histórico-social do conhecimento. Por outro lado, reforçou sua base doutrinária na objetividade/neutralidade científico-social. (Oliveira, 1994, p.26)

Portanto, essas questões explicam as razões pelas quais ganhou visibilidade a geografia assentada em bases positivistas, ocasionando a depreciação ou banimento de importantes estudiosos e suas respectivas obras, como é o caso de Reclus e Kropotkin.

Desse legado não se libertou completamente a ciência geográfica do século XX, em particular a geografia brasileira, pois a posição do Brasil no contexto do desenvolvimento capitalista gerou um campo fértil para o conhecimento utilitário, sendo o planejamento um instrumento privilegiado de apropriação dos recursos e gestão do território.

Nessa conjuntura, importante parcela da produção geográfica se fez a partir dos interesses oficiais de planejamento; dito de outra forma, parte importante da produção geográfica esteve atrelada às conveniências da acumulação capitalista, portanto, em desacordo com as principais demandas socioambientais.

Considerando que esse momento coincide com a implantação de vários departamentos e cursos de geografia, instala-se um falso debate entre a corrente denominada geografia tradicional e a corrente denominada nova geografia, já que, em essência, ambas se mantêm presas às mesmas concepções

POR UMA GEOGRAFIA DOS CAMPONESES **71**

de mundo. A primeira, por estar baseada no empirismo e na descrição, e a segunda, por estar vinculada ao neopositivismo, privilegiando a abordagem lógico-quantitativista dos fenômenos geográficos.

> [...] a *geografia tradicional* [...] a partir do trabalho empírico-descritivo estudava a paisagem, *ignorando* a realidade. Com base nas observações e em pressupostos historicistas chegavam a conclusões positivas. Presos a uma concepção idealista, privilegiavam o objeto, simbolizando-o através de estudos de diferentes lugares, organizando as partes que comporiam o todo. A nova geografia, [por sua vez], tem como fundamentação filosófica o neopositivismo, analisando uma realidade construída a partir de pressupostos lógicos dos modelos matemático-estatísticos. Presa a uma concepção ideal, previamente estruturada da realidade objetiva, privilegia o método e sacrifica o objeto na sua essência, descaracterizando a realidade. (Fernandes, 1998, p.94, grifo do autor)

Essa última encontrou terreno fértil não só em várias universidades públicas, mas nos próprios órgãos de fomento de pesquisa, nos quais seus representantes puderam interferir nos rumos da produção geográfica brasileira, ao direcionar grande parte dos recursos aos projetos afinados com tais pressupostos. Do ponto de vista da geografia agrária, essa vertente manifesta-se em trabalhos marcados por uma abordagem preocupada com a aplicabilidade de sistemas e modelos matemático-estatísticos, que não comportam as relações envolvidas nos processos produtivos.

> Nessa concepção, a priori, a realidade agrária é vista a partir de uma tipologia, em que as relações sociais não são consideradas. O que importa é a classificação de áreas através de tipogramas. Os processos de transformação da agricultura são descritos em uma visão técnico-linear. (Fernandes, 1998, p.103)

Uma das expressões dessa orientação teórico-metodológica é a obra de Diniz (1984), a qual sacrifica, desde o título, o agrário em favor do agrícola. Daí a pertinência de volvermos a Valverde (1964) que, décadas atrás, já assinalara as limitações dessa denominação, identificando na expressão geografia agrícola apenas o estudo da distribuição dos produtos cultivados e de suas condições de meio, excluindo dela o regime de propriedade, as relações de produção, enfim, o conteúdo socioterritorial que configura o agrário.

72   ELIANE TOMIASI PAULINO

Os apontamentos de Valverde já sugerem que nem todos se renderam aos apelos da ciência hermética, produzida a partir de bases materiais privilegiadas, que, nos períodos de redefinição efetiva das estratégias de acumulação, foram ainda mais explícitas.

Assim, toma vulto uma produção intelectual que não se presta aos desígnios estritos da acumulação capitalista, culminando em profundos embates no interior da academia. Contudo, foram eles que tornaram a geografia brasileira mais rica, mais próxima dos desafios de seu tempo.

No interior da geografia agrária, esse movimento adquire visibilidade com trabalhos como os de Manuel Correia de Andrade e do próprio Orlando Valverde. Adentram, pois, a trilha dos embates inicialmente travados na academia francesa, quando importantes geógrafos, entre os quais Yves Lacoste, Jean Tricart e Pierre George empreendem memorável esforço no sentido de recuperar a dialética como fundamento de sua produção científica.

No entanto, não foram poucas as dificuldades com as quais se debateram esses geógrafos para se livrarem da influência idealista, produto do estágio da produção científica de seu tempo. Ao destacar a importância da obra de Valverde, *Geografia agrária do Brasil*, Oliveira remete-nos a essa perspectiva:

> Valverde vivia, quando escreveu esse livro [*Geografia Agrária do Brasil*], a contradição intelectual daquela época, entre uma visão historicista da geografia como ciência, e a sua firme posição política de compromisso com a transformação da sociedade. (Oliveira, 1994, p.27)

Assim, devemos considerar que esses trabalhos derivam de um contexto em que o próprio sentido dos estudos geográficos era outro, visto que o país se encontrava em uma transição entre o agrícola e o industrial, entre o rural e o urbano.

Enquanto se manteve sob a hegemonia da economia agroexportadora, o campo constituiu-se a principal temática dos estudos geográficos. Esses estudos, conforme já foi salientado, moldaram-se a partir de análises centradas na distribuição geográfica da produção agrícola e sua significação econômica.

Todavia, o fato de estarem calcados nos fundamentos do historicismo clássico, de viés idealista, não os torna menos importantes, pela sua contribuição fundamental para a consolidação da geografia brasileira. Diríamos que representam as bases de implantação de uma "escola geográfica" no país. A participação de inúmeros profissionais europeus, sobretudo franceses, na formação dos jovens geógrafos impôs-lhes uma desafiadora tarefa: construir uma geografia agrária brasileira. Com isso, foi necessário romper com alguns tabus inerentes à visão eurocêntrica dos trópicos, empreitada vitoriosa, de certo modo em virtude da troca de experiências proporcionada pela radicação temporária de alguns deles no Brasil.

Dessa fase saem os discípulos que se tornarão os mestres da fase posterior: a geografia agrária derivada dos fundamentos filosóficos do materialismo dialético. Ao incorporarem em suas análises os processos histórico-sociais relacionados ao campo, geógrafos como Orlando Valverde e Manuel Correia de Andrade revelaram já estar sob a influência da dialética. Com isso, colocaram-se à frente de seus contemporâneos, tornando-se referência nos embates posteriores que culminaram no fortalecimento do chamado movimento da geografia crítica.

Considerando a sequência linear da geografia agrária, esses profissionais farão escola, contribuindo para a formação das principais vozes destoantes do período de domínio da geografia quantitativa.

Aos sucessivos golpes no prestígio do paradigma pragmático, somar-se-á, no início dos anos 1970, a produção de cunho materialista dialético, destacando-se Ariovaldo Umbelino de Oliveira, cuja tese de doutorado inaugura dentro da geografia agrária a incorporação meticulosa dos conceitos básicos dessa matriz filosófica.

Portanto, esse é o momento em que as questões subjacentes aos pressupostos teórico-metodológicos da geografia quantitativa não conseguem mais se impor de forma hegemônica sob o signo do rigor matemático-estatístico.

Reunidos em torno de concepções filosóficas e políticas comuns, convictos de que o paradigma idealista dominante não investia essa ciência de um instrumental teórico-metodológico adequado à análise e interpretação geográfica dos processos e fenômenos de seu tempo, parte dos geógrafos se insubordina.

Toda essa pulsação culmina nos acalorados debates do final dos anos 1970, sendo que, no Encontro Nacional de Geógrafos de 1978, as profundas fissuras teórico-metodológicas tornam-se explícitas.

Esse processo de renovação se alimentará, no campo da geografia agrária, de importantes obras de Oliveira, centradas na concepção de que, no

74   ELIANE TOMIASI PAULINO

campo, o desenvolvimento contraditório do capitalismo se manifesta na territorialização do capital, de um lado, e na monopolização do território pelo capital, de outro.

Essa elaboração teórico-metodológica se constitui em contraponto ímpar ao paradigma da modernização do campo, que, renascida sob as bases filosóficas da geografia quantitativa, privilegiará as condicionantes técnicas da produção agrícola.

Em suma, na atualidade, velhos embates manifestam-se em novos debates dentro da geografia agrária. Isso porque as distintas matrizes filosóficas se materializam em novas escolas, cujo arcabouço conceitual acena para as profundas diferenças existentes.

Do ponto de vista da proposição desse trabalho, destacamos a oposição que consideramos fundamental: agricultores familiares ou camponeses?

Conforme destacamos anteriormente, a terminologia agricultor familiar constrói-se em substituição ao conceito de camponês. Sua utilização implica o entendimento de que o progresso técnico é o elemento fundante dos processos em curso no campo. É por isso que o mesmo é refratário ao conteúdo de classe, sendo, em suma, o desdobramento ulterior de um princípio basilar do positivismo, o conservadorismo.

Entendemos que isso revela uma rejeição a Marx, que identificou na tríade capitalistas, proletários e proprietários de terra, os fundamentos para o entendimento das relações de produção dentro do capitalismo. Excluindo-se a classe, diluem-se os sujeitos e nega-se a contradição que, a rigor, torna os homens e mulheres instrumentos passivos do capital, essa abstração que encobre as relações sociais subjacentes e, por conseguinte, os projetos políticos que privilegiam uns e excluem outros.

Por tudo isso, cremos ter explicitado a pertinência de recorrermos ao conceito de camponês para analisarmos essa classe *sui generis* que, contraditoriamente, se reproduz no campo. Como um elemento de dentro do capitalismo, esses sujeitos seguem, incorporando técnicas, produzindo mercadorias sem, contudo tornarem-se capitalistas face o controle dos meios de produção; sem tornarem-se proletários, ainda que o trabalho familiar seja o fundamento de sua reprodução.

2
QUESTÃO AGRÁRIA:
GENERALIDADES E SINGULARIDADES

Ao se propor uma abordagem sobre a questão agrária a partir de um recorte geográfico, o estado do Paraná, entende-se que essa análise não pode prescindir de considerações acerca dos projetos de gestão do território definidos em escala nacional.

Dessa feita, partimos do pressuposto de que a questão agrária paranaense é a expressão de um processo tanto único quanto abrangente, seja do ponto de vista espacial ou temporal, cujo esforço analítico busca uma conciliação entre essas duas esferas, até mesmo para que se possa apreendê--lo em suas singularidades e generalidades.

Do ponto de vista temporal, salientamos que a questão agrária é mais ampla do que muitas vezes se quer reconhecer, visto articular um conjunto de forças em que a construção do território capitalista do Brasil vem assumindo feições de acordo com as conveniências que se fazem hegemônicas ao longo do tempo, as quais podem ser genericamente apreendidas em três momentos decisivos.

Inicialmente merece destaque a gênese da questão agrária brasileira, a qual emerge com a colonização europeia. Esse é o momento em que as tradicionais formas de gestão do território, com toda a sua pluralidade, sofrem violento assalto, sendo sistematicamente banidas em favor de um controle exógeno e centralizado. Como é amplamente reconhecido, esse período coincide com a expansão mercantilista, ensaiando as profundas transformações oriundas do modo capitalista de produção, em particular na sua expressão colonialista.

Guardadas as variações decorrentes de uma combinação de fatores, tais como situação sociopolítica e projetos diferenciados das nações colonizadoras, bem como a localização geográfica e recursos naturais das áreas capturadas, o colonialismo propiciou uma transferência de riquezas intercontinentais até então sem precedentes, situando, desde o princípio, nascentes Estados nacionais europeus em privilegiada posição no mecanismo de trocas desiguais.

Conforme Caio Prado Júnior (1986), o Brasil ingressa nessa ordem como Colônia de Exploração, organizando todas as atividades produtivas em função da acumulação em favor da metrópole, sendo a terra apenas um instrumento intermediário a assegurar esse fim, uma vez que, nesse período, o fundamento da economia está na escravidão.

Conforme assevera Martins (1995), a forma lucrativa com que se revestiu o tráfico de escravos vincula a viabilidade da economia agroexportadora à concentração fundiária, por duas razões: a dimensão do "negócio" e a necessidade de obliterar qualquer experiência que pudesse implicar concorrência, como seria o caso da produção baseada no trabalho livre, dado o alto custo do trabalhador cativo.

Por representar renda capitalizada, os escravos se constituem no bem de maior valor dos senhores, o que não dispensa a necessidade de controle sobre a terra, o real meio de produção. Com isso, ela se mantém refém desse grupo, cujo prestígio já lhe assegurara a concessão das cartas de sesmaria,[1] e, ao mesmo tempo, esse *status* lhe outorga poderes inalienáveis na esfera político-administrativa.

Nasce assim a versão promíscua entre esferas públicas e o poder privado que emana da terra, razão pela qual as políticas invariavelmente velarão pela manutenção da concentração, ainda que, à revelia, se construa um modelo alternativo de exploração agrícola, baseado no trabalho familiar e nas atividades voltadas para o autoconsumo com produção de excedentes para o mercado.

Seus agentes representam o campesinato em formação, já que na referida estrutura os camponeses não estão inseridos, a não ser como "intrusos", pois estão sujeitos à permanente migração, sempre que suas posses forem alcançadas por uma carta de concessão.

---

1 A concessão de terras, via cartas de sesmaria, era privilégio exclusivo de homens brancos, em especial fidalgos diletos da Coroa Portuguesa.

Isso demonstra o descompasso de forças na composição do pacto social brasileiro; enfim, sinaliza os rumos que tomaria a questão agrária, considerando aquilo que Prado Júnior (1986, p.81) classifica de ausência de descontinuidades históricas, pois "a linha mestra e ininterrupta de acontecimentos se sucederam em ordem rigorosa e dirigida sempre numa determinada orientação".

Assim se passaram cerca de três séculos, pois a constituição geográfica do país, o teor do povoamento e a natureza das relações econômicas travadas tanto internamente quanto na esfera internacional impuseram um ritmo lento à expansão da fronteira, marcando a assimetria na formação dos blocos oligárquicos. A partir daí, questões emergentes modificarão estruturalmente a situação agrária brasileira, com destaque para a resolução de 17 de julho de 1822, a qual extingue o regime de sesmarias.

A Constituição do Império (25 de março de 1824), no Artigo 179 do Título VI, o qual trata das disposições gerais e garantias dos direitos civis e políticos dos cidadãos, prevê no item 22:

> É garantido o direito de propriedade em toda a sua plenitude. Se o bem público, legalmente verificado, exigir o uso e emprego da propriedade do cidadão, será ele previamente indenizado no valor dela. A lei marcará os casos em que terá lugar esta única exceção e dará as regras para se determinar a indenização. (apud Costa, 1977, p.38, 39)

Constata-se, portanto, que o livre acesso à terra, representado pelo fim da regulamentação até então existente, coincide com os primeiros sinais de decadência do regime escravista, decorrente tanto do empenho britânico em expandir mercados consumidores em suas áreas de influência quanto da resistência dos escravos ao cativeiro.

Dessa maneira, a corrida pela terra da liberdade torna-se incompatível com os interesses dos senhores de escravos, cuja ciência quanto à inevitabilidade da transformação do regime de trabalho, conduz à busca deliberada de alternativas de manutenção do *status quo*. Estaríamos, pois, diante do momento de reafirmação da questão agrária brasileira.

Esse é o contexto que fomenta a Lei de Terras (1850), a qual, apesar das dificuldades de regulamentação e implementação, altera a composição de classes e sua respectiva força política no cenário nacional e, por outro lado, representa a consolidação da questão agrária, pois o pressuposto da mercantilização implica uma postura ainda mais conservadora e excludente que o acesso precário, via posse da terra, permitira até então.

Segundo Costa (1987), a Lei de Terras é gerada dentro de um conflito entre duas concepções de propriedade e política de terras que persiste do século XVI ao século XX: de terra da Coroa a terra pública; de doação por recompensa a doação para exploração econômica; de signo de prestígio social a signo de poder econômico. Desse modo, antes da Lei de Terras, o poder econômico deriva do prestígio social, pois é o último que assegura a concessão de terras. A partir de 1850, o prestígio social vai derivar do poder econômico, visto que o poder de compra passa a mediar o acesso à propriedade.

Esse seria o momento de definição da questão agrária, tal qual é percebida hoje, pois a referida Lei é portadora de uma dada concepção de controle e gestão do território que, em última instância, apresenta desdobramentos nas diversas esferas da sociedade, seja política, jurídica ou econômica.

Ao preconizar a transformação da terra em mercadoria, sendo artificialmente elevados seus preços, busca-se não apenas ordenar a apropriação fundiária a partir de uma orientação concentracionista, mas sobretudo persegue-se a subjugação da força de trabalho em favor de uma classe numericamente inexpressiva, mas politicamente hegemônica.

Com esse projeto, o Brasil se vê mergulhado numa teia de relações em que são profundamente cerceadas as possibilidades de desenvolvimento efetivo, já que grande parte da população será atirada em uma situação limite entre inclusão precária, via venda da força de trabalho e exclusão absoluta, sempre que não houver empregos disponíveis.

Os resultados dessa orientação estão aí, contrastando com todos os países que viram na democratização da propriedade fundiária a chave do desenvolvimento e inclusão social.

A fim de exemplificar tal situação, recorre-se ao caso estadunidense, pela coincidência de passado colonial e promulgação de Lei disciplinando o acesso à terra ao mesmo tempo que o Brasil. No entanto, trata-se de uma Lei com teor completamente diverso: o *Homeasted Act* assegurou terra e condições mínimas de permanência a todos que desejassem se estabelecer como produtores autônomos.

Assim, é indiscutível que tanto no Brasil quanto nos Estados Unidos a modificação das formas reguladoras de acesso à posse/propriedade da terra representa uma mudança na concepção de trabalho.

POR UMA GEOGRAFIA DOS CAMPONESES **79**

Conforme foi apontado, no Brasil, ela foi mediada pelo princípio de que o poder monopolístico da oligarquia agrária deveria manter-se na base do modelo econômico, impondo à maioria a venda barata da força de trabalho, contrastando assim com a opção do país do norte, em que a partilha fundiária foi utilizada como mecanismo de democratização, com a inclusão de ponderáveis parcelas da sociedade ao direito de propriedade; em suma, gerando maior distribuição da riqueza, um dos pilares do seu crescimento econômico posterior.

É por essa razão que a questão agrária não está circunscrita apenas à produção agrícola, mas também aos impactos que se acham inscritos nas diversas dimensões organizativas da sociedade. Ao preconizar um regime de coerção sobre os trabalhadores, vinculando suas possibilidades de reprodução às conveniências de um empreendimento instável, primordialmente voltado à satisfação de necessidades externas ao povo brasileiro, o modelo agroexportador lança seus desagregadores tentáculos às demais esferas produtivas, que o tem reproduzido, seja pelo fato de haver oferta de trabalho em excesso, seja pela cultura espoliativa disseminada no circuito patronal, em muitos casos camuflada por roupagens modernas.

Paradoxalmente, esse mesmo regime fundiário implica a possibilidade de consolidação da classe camponesa, já que o estatuto jurídico da propriedade elimina a hierarquia social institucionalmente implantada. No entanto, isso não elimina os efeitos perversos da supremacia oligárquica, antes os aprofunda, tornando a sobrevivência um permanente desafio, ao qual a classe camponesa tem respondido com uma resistência que lhe é peculiar.

O desdobramento desses atos jurídicos explicita a redefinição da questão agrária brasileira. Ao ser proposta uma divisão em três momentos, leva-se em conta que tanto no período de emergência quanto no de reafirmação anteriormente apresentados, foram os concessionários e ou proprietários os agentes por excelência das determinações que dimensionaram a questão agrária brasileira.

Nas primeiras décadas do século XX, novos agentes entram em cena, alterando a composição do pacto político. Entretanto, a origem da burguesia urbano-industrial não destoa, no essencial, daquela anteriormente descrita, já que no geral seus representantes são oriundos diretos do modelo agroexportador, especialmente do café, cujo cultivo propiciou um nível de acumulação de capital capaz de alavancar o processo de industrialização.

Ainda assim, a cisão se explicita, pois o aparelho de Estado é acionado em prol de interesses emergentes, passando a oligarquia a ocupar a posição que Martins (1994) denomina de bastidores, atuando no plano político sobretudo no zelo dos privilégios anteriormente adquiridos.

Em função dessa conjugação de forças no pacto político, são asseguradas as condições de reprodução anteriormente delineadas, mas não se consegue reprimir a recusa camponesa aos meios de extorsão representados pelo monopólio da terra.

É essa conjuntura que explicitará a extraordinária capacidade que classes aparentemente ambíguas possuem em alinhar-se nos momentos de transformação iminente, fato que culmina no golpe militar, cujos protagonistas irão selar um novo pacto agrário, diferente dos demais por implicar uma aliança *sui generis* que destoa de qualquer diretriz contemporânea, já que consegue unir proprietários fundiários e capitalistas.

No que se refere à composição das forças, a constituição dessa aliança denota a impregnação do conservadorismo no modelo de industrialização brasileiro, pois ao aliar-se ao bloco agrário, a burguesia nacional abdicou de um projeto capitalista *stricto sensu*.

Outrossim, a referida aliança sugere a utilização da estratégia de cooptação pelo bloco agrário, já que a melhor maneira de resguardá-lo seria somar forças com o setor financeiro e industrial. Esse fato foi consumado na régia oferta creditícia, via subsídios, o que atraiu massivo interesse de grandes empresas, que viram nessa política uma forma fácil de acumular, sem necessariamente investir no setor produtivo agrícola. Isso se comprova nos resultados da política de incentivos fiscais, eivada de corrupção e insucessos em termos de produção agrícola.

Assim se consolida a questão agrária brasileira, cuja fórmula de acumulação privilegia a extração da mais-valia social, via monopolização da propriedade e consequente potencialização da capacidade de extrair renda da terra. É essa mesma concentração que irá atuar no encolhimento do poder de barganha dos trabalhadores, nas esferas de representação dos mesmos, no tamanho do mercado interno, não apenas no sentido econômico, mas no nível de privação que o mesmo implica.

Genericamente, esse é o quadro agrário brasileiro, o que não elimina a necessidade de se analisarem as especificidades regionais, já que o território se define no conjunto de variáveis derivadas das particularidades geográficas e sociopolíticas, as quais se acham interligadas ao contexto mais geral.

POR UMA GEOGRAFIA DOS CAMPONESES   81

Tendo esse contexto como pano de fundo, é possível apreender seus desdobramentos na escala estadual. É o transbordamento da atividade cafeeira que insere o Paraná no circuito produtivo/mercantil, notadamente a sua porção norte, cuja trilha percorre as áreas geograficamente privilegiadas da região Sudeste até o ponto de exaustão, deixando atrás de si um rastro de depredação socioambiental, sempre compensado pela abundância de terras e braços. Ainda assim, essa atividade remodela, mais do que qualquer outra, parcelas do território, pela dinamização que o negócio imprimiu à economia nos dois últimos séculos.

Assim, em face da valorização prévia ativada pela expansão cafeeira e das próprias condições naturais privilegiadas, como fertilidade do solo e proximidade dos canais de escoamento da produção, o norte do estado do Paraná se tornará o principal alvo de cobiça dos mercadores de terras.

Nesse aspecto, aqui basicamente se repete o padrão nacional, em que, na primeira fase de ocupação, os indígenas são massacrados e expulsos, empurrados pela frente de expansão, cujo papel preponderante é a "limpeza"[2] da área para a expansão capitalista.

Considerando a escala macro, já que a proclamação da República implicou a transferência de todas as terras devolutas para os Estados (Artigo 64 da Constituição Federal de 1891), o Paraná caracterizou-se por políticas e projetos dúbios quanto à ordenação fundiária, sendo que a Lei 601 de 1850 somente foi regulamentada por intermédio da Lei Estadual nº 68, de 20 de dezembro de 1892. Conforme já foi salientado, somente na composição das forças políticas de cada momento é que se poderá encontrar a explicação para esse compasso de espera.

Segundo Costa (1977, p.29), a primeira carta de sesmaria do atual território paranaense foi concedida em primeiro de junho de 1614 na região de Paranaguá. Devido à descoberta de ouro de lavagem nesse local, houve crescente ocupação nesses moldes. Entretanto, o esgotamento das reservas auríferas e o deslocamento do eixo minerador para Cuiabá e Minas Gerais transformaram essa região em zona criatória, abastecedouro de carne das novas áreas mineradoras e, mais tarde, em zona de trânsito de mercadorias para as colônias recém-instaladas no Sul, bem como de tropas militares movimentadas pelos conflitos fronteiriços.

---

2 Limpeza no sentido de assegurar que não haja elementos humanos capazes de se tornarem obstáculos para a expansão capitalista.

82 ELIANE TOMIASI PAULINO

Não obstante, a questão agrária no Paraná se explicita imediatamente após sua transformação em Província, na ocasião do desmembramento da Província de São Paulo. Historicamente dominado por enormes latifúndios, construídos às expensas do regulamento sesmarial, os supostos concessionários valeram-se, por longo período, do interesse por arrendamento dessas áreas em função da demanda por erva-mate, espécie nativa e abundante.

Esse tipo de monopólio, notadamente calcado em irregularidades, passa a incomodar o poder público estabelecido, além de causar prejuízos na arrecadação de tributos. É o que motiva esforços no sentido de colonizar o estado. Entretanto

> [...] o problema não era somente vender as terras. Era necessário incentivar os posseiros a providenciar a medição e a legitimação das terras. O prazo para a entrada de requerimentos na Secretaria de Terras para medição era sempre prorrogado, principalmente devido aos problemas que os posseiros enfrentavam, fruto da crise geral pela qual passava o país em 1900. O prazo das legitimações e revalidações de terras seria sucessivamente prorrogado. (Costa, 1977, p.75)

O desencontro político-administrativo, no que se refere à efetiva partilha fundiária no Paraná, reflete o momento mais amplo de redefinição da questão agrária, pelo qual a mercantilização resulta em vantagens àqueles que se propõem a especular com terras.

Com a justificativa de cofres vazios, o estado do Paraná abdicou, desde a primeira República, de atuar incisivamente na ordenação fundiária, delegando esse papel a empresas de colonização, bem como a particulares, com a concessão da maior parte do patrimônio devoluto.

> Tornara-se uma indústria lucrativa e tranquilamente exercida a apropriação indébita das terras pertencentes ao patrimônio do estado, seja por processos violentos de invasão, seja mansamente, por meio de papéis ardilosamente arranjados, com aparência de legalidade, favorecidos, às vezes, pela complacência de altas autoridades administrativas. (Ribas apud Costa, 1977, p.92)

Daí os percalços das políticas de povoamento, uma vez que a ocupação ficara condicionada ao fator primordial que movia os colonizadores privados: a vantagem econômica nas transações com terras. Esse fato implicou o povoamento tardio, bem como a constituição de enormes latifúndios e pendências jurídicas, dada a própria conivência dos órgãos que deveriam regulamentar e fiscalizar as ações dessas empresas privadas.

POR UMA GEOGRAFIA DOS CAMPONESES **83**

O desinteresse na comercialização imediata das glebas, a título de valorização, representou enorme esvaziamento nas possibilidades de progresso que o vizinho estado de São Paulo já experimentava, à medida que a fraca densidade populacional minava a geração de receitas, com reflexos não somente na capacidade financeira deste, mas no próprio dinamismo agrícola e urbano-industrial.

Por essa razão, após a Revolução de 1930, houve uma mudança na política estadual de terras, preconizando-se o impedimento à formação de novos latifúndios. Para tanto, foram revistas as leis existentes, visando à normalização das concessões e ao gerenciamento das terras devolutas, além das revalidações e legitimações das posses, conforme aponta Costa (1977, p.84).

Como se vê, o esforço no sentido de limitar a ação dos especuladores coincide com a ascensão do pacto burguês em escala nacional, momento em que foram definidas algumas medidas no sentido de privilegiar a regularização das posses, a exemplo do Decreto 800, de 8 de agosto de 1931, que estabelecia a obrigatoriedade de comprovação de moradia habitual e cultura efetiva em áreas não superiores a 200 hectares.

Ao mesmo tempo, foram editados decretos que tornaram caducas várias concessões de glebas em manifestas irregularidades. Entretanto, segundo Costa (1977, p.90), essas medidas não passaram de paliativos, já que pouco interferiram nos processos agrários em andamento, expressos inclusive nos resultados a que chegou o Departamento de Terras, o qual anunciou, em 1933, que cerca de um terço das terras do estado haviam sido apropriadas de modo ilegal.

Nesse imbróglio, medidas aparentemente paradoxais foram tomadas, haja vista a promulgação da Lei 46, de 10 de dezembro de 1935, cujo artigo primeiro determina:

> Fica o Poder Executivo autorizado a promover a colonização das terras devolutas do estado, mediante concessão das glebas a emprezas [sic] ou particulares, que assinarão contrato onde se estipularão clausulas garantidoras dos interesses públicos e da fiel execução das condições de concessão. (Costa, 1977, p.96)

Essa Lei veio no sentido de postergar a disposição do estado para lançar-se em programas oficiais de colonização, fato ocorrido somente com a edição do Decreto 8.564 de 17 de maio de 1939. A partir de então, estabeleceu-se como prioridade a colonização oficial nas regiões com desmesurada prática de grilagem, essas últimas facilitadas pelo grande estoque de terras devolutas e processos de anulação de concessões.

Com efeito, ao assumir a colonização direta, o estado do Paraná se viu na contingência de reconhecer os benefícios dessa política:

> Tal circunstância evidencia, de sobejo, a conveniência do estado em promover a colonização direta de suas terras, comprovada pelos resultados obtidos [...]. Em contraposição ao sistema de concessões, cuja finalidade única é assegurar proventos materiais aos respectivos concessionários que obtêm as terras ao preço ínfimo e irrisório de 5$000 por hectare, alienando-as por valores elevados e dificultando, dest'arte o povoamento das massas, de vez que são alienadas a pessoas abastadas e não a colonos, prolongando o prazo que lhes é facultado pelos respectivos contratos com sucessivas e reiteradas prorrogações, a fim de obterem lucros vantajosos na transação comercial de simples venda de terras que continuam no estado primitivo, desabitadas e improdutivas. (Ribas apud Costa, 1977, p.103, 104)

Essa análise se dá no bojo das concepções que atribuem grande parte dos males no Paraná à grilagem e especulação de terras, em face da limitação administrativa ocasionada por baixa arrecadação tributária que, permanentemente, dificultava o empreendimento de medidas de visibilidade política. A transitória mudança de ventos pode ser apreendida no teor de alguns artigos da Constituição Estadual de 1947,[3] citada por Costa:

> Art. 82: Os latifúndios serão progressivamente extintos para condicionar o uso da propriedade ao bem-estar social, por meio de sanções fiscais e outras medidas estabelecidas em lei ordinária.

> Art. 84: O estado promoverá o parcelamento das suas terras devolutas, estabelecendo planos de colonização, doação e venda de lotes e, para isso, assegurará aos posseiros dessas terras, que nelas tenham morada habitual, preferência para aquisição de até 25 hectares;
> §1º Terão igualmente preferência para aquisição, até 100 hectares, os posseiros de terras devolutas que nelas tiverem cultura efetiva e morada habitual por mais de 10 anos ininterruptos;

---

3 Constituição do estado do Paraná de 1947, 1966, p.36.

POR UMA GEOGRAFIA DOS CAMPONESES   85

§2º O estado fará cessão gratuita, para fins agrícolas, de um trato de terras de até 25 hectares, a quem o requerer, mediante prova de que não possui outra propriedade, nem recursos financeiros para adquiri-la. (Costa, 1977, p.108)

Contudo, essas medidas previstas se fizeram, em larga escala, letras mortas, já que o aparelho institucional se manteve capturado por interesses e vícios latifundistas.

[...] há uma verdadeira liquidação do patrimônio territorial do estado [Paraná], em prazo curto, tendo-se convertido aquele setor administrativo em balcão de vendas de terras com o exclusivo interesse e benefício imediato de inúmeros intermediários ligados estritamente ao governo e do qual não compartilham os verdadeiros interessados, os ocupantes das terras, num completo desvirtuamento do verdadeiro objetivo da colonização racional. Uma das mais graves reduções foi a de preços, inexplicavelmente favorecendo alguns privilegiados, que podiam comprar grandes áreas [...] em prejuízo do verdadeiro interessado na colonização – o colono. Dentre as mais graves irregularidades destacavam-se a total desigualdade no encaminhamento do processo e titulação definitiva, a venda irrefreada de requerimentos deferidos, as falhas e omissões nos serviços de medição e demarcação e a entrega de títulos definitivos, com a inobservância do que era preceituado pela Constituição Estadual vigente [...]. Havia uma total desarticulação entre a área vendida e a área disponível, sendo que o estado vendeu o que não mais possuía, alcançando área superior a 130 mil alqueires de terra a área compromissada pelo governo com os requerentes com prestações pagas e cuja localização se pode dar em qualquer outra parte do país, menos no território paranaense. (Rocha Neto apud Costa, 1977, p.128)

Esse contexto nos permite analisar os desdobramentos no norte do estado, que manifesta profundos vínculos com a colonização privada, particularmente com a Companhia de Terras Norte do Paraná.

Para entender a ação dessa companhia, bem como a margem de manobra existente em seu projeto e ação efetiva em imensa área do estado, cujas marcas são indeléveis, não se pode perder de vista o contexto que permitiu tanto sua constituição como a modelação geográfica por ela imprimida.

Nesse sentido, cremos ter indicado o caráter mais geral das políticas fundiárias do estado, as quais, apesar de fomentarem um tipo específico de ocupação do patrimônio devoluto, não resultaram em um padrão específico de povoamento, pela pluralidade geográfica e sociopolítica própria de um território em construção.

Assim, há algumas variáveis que, em nosso entendimento, são responsáveis por essa combinação, expressa nas generalidades em relação à questão agrária nacional, nas particularidades dentro do caso paranaense e nas singularidades da área em apreço. Ao nos determos nelas, buscamos corroborar com o esforço que alguns autores já empreenderam no sentido de desfazer alguns mitos que envolvem essa região, em razão do papel desempenhado pela Companhia de Terras.

Isso se faz necessário pelo componente ideológico próprio de uma postura colonialista, a qual situa a suposta racionalidade e capacidade empreendedora da referida empresa em um patamar que oculta os conflitos e as condições de ação com que a mesma se deparou, e cujos privilégios não se repetem a quem os queira.

Cabe lembrar que o povoamento é anterior à ação da companhia, sendo a Colônia Militar de Jataí o primeiro núcleo a ser fundado (1855), seguido dos aldeamentos de São Pedro de Alcântara e São Jerônimo da Serra. Evidentemente, tais exemplos referem-se a processos de povoamento recente, já que essa região era densamente habitada por indígenas, paulatinamente expulsos ou exterminados com a chegada da frente de expansão e, posteriormente, da frente pioneira. Atualmente resistem uns poucos núcleos indígenas, bastante desestruturados por causa da violenta aculturação a que foram submetidos.

Na primeira fase, a ocupação caracterizou-se pelo regime de posse ativado pelo fluxo de mineiros que utilizavam esse traçado para conduzir as tropas negociadas na feira de Sorocaba, São Paulo, para o Sul. Predominava a agricultura voltada para o próprio consumo com produção de excedentes, sendo a suinocultura a principal atividade comercial.

Considerando que a normatização da Lei 601 de 1850 implicou, desde o princípio, a corrida por terras em razão da valorização, o norte do Paraná também foi alvo de grilagem, ação preconizada por João da Silva Machado, o barão de Antonina que, "onde fosse possível, fazia uma posse de terra e depois requeria sua legalização [...]. Por isso, foi chamado o primeiro papa-terras do Paraná e precursor dos grileiros", conforme Wachowicz (apud Bragueto, 1996, p.26).

Com efeito, o incremento do povoamento nas primeiras décadas do século XX se pautou na ocupação derivada de um surto de extraordinária valorização. Por estarem inseridas na rota da "marcha do café", tais terras

POR UMA GEOGRAFIA DOS CAMPONESES   87

foram antecipadamente transformadas em alvo de cobiça, dada a fertilidade e proximidade com os canais de escoamento, condição fundamental para a expansão da cafeicultura.

Assim tiveram início os conflitos e litígios fundiários, instalando contendas nas áreas de apropriação perpetradas pela frente pioneira, a qual incide sobre o que vulgarmente se denomina "terra amansada", ou seja, indígenas expulsos e existência de pontos de apoio e caminhos rudimentares construídos pelos primeiros ocupantes.

É nesse contexto que passa a atuar a *Paraná Plantations Company*, empresa inglesa atraída pela decisão do governo federal em abrir aos ingleses o patrimônio fundiário, em troca da instalação e operação de serviços públicos, via concessão. Não obstante, sua instalação atendia aos interesses dos fazendeiros do Norte Velho do estado do Paraná, que não dispunham de recursos para estender a estrada de ferro às terras férteis a oeste.

Assim, em 1925, a referida empresa cria a subsidiária nacional, a Companhia de Terras Norte do Paraná. Esta adquire diretamente do governo do estado uma gleba de 1.089.000 hectares os quais, incrementados com a compra de terras de particulares, resulta em um patrimônio de 1.321.499 hectares.

Para se ter uma ideia do nível de captura de renda que tal transação lhe proporcionou, basta considerar que a venda de apenas 23% da área, ocorrida na primeira década após sua implantação, foi suficiente para cobrir todos os custos com a aquisição das terras, demarcação dos lotes e implantação da infraestrutura básica, conforme salienta Tomazi (1989, p.168). Segundo Padis (1981), em 15 anos, as terras adquiridas ao preço de 20 mil réis por alqueire foram comercializadas a 500 mil, o que demonstra o quão lucrativa fora a empreitada, ainda que sejam consideradas as desvalorizações monetárias ocorridas no período.

Some-se a isso o direito adquirido pela companhia de obter do estado a concessão de 3.600 hectares de terra a cada quilômetro de estrada de ferro construída, incentivo que a levou a comprar a maior parte das ações da Companhia Ferroviária São Paulo-Paraná, transação concretizada em 1928. A partir de então, as obras de extensão da ferrovia foram aceleradas, permitindo a sua chegada a Londrina em 1935.

Não obstante, durante todo o período em que a empresa permanecera sob controle estrangeiro, uma série de medidas restritivas não lhe foram imputadas, entre as quais destacamos:

- Prazo de 12 anos para o pagamento de 46% da dívida contraída ao estado com a aquisição das terras, o que limitou sobremaneira a necessidade de capital próprio, já que parte apreciável dos lotes foi vendida à vista;
- Isenção de imposto territorial enquanto fosse proprietária das terras;
- Não aplicação, em suas áreas, da Lei Federal de 1931 que proibiu o plantio de café em virtude do excesso de oferta no mercado internacional;
- Não cumprimento do decreto de nacionalização da Ferrovia em que era acionária majoritária. (Tomazi, 1989, p.108)

Analisadas em conjunto, essas medidas revelam o grau de promiscuidade entre poder público e capital privado; enfim, denunciam a composição de forças que definiram os contornos da questão agrária norte-paranaense, haja vista os termos em que atuou esse grupo estrangeiro. Não resta dúvida de que isso resulta do jogo de interesses incrustado no aparelho de Estado, orientado pela conveniência de abdicar de um projeto nacional; apesar das negociatas lesivas para a sociedade, certamente foram proveitosos a uns poucos no exercício do poder.

Essa é também uma prova da submissão colonialista da qual as classes dominantes brasileiras não se livraram, seduzidas pelas migalhas que ainda lhes cabem no esquema de trocas, tornando extremamente seletivo o acesso às riquezas e altamente predatório o seu usufruto.

Quanto aos camponeses, não resta dúvida de que perdas patrimoniais dessa envergadura lhes afetaram diretamente, uma vez que, ao depararem-se com a intermediação especulativa da referida empresa, pagaram mais caro ou tiveram que abdicar do sonho da terra própria.

Embora essa tenha sido a regra para a partilha do patrimônio fundiário brasileiro, não se pode deixar de questioná-la. Sabe-se que a ciência não permite conjeturas sobre o passado, mas é o fato de as mesmas ações se repetirem, sob roupagens diferentes, que leva as pessoas a resgatá-las, até mesmo porque a nossa história está repleta de episódios em que a transferência da riqueza nacional se faz em benefício de seletos grupos, sendo, invariavelmente, socializadas as perdas.

Relembrar as formas lesivas com que o Estado tem gerido o patrimônio público não deve servir apenas para incutir na sociedade a ideia da inevitabilidade de tais políticas, pela sua prática histórica, mas também para despertar a indignação coletiva, arma eficaz contra a apatia e impotência

POR UMA GEOGRAFIA DOS CAMPONESES **89**

de uma sociedade que ainda não se articulou o suficiente para capturar as rédeas de seu futuro com ações concretas e incisivas no presente.

Ainda que se considerem as lutas travadas no norte do Paraná, que não foram poucas, há que se admitir as dificuldades de arregimentar forças suficientes para imprimir uma versão mais democrática de gestão territorial. Não que isso implique constatações peremptórias sobre o caráter das relações manifestadas nas parcelas do território, pois isso seria o mesmo que ignorar a sua constituição contraditória, pelos embates decorrentes de interesses contrários, que aqui também se manifestam.

É dentro dessa contraditória construção do território que a referida empresa foi vendida pelos ingleses a um grupo de capitalistas paulistas em 1944. Contribuíram, para isso, as diretrizes superestimadas da própria Companhia de Terras. Ao atuar a partir da lógica de mercado, mediada pelo monopólio fundiário de que dispunha, a companhia impôs uma valorização incompatível com os recursos de ponderável parcela de potenciais compradores, fato que culminou em índices de comercialização inferiores aos inicialmente projetados.

Para isso concorreu também o lampejo nacionalista, instaurado pelo Estado Novo (1937), que implicou a proibição da propriedade de terras por parte de não brasileiros, além de criar embaraços para a exportação de capitais e pesada taxação sobre os lucros das empresas estrangeiras, como relata Mombeig (1984, p.239, 240).

Entrementes, durante os 19 anos em que essa companhia foi proprietária de uma área equivalente ao território da Irlanda do Norte, imprimiu um modelo de colonização baseado na pequena propriedade. Segundo Tomazi (1989, p.168), a seu cargo foram comercializadas aproximadamente 24% da gleba, o que corresponde a algo em torno de 28% das propriedades demarcadas, predominando lotes de 20 a 30 hectares, dos quais 90% foram comprados à vista. Somados à ação de sua sucessora, a Companhia Melhoramentos Norte do Paraná, os resultados são os seguintes:

> No total, a Companhia [...] colonizou uma área correspondente a 1.321.499 hectares, ou ainda cerca de 13.166 km². Fundou 63 cidades e patrimônios, vendeu lotes e chácaras para 41.741 compradores, de área variável entre 5 e 30 alqueires e cerca de 70.000 datas urbanas com área média de 500 m². (CMNP, 1975, p.133)

Outrossim, deve-se salientar que o projeto de malha fundiária menos concentrada não foi movido por ideais progressistas da companhia, no sentido do desenvolvimento social, conforme veicularam seus agentes. Essa não passa de uma peça de propaganda cuja eficiência é incontestável, visto que até hoje muitos paranaenses têm uma certa veneração à companhia.

Conforme indicou Monbeig (1984), o traçado em pequenas propriedades atendia essencialmente à demanda do momento, já que o regime de colonato pressupunha pagamento monetário aos imigrantes envolvidos no trato com o café, sendo que a economia, após sucessivos anos de trabalho, poderia permitir a compra de um pequeno sítio, necessariamente em áreas de incorporação, por serem mais baixos os preços da terra.

Além disso, a propriedade da estrada de ferro também contribuiu para tal decisão, uma vez que eram os sitiantes os principais usuários do serviço ferroviário, para transporte pessoal e de mercadorias, tanto as trazidas de fora para consumo quanto à produção agrícola encaminhada para outros mercados.

Enfim, a companhia concebia o sucesso de seu empreendimento baseado em uma tese capitalista já consagrada, na qual haveria que se ampliar o número de proprietários, a fim de garantir dinamismo econômico e, consequentemente, lucros maiores.

Ainda assim, não se pode desconsiderar seu planejamento na definição do modelo de ocupação; nele, a divisão dos lotes obedeceu ao seguinte critério: hierarquia urbana baseada em cidades núcleos regionais distantes aproximadamente 100 km umas das outras, centros abastecedores intermediários a uma distância de 10 a 15 km, e lotes delimitados nos espigões pelas estradas e nos vales pelos rios.

Com isso, assegurou-se a reprodução camponesa, dado o acesso à água, às vias de circulação e aos núcleos urbanos. Tudo isso se constituiu no principal fator de alimentação da demanda e valorização crescente das terras, pois o sucesso dos que chegavam era condição para a atração de mais compradores.

A constituição da rede urbana nesses moldes tornou-se, inclusive, referencial para a divisão político-administrativa da região, visto que a designação existente entre Norte Velho, Norte Novo e Norte Novíssimo marca as três fases da colonização, as duas últimas a cargo da referida companhia, prevalecendo a divisão a partir dos núcleos regionais, no caso Norte Novo de Londrina, Norte Novo de Maringá e Norte Novíssimo de Umuarama-Paranavaí.

A terceira fase da colonização foi empreendida pela companhia já nacionalizada. A partir de então, o ordenamento da malha fundiária se fez em outros termos: progressivamente foi descartado o privilegiamento das propriedades pequenas em favor das grandes propriedades, não sem as articular aos minifúndios. Prevaleceu, assim, o projeto de exploração empresarial da propriedade, já que a comercialização dos minifúndios visava, sobretudo, a garantia de mão-de-obra aos grandes estabelecimentos.

Cumpre salientar que, apesar das arbitrariedades, o modelo de ocupação derivado do primeiro projeto de colonização implicou a constituição de uma economia dinâmica, tendo como eixo a agricultura baseada no trabalho familiar. O café, principal produto comercial, reinou absoluto nessa região até os anos 1960, apesar dos sucessivos percalços sofridos em decorrência da instabilidade do comércio exterior e, sobretudo, da oferta incompatível com a demanda do produto.

Contudo, vários foram os elementos componentes da crise do setor cafeeiro, a qual teve desdobramentos socioeconômicos bastante graves, no Paraná em particular, pela dimensão do cultivo, que chegou a 62,8% da produção nacional na safra 1962/1963, conforme Bragueto (1996, p.129). No norte do Paraná, os efeitos foram ainda mais devastadores, pois o café se tornara o produto comercial por excelência, sendo que, em 1960, era responsável por 44% da área cultivada.

Bragueto (1996) destaca a mudança no padrão de acumulação desenhado a partir dos anos 1930 como um dos vetores dessa crise, pois o transbordamento de setores da indústria em direção ao Paraná, Minas Gerais e Mato Grosso implicaram uma redefinição de papéis, ainda que sem rupturas com o setor cafeicultor tradicional.

Nessa conjuntura, a monocultura de exportação atuou no sentido de fornecer as divisas necessárias à expansão do parque industrial, baseada na importação de máquinas e equipamentos, sendo reservado à policultura o tradicional papel de assegurar a produção de alimentos básicos a preços que não comprometessem a reprodução da mão-de-obra, historicamente mal remunerada. Stolke (1986) assevera que:

> O realinhamento das forças econômicas no país, que se iniciara no começo do século, consolidou-se nos anos pós-guerra, e o café perdeu para a indústria o seu papel dinâmico na economia brasileira. Mas isso não significou que os

92   ELIANE TOMIASI PAULINO

produtores e exportadores de café fossem de um só golpe despojados de sua proeminência econômica e política. De fato, a industrialização por substituição de importações dependia grandemente, em seus recursos, das cambiais obtidas com o café e, nos anos 1950, a participação do produto nos ganhos do comércio exterior mais uma vez aumentou notavelmente [...]. A importância renovada do café dotou o setor cafeeiro de uma influência política que permitiu aos fazendeiros e exportadores proteger com considerável sucesso os seus interesses de intromissões excessivas por parte do interesse "nacional", pelo menos até 1958-1959. (apud Bragueto, 1996, p.127)

Com efeito, os impactos socioeconômicos foram insignes, pois as políticas públicas adotadas no sentido de substituição de culturas não foram direcionadas aos pequenos proprietários e cafeicultores não proprietários, responsáveis pelo fornecimento de nada menos que 80% da mão-de-obra ocupada no café, conforme Bragueto (1996, p.195).

No Paraná, após 20 anos de atuação do Grupo Executivo de Racionalização da Cafeicultura (Gerca),[4] 56% da área ocupada por cafeeiros foi substituída por outros cultivos, prevalecendo a expansão das pastagens. Não obstante, a ação dos formadores foi decisiva para a acumulação dos pecuaristas, visto que os primeiros se submeteram ao trabalho gratuito de formação dos pastos em troca da permissão de cultivar as terras por um curto período, em média de 2 anos. (Bragueto, 1996, p.196)

Essas mudanças culminaram na eliminação de grande parte dos postos de trabalho, de tal modo que não basta analisar os processos pelo viés da "crise" do café. Antes, é necessário recorrer à conjuntura em que esses acontecimentos se sucederam.

Conforme se fez referência, nos anos 1960, a indústria já movimentava as engrenagens do país, destacando-se sua influência no setor agrícola, cujo funcionamento passou a ser dimensionado a partir das projeções e necessidades de acumulação da primeira. Com isso, as políticas agrícolas privilegiaram, sem exceção, culturas e atividades que representavam mercado de consumo ao setor industrial.

É o que se pode concluir ao observar que, em 1975, o volume de crédito concedido ao setor agrícola coincidiu com a geração total de renda do setor,

---

4 Período de 1963 a 1983.

o que indica mera transferência monetária do setor público para o privado. No caso de alguns ramos industriais, os números são expressivos: Bragueto (1996, p.212), destaca que, em 1979, a receita obtida com a venda de fertilizantes no Brasil foi apenas 10% superior ao total concedido em créditos para tal fim; tal comportamento igualmente se verificou na indústria de máquinas, pois as vendas de tratores não conseguiram superar os mesmos 10% do montante destinado ao seu financiamento.

Portanto, houve incomensurável transferência do dinheiro público à indústria, que pôde contar com um mercado cativo: o Estado o assumiu, ao direcionar o consumo quase que integral da produção industrial, com a vinculação das políticas creditícias à aquisição de insumos e máquinas, inclusive fixando percentuais exatos a serem gastos respectivamente.

Por outro lado, é necessário frisar que o aporte de crédito foi extremamente seletivo: segundo o Instituto Paranaense de Desenvolvimento (Ipardes), apenas 21,5% do montante total destinado ao crédito no Paraná foi usufruído por produtores pequenos.

Essa é apenas uma das expressões da questão agrária; como se pode observar, ela envolve classes opostas, cria situações privilegiadas de acumulação no campo e na cidade e, consequentemente, interfere no processo de territorialização camponesa. Assim, a questão agrária adquire visibilidade, por exemplo, nas políticas deliberadas que arrolamos, as quais denunciam os pactos políticos presentes na composição do Estado. Outrossim, é necessário lembrar que não se trata de um processo de mão única, dirigido exclusivamente pela classe dominante, já que a classe camponesa se inscreve no cenário político por intermédio de diversas ações, desde silenciosas até incisivas. Mais adiante serão analisadas as estratégias camponesas ante os impactos das políticas públicas.

De qualquer modo, não se deve ignorar que as forças hegemônicas interferem na gestão dos fundos públicos e, diante disso, os trabalhadores, em geral, e os camponeses, em particular, são profundamente afetados. A ação do Gerca, alinhada às diretrizes da Companhia de Desenvolvimento do Paraná (Codepar), são o melhor exemplo: desde 1962, houve investimentos maciços no setor de infraestrutura, como ampliação da rede de energia e da malha rodoviária. É evidente que esses não se deram aleatoriamente; antes, objetivaram privilegiar os projetos agroindustriais, o que explica o rápido

94   ELIANE TOMIASI PAULINO

impulso que tiveram as culturas temporárias mecanizáveis, notadamente a soja, o milho e o trigo.[5]

Por conseguinte, o ônus recaiu sobre os produtores pequenos, por não disporem de recursos financeiros suficientes para a mudança do padrão tecnológico da agricultura, bem como por não disporem de crédito adequado às suas necessidades. A esses, o investimento estatal veio na insidiosa propaganda sobre um novo Eldorado que, paradoxalmente, transformou Rondônia em um reduto de paranaenses, de modo que nos anos 1970, de acordo com Kohlhepp (1991), tais migrantes representavam 30% da população daquele estado.

Entretanto, os principais fatores ligados à substituição do café pelas culturas mecanizadas e pela pecuária extensiva não se descortinaram à maior parte dos trabalhadores, cuja memória conseguiu reter basicamente dois eventos para explicar a expulsão ou expropriação que os atingiu. Um deles, de ordem climática, as geadas, e outro, de ordem jurídica, o Estatuto do Trabalhador Rural.

Isso mostra o quão hábil foi a classe dominante em capitanear tais eventos, reforçando no imaginário coletivo esses aspectos de somenos importância no processo. Há na região sobeja literatura que confirma isso. O descortinamento desses fatos ainda é um desafio que nem todos abraçaram até mesmo na academia.

Kohlhepp (1991, p.86, 87) destaca que a busca por produtos mais vantajosos, do ponto de vista das exportações, já era expressiva no início dos anos 1960. Nesse período tomaram vulto as políticas públicas de crédito subsidiado, com juros negativos, especialmente para o plantio da soja, milho e trigo.

Carvalho (1991, p.72, 74) afirma que no início dos anos 1960, os grandes cafeicultores tornaram-se pecuaristas, por intermédio do esquema de formação de pastagens já mencionado. Isso foi possível devido à presença significativa de trabalhadores volantes, submetidos a remunerações muito baixas. Na década de 1960, somente no Norte Novo de Londrina, desapareceram 146.210 hectares de café, surgindo 167.786 hectares de pastagens. É por essa razão que a maior parte dos municípios do norte-paranaense perdeu de 20% a 60% da população apenas nesse período. Não obstante, ao

---

5 Segundo Bragueto (1996, p.180), dos recursos liberados pelo Gerca, o Paraná foi contemplado com 32%, sendo que, no período de 1967/1970, 39,5% destes foram destinados aos projetos agroindustriais e 36,4% para obras de infraestrutura. Nos projetos agroindustriais, a indústria de óleos foi contemplada com 44,7% dos recursos.

mesmo tempo que as médias e grandes propriedades partiram para outras modalidades de cultivo, as propriedades menores tornaram-se o reduto dos cafezais: "Os estratos inferiores a 20 hectares plantados com café somavam 24,5% da área desta lavoura permanente em 1960 e passaram a 49,6% em 1970" (Carvalho, 1991, p.32).

Com efeito, os camponeses que resistiram ao processo recorreram ao café para manter-se na terra, pois, além de esse não implicar mecanização nos moldes implantados nas culturas temporárias, apresenta elevado índice de ocupação de mão-de-obra. Segundo Bragueto (1996), para cada três hectares de café é necessário um trabalhador, ao passo que, na pecuária, a proporção é de 73 hectares por ocupação.

Essas projeções remetem a projetos distintos de exploração econômica, para os quais Chayanov (1974) já chamara a atenção. São lógicas opostas em que atuam capitalistas e camponeses: a alternativa da pecuária é aceita sem restrições pelos primeiros, por demandar pouco trabalho, ao passo que os camponeses recorrem aos cultivos que requerem intensa utilização de mão--de-obra, ainda que os rendimentos líquidos sejam menores. Como vimos, uma das razões para isso é a necessidade de envolver o maior número de membros da família nas atividades internas.

Desse modo, a compreensão da questão agrária remete-nos, ora às políticas públicas e aos pactos construídos em escala nacional, ora nos indica o peso das particularidades locais.

A nosso ver, a modernização da base técnica da agricultura, que modificou profundamente as condições de reprodução camponesa, guarda relação direta com esses processos que a antecederam. Assim, resta analisar os seus desdobramentos no processo de territorialização camponesa.

Posse, propriedade e uso da terra

A formação do território denuncia a combinação de variáveis unidas em uma complexa e indivisível amálgama que se manifesta em "imagens territoriais", nas palavras de Raffestin (1993, p.152), mas não se resume a elas. Por essa razão, o esforço em desvendá-las requer a utilização de referenciais teórico-metodológicos que contemplem a análise dos processos que lhe são subjacentes, ainda que nossos instrumentos analíticos sejam limitados ante fenômenos em constante movimento.

Porém, se não se pode captá-los em tempo real, pode-se ao menos desvendar a sua lógica, por meio da qual se poderá pensar em intervenções construtivas, em tese, um dos fundamentos da investigação científica. Desse modo, as análises subsequentes, cujo recorte geográfico compreende 33 municípios do norte-paranaense (Figura 1) objetivam expor o encadeamento dessas mudanças, a fim de elucidar as formas de integração da classe camponesa a esse processo.

De antemão, salientamos que o recurso exacerbado aos dados é um ponto de partida, pois a construção da parcela camponesa do território capitalista é um *continuum*. Por essa razão, a apreensão da sua organicidade e ordenação não pode prescindir das combinações que foram se articulando ao longo do tempo. Por fim, advertimos que se fez essa incursão quantitativa até mesmo para respaldar as análises posteriores, em face dos pressupostos reinantes nesses tempos, em que impera a lógica dos números.

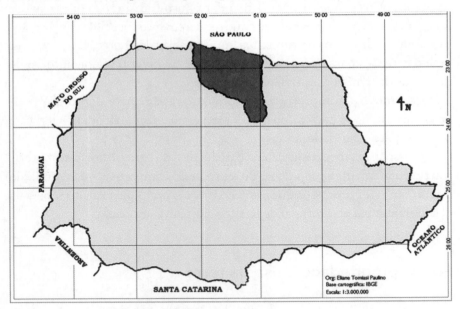

Figura 1 – Estado do Paraná e a respectiva área de estudo

Serão destacadas as variáveis que, do ponto de vista dos objetivos deste livro, são as mais representativas. Busca-se, com isso, a articulação de dados que auxiliem a compreensão das mudanças em curso na agricultura a partir da intensificação do processo de modernização da base técnica e, assim, relacioná-las ao processo de territorialização camponesa.

POR UMA GEOGRAFIA DOS CAMPONESES **97**

Como ponto de partida foi eleita a análise da malha fundiária, a fim de se apresentar um contraponto às vozes que se levantam em torno da ideia de que a propriedade da terra não é mais o centro da questão agrária. Conforme já foi destacado, essa interpretação deriva de uma opção teórico-metodológica, a qual transfere às mudanças tecnológicas o eixo de explicação dos processos em curso no campo.

Não queremos com isso negar a importância desse processo, pois a modernização da base técnica proporcionou, indubitavelmente, extraordinário aumento da produtividade, porém a um custo socioambiental equivalente. Assim, nosso objetivo é deslocar o foco de análise, lançando mão das relações para explicar os processos sociais, de modo a destituir a técnica da centralidade explicativa.

Apesar de vivenciarmos um momento de extrema projeção da ordem financeirizada, a qual reclama mais liquidez imediata e menos capital imobilizado, a terra ainda se mantém no centro da questão agrária, seja como patrimônio, seja como meio de produção, sendo pertinente, portanto, evidenciar como tem se processado a sua distribuição na área estudada.

Antes, porém, de demonstrar os indicadores da malha fundiária, é necessário assinalar que, ao se propor o ano de 1950 como limite do recorte temporal pretérito, levaram-se em conta tanto os levantamentos censitários disponíveis para a região quanto as questões relativas à divisão político-administrativa. Nesse sentido, vale destacar que o Censo Agrícola de 1950 registrava apenas nove municípios que, após sucessivos desmembramentos, resultaram nos 33 atualmente existentes.

Outro dado a ser considerado é que a fase do povoamento se arrastou pelos anos 1940 e adentrou os anos 1950, momento em que as empresas colonizadoras ainda detinham grande parte das terras, fato comprovado pela existência de apenas 7.722 estabelecimentos, sendo que 81,9% deles possuíam até 50 hectares, que, para efeito de classificação, neste livro são considerados como pequenos estabelecimentos.

Na década de 1960, há o registro de uma explosão numérica de estabelecimentos: de acordo com o Censo Agrícola de 1960, havia 21.637 estabelecimentos, 87,6% dos quais eram pequenos. Embora esses dados explicitem uma fragmentação da exploração econômica da terra, que chega ao segundo maior índice em todo o período considerado, há que se ressaltar que, neste livro, estamos lidando com a categoria estabelecimento, a qual supõe uma

98   ELIANE TOMIASI PAULINO

unidade econômico-administrativa e não jurídica das terras. Dessa maneira, esses dados devem ser tomados apenas como referência para se avaliar os índices de concentração do uso e não da propriedade legal das terras.

Considerando que, desde o início do povoamento até o final dos anos 1960, a cultura cafeeira foi absolutamente dominante na região, prevalecendo as relações de parceria, não resta dúvida de que a real concentração das terras não está representada nesses dados. Por outro lado, eles são indispensáveis para se apreender a dimensão da recriação camponesa nesse período, em grande medida possibilitada por essa forma precária de acesso à terra.

Observe-se que o ano de 1970 registra o auge da divisão econômica das terras, expressa nos 29.512 estabelecimentos, dos quais 90,8% são pequenos. Porém, a partir de então se pode verificar o crescimento expressivo dos estabelecimentos nos estratos com área superior a 50 hectares, o que evidencia o início do processo de substituição do café pelas pastagens e culturas mecanizadas.

Isso se confirma pelo registro de 16.756 pequenos estabelecimentos em 1975, o que demarca o início de uma longa curva descendente, ao lado do progressivo aumento numérico dos estabelecimentos maiores. Com isso, é evidenciada a exclusão progressiva daqueles que detinham a posse precária, com destaque para os parceiros, conforme será visto mais adiante.

Para melhor compreensão desse processo, é necessário atentar para a variação da área correspondente aos diversos estratos, pois somente a aferição de ambos os dados possibilita uma visão mais abrangente das mudanças ocorridas nessa região. Assim é notável a desestruturação dos pequenos estabelecimentos, sobretudo após 1970, quando se inicia a respectiva transferência de área para os demais estratos, reflexo direto do processo de expulsão camponesa derivado da erradicação do café.

Note-se que, desde então, os situados no estrato entre cem e mil hectares apresentaram um crescimento extraordinário: em termos de área, tais estabelecimentos registraram um incremento de 123.704 hectares; em termos numéricos, surgiram 553 novos estabelecimentos. Percentualmente, isso representa uma variação positiva de 36% no que se refere à área açambarcada e 41% em relação ao número de estabelecimentos.

A segunda maior variação positiva ocorreu no estrato de 50 a 100 hectares, no qual vamos encontrar alguns camponeses ricos. Nesse período, surgiram 319 novos estabelecimentos e, respectivamente, 22.913 hectares, o que representa, em termos percentuais, 25% tanto em número de estabelecimentos quanto de área.

Quanto aos estabelecimentos com mais de mil hectares, o estrato por excelência dos latifúndios, a despeito da perda de 19% de área nas três últimas décadas e uma variação numérica negativa de 13%, a concentração foi retomada. No período que separa os dois últimos recenseamentos, houve um incremento de 5.633 hectares nesse estrato de área, mesmo com o desaparecimento de nove estabelecimentos. Considerando que esse crescimento se fez às expensas do estrato onde estão agrupados os menores estabelecimentos, seria conveniente apresentar tais dados de forma detalhada. Lembre-se de que optamos por fazer um corte nos anos 1970, pois é a partir de então que o processo de concentração do uso da terra se torna mais evidente (Figura 2).

A Figura 2 indica claramente o processo de desagregação registrado nos estabelecimentos com até 50 hectares. Note-se que quanto menor os estabelecimentos, mais vulneráveis eles se mostraram nas três últimas décadas. Considerando-se os 33 municípios selecionados, deixaram de existir nada menos que 14.945 estabelecimentos, ou seja, a proporção se aproxima de dois estabelecimentos extintos para cada um existente na atualidade.

Além disso, esses dados desmontam o principal argumento acerca do esvaziamento rural dessa região: a grande geada que arrasou os cafezais. Como se pode observar, entre 1970 e 1975, os estabelecimentos com até 20 hectares já tinham sido reduzidos pela metade, não coincidindo, portanto, com os estragos atribuídos ao rigoroso inverno de 1975.

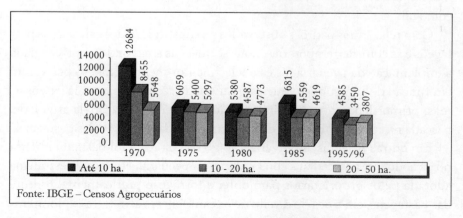

Figura 2 – Variação do número de estabelecimentos com até 50 hectares

Por outro lado, para que se possa inferir como a concentração do uso da terra se manifestou nesse período, é oportuno observar não apenas a variação numérica dos pequenos estabelecimentos, mas também o comportamento em termos de área perdida para os estabelecimentos maiores.

É a partir desse elemento que melhor se verifica a tendência de vulnerabilidade ligada ao tamanho do estabelecimento: o estrato de área de até 10 hectares foi o que registrou, em termos percentuais, a maior transferência de área, chegando em meados dos anos 1990 com apenas 31% da área ocupada no início dos anos 1970. O estrato intermediário conseguiu manter 42% da área e, por fim, os estabelecimentos entre 20 e 50 hectares chegaram aos meados dos anos 1990 com 72% da área ocupada no início dos anos 1970.

Porém, não se deve ignorar o fato de que a média regional, tomada como referência para essa análise, certamente camufla particularidades, mesmo porque há padrões diferenciados de ocupação do solo, os quais se delinearam exatamente no momento em que houve a substituição do café. Assim, na região do basalto, prevaleceram as lavouras mecanizadas, ao passo que, no arenito, foi a pecuária a sua principal substituta.

Além disso, é necessário esclarecer que o corte analítico na casa dos 50 hectares foi feito em razão de esses estabelecimentos terem sido marcados pelo processo de desestruturação, de modo que parte da respectiva área foi incorporada aos demais estratos, inclusive entre aqueles de 50 a 100 hectares. Esses dados também devem ser tomados como expressão da concentração do uso, mas não da propriedade jurídica da terra, tendo em vista que a categoria estabelecimento se define pela unidade econômica da terra, de modo que os lotes dos cafezais até então explorados em parceria figuravam como tal.

Com relação aos padrões observados na substituição dos cafezais, as pastagens e as culturas temporárias, nota-se que, nas áreas onde foi privilegiada a implantação da pecuária, os estabelecimentos menores não só pereceram em função do pressuposto que essa atividade requer áreas mais extensas, mas, primordialmente, em função da lógica de implantação da atividade, baseada na cessão temporária da terra em troca da formação das pastagens.

Em outras palavras, a pulverização no uso da terra foi bastante intensa no período que antecedeu à consolidação da pecuária, em face da estratégia adotada pelos proprietários para obter a formação praticamente gratuita das pastagens, em troca do direito de os camponeses sem terra explorarem-na por um determinado período.

À medida que as pastagens formadas foram se expandindo, as áreas disponíveis para tal prática foram se tornando mais escassas, até o ciclo de formação se fechar. A partir de então, esses trabalhadores viram limitadas ao extremo as condições de reprodução autônoma na região.

O mesmo se aplica àqueles que atuavam como parceiros nos cafezais que foram substituídos pelas lavouras mecanizadas, com baixíssima utilização de mão-de-obra. Assim, o alijamento da terra impôs a migração em massa desses trabalhadores, seja em direção às cidades, seja em direção à Amazônia, notadamente ao estado de Rondônia que, naquele momento, apresentava-se como saída para os excluídos das terras paranaenses. Isso torna pertinente apresentar os dados sobre a condição dos produtores, os quais conferem visibilidade à questão do acesso precário à terra, uma alternativa de reprodução camponesa largamente utilizada em resposta ao elevado índice de concentração fundiária.

Como se pode observar na Figura 3, os parceiros foram os maiores atingidos pelas mudanças no campo norte-paranaense, em virtude do cerceamento das relações de parceria, diante da desativação da lavoura cafeeira em favor da expansão da pecuária, de um lado, e expansão das lavouras mecanizadas, de outro.

Entretanto, chama a atenção o aumento de arrendatários e ocupantes, o que confirma o fato de que a classe camponesa, por vezes, se reproduz à revelia da apropriação capitalista da terra, seja com a recusa em pagar renda, ignorando o peso da propriedade privada, seja submetendo-se ao pagamento da renda para assegurar a sua autonomia (Figura 3).

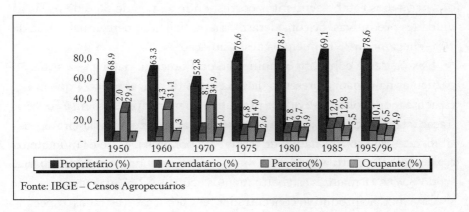

Figura 3 – Condição do produtor

Nas áreas de implantação da pecuária, isso tem relação com a prática de formação das pastagens, o que denuncia a estratégia dos proprietários de atuarem em uma atividade de investimentos e riscos baixos. Por outro lado, há que se considerar os efeitos da mecanização nas áreas de implantação das culturas temporárias, igualmente perversa aos produtores que não detinham a propriedade da terra, ou não possuíam renda suficiente para enfrentar a emergente matriz tecnificada para a agricultura.

O descarte maciço de trabalhadores pode ser explicado, de um lado, pelas novas tecnologias agrícolas, baseadas na intensa utilização de máquinas e insumos e, de outro, pela implantação de atividades extensivas. Aliás, o impacto dessa segunda tem sido tão acentuado que entidades patronais, cooperativas e o poder público estão apostando no projeto "soja no arenito". Esse projeto tem por objetivo atuar nos elevados índices de degradação dos solos, resultado direto da pecuária extensiva, sem tocar na estrutura do latifúndio.

Todavia, essas práticas conservadoras não têm sido capazes de brecar o processo de territorialização camponesa, dada a predominância absoluta dos pequenos estabelecimentos.

Assim, parte-se do pressuposto de que uma das condições inalienáveis da recriação camponesa é a existência da posse fragmentada da terra, visto que a apropriação capitalista da terra ocorre, via de regra, em propriedades maiores. E isso está igualmente relacionado às duas lógicas dominantes, a do padrão de racionalidade atrelado ao modelo tecnicista da agricultura mercantil de larga escala e a da propriedade especulativa da terra.

Em 12 dos 33 municípios paranaenses estudados, a presença numérica dos pequenos estabelecimentos corresponde a mais de 80% de todas as unidades produtivas. Se considerarmos a participação percentual acima de 70%, chegamos a 25 municípios nessa situação.

Destoa desse conjunto o município de Porecatu, dada a sua situação particular na região: a presença de uma usina de açúcar e álcool que praticamente monopoliza a atividade produtiva do município. Assim, a concentração da terra e da produção da cana-de-açúcar reduz sobremaneira as possibilidades de uso alternativo da terra. Não por acaso, entre os municípios estudados, Porecatu apresenta o maior índice de concentração fundiária, sendo que os 15 maiores estabelecimentos ocupam 82,5% das terras.

Esse modelo produtivo concentrador tem provocado estragos, especialmente depois de a empresa, apesar de décadas de influência direta em pra-

POR UMA GEOGRAFIA DOS CAMPONESES **103**

ticamente todos os setores da vida pública e privada do município, alegar dificuldades financeiras, atrasando o salário dos funcionários.

Diante da momentânea fragilidade a cada acontecimento dessa natureza, eclode um debate em torno da pertinência de formas alternativas de organização da economia municipal, ao mesmo tempo que pipocam denúncias de irregularidades trabalhistas cometidas pelo grupo. Entretanto, seu desmesurado poder econômico e político ainda tem sido suficiente para calar as vozes discordantes, sendo tabu no município qualquer manifestação a respeito, pois as retaliações tendem a ser imediatas, como se percebe nesse depoimento:

> Eles são muito poderosos... tem gente que vai descobrir que eles não recolhem o fundo de garantia depois de muitos anos de trabalho, quando são demitidos. Mas ninguém tem coragem de fazer uma denúncia, porque o irmão, o pai ou outro parente também trabalha na usina. Então já sabe que, se reclamar, o outro também vai ser mandado embora.... Eles têm a cidade nas mãos.(R., Porecatú)

A essa situação particular, desdobramento maior da concentração da terra, some-se o fato de que as grandes propriedades[6] são as que menos geram postos de trabalho, além de darem a menor contribuição, em termos proporcionais, para a produção agrícola. Em outras palavras, via de regra, as mesmas estão aquém dos desígnios da Constituição, que reza o cumprimento da função social da terra.

Inicialmente, cabe explicar que a Figura 4 foi projetada com o objetivo de melhor tratar as questões relativas às ocupações na agricultura. Assim, ao se destacar os postos de trabalho desde os anos 1970, segundo os diferentes estratos de área, explicita-se a desagregação ocorrida nos estratos inferiores, fato que deve ser analisado em conjunto com o próprio desaparecimento da maior parte dessas unidades produtivas.

Essa ressalva é necessária, a fim de evitar conclusões baseadas na simples observação empírica dos dados, já que se nota uma curva descendente das menores, contrastando com uma curva ascendente, quando se analisam aquelas com mais de 100 hectares.

À primeira vista, alguém poderia questionar: onde se assenta a leitura da reprodução da classe camponesa, já que a mesma deve se manifestar, invaria-

---

6 Utilizamos aqui essa expressão para evidenciar que a categoria estabelecimento atua no sentido de camuflar a concentração fundiária, já que uma unidade jurídica (propriedade) pode dar origem a várias unidades econômico-administrativas (estabelecimentos).

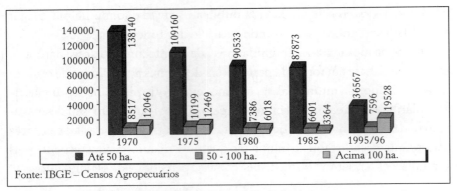

Figura 4 – Trabalhadores ocupados segundo os estratos de área

velmente, nas pequenas unidades produtivas, alvo privilegiado do processo de desagregação ocorrido? Veja-se, pois, o que está subjacente à Figura 4.

Inquestionavelmente, são os pequenos estabelecimentos os responsáveis pelo maior número de pessoas ocupadas, a despeito de se observar um crescimento nos postos de trabalho em unidades produtivas com mais de 100 hectares, patamar estabelecido justamente pela pequena representatividade destes nos estratos superiores.

Outro dado se refere ao corte cronológico proposto: foram considerados os dados a partir de 1970 por evidenciarem o início das mudanças oriundas da modernização e ou expansão da pecuária. Assim, no momento em que o processo de modernização conservadora se instalou definitivamente na área em questão, os pequenos estabelecimentos (até 50 hectares) respondiam por 87% das ocupações no campo, dispondo de 37% das terras. Lembre-se de que essa relação é compatível com o padrão produtivo da época, eminentemente centrado na pulverização do uso da terra e nos cultivos baseados no uso intensivo de mão-de-obra, a exemplo do café.

Nos anos 1990, apesar do índice de ocupação cair para 57%, o que indica que os pequenos estabelecimentos estão ocupando menos pessoas que há três décadas, ainda assim são esses os espaços por excelência de geração de postos de trabalho. Isso sem entrar no mérito da proporcionalidade em termos de área ocupada, em relação aos grandes estabelecimentos.

Como se vê, houve notável concentração fundiária nesse período, caindo a participação dos pequenos estabelecimentos para 21% das terras, ao mesmo tempo que os estabelecimentos com mais de 100 hectares passaram a abocanhar o índice histórico de 67% das mesmas.

Portanto, há que se evitar uma observação pouco acurada da Figura 4: note-se que apenas três estratos de área foram considerados, o que se explica pelo fato de que o ponto de estrangulamento encontra-se nos 100 hectares, ou seja, a utilização intensiva de força de trabalho encontra aí o ponto limite.

Conclui-se, assim, que a curva descendente das ocupações dos pequenos estabelecimentos não pode ser considerada em separado do processo de eliminação a que estiveram submetidos nada menos que dois terços desses estabelecimentos. Assim, é evidente que isso se refletiu no seu potencial de geração de postos de trabalho.

Por outro lado, observa-se que os estabelecimentos no estrato intermediário praticamente mantiveram estáveis os níveis de ocupação, manifestando um ligeiro crescimento numérico. Com isso, ficam evidentes os efeitos da modernização, ainda que de forma discreta, já que o número de ocupações não acompanhou o aumento numérico dos estabelecimentos, bem como a respectiva área ocupada.

Outrossim, observa-se que os estabelecimentos com mais de 100 hectares, cujo crescimento nos níveis de emprego são ponderáveis, foram também aqueles em que se processou uma concentração extraordinária, razão direta do aumento na proporção de empregos.

Outro dado que não deve ser desconsiderado é a expansão verificada em relação à cana-de-açúcar na região, uma cultura que ocupa grande número de trabalhadores; entretanto, estas são ocupações temporárias e, sobretudo, precárias, majoritariamente durante o corte. A título de esclarecimento, entre 1970 e 2001, a área cultivada com cana-de açúcar aumentou quase sete vezes, passando de 13.370 para 87.079 hectares.

Todas essas mudanças se inscrevem no interior do processo de desenvolvimento capitalista na agricultura, expressas na alteração verificada no padrão produtivo, extensivo inclusive às lavouras camponesas, que também demandam menos mão-de-obra por causa da intensificação das técnicas. Seria um equívoco esperar que a territorialização camponesa se mantivesse refratária a mudanças dessa magnitude.

Isso não implica acatar a ideia de que esse é um processo homogêneo, mas sim reafirmar a sua hegemonia, ainda que desdobrada em dinâmicas próprias, de acordo com a organização interna das diferentes formas de produzir no campo. Assim, fica evidente que o impacto do processo foi de tal ordem que implicou o desaparecimento da maior parte daqueles que tinham acesso precário à terra, bem como daqueles que não conseguiram se organizar internamente, de modo a se adequar às mudanças.

Em outras palavras, a classe camponesa é tão dinâmica quanto o é a realidade circundante, sendo a sua capacidade de adequar-se às novas conjunturas a condição para sua perpetuação como classe. Porém, apesar de todas essas mudanças, a propriedade camponesa continua sendo, de longe, aquela que apresenta o maior índice de ocupação produtiva, que se reflete não apenas no número absoluto, mas inclusive de forma inversamente proporcional ao tamanho das propriedades. É sobre a relação entre área ocupada e empregos gerados, na época da realização do último Censo Agropecuário, que trata a Figura 5.

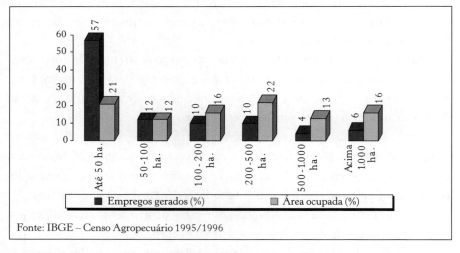

Figura 5 – Relação entre empregos gerados e área em 1995/1996

Os dados falam por si. Nota-se que os estabelecimentos com até 50 hectares são os únicos em que a relação entre terra disponível e ocupações é inversamente proporcional, sendo que, quanto maior o estabelecimento, menor o índice de trabalhadores ocupados. Em outras palavras, ainda que se considerem todos os empregos permanentes e temporários dos estabelecimentos com mais de 50 hectares, estes representam apenas 74% do volume de trabalhadores ocupados nos primeiros.

POR UMA GEOGRAFIA DOS CAMPONESES 107

Porém, em virtude das diferenças estarem ocultas nas médias, atente-se para os efeitos que podem estar associados ao monopólio da terra: a grande concentração de renda derivada da concentração da terra. Isto porque os baixos níveis de contratação se refletem no rebaixamento do poder aquisitivo dos trabalhadores, repercutindo diretamente em quase todos os setores da economia.

E, novamente, o destaque é Porecatu, com 7% dos empregos oriundos dos pequenos estabelecimentos, consequência direta da pequena fatia de terra de que dispõem. Note-se que esse é um caso típico de territorialização do capital, no qual as formas camponesas são praticamente tolhidas pela atuação monopolista do setor sucroalcooleiro, cujos reflexos já foram destacados.

Situação parecida pode ser observada em Florestópolis, cuja geração de apenas 23% dos empregos pelos pequenos estabelecimentos contraria os padrões encontrados nos demais municípios. Da mesma forma, esses dados explicam-se pela ação do referido grupo, pois sobre esse município se estendem, de forma marcante, as suas atividades.

Por outro lado, chamam a atenção, pelo quadro oposto, municípios marcados pela atividade policultora e menores índices de tecnificação, como é o caso de Munhoz de Melo, Flórida e Primeiro de Maio. Ibiporã, apesar de estar situado entre os municípios com altos índices de geração de emprego nesse estrato de área (73%), destaca-se pela intensa tecnificação atrelada às lavouras temporárias. Neste município, a avicultura é uma das atividades que incrementa a geração de postos de trabalho.

Observe-se, assim, que a importância dos pequenos estabelecimentos quanto à magnitude da força de trabalho ocupada não se limita às áreas "tradicionais",[7] ocorrendo também naquelas de maior índice de modernização. Essa é a resposta do campo àqueles que se apegam ao ideário de que a saída para o Brasil, que tem na produção agrícola um dos pilares de sustentação da balança de pagamentos, está resumida à agricultura capitalista tecnicamente modernizada.

Note-se que a propriedade pequena não se destaca apenas do ponto de vista da inclusão social, com a inigualável capacidade de gerar empregos e renda. Ela é também aquela que dá uma lição de produtividade, da qual não se abeiram os médios e sequer arranham os grandes proprietários.

---

7 Tradicionais no sentido de enclaves policultores, tidos como atrasados, passíveis de serem resgatados pela agricultura moderna, leia-se tecnificada.

Já foi mostrado que a relação entre quantidade de terra disponível e força de trabalho familiar é inversamente proporcional. Essa variável assume importância singular para que se possa identificar as unidades camponesas, pois um dos elementos que a diferenciam das unidades capitalistas é a origem da força de trabalho e não a medida pura e simples de terra.

A Figura 6 não só evidencia a predominância do trabalho familiar nas atividades produtivas do campo como também indica que, nos anos 1990, inverte-se o padrão delineado na década de 1970, com o aumento da participação da família nos trabalhos agrícolas, considerando-se os percentuais da década anterior.

Esse é um dado bastante expressivo, caso se considere que a área em questão está entre as que apresentam maior índice de tecnificação no país, o que permite concluir que a classe camponesa também participa desse processo de modernização, ainda que em uma situação de subordinação aos ditames mais gerais da lógica mercantil.

É nessa relação que lhe é confiscada a renda, quaisquer que sejam as etapas produtivas. Tanto pode ocorrer no momento da produção, quando os camponeses se apresentam como consumidores dos maquinários e insumos, ou ainda como usuários do sistema financeiro, com operações de crédito para investimento ou custeio da produção. Por último, é consumada quando sua produção é colocada no mercado, momento em que seu poder de barganha se mostra mais frágil, dada a interposição de verdadeiros oligopólios.

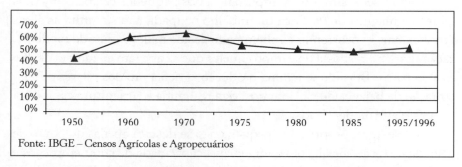

Figura 6 – Evolução da participação da força de trabalho familiar nas atividades produtivas (%)

Todavia, não se pode inferir que todas as unidades produtivas onde há trabalho familiar são camponesas, sendo necessário definir critérios para essa classificação. Assim, destaca-se a necessidade de desvendar a lógica interna da mesma, seus traços mais gerais no que tange às relações sociais envolvidas na reprodução da família, não apenas do ponto de vista econômico, mas também social, cultural e político.

Considerando-se que a singularidade camponesa se assenta em um conjunto próprio de signos e códigos, não é possível extraí-la dos números, o que não invalida os esforços em utilizá-los, até mesmo para certificar que a argumentação em torno do desaparecimento dos camponeses, face à modernização das técnicas empregadas na agricultura, requer análises mais cuidadosas, sendo imprescindível o literal retorno ao campo.

Quanto à participação da força de trabalho familiar na região, nota--se a presença marcante desta, mesmo em áreas de intensa modernização. Destacamos que todos os municípios da porção centro-sul, onde estão os maiores índices de produção/produtividade, apresentam uma participação acima da casa dos 60 pontos, salvo o caso do município de Arapongas, onde a participação da mão-de-obra familiar é de 55%.

É por essa razão que os indicativos de aumento do assalariamento em relação ao trabalho familiar, verificados sobretudo nos anos 1970, não devem ser tomados como expansão da capacidade de gerar empregos das unidades capitalistas. Como se vê, há dois fatores a serem considerados: em primeiro lugar, os que refletem a diminuição do número de membros da família ocupados naquele momento, em virtude do banimento do acesso precário à terra nas formas descritas. Em segundo lugar, aqueles que indicam que as atividades monocultoras baseadas no assalariamento precário, a exemplo da cana-de-açúcar, sofreram enorme expansão nesse período.

Com isso, pode-se inferir que, passado o maior impacto da substituição das técnicas, novamente os camponeses vão recriando estratégias para se manter na terra. Já vimos que a região é uma das mais modernizadas do país, evidenciando a presença incontestável da exploração capitalista. Porém, antes de desaparecer, o trabalho familiar, proporcionalmente, está apresentando uma ligeira recuperação, chegando próximo aos índices verificados em 1975. Esse é um dado inequívoco de que a reprodução camponesa é um elemento do capitalismo e não um resíduo exterior à sua ordem.

Entretanto, a lógica dos camponeses difere da lógica dos capitalistas. Sendo o lucro o fundamento da exploração capitalista, sempre que essa possibilidade estiver ameaçada, seus agentes se retiram, buscando outras oportunidades de investimento.

O mesmo não se dá com as unidades camponesas que, por terem como fundamento a remuneração do trabalho e não do capital, continuam a produzir, no limite, em condições completamente desfavoráveis, a fim de garantirem minimamente a sobrevivência.

É essa lógica diferenciada que ajuda a explicar a superioridade, do ponto de vista da produtividade, das propriedades pequenas em relação às maiores, pois as condições com que se defrontam são as mais adversas. É sobre essas diferenças que trata a Figura 7.

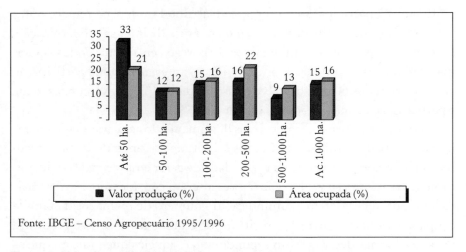

Figura 7 – Valor da produção segundo os estratos de área em 1995/1996

Como se pode observar, os pequenos estabelecimentos são os únicos onde a relação quantidade de terras e valor da produção é inversamente proporcional, apontando assim o caráter inequívoco da produtividade superior nesse estrato de área. Contudo, para não cair na armadilha das médias, é bom lembrar que a porção centro-sul da região estudada, notoriamente mais modernizada que a porção norte, é aquela na qual a produção oriunda dos pequenos estabelecimentos é ligeiramente superior. É isso que compromete a tese de que a modernização no campo não comporta a classe camponesa.

Como foi demonstrado, essa classe se reproduz tanto em bases tradicionais, imersas em um círculo de miserabilidade, como incorporando tecnologia. Conforme nos alertou Chayanov (1974), ao incorporar melhorias

POR UMA GEOGRAFIA DOS CAMPONESES **111**

técnicas na produção, a família camponesa consegue reduzir a penosidade do trabalho, logo, conquista maior bem-estar. É isso que se torna visível nas áreas onde os camponeses são mais "fortes".[8]

São esses pressupostos que orientam as reflexões na sequência: a princípio analisaremos as evidências e os desdobramentos da monopolização do território camponês pelo capital para, em seguida, elucidar a dimensão geográfica do processo de territorialização camponesa.

---

8 Essa terminologia é utilizada pelos próprios camponeses quando se referem aos pares de maior renda, que possuem mais terra e dispõem de melhores maquinários e instalações. Isso significa que estão mais fortalecidos economicamente, mas nem por isso se tornaram capitalistas.

3
A MONOPOLIZAÇÃO DO TERRITÓRIO PELO CAPITAL

> Entendemos o desenvolvimento do modo capitalista de produção como processo contraditório de reprodução ampliada do capital, e esta, como reprodução das formas sociais não capitalistas, embora dominada pela lógica do capital. É assim que esse modo de produção se nutre de realidades não capitalistas, e essa desigualdade não pode ser entendida como incapacidade histórica de superação, mas sim demonstra as condições sociais recriadas pelo próprio desenvolvimento do modo capitalista de produção.
>
> *Ariovaldo Umbelino de Oliveira*

A constatação de que o capital, em vez de se territorializar, monopoliza o território, pressupõe uma ruptura com o entendimento de que o desenvolvimento das forças produtivas capitalistas culminaria na bipolarização entre capital e trabalho, ou em sua variante, na separação entre meios de produção e força de trabalho. Por sua vez, designa a possibilidade de que a lógica da acumulação ampliada não sofra restrições, ainda que determinados agentes não atuem diretamente na esfera produtiva, controlando apenas a circulação das mercadorias.

É nessa forma de produzir no campo que se define a monopolização do território pelo capital: a produção propriamente dita se dá no interior de relações não tipicamente capitalistas, em que os trabalhadores não estão despojados dos meios de produção.

Tal qual já advertira Shanin (1980), o capitalismo não tem o poder de reproduzir integralmente as relações em uníssono à sua lógica. Admitir essa possibilidade seria o mesmo que negar a categoria contradição, indissociável do movimento da realidade. Pelo fato de a diversidade ser subjacente ao conjunto das formas organizativas no campo, cada qual rica em especificidades, este livro não se detém nas experiências produtivas inseridas na lógica da territorialização do capital. Em outras palavras, não serão analisados os ramos da produção agrícola controlados por proprietários fundiários que têm assegurado a extração da renda e do lucro, com emprego de força de trabalho contratada.

Ao nos debruçarmos sobre as especificidades da agricultura camponesa, o seu oposto, optamos por destituir os indicadores quantitativos como critério primordial deste livro, pela própria dificuldade de mensuração dos resultados de uma produção que, em parte, é destinada ao consumo interno, situação em que não há conversão monetária. A dificuldade em vislumbrar a dimensão dessa, que se constitui em estratégia própria da reprodução camponesa, tem provocado uma série de equívocos analíticos, destacando-se o cálculo subestimado de sua capacidade de geração de renda.

Nesse sentido, é bom lembrar que o recurso aos índices mensuráveis da atividade rural já tem assegurado tratamento privilegiado nos compêndios que se limitam às variações gerais da agricultura tipicamente capitalista, predominando o enfoque em torno das cifras que a mesma mobiliza ou potencialmente pode mobilizar. Em consequência desse viés metodológico, tem sido comum a inobservância da heterogeneidade existente na agricultura. Deliberadamente ou não, isso ofusca uma questão que precede as demais: o cumprimento da função social da propriedade.

Em outras palavras, em relação ao destaque aos dividendos da agricultura capitalista, é comum observar que os parâmetros são definidos a partir das experiências de exploração intensiva, excluídas do cômputo geral as propriedades que não privilegiam o investimento produtivo, a despeito de as mesmas igualmente se organizarem em bases tipicamente capitalistas.

Do ponto de vista analítico, ao ignorar essas unidades econômicas, cuja rentabilidade é inferior ao seu real potencial, nivela-se por cima, criando a ilusão de que, no Brasil, o agronegócio é hegemônico em todos os sentidos.

Assinalar a extemporaneidade da expressão *agribusiness*, comumente atrelada a esse modelo de exploração, não deixa de ser pertinente, já que parece bastante impróprio utilizá-la para referendar a comparação a que se propõe. Por mais que já se tenha avançado na compreensão de que modelos fechados atravancam o conhecimento, flagra-se o paralelo entre a realidade em que originalmente foi forjado e a brasileira. Portanto, é inegável a sua descontextualização, ainda que se queira destacar setores do campo tidos como modernos. Assim, é necessário ter clareza de que a mesma denuncia estratégias de classe. O propósito de operar generalizações acaba por sentenciar o desenvolvimento da agricultura a um processo linear e homogêneo, como se no campo não houvesse enormes diferenças culturais, sociais e econômicas.

É nessa perspectiva que o preceito de eficiência produtiva, automaticamente associado às formas agrícolas tipicamente capitalistas, se torna vulnerável. Entrementes, a construção do mito parece ter superado a força dos fatos, já que a produtividade das explorações camponesas, comprovadamente superior, com frequência passa despercebida pelos seus próprios agentes.

Dessa maneira, a sustentação de tais preceitos tem um significado, pois seu conteúdo depõe a favor das regras concentracionistas que aí estão. A via que legitima o monopólio fundiário é a mesma que destitui de valor as potencialidades socioeconômicas da agricultura camponesa; provavelmente em razão de a mesma ser portadora de uma racionalidade própria, assentada em métodos e técnicas que transcendem a perspectiva monetária. São obstáculos como esses que interditam suas plenas potencialidades, até mesmo na perspectiva da preciosa capacidade de inserção social que a mesma pode representar a uma parcela da população marginalizada exatamente por ter sido expulsa da terra.

Essa é a razão do esforço deste livro em desvendar as nuances do processo de territorialização camponesa, buscando apreender a diversidade e o grau de importância das estratégias dos camponeses com vistas à sua reprodução como classe. Nessa perspectiva, não se dissociam as saídas encontradas para a manutenção da coesão do grupo familiar e social, conjunto que constitui aquilo que denominamos fração do território dominada pelos camponeses.

Entrementes, admitir a existência de uma fração do território capitalista controlada pela classe camponesa, no seio de um dos ícones da modernização agrícola, o norte do Paraná, não deixa de ser desafiador. Observa-se que o volume de estudos pautados na premissa de que agricultura tecnificada se limita a agricultura capitalista não é dos menores, pelo menos em termos de projeção, o que torna mais delicada a tarefa de identificar variantes técnicas que não sejam tomadas como signos de descaracterização da organicidade camponesa.

116   ELIANE TOMIASI PAULINO

É por essa razão que julgamos conveniente sinalizar para a forte presença camponesa entre as categorias de produtores rurais nos municípios estudados, ainda que sejam indicadores, já que cada base de dados se constrói a partir de metodologias e critérios próprios. Buscando complementar a análise, passaremos aos levantamentos estatísticos realizados pela Empresa Paranaense de Assistência Técnica e Extensão Rural, Emater, (Relatório Realidade Municipal), pois, além de mais atualizados que os do Censo Agropecuário do IBGE (o último censo agropecuário foi realizado em 1996), partem de uma classificação distinguindo empresários rurais, empresários familiares, produtores simples de mercadorias e produtores de subsistência.

Nessa base de dados, constatou-se que dentre os 33 municípios estudados, a presença dos agricultores cuja classificação nos remete ao campesinato é majoritária, sendo que em apenas três municípios sua participação é inferior a 62% do conjunto de produtores. É por essa razão que para diferenciar a agricultura camponesa da capitalista não basta tomar os níveis de articulação mercantil ou tecnológica de uma e outra, embora os mesmos se constituam em indicadores indispensáveis quando se quer identificá-las. A diferença será encontrada na forma como as relações internas se acham estruturadas.

Considerando-se que, em ambos os casos, o que está em jogo são as estratégias por meio das quais os capitalistas se apropriam da riqueza gerada unicamente pelo trabalho, acredita-se ser necessário partir para a distinção entre as relações tipicamente capitalistas, nas quais a equação salarial garante a sua apropriação, das formas não tipicamente capitalistas, em que não é o trabalho, mas o produto que o contém, que irá compor a taxa de lucro dos capitalistas.

Em um contexto no qual os componentes da cadeia produtiva são gerenciados pelos capitalistas, de modo a assegurar a acumulação do capital, claro está que o elemento primordial é o trabalho vivo, já classificado por Marx de capital variável, em virtude de sua qualidade singular de criar valor.

Com efeito, esse é o elo mais versátil da cadeia produtiva, foco permanente de atenção dos capitalistas, que podem se valer de "ajustes" no sentido de aprimorar sua capacidade de criar riqueza. Nas relações capitalistas propriamente ditas, quanto mais refinadas forem as estratégias de canalizarem a riqueza para si, mediante o mecanismo de apropriação da mais-valia, maior será a vitalidade dos mesmos.

POR UMA GEOGRAFIA DOS CAMPONESES   117

É no compasso da ordem marcada pelo embate entre capital e trabalho que agentes vivos, capitalistas de um lado e trabalhadores de outro, recorrem às armas disponíveis para reterem para si a maior fração possível da riqueza, produto direto do trabalho desenvolvido sob os auspícios do contrato ativo entre as partes.

Nessa perspectiva, não se pode perder de vista que, ao longo do desenvolvimento das forças produtivas, o poder de barganha dos trabalhadores tem sido inversamente proporcional ao progresso tecnológico, dada a capacidade exponencial do último em intervir na produtividade do trabalho, ampliando-a sistematicamente.

Portanto, vivenciamos o estágio em que os limites para a atuação dos detentores dos meios de produção são cada vez mais tênues, ainda que estejamos diante de uma formação social coordenada por instâncias reguladoras em vários níveis. Aí entra o Estado, que, investido da tarefa de administrar as contradições oriundas do embate entre capital e trabalho, institui o conjunto normativo, do qual convém, por ora, destacar a legislação trabalhista.

Caso o Estado supostamente se apresentasse como ente acima das classes, deparar-se-ia com difícil tarefa: controlar a cupidez dos capitalistas em um contexto de oferta incompatível com a demanda por mão-de-obra. Contudo, basta concebê-lo como instância derivada da luta de classes, para que se possa compreender como se manifestam os mecanismos de distribuição da mais-valia social. Importa, neste caso, lembrar os rumos da legislação brasileira que regulamenta as relações entre capitalistas e trabalhadores.

Algumas mudanças propostas sob o despretensioso rótulo de flexibilização, sugerem que o problema está na legislação, em torno da qual se erigiu o argumento de que estaria obsoleta. Contudo, os fundamentos subjacentes a mais essa investida da classe hegemônica estão no próprio rumo determinado pelo crescimento econômico, o qual criou condições para a supressão de alguns direitos que, para muitos trabalhadores, nem sequer foram experimentados.

É dessa forma que o Estado, metamorfose institucional das pretensões e interesses dominantes, é chamado a intervir. Tão logo o aparato legal se revele inadequado para a sua salvaguarda, são criadas as condições para que as devidas mudanças sejam implantadas.

Sendo o trabalho o gerador de toda a riqueza, e sendo esse mesmo trabalho uma mercadoria dos trabalhadores cedida aos capitalistas mediante um salário, é indubitável que a essência da batalha entre ambos esteja circunscrita aos valores monetários envolvidos no contrato trabalhista.

Contudo, o guardião dos contratos é o próprio Estado; por ter como princípio resguardar certos direitos que, diga-se de passagem, em outros tempos não figuravam como privilégio, espera-se deste a aquiescência institucional. Em outras palavras, na perspectiva dos interesses hegemônicos, se há uma legislação em contraponto ao desequilíbrio do mercado de trabalho, ela deverá ser abrandada, para que a liberdade de explorar o trabalhador, ao sabor da conjuntura, não sofra restrições.

Por outro lado, a relação direta com o trabalhador para a extração da mais-valia (trabalho não pago) é apenas uma das faces do processo de acumulação ampliada do capital. Viu-se, anteriormente, que nas formas não tipicamente capitalistas, especificamente na agricultura camponesa, não é o trabalho, mas o produto que o contém, que irá compor a taxa de lucro dos capitalistas.

Portanto, somente o entendimento do processo de produção como um todo é que permite entender o sentido da monopolização do território pelo capital. Conforme já foi assinalado, a classe camponesa controla, ao mesmo tempo, a força de trabalho e os meios de produção, o que a diferencia das demais classes. Em face dessa especificidade, o campesinato integra o sistema de trocas mercantis por intermédio da venda da sua produção e não do seu trabalho, como fazem os assalariados. Em outras palavras, o que os camponeses vendem, no capitalismo, é o produto no qual está contido o trabalho da família, uma distinção essencial em relação aos demais trabalhadores, que têm para vender unicamente a mercadoria força de trabalho.

Isto posto, é necessário lembrar que a relação de assalariamento se justifica unicamente pela existência de meios de produção que necessitam de força de trabalho para acioná-los. Assim, para que haja extração de mais-valia, ou reprodução ampliada do capital, há uma condição prévia: que esse capital já tenha sido produzido. Sobre isso, Martins (1995, p.170, 171) adverte:

> [...] é muito importante discernir entre produção do capital e reprodução capitalista do capital. A produção do capital nunca é capitalista, nunca é produto de relações capitalistas de produção, baseada pois no capital e no trabalho assalariado. Quando o dinheiro, a riqueza, entra nesse último tipo de relação,

POR UMA GEOGRAFIA DOS CAMPONESES 119

já não estamos diante da produção capitalista, mas da reprodução capitalista do capital. Só a reprodução é capitalista. Mesmo o crescimento deste capital não é produção, mas reprodução capitalista ampliada.

Assim, é preciso identificar os caminhos nos quais se dá a produção do capital. Ao reiterar que essa não é produto de relações capitalistas de produção, Oliveira assevera:

> [...] o desenvolvimento do modo capitalista de produção supõe, na sua essência, a necessidade de criar, de fazer nascer, os capitalistas, a sua base social. [...] a ampliação da classe burguesa não se faz apenas pela hereditariedade dos capitalistas, mas sobretudo no processo de produção do capital. (Oliveira, 1986, p.26)

Com isso, Oliveira adverte que a chamada acumulação primitiva é parte integrante e contínua da contraditória reprodução do capital, sendo equivocada a ideia de que a mesma ocorreu apenas no início do capitalismo. Portanto, os próprios capitalistas estão permanentemente envolvidos em dois processos distintos: na reprodução do capital, via trabalho assalariado, e na produção de capital, com a sujeição da renda da terra. É por meio do segundo mecanismo que os mesmos realizam a metamorfose da renda da terra, produzida por relações camponesas (não capitalistas, portanto) em capital. Vejamos como Marx se pronuncia a respeito da renda da terra:

> Toda renda fundiária é mais-valia, produto do trabalho excedente. Na forma menos desenvolvida, é diretamente produto excedente, a renda natural. Mas, no modo capitalista de produção, a renda fundiária é sempre sobra acima do lucro, acima da fração do valor das mercadorias, a qual por sua vez consiste em mais-valia (trabalho excedente). Por isso, erra-se quando então se procura explicar a renda fundiária, aí componente particular e específico da mais-valia, recorrendo simplesmente às condições gerais da mais-valia e do lucro. (Marx, 1974, p.728)

Esclarecida essa questão, convém lembrar que o sentido da monopolização do território pelo capital está exatamente na sujeição da renda da terra. Assim, é necessário realçar os mecanismos de geração da renda da terra, para então se passar às especificidades do sistema de integração, uma das estratégias amplamente utilizadas pelos capitalistas do agronegócio avícola e sericícola.

No caso em questão, a renda da terra é gerada pelo trabalho familiar e está contida nos produtos que os camponeses colocam no mercado. Vimos que interessa aos capitalistas, nos casos em que tais produtos se constituem matéria-prima para a indústria, ou simplesmente ao intermediarem a relação entre produtor e consumidor final, se apropriar da renda da terra. Em outras palavras, sabendo-se que apenas o trabalho é capaz de criar valor, os capitalistas dele se apropriam, ao comprar a produção camponesa a um preço inferior ao valor trabalho nela contido.

Por essa razão, ao se falar em produção do capital, é necessário ter clareza que a mesma pressupõe a sujeição da renda da terra gerada pelo trabalho camponês. Não se trata, portanto, de sujeição do trabalho ao capital, mas de uma relação em que a troca envolve a produção já concretizada. É por essa razão que convém buscarmos em Martins a devida definição dos termos:

> [...] a noção de sujeição formal do trabalho ao capital está originalmente relacionada à expropriação dos trabalhadores [...]. Essa sujeição não representaria nenhuma mudança no processo de trabalho. Ele continuaria sendo realizado exatamente como era na produção artesanal doméstica. Só que agora o artesão, transformado em trabalhador assalariado, já não trabalha para si mesmo, mas para o capitalista [...]. O passo seguinte é o capital se assenhorear não só do resultado do trabalho, mas também do modo de trabalhar [...] na sujeição real do trabalho ao capital, o conhecimento se restringe a um pequeno aspecto da produção [...]. Na medida em que o produtor preserva a propriedade da terra e nela trabalha sem o recurso do trabalho assalariado, utilizando unicamente o seu trabalho e o de sua família, ao mesmo tempo que cresce a sua dependência em relação ao capital [...] estamos diante da *sujeição da renda da terra ao capital*. (Martins, 1995, p.173, 175, grifo da autora)

Como se vê, a produção do capital está vinculada à sujeição da renda da terra. A metamorfose da renda da terra em taxa de lucro (mais-valia, portanto) para a indústria deriva exclusivamente da quantia de trabalho não pago contido nas matérias-primas a serem processadas. Assim se explicita a diferença entre produção e reprodução ampliada do capital, uma vez que a segunda ocorre apenas no momento em que a mais-valia é extraída diretamente dos assalariados empregados na produção industrial.

Dessa maneira, além de os capitalistas rebaixarem ao máximo o salário dos trabalhadores, a outra possibilidade de aumentarem a taxa de lucro está na capacidade de os mesmos depreciarem os preços das matérias-primas.

POR UMA GEOGRAFIA DOS CAMPONESES **121**

No entanto, caso essa relação entre agricultura e indústria seja travada entre dois capitalistas, haverá uma disputa ferrenha em torno dos preços da produção, pois esses definirão o destino da taxa da mais-valia dos trabalhadores. Portanto, preços baixos indicam que os capitalistas da agricultura estão cedendo uma parte de seu lucro (mais-valia) aos industriais. Preços altos indicam que os proprietários capitalistas estão abocanhando a maior parte da mais-valia gerada na produção agrícola, restando aos capitalistas se apropriarem da mais-valia gerada na transformação dessa em produto final.

Vejamos, porém, os possíveis desfechos quando a relação entre agricultura e indústria envolve camponeses e capitalistas:

– Ao cair o preço das matérias-primas, uma parte da renda presente na produção camponesa vai para os industriais que a metamorfoseiam em capital, produzindo e aumentando assim a sua taxa de lucro (mais--valia). Nessas ocasiões, frequentemente, o campesinato empobrece.

– Diante do aumento dos preços das matérias-primas, a taxa de lucro dos industriais pode ser mantida com o aumento proporcional do preço do produto final. Neste caso, o campesinato fica com uma parte da riqueza social produzida no interior da sociedade capitalista e, eventualmente, poderá enriquecer.

– Os camponeses podem receber pelas matérias-primas o equivalente ao valor do trabalho contido nestas, ou seja, eles ficam com toda a renda produzida diretamente. Isto lhes permite produzir, via de regra, como camponeses remediados, enquanto os capitalistas mantêm a taxa de lucro oriunda da atividade industrial.

– Cai o preço do produto final e, para permanecer no ramo, os capitalistas manterão sua taxa de lucro pagando menos pela produção camponesa. Ao entregar barato o produto de seu trabalho, seja vendendo diretamente aos consumidores, seja repassando-o aos capitalistas, o campesinato estará doando à sociedade como um todo uma parte do seu trabalho, transferido sob a forma de renda da terra. Nessa situação, a tendência de diminuição dos salários se impõe, porquanto os trabalhadores gastarão menos para suprir suas necessidades básicas.

Considerando-se que a elevação da taxa de lucro, ou minimamente a sua manutenção, é o fundamento do investimento capitalista na indústria, é evidente que prevalecem as situações em que a maior parte da renda camponesa é apropriada pelos industriais, com a maior depreciação possível da produção carreada para a indústria.

Por outro lado, devemos lembrar que os mecanismos de apropriação da renda da terra não estão restritos às situações destacadas, pois há outras esferas em que a renda camponesa é apropriada, como na intermediação do capital comercial, na ação do capital financeiro, no mecanismo de preços estabelecido pelas indústrias de insumos e máquinas, enfim, são diversas as situações em que essa transferência ocorre.

Posto isso, é possível percorrer as formas de sujeição da renda camponesa, independentemente das manifestações de incorporação de tecnologia ou vinculação ao mercado. Como se poderá observar, sua integração nesses termos está relacionada ao grau de monopolização do território pelo capital.

Ainda que pareça redundante, é bom lembrar que a monopolização à qual nos referimos neste livro não se dá de forma hegemônica dentro da fração camponesa do território, seja na escala do bairro rural, seja no interior das respectivas unidades familiares. É na combinação de diferentes atividades que se definem os níveis de sujeição da renda e, por conseguinte, a capacidade que cada família possui de retê-la.

A diversificação da produção é uma maneira de se proteger das formas predatórias de extração de renda, perpetradas por diferentes agentes do capital. Assim, quanto maior for a variedade de cultivos, criações e demais atividades afeitas, menor a vulnerabilidade e maior a possibilidade de os camponeses se apropriarem da renda gerada internamente. Combinado a isso, um caminho possível de apropriação máxima da renda se define pela eliminação dos intermediários na comercialização da produção.

No entanto, é necessário destacar que a eliminação daqueles que se interpõem entre tais produtores e os consumidores não é tarefa fácil, sendo poucas as famílias que conseguem consolidar estratégias desse tipo. Quando o fazem, em geral está em jogo apenas um ou outro componente da produção e um volume inferior à capacidade produtiva dos mesmos.

Por essa razão, impera a monopolização sobre as parcelas camponesas do território capitalista. Não há dúvida de que essa prática se apóia em diferentes formas de drenagem da renda, que incidem ao mesmo tempo no bairro ou até no interior de cada unidade camponesa. Em algumas situações, os fundamentos comuns e as formas de atuação de tais organizações apontam para aquilo que denominamos intervenção do capital na organização das atividades internas aos sítios. É sobre elas que nos deteremos a seguir.

A integração como expressão da intervenção capitalista no sítio camponês e a sujeição compulsória da renda da terra

> A parceria com o agricultor poderá contribuir para a redução dos custos de produção dos empresários e para a melhoria da qualidade dos produtos cultivados. O empresário pode estabelecer os critérios de segurança alimentar mais convenientes e o agricultor se beneficia com o salto de qualidade, que talvez levasse anos para conseguir sozinho. (*Revista Arco*, 2002, p.17)

O sistema de integração, eufemisticamente designado parceria, como indica a citação, encontra-se bastante disseminado no norte do Paraná, com destaque para a avicultura e sericicultura, sendo controlado por empresas dos mais variados portes, inclusive multinacionais, como no caso da sericicultura. Outra modalidade de integração também vem sendo experimentada no interior do sistema cooperativista: trata-se da fruticultura, cuja produção se destina tanto ao mercado regional, no caso das frutas in *natura*, como ao internacional, no caso do suco concentrado. Por se tratar de uma relação diferenciada, visto que a renda da atividade é apropriada pelos próprios produtores, a mesma será analisada mais adiante.

No contexto da integração empresarial, se limitados pela referida denominação, pode-se supor que se trata de uma relação constituída por partes que se combinam e se complementam harmonicamente, daí o sentido do seu funcionamento como sistema.

Contudo, não é possível admitir-se que a integração seja instituída nesses termos, em vista da composição de classes da sociedade em que vivemos. Foi com o intento de apontar seus fundamentos, bem como a maneira como são distribuídas as vantagens dessa relação, que introduzimos este tema com o trecho da *Revista Arco*.

A nosso ver, os pressupostos subjacentes à referida citação sinalizam para a necessidade de ultrapassar o caráter formal do código semântico, cuja constituição não deixa de estar vinculada aos interesses hegemônicos de cada momento histórico. No caso em questão, o sentido ameno do termo mais se presta à camuflagem de conflitos próprios de situações que envolvem a apropriação da riqueza gerada nos interstícios da produção camponesa.

124   ELIANE TOMIASI PAULINO

Como foi visto anteriormente, um dos caminhos para o aumento da taxa de lucro dos capitalistas está na sua capacidade de arbitrar os preços da produção agrícola. Nos casos em que o peso da matéria-prima é alto em relação ao produto final, como, por exemplo, na avicultura e na sericicultura, não se trata apenas de definir os preços, mas igualmente de ter assegurado o fornecimento das aves e casulos. Portanto, na perspectiva das empresas que as processam, a integração é uma saída salutar para a elevação da taxa de lucro da atividade industrial, dado o poder que as mesmas têm em ditar os preços e controlar o fluxo e os padrões da produção primária.

É essa prerrogativa que permite vislumbrar a intervenção das integradoras na lógica organizativa do sítio camponês, sobretudo no que concerne à atividade objeto da integração.

Na integração, há uma série de regras impostas aos produtores, o que indica que as empresas monitoram diretamente a produção das matérias-primas que alimentam a indústria, pois a taxa de lucro das integradoras depende diretamente da equação: qualidade, quantidade e preço.

Não resta dúvida de que a integração abre caminho para a produção do capital, por meio da definição dos preços da matéria-prima, o que seria o mesmo que admitir que, com a sujeição da renda da terra ao capital, as integradoras estão se apropriando do trabalho contido na produção camponesa. Eis aí a razão pela qual os camponeses são tomados por tais empresas como "parceiros" ideais.

Pelo fato de conservarem os meios de produção, os camponeses comparecem ao mundo do trabalho como entidades familiares. Ao contrário dos proletários, necessariamente trabalhadores individuais que se apresentam descolados de quaisquer prerrogativas e em condições legais de firmar contratos, os primeiros conservam a unidade entre o trabalhar e o reproduzir-se socialmente, produzindo uma geografia peculiar no campo, diferenciada tanto em termos espaciais como temporais.

Tendo na família a base de sustentação, há que se supor que os seus membros concorrem igualmente para a manutenção das respectivas unidades produtivas, guardadas as conveniências de cada núcleo familiar. Esse contexto acaba por motivar uma divisão do trabalho, em geral pautada em gênero e faixa etária, embora não prevaleça uma rigidez intransponível.

Ao contrário da norma capitalista, na qual os contratos são firmados com base em requisitos pautados na capacidade produtiva dos indivíduos,

POR UMA GEOGRAFIA DOS CAMPONESES **125**

faz-se necessário esclarecer que a importância do trabalho camponês não equivale mecanicamente ao grau de esforço físico despendido; trata-se de uma dinâmica produtiva peculiar que, de modo algum, pode ter como parâmetro a forma convencional existente nas empresas.

Na norma capitalista, as necessidades da produção é que definem as regras de contratação e manutenção do trabalho. A falta de aptidão para o desempenho de funções predefinidas determina a substituição de trabalhadores por outros que possam fazê-lo a contento, mesmo que as limitações para a execução das tarefas surjam pelo desgaste de anos de labor.

Aos camponeses, o caráter familiar da exploração impõe outro ritmo. Em se tratando de famílias nucleares, a força de trabalho do chefe da família é somada à da esposa e a dos filhos, cuja intensidade também varia de acordo com a conjuntura. Há casos em que a unidade reúne várias famílias constituídas com o casamento dos filhos que, juntas ou separadamente, dividem a utilização produtiva do sítio. Dessa maneira, indivíduos nas mais diferentes condições de força física e vitalidade têm um papel produtivo a desempenhar.

Ao ter sob sua responsabilidade a produção da matéria-prima contratada pela indústria, é a família que se encarrega de providenciá-la. Nos casos de integração analisados, ficou claro o concurso de vários membros da família, senão de todos, para a realização das tarefas necessárias.

Ocorre que a unidade camponesa tem como marca a diversificação. É pouco comum a dedicação exclusiva a uma atividade, de modo que os trabalhadores dividem o seu tempo, que é regido por um calendário sazonal. Isso não só dificulta a contabilização do tempo necessário a cada uma das atividades como leva ao aumento da produção bruta. Em outras palavras, isso significa que a margem de manobra na depreciação da matéria-prima aumenta, já que os camponeses incrementam a renda com outras fontes.

É nesse ponto que a integração se sustenta. Tanto na avicultura como na sericicultura, as tarefas não são ininterruptas ao longo do dia e tampouco ao longo do ciclo produtivo. Por isso, várias atividades paralelas se combinam, o que, por fim, representa aproveitamento máximo da força de trabalho e, por conseguinte, geração ampliada da renda bruta.

Como pensar essa dinâmica dentro de uma unidade capitalista? Sabe-se que o sentido das fiações de seda está na produção dos casulos, e o que alimenta os abatedouros avícolas é a criação dos frangos; no entanto escapa à racionalidade dessas empresas produzi-los, pois, além da inconveniência em se envolver com atividades paralelas que possam ser conciliadas com o respectivo tempo ocioso das mesmas, há o parâmetro mínimo de remuneração que permita a reprodução da força de trabalho.

Hipoteticamente, caso os capitalistas as empreendessem, deparar-se-iam com períodos de ócio dos trabalhadores assalariados, com o agravante de que os contratos legais não têm a fluidez que as respectivas atividades requerem. Isso representaria pagamento de salário por horas não trabalhadas, em si incompatível com a lógica de reprodução do capital.

Além disso, é bom lembrar que a agricultura como um todo, e os setores objetos da integração em particular, têm um ritmo próprio, variável de acordo com as fases do ciclo produtivo e com algumas demandas que a produção industrial não conhece.

Isso quer dizer que a geração de bens primários é um processo gradativo e contínuo, que não permite interrupções. Ademais, como a avicultura e a sericicultura envolvem criações, é necessário vigilância constante, para se assegurar condições estáveis no ambiente e para que não falte alimento, sendo igualmente indispensável a prevenção contra ataques de pragas e predadores.

Mesmo mudanças climáticas corriqueiras, como calor ou frio acentuados, chuvas ou ventanias, podem comprometer severamente a produção. Portanto, aqueles que se dedicam a tais atividades devem estar disponíveis 24 horas por dia, mesmo que não haja nenhuma ocorrência fora da rotina.

Conciliar essas exigências a um contrato de trabalho não é uma saída desejável aos capitalistas, regidos por leis fundamentadas na lógica da indústria. Nessa, tempo de trabalho e tempo de produção coincidem, de modo que enquanto o trabalhador estiver realizando suas tarefas, estará criando valor, sobre o qual apenas uma parte será restituída sob a forma de salário.

No caso da agricultura, esses tempos não são coincidentes. O tempo da produção é o tempo da natureza, em que a ação humana entra apenas como coadjuvante. Em outros termos, o trabalho auxilia a produção, mas não pode realizá-la. Há que se esperar todo um ciclo, que chega a se prolongar por meses e até anos.

Enquanto isso, as demandas são as mais diversas. Há fases em que é necessário trabalho intenso; outras implicam poucos cuidados; por fim, outras dispensam a intervenção, a não ser que haja uma ocorrência pouco habitual, razão direta da necessária vigilância.

POR UMA GEOGRAFIA DOS CAMPONESES 127

Marx, ao identificar tempo de trabalho e tempo de produção, e vislumbrar seus efeitos diferenciados na agricultura e na indústria, já trazia indicações para entendermos o sentido da recriação de relações não capitalistas na agricultura.

A dependência das forças naturais interfere na criação de valor, que, conforme foi visto, é um atributo exclusivo do trabalho. Dessa maneira, o tempo de sua realização se constitui um empecilho ao investimento capitalista, que tem por meta o retorno imediato. Essa seria uma das brechas abertas ao trabalho familiar camponês, envolto em uma temporalidade que mais se aproxima do tempo da natureza do que do tempo real do capital.

É visto que essa dinâmica igualmente se traduz na proporção de renda embolsada pelos camponeses, porque o tempo da produção não agrega valor algum ao seu trabalho. Essa é mais uma das condições objetivas que interditam a especialização da produção camponesa,[1] receita prescrita por alguns dos arautos dos métodos produtivistas. É por isso também que a diversificação é uma prática inalienável entre os camponeses, exceto quando o patamar de renda e a segurança alimentar fazem da especialização um trunfo, tal qual nos empreendimentos de escala.

Se, por um lado, a restrição a uma única atividade potencializa a variável produtividade, por outro, maximiza o fator risco. Contudo, vale a pena lembrar que os impactos provenientes de condições anômalas não afetam com a mesma intensidade os diferentes estratos de produtores, pois os lucros auferidos pelos maiores, dada a escala da produção, permitem a absorção de perdas ocasionais, sem maiores consequências. O mesmo não se aplica aos pequenos, para os quais os contratempos da produção ou do mercado afetam severamente o equilíbrio da unidade, cujas reservas dificilmente são suficientes para suprir as necessidades de consumo e de investimento para que um novo ciclo produtivo possa ser iniciado e tenha fim.

Apesar disso, os capitalistas demonstram pouco interesse nas atividades mais instáveis, nas quais os prejuízos são mais suscetíveis, razão pela qual pode-se observar nessas o domínio quase que absoluto dos camponeses. Como o leitor verá adiante, a lógica sobre a qual se estruturam tais unidades funda um ciclo econômico que, favorecido pela pequena escala, mas não exclusivamente em virtude dela, conserva muitos elementos da produção artesanal.

---

1 A especialização aqui destacada tem o sentido inverso da diversificação da produção.

A capacidade de dispensar cuidados esmerados às plantas ou animais, sempre que necessário, ao reduzir o efeito dos fatores de risco, assegura, em igual medida, o ingresso da produção bruta na unidade. Esse é o diferencial em relação às explorações capitalistas, que não têm como se adequar a um modelo de eficiência produtiva nesses termos. Eis aí uma das brechas à recriação do campesinato.

Com efeito, ao repassar a esses produtores a geração das matérias-primas que sustentam a indústria, as empresas integradoras se mantêm no ramo da produção de alimentos sem que tenham de enfrentar o maior desafio: a instabilidade dos fatores que forçosamente atuam na geração dos bens primários.

Em razão das condições aproximadas em que são desenvolvidas a sericicultura e a avicultura, preliminarmente elas serão analisadas em conjunto. Por sua vez, por representar uma forma diferenciada de integração, a fruticultura será analisada posteriormente.

As atuais técnicas de criação de frangos e bichos-da-seda poderiam sugerir uma aproximação com os métodos da produção em série da indústria; ambas são realizadas em forma de confinamento, objetivando resguardar o ritmo de desenvolvimento das espécies sem a interferência de agentes perturbadores.

Nessas criações, o trabalho não se restringe à higienização e manutenção dos barracões, alimentação e demais cuidados cotidianos requeridos tanto pelas aves quanto pelos insetos. A sucessão de eventos sobre os quais não se tem controle, como chuva, frio, calor etc., bem como a possibilidade de infestação por organismos patogênicos, faz com que o acompanhamento permanente seja fundamental para evitar quebras na produção.

Por serem espécies submetidas à seleção genética voltada à depuração das raças, objetivando o refinamento das características que melhor atendem as demandas do mercado, ambas as criações estão longe de apresentar uma adaptação compatível com a instabilidade do ambiente que as envolve. Assim, a baixa resistência a toda e qualquer perturbação afeta em diferentes proporções os resultados da atividade, considerando os padrões requeridos pela indústria.

Entretanto, esta tende a desconsiderar as condições de instabilidade que são próprias da dinâmica produtiva no campo, instituindo parâmetros a partir de condições criadas em ambiente artificial. Concretamente, esse é o sentido dos critérios de qualidade, resguardados por meio de uma avaliação da eficiência produtiva dos integrados, realizada ao fim de cada ciclo.

POR UMA GEOGRAFIA DOS CAMPONESES   **129**

É o resultado dessa avaliação que define os valores monetários a serem pagos pela produção. Portanto, os integrados não têm como calcular o valor de sua produção, em vista da falta de controle ou da dificuldade em apreender os critérios fixados pela empresa integradora.

Como veremos, a incompatibilidade entre os modelos de avaliação estáticos, criados pela indústria em condições artificiais, e a variabilidade dos fatores que efetivamente atuam no ciclo produtivo, é uma das faces do conflito que medeia a relação de integração.

Por ocasião da classificação dos lotes entregues na indústria, a qual definirá os preços a serem pagos, os maus resultados, como produção baixa ou fora do padrão, são atribuídos a dois fatores: qualidade das instalações e métodos inadequados de manejo. Embora construída pelos integrados por conta e risco, a estrutura de produção mais parece uma extensão da indústria. Além das instalações se prestarem exclusivamente para esse fim, os criadores estão permanentemente sob pressão para readequá-las conforme os patamares de produtividade, continuamente redimensionados.

Assim, ao estabelecerem os critérios de preços da matéria-prima, as integradoras têm como trunfo o argumento de que a baixa rentabilidade resulta da inobservância das orientações quanto às instalações e ao manejo. Trata-se de um foco permanente de conflito, pois os camponeses têm dificuldade em renovar os equipamentos, ao sabor das novidades do setor, até porque os patamares de renda alcançados pela atividade são incompatíveis com tais gastos. Se os custos iniciais para o ingresso na atividade já são altos, limitando o número dos que conseguem se integrar, o que não dizer da readequação à crescente corrida tecnológica.

Nesse quesito, fica bastante claro que as empresas são as portadoras das necessidades que precisam ser criadas. Cabe a elas apresentar as novidades, oferecendo orientações e pareceres técnicos que, em essência, constituem formas dissimuladoras da constante pressão para que os produtores se modernizem. É essa estratégia que lhes permite transferir o ônus do redimensionamento dos padrões de qualidade e produtividade.

Tudo isso impõe aos camponeses uma forma de investimento que contraria a lógica da versatilidade produtiva, em face do caráter específico das instalações, que não se prestam a outro fim. Esse é um dos motivos pelos quais, uma vez integrados, os camponeses tendem a permanecer na atividade, apesar de todos os percalços. Em relação diretamente proporcional,

130 ELIANE TOMIASI PAULINO

isso dá margem para que as empresas possam jogar com o mercado, tanto na perspectiva de estoques quanto na de preços, pois o respaldo está nos produtores, importantes depositários de eventuais prejuízos.

Por fim, há que se destacar que os contratos celebrados entre ambas as partes não atrelam as primeiras aos integrados, por serem meros fornecedores da matéria-prima que as integradoras necessitam. As cláusulas contratuais rezam que a vigência dos contratos é proporcional à capacidade de atendimento das exigências acordadas.

Em outros termos, a condução da atividade em desacordo com as determinações das empresas pode implicar a rescisão contratual, gerando, nesse caso, não apenas a imediata desestruturação das atividades internas, mas também um tipo de perda de recursos financeiros que não pode ser revertida a curto prazo, posto que os investimentos contidos nas instalações se perdem na mesma proporção de sua ociosidade.

Razões das mais diversas podem provocar o "desligamento" dos integrados do sistema, o que demonstra um desequilíbrio no jogo de forças. É o deslocamento das estruturas decisórias para fora das unidades camponesas que acaba alimentando as relações de subordinação que certamente interferem na autonomia camponesa.

Vejamos então as razões pelas quais os integrados tudo fazem para se acomodar à integração. Lembramos que, além desses, muitos outros almejam tal vínculo, não o estabelecendo em virtude da necessidade de investimentos, em geral incompatíveis com os recursos disponíveis. É evidente que nesse movimento há também os que já foram integrados e rechaçam a experiência, da mesma forma como há muitos que nem sequer cogitam tal possibilidade.

Aí está em jogo uma questão essencial: a sobrevivência. E entendê-la por intermédio da integração, prática que aparentemente viola a autonomia camponesa, seu princípio mais sagrado, requer um olhar mais cuidadoso para a diversidade de estratégias empreendidas pelos camponeses, que o leitor verá mais adiante.

Por ora, parece indubitável que a integração é altamente vantajosa para os empresários, como o indica a citação que introduz esse tema (p.113), bem como as análises subsequentes inspiradas nela. Também é verdadeiro que a adesão dos camponeses à integração se dá livremente, uma vez que não são coagidos pelas empresas. Conclui-se assim que há conveniências recíprocas, ainda que em diferentes medidas. A isso Raffestin classifica de jogos de soma não nula, conforme observamos na passagem:

As relações podem se dar de infinitas maneiras [...]. Há sempre um certo grau de autonomia, mesmo que ela se inscreva numa situação trágica. Trágica no sentido de que a recusa da relação pode significar a revolta ou a morte para uma das partes [...]. Tudo isso para dizer que o trunfo raramente é único [...] semelhante a jogos de soma nula, no sentido de que se uns perdem, outros ganham [...]. Em outros termos, em situações de soma não nula os trunfos são repartidos. Na verdade, as relações são, na maioria das vezes, semelhantes a jogos de soma não nula. (Raffestin, 1993, p.38, 59)

São indicações desse teor que convidam a romper com entendimentos unilaterais acerca de relações econômicas travadas entre partes desiguais. Tomar a integração a partir de uma contraposição simplista, pautada no pressuposto de que, se a mesma é vantajosa para a empresa, obrigatoriamente os integrados só têm a perder, é um equívoco.

Questões derivadas da conjuntura mais geral que envolve a agricultura, sobretudo a agricultura familiar camponesa, fazem com que os integrados desfrutem de uma série de benefícios que os demais não conseguem obter quando da inserção direta no mercado. É o próprio mercado que faz da integração uma estratégia de reprodução camponesa, senão vejamos: vivemos sob a égide do capital monopolista, cuja força oligopolista dá o tom ao mercado. Isso se aplica a todos os setores, mas, no caso da agricultura, os efeitos são bastante visíveis.

Há nesse caso uma ação de mão dupla que alimenta a taxa de lucro nos dois extremos da produção: de um lado, controlando os preços e ditando as regras no mercado de insumos e equipamentos indispensáveis para, consumada a produção, controlar os estoques e os preços ao sabor de suas conveniências.

A dimensão desse jogo escapa à maioria, que atribui o flagelo da fome ao estrangulamento na oferta de alimentos. E pensar que a maior dificuldade dos camponeses é justamente conseguir inserir sua produção no mercado, reinado soberano da cupidez capitalista. Não é por outro motivo que sobram alimentos enquanto multidões perecem por não tê-los. Mercado abarrotado é sinônimo de demanda reprimida pela margem de lucro incompatível com o poder de compra dos trabalhadores. Tudo isso alimenta um ciclo de baixo retorno monetário aos produtores que, individualmente, têm pequena capacidade de enfrentamento.

É evidente que nem todos os produtos agrícolas se comportam igualmente, nem no tempo nem no espaço. Há uma variação bastante grande na aceitação dos mesmos, de modo a criar entre os produtores pequenos uma corrida interminável por opções que garantam maior rentabilidade.

Destacamos os pequenos, porquanto os produtores maiores se situam em patamares distintos no que tange à escolha do que e como produzir: além de terem seu perfil produtivo definido em razão da equação custos/ benefícios, eles têm a seu favor a escala da produção e a desobstrução dos caminhos que conduzem à inserção no mercado.

Esse é outro ponto que depõe a favor da integração, já que, ao integrarem-se, os camponeses têm um destino certo para sua produção. Além disso, algumas dessas práticas compreendem um ciclo curto, em que o giro monetário igualmente é comprimido. Esse é o caso dos sericicultores e dos avicultores que, num intervalo médio de 30 a 50 dias, respectivamente, já fecharam um ciclo e reiniciaram outro, tendo recebido o pagamento referente à produção entregue.

Esse é um diferencial em relação às culturas tradicionais, em geral de ciclo semestral e anual, sem mencionar o tempo de espera das culturas permanentes. O ingresso monetário, nestes casos, igualmente se prolonga na mesma proporção, criando dificuldades para o pagamento das despesas correntes, como é o caso de energia elétrica, combustível, bem como dos gastos gerais com a manutenção da família.

Não é de se estranhar, portanto, que a maioria dos camponeses integrados, ao avaliarem as vantagens da integração, nem chegam a citar o rendimento global da mesma, mas a garantia de uma renda mensal ou bimestral, que lhes permite manter-se enquanto se completa o ciclo das demais atividades desenvolvidas paralelamente.

Igual conclusão podemos tirar ao observarmos o perfil dos produtores que, na perspectiva das empresas, melhor se adaptam à integração, situando-se entre os que produzem melhor do ponto de vista quantitativo e qualitativo: trata-se dos camponeses que desenvolvem a atividade juntamente com a família, sendo comum o concurso de atividades paralelas compatíveis com a atividade objeto da integração, como é o caso de determinados cultivos e criações.

Depreende-se assim que a integração se sustenta entre os mesmos por se tratar de uma atividade complementar, não sendo raro seu caráter de apoio às demais. Isso se manifesta na combinação de ciclos de tarefas sazonais ou ainda na geração de subprodutos de grande valia para a manutenção da unidade, como é o caso da cama de frango na avicultura.

POR UMA GEOGRAFIA DOS CAMPONESES 133

Dessa maneira, as atividades alvo da integração, em essência incompatíveis com os métodos e indesejáveis aos propósitos da indústria, até mesmo pelo custo em adequar as demandas da produção às normas que regem o trabalho assalariado, são perfeitamente compatíveis com a organicidade camponesa. Isto porque a segunda está alicerçada em uma estrutura produtiva multíplice, encerrada num ciclo em que as ações se combinam ao ritmo de um tempo que não é o da reprodução do capital, mas o tempo da reprodução social.

Enfim, é o caráter complementar da integração que acena para uma forma de recriação camponesa, que permite ver sob outro prisma a intervenção em relação a uma atividade específica, para que as demais possam ser desenvolvidas com menores sobressaltos. Tendo como base Oliveira (1994), fica fácil entender ser essa uma estratégia de preservação dos meios de produção e, por conseguinte, da própria autonomia que deriva da diversidade produtiva centrada na unidade familiar.

Avicultura

Atualmente o Paraná é o maior produtor de carne de frango do Brasil. Conforme a Unifrango (2002), foram produzidas em 2001 1.210.000 toneladas, o que corresponde a 18,4% da produção nacional. No ano de 2001 havia nos municípios estudados 915 produtores de aves de corte, sendo de mais de 16 milhões a capacidade de alojamento de aves, respectivamente voltadas para cinco empresas, todas atuando no sistema de integração.[2]

É importante destacar que a territorialidade da avicultura está intimamente relacionada à alocação física das empresas, em vista das restrições que as distâncias entre os aviários e os abatedouros representam para a viabilização da atividade.

Po isso, as empresas travam entre si uma luta ferrenha para a demarcação dos respectivos limites de atuação. Entretanto, como em qualquer situação em que está em jogo o controle sobre o território, os embates são permeados por períodos de estabilidade e acomodação. Atualmente ligadas

---

2 Dados obtidos a partir da compilação dos dados do Relatório Realidade Municipal da Emater de 2001 de cada um dos municípios pesquisados.

por dificuldades e interesses comuns, tendo que enfrentar a concorrência de gigantes do setor, caminham para uma padronização no que se refere às normas e procedimentos adotados em relação aos integrados, esforçando-se para fazer valer um acordo que define os respectivos limites de atuação, a fim de evitar superposições, o que favoreceria a concorrência e, por extensão, os próprios integrados.

É bom lembrar que o território respectivamente monopolizado por essas empresas, em termos de escala, apresenta uma fluidez compatível com a conjuntura que rege o mercado avícola. Já foi destacado que a sobrevivência delas deriva da capacidade de arbitrar a produtores autônomos os preços e padrões da matéria-prima essencial para o seu funcionamento.

Dessa maneira, durante as fases de implantação e expansão da capacidade instalada, foi empreendido ponderável esforço no sentido de garantir a arregimentação de um número de produtores aptos a atenderem a capacidade de abate e colocação da produção no mercado.

Nesse cenário, em que praticamente todas as empresas perseguiam metas expansionistas, o assédio aos potenciais produtores ou mesmo aos descontentes foi uma estratégia válida, mas as empresas perceberam que essa situação de competição por produtores os fortaleceria, tornando mais difícil a manutenção da integração com base em uma espécie de poder unilateral.

É nesse contexto que a associação para a defesa dos interesses comuns se articula. Apesar de todos os entraves em sua implementação, as implicações para os avicultores são enormes, pois o que move a sua constituição é o rateio do território, com a respectiva homogeneização dos procedimentos e preços.

Esse empenho se explica pela total dependência das integradoras em relação aos integrados, porquanto se não houver produtores dispostos a criar aves, elas não têm como funcionar. Contudo, a cadeia avícola se estrutura a partir de um conflito central, derivado da necessidade de conciliar dois ritmos opostos: a criação das aves, ponto de partida da cadeia, deve ser rigorosamente controlada por prazos, ao passo que o destino final do produto industrializado deve se enquadrar em uma situação em que não há lugar para planejamento eficaz, por depender do, nem sempre previsível, compasso da demanda.

A necessidade de rigor no planejamento está atrelada à artificialidade na qual se sustenta a avicultura comercial, a começar pelo nascimento das aves.

POR UMA GEOGRAFIA DOS CAMPONESES   135

Desde a fertilização e eclosão dos ovos, feitas em ambientes inteiramente controlados, há uma programação elaborada com base em duas variáveis: aviários disponíveis e estoque já industrializado. Apesar de esse controle lidar com as duas partes envolvidas na cadeia avícola, o produtor e a indústria, é a demanda pelo produto que vai definir o volume da criação. Cumpre salientar que ainda assim essa é uma das atividades mais versáteis da cadeia agroindustrial, em razão do curto ciclo de criação e da atual capacidade ociosa de alojamento das aves.

Ocorre que a conversão alimentar é a palavra de ordem na avicultura, ou seja, a rentabilidade da atividade depende da capacidade de produzir carne com a menor ingestão possível de alimentos. Atualmente, a margem varia de 1,6 a 1,8 kg de ração consumida para cada quilo de frango vivo. Considerando um ciclo médio de 38 dias, o incremento de peso das aves é progressivo, razão pela qual essa é a idade considerada ideal para seu abate.

A partir daí, há uma inversão na relação entre ingestão de alimentos e ganho de peso, situação que torna indesejável a manutenção das aves vivas. Porém, o abate deve pressupor a capacidade de inserir a produção no mercado, por tratar-se de mercadoria perecível. É esse compasso que afeta diretamente os produtores, pois dele depende a distribuição dos novos lotes de aves a serem criadas.

Toda essa dinâmica envolve limites no estabelecimento de tratados de cooperação entre as empresas concorrentes, já que o princípio da acumulação ampliada pressupõe produção ascendente para todas. Segundo a Associação Brasileira dos Produtores de Pintos de Corte, entre junho de 2001 e maio de 2002, a produção nacional de carne de frango aumentou 18,2%, enquanto a parte destinada ao mercado interno cresceu 26,9%, em decorrência da redução do volume exportado no período.

Isso explica a razão pela qual cada uma das integradoras empreende individualmente uma luta sem tréguas por mercados, ainda que em uma situação na qual a demanda não se expande no mesmo ritmo. Isso evidencia o fato de que tais empresas transitam em diferentes esferas: se, na relação com os integrados, determinadas conjunturas permitem celebrar alianças, o mesmo não se dá no momento da venda da produção, quando a competição é implacável.

Não obstante, a convergência de interesses é possível pelo fato de que, ao se associarem, o que está em jogo não é apenas o rateio do território de atua-

136   ELIANE TOMIASI PAULINO

ção e os procedimentos comuns na relação com os avicultores. A união de forças propicia um fortalecimento nos jogos de interesse em que o Estado está envolvido. Prova disso é que no ano de 2001, o setor avícola paranaense conseguiu uma redução de 2% nas respectivas obrigações fiscais, em um cenário marcado pelo recrudescimento da carga tributária.

São acertos dessa natureza que elucidam o jogo de interesses e de forças entre o poder privado e o Estado. Apesar da significativa queda dos preços da carne de frango no mercado mundial,[3] é possível vislumbrar como a taxa de lucro é assegurada para a indústria: de um lado, com a parcial renúncia fiscal do Estado e a presumida socialização das perdas dela derivadas, de outro lado, com o ônus que recai diretamente sobre os integrados, em vista da padronização dos preços e padrões requeridos para a matéria-prima. Por representar um poder desmesurado em relação aos integrados, a associação das empresas acaba por instituir uma certa inércia entre eles, chegando a tornar inócua qualquer mudança dentro do circuito da integração avícola.

Ainda assim, havendo a disposição para a ruptura do contrato, em virtude de desencontros insuperáveis entre integrado e integradora, é comum haver trocas de informações entre aquela, com a qual o integrado procura celebrar um novo contrato, e a antiga. Algumas vezes, esses contatos vão além da consulta sobre a conduta do integrado, prática comum no meio empresarial no que tange às referências pessoais dos trabalhadores. Na integração, a consulta lembra um aval, que mais se aproxima da parceria do que da concorrência entre as empresas.

É a capacidade de estabelecerem um procedimento padrão em torno de questões não conflitantes, e o sustentarem, como no caso em destaque, que limita a rotatividade dos integrados, tornando-os quase reféns de decisões unilaterais. Como se vê, ao não concordarem com elas, às vezes só lhes resta abandonar a avicultura, com todas as implicações já destacadas.

Todavia, a união de forças para lidar com o elo mais fraco da cadeia não cria fidelidade suficiente para suprir as investidas individuais na ampliação ou preservação do quinhão em termos de mercado. São esses movimentos que definem, na medida possível, a parceria e a intensidade da concorrência, delimitando as respectivas parcelas do território, na perspec-

---

3 Segundo o Relatório FAO/GIEWS – *Food Outlook*, publicado pela FAO em maio de 2002, entre os anos de 1996 a 2001, o preço internacional da carne de frango caiu 34%.

POR UMA GEOGRAFIA DOS CAMPONESES   137

tiva da integração. Nos períodos favoráveis à expansão, em virtude seja da conjuntura, seja da situação interna de determinadas empresas, estas tendem a flexibilizar as normas, de modo a assegurar o fornecimento ampliado de matéria-prima. É o momento de fazer concessões aos produtores e, por conseguinte, administrar os atritos com as demais. O funcionário de uma das empresas do setor relata:

> Tudo é uma questão de momento. A empresa só funciona se tiver frangos para abater. Por isso, vamos atrás de produtores onde eles estiverem. Quando está sobrando, a empresa se dá ao luxo de impor a condição que ela quiser... mas quando está faltando é preciso correr atrás. Aí tem que oferecer vantagens, porque, se não fizer isso, não consegue aumentar o número de fornecedores.

Sinteticamente, essa é a dinâmica da monopolização do território pelas empresas avícolas, cujos limites físicos são desenhados de acordo com a dispersão das unidades produtoras que se encontram sob sua influência. Em condições ideais, em que se verifica uma situação de equilíbrio entre a fatia de mercado controlada por elas e a capacidade instalada dos criadores das aves, a parcela do território sob a integração compreende um raio de cerca de 60 quilômetros em relação ao abatedouro.

Evidentemente, essa medida não é definitiva nem tampouco genérica. Ao estabelecer os limites espaciais de ação, as empresas levam em conta o custo representado pela distância entre as unidades produtoras e a empresa. Assim, os cálculos referem-se às condições viárias da região, pela necessidade de trânsito constante de mercadorias e pessoas entre ambos os pólos.

Em relação às primeiras, além das aves recém-nascidas, que exigem rápida acomodação ao saírem das encubadoras, há também o deslocamento das aves prontas para o abate. Em ambas as situações, a garantia de um transporte rápido e seguro até o destino é decisiva na qualidade e produtividade do lote.

Além disso, há a necessidade de transporte periódico da alimentação, em geral duas vezes por semana, para que as aves possam ter sempre à disposição ração fresca, fato que também interfere no seu desenvolvimento. É por essa razão que aos produtores interessados em se integrar não basta morarem dentro do raio de ação da empresa, sendo imprescindível a existência de vias de acesso conservadas, adequadas inclusive ao trânsito de veículos pesados, como caminhões e carretas.

Por fim, há um importante tráfego de pessoal, envolvido no suporte e prestação de assistência técnica aos produtores, uma das atribuições da empresa. O distanciamento em relação às condições naturais de reprodução dos galináceos desencadeia uma situação de ponderável dificuldade de adaptação ao meio, sendo imperativo o monitoramento dos espaços de confinamento das aves.

Desse modo, as empresas necessitam de um quadro próprio de técnicos especializados em manejo avícola, sendo estes o elo de ligação entre os integrados e aquelas. Além de solucionarem os problemas físicos das aves, intervindo quando há incidência de doenças ou mortes excessivas em virtude de variações climáticas, esses técnicos fiscalizam o desenvolvimento da atividade, orientando e cobrando sistematicamente dos produtores os cuidados mais adequados a uma produção compatível com os padrões da indústria.

Considerando a necessidade da presença constante dos técnicos nas unidades produtoras que, além de estarem dispersas, são muitas, é compreensível que as empresas busquem minimizar as distâncias, optando sempre que possível pela contratação daquelas geograficamente mais privilegiadas. Tais medidas derivam do esforço em reduzir custos, uma vez que os níveis de dispersão geográfica definem os gastos com transporte, mas não é só isso, eles interferem inclusive no dimensionamento do quadro de funcionários de campo.

Convém salientar que, uma vez designados pelas empresas, os funcionários estão investidos de atribuições que vão além da solução dos problemas técnicos dos avicultores. Além de serem pessoas de confiança das empresas, devem conquistar a confiança dos integrados, até para que o trabalho possa fluir a contento.

Esse requisito é tão importante na avicultura que os técnicos são figuras estratégicas tanto na relação entre integrados e empresas como entre as próprias empresas. Isto porque a ação desses é fundamental para dirimir ao máximo os conflitos derivados das decisões empresariais alheias aos interesses dos avicultores. Driblar a insatisfação desses é uma necessidade premente, em razão do grau de exigência da atividade, no que concerne ao cuidado com as aves.

Todas as empresas estruturadas sob o esquema de integração visitadas foram unânimes em afirmar que a estabilidade nas relações com os integrados é fundamental para bons resultados mútuos. A bem da produtividade,

POR UMA GEOGRAFIA DOS CAMPONESES 139

não convém um clima de descontentamento entre os produtores, pois isso pode afetar a dedicação nas tarefas cotidianas dentro do aviário.

E isso requer ponderação do técnico, porque o contato direto com os produtores lhes dá oportunidade de uma aproximação com o outro lado da integração. A capacidade de negociar pequenas coisas em benefício dos integrados, sem que haja prejuízo para as empresas que representam, pode ser decisiva em algumas situações. Quando a prática dos técnicos está fundada nesses termos, floresce uma espécie de reconhecimento por parte dos produtores, a qual se metamorfoseia em verdadeira fidelidade, não à empresa, mas a esse funcionário específico. Assim, o fetiche se instala, pois o fato de o representante do capitalista tornar-se próximo dos avicultores contribui para que esses se proponham a contornar insatisfações, o que não deixa de ser positivo para a integradora.

Pudemos observar, no trabalho de campo, que o vínculo dos integrados com os técnicos não é incomum, o que torna imperativo para as empresas mantê-los em seu quadro funcional, sob pena de perderem importante parcela de fornecedores. Em determinadas conjunturas, isso traria problemas para as empresas, pois a baixa rentabilidade da atividade, em contraposição aos elevados custos de implantação dos aviários,[4] torna desafiadora a tarefa de integrar novos produtores, de acordo com o perfil desejado pelas mesmas conforme o depoimento de um técnico de empresa agrícola:

> Nós procuramos entender as dificuldades dos produtores, porque estamos no dia-a-dia com eles. Muitas vezes a gente releva algumas coisas, porque, se levar tudo a ferro e fogo, acaba perdendo a confiança deles e aí não tem mais jeito de trabalhar. O integrado é mais do técnico do que da empresa. Para onde ele for, os integrados também vão. Eu mesmo não era dessa empresa, quando eu vim para cá, a maior parte dos que trabalhavam comigo vieram também.

Vinda de um dos técnicos que atuam junto aos integrados, essa declaração permite extrair elementos que podem auxiliar no desvendamento de alguns dos interstícios do sistema, particularmente os que explicam a adesão e a permanência dos camponeses. Há aí indicações claras de que, na

---

4 Em junho de 2002, o custo médio de implantação de um aviário era de R$ 3,00 por frango a ser criado. Considerando que a capacidade mínima de alojamento aceita é de 10 mil aves, o avicultor deveria dispor de, no mínimo, R$ 30 mil para esse fim.

avicultura, muitas vezes a integração se sustenta por meio de relações que transcendem os limites das práticas empresariais, eivadas da impessoalidade que garante as trocas econômicas nos padrões que conhecemos.

É amplamente reconhecido que uma das características que diferenciam unidades camponesas das demais é o caráter pessoal permeando o conjunto de suas relações. O universo camponês é regido por um código avesso à lógica impessoal do mundo governado pelas cifras oriundas das trocas.

Essa particularidade se revela nas mais diferentes ocasiões, desde a conduta com os estranhos que chegam ao seu reduto até a forma como se relacionam com os pares. É curioso notar quanto essa característica lhes é indissociável, chegando a levar alguns autores a relacionarem a desintegração do campesinato ao rompimento dos vínculos pessoais, ligados à dominação exógena, como é o caso dos comerciantes atravessadores, políticos etc.

Nessa linha, Abramovay (1990) destaca que o aparecimento de grandes atacadistas no sudoeste do Paraná substituiu uma relação de dominação perpetrada pelos comerciantes tradicionais. Em seu entendimento, o fim da "ajuda"[5] dos comerciantes tradicionais aos camponeses, consubstanciada em adiantamentos monetários nos momentos de "precisão"[6] ou mesmo para a produção, acabou igualmente com os laços de dependência. Tudo isso teria sido decisivo para uma certa desarticulação da estrutura responsável pela sustentação da condição camponesa na região.

Sabe-se que a emergência de uma ordem econômica orientada por parâmetros estritamente monetários implicou severos impactos sobre as formas organizativas das comunidades camponesas, historicamente envolvidas na produção e trocas simples de mercadorias. Houve, sem dúvida, o enfraquecimento dos canais tradicionais de drenagem da renda, regidos por uma espécie de coação extraeconômica, fundada na ética de obrigações mútuas.

Contudo, as contradições derivadas de trocas entre agentes profundamente desiguais do ponto de vista social e econômico foi revelando aos camponeses, no mesmo compasso, a dimensão da exploração que as relações fundadas até certo ponto em mecanismos de dominação pessoal conseguiam relativizar.

---

5 Ajuda aqui na perspectiva camponesa.

6 Refere-se aos imprevistos que demandam gastos incompatíveis com a reserva monetária da família.

POR UMA GEOGRAFIA DOS CAMPONESES **141**

É por isso que as mudanças ocorridas no bojo da tecnificação da agricultura paranaense, consubstanciadas na redefinição das relações de produção, não podem ser vistas como processo unidimensional, afinado exclusivamente com e em prol dos agentes que desencadearam tal processo. Há que se supor que, no encontro de lógicas e interesses divergentes, as determinações que aportam não possuem força suficiente para varrer as estruturas vigentes. Isso somente seria possível caso a face viva da histórica local, no caso a população, fosse banida, o que não é o caso. Daí a necessidade de apreender tal dinâmica a partir da perspectiva de processo, que evolui em um compasso contraditório, em que a combinação entre o que havia e o que foi imposto deu o tom de uma situação híbrida, manifestada na capacidade de persistência e acomodação de todos os envolvidos.

Nessa dinâmica está o sentido da recriação da classe camponesa; em vez de desaparecer, conforme já fora sentenciado há mais de um século, e sistematicamente reiterado, ela continua se reproduzindo, evidentemente a partir de constantes modificações internas. Não reconhecê-lo seria, em última instância, desconhecer que o movimento é o mais elementar princípio da matéria.

Com efeito, apostar em formações camponesas herméticas é se municiar de pressupostos contrários às leis da dialética. O que não se deve desprezar é o teor dessas modificações, a fim de se averiguar se as mesmas apontam apenas para redefinições internas ou se a superação dessa formação social já é um fato consumado.

E para que o campo teórico não se feche em um círculo, servindo mais de escudo do que de instrumento de análise das pulsações do real, as investigações no campo não são apenas desejáveis, mas imprescindíveis. É esse exercício que autoriza estudiosos e autores a situarem diferentes estratégias de reprodução no âmbito da recriação camponesa, e não de sua superação.

Dentre elas, destacamos a não internalização do padrão de impessoalidade, amplamente difundido nos espaços onde a mercadoria tem primazia sobre a pessoa. Aquela postura, que é indissociável da ética camponesa, gera estranhamentos mútuos ao adentrarem o mundo regido pela ética mercantil, onde a indiferença deve prevalecer, até mesmo para viabilizar a fluidez dos valores monetários sobre os demais.

É nas cidades grandes que estão suas marcas indeléveis. Por ser o espaço privilegiado da produção, circulação e concentração, é também o espaço da segmentação, própria do abismo interposto entre os que ofertam e os que pagam pela mercadoria trabalho. Por sua vez, é o espaço da alienação, porque essa divisão implica a perda de controle sobre as diferentes etapas envolvidas na geração de um bem, ocultando o sentido criador do trabalho e de quem o executa.

Ao destacar a tendência dos camponeses em quebrar as barreiras que negam a humanidade do indivíduo, é necessário considerar sua condição singular de trabalhadores: ao contrário dos demais, sua leitura de mundo deriva diretamente de uma experiência fundada no processo criativo do trabalho, à medida que o vai reconhecendo na produção das espécies vegetais e ou animais sob seus cuidados. O controle completo sobre os ciclos produtivos lhes descortina a diferença entre valor e preço daquilo que têm a ofertar, coisa que a socialização do trabalho oculta aos operários, submetidos à sujeição real ao capital.

Essa é uma das razões pelas quais a socialização do trabalho, consubstanciada na divisão de tarefas, papéis e responsabilidades, é difícil de ser apreendida pelos camponeses, que têm incutido uma visão global daquilo com que se ocupam. Disso deriva sua dificuldade em transitar sem embaraços em locais onde a estrutura funcional se mostra fragmentada, na qual cada indivíduo atua dentro de determinados limites, com restrita ou nenhuma possibilidade de intervenção no papel dos demais.

Isso é recorrente em suas interpretações, quando narram os diversos problemas enfrentados em bancos, órgãos públicos e empresas com as quais mantêm contatos esporádicos. É perceptível a dificuldade, sobretudo entre mais velhos, em compreender os limites de ação do funcionário a quem se dirigem. Em várias ocasiões, foram-nos relatadas circunstâncias que envolveriam a má vontade desses em atendê-los em suas demandas.

A falta de vivência cotidiana com um mundo fragmentado, no plano do trabalho, sugere-lhes que os integrantes de uma determinada estrutura com ela se confundem, o que em tese lhes conferiria amplos conhecimentos e poder de decisão. Assim traduziu um camponês o fato de lhe ter sido negado o pedido de aposentadoria, após anos de tramitação no Instituto Nacional do Seguro Social (INSS):

> Eu já larguei mão disso, não vou mais correr atrás. Faz mais de três anos que eu dei entrada nos papéis e, cada vez que eu vou lá, a mulher fala que falta alguma coisa. Por que é que ela já não fala de uma vez que não vai me aposentar? Para que ficar me enrolando, fazendo eu gastar dinheiro para ir até lá e ainda perder dias de serviço? (A., Água do Pernambuco, Miraselva)

POR UMA GEOGRAFIA DOS CAMPONESES   143

Como se vê, escapa à sua compreensão o fato de que não é essa funcionária quem tem o poder de lhe conceder aposentadoria. A complexa hierarquização de papéis lhe passa despercebida, porque não reconhece as instâncias que medeiam a ação da mesma.

Situações parecidas envolvendo entreveros burocráticos com instituições financeiras, sobretudo bancos oficiais, foram relatadas, algumas delas para explicar as razões pelas quais os indivíduos não recorriam a nenhuma espécie de financiamento. Via de regra, algumas decisões que os afetaram foram relacionadas a deliberações pessoais de determinados funcionários, sem qualquer menção às diretrizes das instituições nas quais esses trabalhadores atuam como meros executores.

São interpretações como essas que indicam por que os camponeses não reconhecem a impessoalidade derivada da alienação do trabalho. No caso da integração, nas situações em que há um estreitamento do vínculo com o funcionário de campo, observamos que a prática dos camponeses se apóia em dois pontos essenciais: um deles é a concepção de que a empresa é o técnico, compreensão derivada da associação automática da lógica que move a empresa aos procedimentos que efetivamente apreende no funcionário. O outro é o esforço para ajustar a relação de integração à única que lhe parece admissível: a de pessoa para pessoa.

Contudo, nem sempre isso acontece, posto que nem todos os funcionários de campo cultivam a aproximação com os camponeses. Em vários relatos, identificamos um estranhamento em relação ao mediador empresa/integrado, passível de ser associado a uma postura de distanciamento que emissários de algumas empresas se esforçam em manter. Muitas vezes, o recurso utilizado para tanto é a explicitação de uma suposta superioridade, pautada tanto no poder econômico que representam, quanto no saber técnico que difundem.

Entretanto, salvo em casos extremos, a manifesta insatisfação dos camponeses não é suficiente para que eles se decidam pela desativação do aviário ou mesmo pela mudança de integradora. Além dos acordos já destacados, que restringem a rotatividade dos integrados, há por parte dos camponeses a tendência em evitar o desconhecido, como mostra esse relato:

> Trocar a gente não pensa não. Já faz mais de dez anos que a gente está com essa empresa... nós já estamos acostumados com o jeito deles e eles com o jeito da gente. Para trocar, tem que começar tudo de novo, a troco de quê? (P., Água do Bagé, Guaraci)

144   ELIANE TOMIASI PAULINO

Como se vê, as ferramentas utilizadas pelos camponeses para transitar pelo mundo dos negócios ainda estão muito distantes daquelas das empresas. É evidente que a lógica que orienta os primeiros não está imbuída do arrojo que é próprio daqueles que podem apostar em jogos de risco. A integridade da exploração, dimensionada de acordo com a composição do grupo familiar, não suporta determinados desacertos, sobretudo por se sustentarem em uma diversidade de atividades que, via de regra, são complementares entre si. O relato a seguir explica, em parte, a persistência dos camponeses na relação de integração mesmo quando o estranhamento é explícito:

> Os homens estão sempre aqui, mexem numa coisa, mandam fazer outra, falam que deu problema porque a gente não fez do jeito que foi ensinado... até parece que a gente não sabe nada... que a gente nasceu ontem. Tem hora que dá vontade de abandonar isso de vez, mas aí o que nós vamos fazer? (M., Prado Ferreira)

Pode-se depreender dessa fala o nível de conflituosidade derivado do choque entre dois saberes: o técnico e o prático. Na avicultura, a experiência de uma vida inteira em contato com o ciclo biológico de uma ponderável variedade de espécies parece não ter valor. E de fato não tem, pois as aves sob seus cuidados já se encontram sob um ciclo tão artificial que somente intervenções na mesma direção parecem ser bem-sucedidas.

O coeficiente de sanidade exigido pela avicultura é de tal forma contrário à concepção de força criadora da natureza incutida nos camponeses que nem sempre é fácil convencê-los de sua necessidade. São universos sem intersecção. Isto porque eles não são, em sentido estrito, produtores, mas antes de tudo cultivadores. Como tal, sua tarefa é a de zelar para que os ciclos naturais se realizem. Assim o fazem na lavoura, no manejo com o gado, enfim, nas diversas atividades com que se ocupam na unidade familiar. Entretanto, na integração torna-se imperativo administrar o descompasso entre o tempo da natureza e o tempo da mercadoria.

Para as empresas, a palavra de ordem é a tecnificação dos produtores, item que na visão unânime dos técnicos é o gargalo na avicultura. Do ponto de vista da seleção genética das aves, do composto alimentar e da infraestrutura dos aviários, houve, na última década, enorme incorporação de tecnologia, com vistas ao aumento da produtividade.

Contudo, esses procedimentos são peças de laboratório, estranhos aos homens e mulheres integrados na cadeia produtiva. Ao chegarem até eles, comumente assumem caráter impositivo e não participativo. Incorporar exigências que em nada se relacionam com sua experiência acumulada não é tarefa fácil e, talvez, nem mesmo desejável para muitos. O leitor verá mais adiante quanto a tradição instaurada em torno do saber comum é um elemento capaz de gerar identificação social e agregar os indivíduos de uma mesma classe.

Do ponto de vista técnico, as interpretações para esse paradoxo são formuladas na mesma linha do que fizera Kautsky há mais de um século: os camponeses teriam dificuldade em apreender integralmente as instruções para a garantia de patamares ideais de produtividade.

Conforme o depoimento de um gerente de integração:

> O salto tecnológico na avicultura nos últimos anos foi enorme, tanto em termos de seleção genética quanto de equipamentos. Analisando do ponto de vista da infraestrutura dos aviários, podemos dizer que uns 80% dos produtores conseguiram se adequar... mas em termos de consciência só uns 30% chegaram lá.

Não é objetivo deste livro, por ora, questionar os impasses claramente delineados por duas concepções opostas de trabalho e produção. Interessa, contudo, extrair dessas variáveis os elementos que sustentam a recriação camponesa.

Dentro da lógica da produção do capital, a corrida pela eficiência produtiva não é apenas coerente, mas necessária, sob pena da acumulação ampliada não se realizar. Dentro dessa premissa, o trabalho camponês contido na mercadoria carne de frango precisa ser potencializado em escala progressiva, pois esta define a taxa de lucro das empresas.

Esse é o sentido da corrida por produtividade. No trabalho de campo, verificamos que a capacidade dos aviários dos contratos mais antigos de integração são, em média, 40% inferiores ao aceito pelas empresas para os novos contratos. Atualmente a capacidade mínima de alojamento é de 10 mil aves.

Essa ampliação na escala de produção não está relacionada apenas à necessidade das empresas diminuírem os custos, pois é a estratégia de repasse desses que impede a estagnação do setor industrial. Trata-se da necessidade de garantir a criação das aves.

Embora a capacidade de alojamento nos últimos anos descreva uma curva ascendente, a renda líquida do produtor só tem diminuído, um sinal da perda de rentabilidade do setor. Sem a redefinição de escala ora observada, é de se supor que a atividade já ter-se-ia inviabilizado.

146   ELIANE TOMIASI PAULINO

Contudo, o aumento da produtividade é, no discurso das empresas, o trunfo dos avicultores. Em suas planilhas consta que, desde 1996, o preço médio por unidade criada passou de R$ 0,08 para R$ 0,16, ao mesmo tempo que a capacidade de alojamento de aves por metro quadrado aumentou 30% . Isso poderia sugerir que os avicultores estão ganhando mais com a mesma estrutura de seis anos atrás, o que não corresponde aos fatos.

Os custos indiretos da produção, a exemplo da energia elétrica e gás, subiram muito acima da inflação oficial. No caso do gás, utilizado no aquecimento das aves, houve uma explosão dos preços, em virtude de mudanças na política energética brasileira.[7] Segundo os técnicos, somente os aumentos autorizados no primeiro semestre de 2002 seriam suficientes para inviabilizar a atividade, se mantida a utilização desse combustível.

Ocorre que há alguns anos os avicultores começaram a buscar alternativas para o aquecimento dos aviários. Muitos deles adquiriram equipamentos movidos a lenha. Contudo, ao serem lançados modelos mais sofisticados, mais adequados às necessidades das aves, as empresas passaram a pressionar os avicultores a adquiri-los. Segundo declarações de uma das integradoras, até o final de 2002 todos os seus integrados deveriam ter procedido à substituição.

O caso do aquecedor é emblemático: hipoteticamente, um avicultor há cinco anos na atividade, naquela ocasião caminhava para a segunda readequação no aquecimento do aviário, ao comprar esse terceiro equipamento, vendido a R$ 3.400,00, ou 20 mil frangos. Aos que não dispunham de reservas para mais esse investimento, as integradoras se propunham a intermediar a aquisição, mediante o parcelamento em até seis entregas de frango, ou seja, um ano.

Outra mudança que saiu caro para os avicultores refere-se à própria infraestrutura do barracão. Há alguns anos, a rusticidade das instalações era aceita sem restrições, o que viabilizava o ingresso na atividade de camponeses sem recursos financeiros. Para tanto, aproveitavam o que podiam da propriedade para construir o aviário, desde madeira até telhas, reduzindo assim os investimentos iniciais.

Demonstramos neste livro, no entanto, que o empenho das empresas em reduzir custos na etapa de criação das aves está relacionado à própria

---

7 Segundo a Fipe, do início do Plano Real a junho de 2002, o gás de cozinha aumentou 398%.

sustentação do sistema de integração. É isso que explica a estratégia de ampliação da capacidade de alojamento dos aviários em cerca de 30%, pois isso representa incremento nos rendimentos brutos para compensar a queda da remuneração em relação ao custo das inversões feitas.

No entanto, isso somente foi possível graças às adequações na estrutura dos aviários, sobretudo no que se refere ao conforto térmico em seu interior, tanto no inverno quanto no verão. Assim, a concentração maior das aves impõe, no inverno, a utilização de aquecedores automáticos, que tenham a capacidade de espalhar calor de maneira uniforme e que não lancem fumaça no ambiente. No verão, a exigência refere-se ao aumento da capacidade de resfriamento, com a instalação de ventiladores mais potentes, sob pena de as aves morrerem sufocadas.

Considerando que o funcionamento de ambos implica o gasto de energia elétrica, gás ou lenha, componentes caros da cadeia produtiva, houve quase uma imposição para que os barracões fossem forrados, para potencializar a ação desses equipamentos.

É nesses termos que a questão dos avanços tecnológicos está colocada, pois, quando se trata de instalações e equipamentos, são os produtores que acabam absorvendo os custos da ciranda de inovações. Assim se dilui parte da pequena rentabilidade que a atividade proporciona, conforme se pode observar nos dados do Quadro 1, que uma das empresas disponibilizou, considerando receitas e custos diretos referentes à criação de um lote de 8 mil aves.[8]

Quadro 1 – Despesas e receitas		R$
Despesas diretas	Compra cama de frango	200,00
	Energia elétrica	250,00
	Gás	350,00
	Total das despesas	800,00
Receitas	Venda cama de frango	350,00
	Entrega dos frangos	1.320,00
	Total da receita	1.670,00
Receita final	Receita final	870,00

Fonte: Trabalho de campo, 2002

---

8 Esse número de aves foi tomado como referência por tratar-se da capacidade média de alojamento verificada entre os camponeses. Os dados são relativos ao mês de junho de 2002.

Como se pode observar, há uma série de insumos que são de responsabilidade direta do integrado, como é o caso da água, energia, gás[9] e a cama de frango. No caso das aves, a alimentação e a medicação necessárias representam um custo oculto, aparentemente sob responsabilidade da integradora, já que cabe a ela fornecê-las. Evidentemente, trata-se de um fetiche, pois a integradora, na realidade, os vende aos avicultores, em uma operação de adiantamento, cobrando pelos mesmos no momento de entrega das aves.

É importante lembrar que os camponeses raramente têm controle sobre os custos de tais insumos, já que as planilhas de que se servem as integradoras para pagarem pela produção entregue não são suficientemente claras para os primeiros. Com relação aos insumos sob responsabilidade direta dos avicultores, as variações são mais perceptíveis, pelo fato de eles terem total controle sobre os mesmos. No inverno, a manutenção de uma temperatura tolerável às aves requer aquecimento, no verão há a necessidade de resfriamento.

Durante anos, houve um equilíbrio nesses custos, porquanto, no inverno, o aumento do consumo de gás era compensado pela diminuição do consumo de energia, e vice-versa no verão. Contudo, em 2002, o aumento dos custos no inverno foi severo, ocasião em que a maior parte dos avicultores ainda necessitava do gás para o aquecimento parcial ou total do aviário. Nota-se que é nesse contexto de redução acentuada dos ganhos monetários que eles devem arcar com um custo extra para a troca do equipamento. No caso dos camponeses cujos aviários alojam menos aves, é de se supor que ficarão meses impedidos de retirar qualquer renda da atividade.

Outrossim, vê-se que, no campo das despesas, não estão contabilizados os demais custos de manutenção do aviário, a depreciação do dinheiro investido e tampouco o trabalho despendido. Se descontados da receita apurada, depreende-se que a renda na avicultura é baixa, razão direta da predominância absoluta do trabalho familiar na atividade.

Porém, não se trata de negar a existência de capitalistas atuando na avicultura; eles são numerosos. Em vista da especificidade da jornada de trabalho e da rentabilidade destacada, eles têm buscado a parceria para se manter na atividade.

---

9 A lenha não foi citada visto que cerca de 90% dos aviários ainda utilizam os aquecedores a gás. A substituição desses, a princípio, promete uma redução de custos de cerca de 70% com o aquecimento das aves.

POR UMA GEOGRAFIA DOS CAMPONESES **149**

Contudo, essa prática igualmente se encontra ameaçada, uma vez que a manutenção da margem de lucro das próprias empresas desloca a atenção para a máxima otimização dos recursos no ciclo da produção. Isto porque a apropriação do valor trabalho contido na produção é por demais elevada, o que deixa uma margem mínima de rentabilidade aos avicultores. Em última instância, isso pode ameaçar as próprias empresas, pois o desestímulo e a desistência dos avicultores afetam o fornecimento da matéria-prima. Essa é uma das razões pelas quais não convêm às empresas maus resultados na produção.

A presença do avicultor dentro do aviário e a observação sistemática são fundamentais para que ele proceda a uma seleção artificial. A ordem é para que os pintinhos fracos ou que demonstrem desenvolvimento duvidoso sejam sacrificados já nos primeiros dias de vida, para evitar que o alimento por eles consumido seja perdido pela morte antes de completar o ciclo, ou resulte em uma conversão alimentar incompatível com os padrões estabelecidos. Seguindo a lógica da ração a ser convertida em carne, sua distribuição precisa ser cuidadosa. Em excesso ou ao ser derrubada pelas aves para fora dos comedouros pode haver perdas. A falta igualmente interfere no resultado final da criação: o princípio da avicultura comercial é que as aves não parem de comer durante todo o ciclo, inclusive à noite, razão pela qual a iluminação deve ser permanente.

Nesses termos, a dedicação é que fará a diferença na entrega do lote. Diuturnamente, há que ser monitorada a temperatura do galpão, pois o conforto ambiental é fundamental para o bom desenvolvimento das aves. É para isso que se combina o uso de ventiladores, cortinas e aquecedores. Qualquer descuido nesse sentido pode trazer resultados desastrosos: as aves não suportam chuvas ou alterações climáticas acentuadas, como conta um produtor:

> Quando está muito calor, tem que levantar as cortinas para ventilar, mas não pode descuidar. Já aconteceu de todo mundo estar na roça e vir uma chuva de repente. Eu não dei conta de baixar todas as cortinas a tempo... os pintinhos que se molharam morreram. De noite é a mesma coisa. Tem que estar sempre ligado, se vier um vento mais forte ou der uma esfriada tem que acudir. A gente não se desliga deles nunca. (P., Barra do Jacutinga, Ibiporã)

Isso demonstra que, apesar das integradoras estimarem dois trabalhadores para cada 20 mil aves, o que garantiria uma renda satisfatória, o mesmo número é necessário para os aviários menores, ainda que em tarefas espaçadas ao longo do dia. Considerando que a escala é que determina um retorno monetário satisfatório, os camponeses apenas se mantêm pela articulação dessa com um conjunto de atividades na unidade produtiva.

São essas condições objetivas que tornam incertas as possibilidades de permanência dos parceiros no ramo da avicultura. O fato de não serem proprietários traz restrições à dedicação exigida, bem como limita o incremento de renda com base no desenvolvimento de outras atividades dentro da propriedade.

Ao se considerar a integração na perspectiva das estratégias de reprodução camponesa, temos a avicultura como atividade de ciclo bimestral, que garante um suprimento monetário importante para o pagamento das despesas correntes. Contudo, ela não é suficiente para assegurar uma margem de ganho adequada à satisfação das necessidades da família. É nesse contexto que se coloca a necessidade de combiná-la com atividades voltadas ao autoconsumo e mesmo a atividades comerciais, prática comum entre os camponeses.

Em um contexto de múltiplas funções produtivas da unidade econômica, a avicultura alimenta um ciclo de incremento bruto de renda, bem como de complementaridade com a lavoura e a pecuária. Nas plantações, ao ser utilizada parte do esterco produzido pelas aves, consegue-se potencializar a renda, diminuindo ou mesmo eliminando o dispêndio monetário com a aquisição de adubos, em cujo preço está contido o lucro da indústria. Assim, ao mesmo tempo em que se consegue o aumento da produção sem inversão monetária, também se alimenta um ciclo de recuperação dos solos com a incorporação de matéria orgânica. Isso fica comprovado com o depoimento a seguir:

> O nosso ganho com o frango é pouco, porque temos as despesas com energia, gás, mão-de-obra, para carregar os caminhões, fora o trabalho, que é grande, mas tem o esterco, que ajuda muito. Você viu o milharal, que lindo? Esse ano a gente não gastou um quilo de adubo nele, deu para estercar seis alqueires e a terra parece que gosta mais. (A., Barra do Jacutinga, Ibiporã)

Nessa articulação, os camponeses calculam cuidadosamente o tipo de forragem a ser utilizada no aviário, pois para essa há um mercado, cuja remuneração pode chegar a um terço do que recebem pela criação dos frangos. Além de servir como esterco, ela é amplamente utilizada na alimentação do gado, sendo misturada a concentrados e silagem.

POR UMA GEOGRAFIA DOS CAMPONESES   151

Quando o destino é a lavoura própria, há uma preferência pelo cepilho, resíduo de madeira serrada, gerado especialmente pelo pólo moveleiro situado em Arapongas, Paraná, um dos municípios estudados. O potencial de fertilização dessa forragem repleta de excrementos é muito grande, em vista da rápida decomposição e consequente absorção pelas plantas.

Se o destino da forragem utilizada no aviário for a alimentação do gado, a escolha recai sobre a palha de arroz, que movimenta a maior parte do comércio de cama de frango, em razão de sua procura para esse fim. Contudo, essa prática está proibida em todo o estado do Paraná, o que não significa que ela tenha recuado.

A razão para tal medida legal está nos compostos utilizados na ração consumida pelas aves, entre as quais se inclui farinha de carne. Há suspeitas de que o consumo de tais componentes por animais essencialmente herbívoros pode ter contribuído para o surgimento da epidemia da "vaca louca" na Europa, tratando-se, portanto, de uma medida sanitária preventiva, mas que ainda não obteve efeitos práticos.

De modo geral, entre os camponeses tal proibição soa como algo distante e fora de propósito, sobretudo porque tal composto continua a ser utilizado sem restrições. Em uma propriedade visitada, a família estava se desfazendo das vacas leiteiras e adquirindo novilhas para engorda, contando com a cama de frango gerada no próprio aviário para complementar a alimentação do rebanho, como foi relatado:

> Estão falando que está proibido dar cama de frango para o gado, mas eu acho que não vai ter jeito de proibir não, porque todo mundo usa. Nós mesmos estamos acabando com as vacas porque o leite não dá mais nada e estamos comprando novilhas para engordar. Sem a cama de frango não tem jeito porque a terra é pouca e pasto quase não tem. (A., Água do Bagé, Guaraci)

Até nesse aspecto pode-se observar quanto as atividades são sobrepostas dentro das unidades camponesas, onde a exiguidade de terra não chega a ser um obstáculo para o desenvolvimento da pecuária, desde que uma pequena área possa ser utilizada para o plantio de forrageiras destinadas à silagem, tendo a cama de frango como complemento. É a intensidade da fiscalização que vai determinar a necessidade de esses camponeses se readaptarem à nova situação ou mesmo abandonarem a pecuária.

152 ELIANE TOMIASI PAULINO

Outrossim, a expansão da avicultura verificada na última década tem colocado ao setor avícola o problema da aquisição, seja do cepilho, seja da palha de arroz, cada vez mais escassos e caros. Por essa razão, as integradoras têm procurado incentivar os avicultores a utilizarem forragens alternativas existentes na propriedade, como o capim-napier, por exemplo. Contudo, ainda há limitações para sua implementação, pelas exigências quanto à secagem e à trituração, que requerem equipamentos que nem todos os camponeses possuem. Atualmente, cerca de 10% dos avicultores já recorrem a esse tipo de forragem.

Essa não é, contudo, a única estratégia utilizada para reduzir os custos com a cama de frango. Muitos camponeses recorrem à remonta, isto é, utilizam a mesma forragem em duas crias. Ocorre que essa prática representa uma intensificação do trabalho dentro do aviário, pois exige que a palha seja remexida com redobrados cuidados, para evitar o acúmulo de umidade e consequente fermentação.

Cuidar da cama de frango parece não ser menos importante que cuidar das aves, em vista do seu valor econômico dentro da cadeia produtiva, seja na propriedade, seja fora dela. Sem exceções, os camponeses mencionaram, entre as exigências da atividade, esse tipo de zelo.

Entretanto, a remonta é cada vez menos aceita pelas integradoras, por implicar risco sanitário: a palha pode reter organismos patológicos, passando de uma cria para a subsequente. Na perspectiva das empresas, ela também tiraria o lucro do produtor, que deixa de somar, ao fim do ciclo, mais esse ingresso bruto.

Ocorre que há razões particulares para essa prática: todos os camponeses que mencionaram fazê-la, associaram-na à adubação na própria propriedade. A dupla utilização dentro do aviário potencializa o poder de fertilização, aumentando os resultados na lavoura e poupando trabalho em sua distribuição. Além disso, diminuem pela metade os custos com a cama de frango por cria, como se comprova por esse depoimento:

> Com a cama de frango nós fazemos uma remonta sim, outra não. Uma vez é para usar na nossa lavoura, aí nós colocamos cepilho e fazemos a remonta. O cepilho decompõe rápido, com duas criadas em cima, não tem adubo melhor. Agora quando vai vender, se fizer isso dá prejuízo, porque não aumenta o preço. O melhor é trocar toda vez que se tiram os frangos. (B., Água da Valência, Ângulo)

POR UMA GEOGRAFIA DOS CAMPONESES **153**

Esse é mais um dos aspectos da avicultura que coloca em choque a lógica dos camponeses e os interesses das empresas. E essas últimas tendem a apertar o cerco sobre aqueles, pela situação atual do mercado avícola, em que a oferta parece ter suplantado a demanda em consideráveis proporções, pelo menos na perspectiva da remuneração do capital. Para se ter uma ideia da conjuntura, entre junho de 2001 e maio de 2002, de acordo com a Associação dos Produtores de Pinto de Corte (2002), a produção nacional de carne de frango destinada ao mercado interno aumentou cerca de 8% em relação à produção como um todo, em consequência da redução do volume exportado no período. Em volume, isso representou a disponibilidade de mais 535.238 toneladas no intervalo de 12 meses.

Apesar do aumento do consumo interno, que saltou de 2,4 kg *per capita* em 1970 para 36 kg em 2001, chegou-se praticamente a um nível de saturação do mercado, considerando-se os atuais patamares de distribuição de renda e poder de compra dos trabalhadores.

Somada a essa situação limite de capacidade de absorção, há um fator complicador ligado ao mercado externo. Trata-se da ameaça de protecionismo da União Europeia, importante consumidor do frango brasileiro. A capacidade de colocar, nesses mercados, um frango a preço muito inferior ao dos produtores locais foi responsável pela ampliação da avicultura brasileira, cujas exportações já compreendem cerca de 20% da produção.[10] Contudo, nesses países a proteção à produção local é uma das bases do desenvolvimento, o que torna provável alguma forma de retaliação.

Essa conjuntura é que tem motivado as empresas a empreenderem esforços para reduzir a produção, não apenas em virtude da ameaça de restrições no plano externo, mas pela insatisfação com os preços alcançados pelo frango no mercado nacional. As empresas estão empenhadas em reduzir as respectivas cotas de produção, a fim de atuar diretamente na oferta, única maneira de conseguir o reajuste dos preços a níveis que julgam satisfatórios.

Se levada a termo, além do efeito perverso para a maior parte dos trabalhadores, cujo poder de compra é cada vez mais reduzido, essa medida atinge em cheio os avicultores, sobretudo os camponeses que não têm a seu favor os ganhos derivados da escala de produção.

---

10 Conf. Associação dos Produtores de Pinto de Corte, 2002, entre junho de 2001 e maio de 2002, 18,4% da produção foi exportada.

Apesar de as empresas serem categóricas ao afirmar que os trabalhadores familiares são os mais eficientes, o que acena para a sua permanência na atividade, juntamente com os grandes produtores, que já começam a investir em automação nos aviários, a redução da produção é mais um golpe na sua combalida rentabilidade.

Essa seria mais uma decisão unilateral das empresas, que não têm grandes dificuldades para implementá-la. Para tanto, bastaria aumentar o intervalo entre as crias e diminuir o número de aves quando da distribuição dos lotes. As empresas já se utilizam desse expediente para controlar os estoques, ainda que de forma limitada.

Entretanto, o propósito de interferir diretamente na oferta, para que a lei de mercado possa prevalecer, ainda é um desafio, que não se concretizou porque o êxito da empreitada depende da adesão irrestrita de todas as integradoras; em um cenário em que a competição por mercados é severa, a força do acordo é menor que as possíveis vantagens caso uns poucos não venham a aderir. Esse é o cálculo que muitas delas fazem, razão pela qual o compasso ainda parece ser de espera.

Apesar disso, as integradoras apostam em uma espécie de acomodação do mercado, mesmo que de forma indireta. Essa acomodação viria na redução do seu capital de giro, que implicaria menor capacidade de suprir os aviários de medicamentos e alimentos, mediante o esquema de adiantamento aos criadores.

Para os avicultores, em geral, e para os camponeses, em particular, trata-se de um sinistro prognóstico, pelo fato de o aumento da produção nos níveis verificados somente ter sido possível pelos acenos em termos de rentabilidade que lhes foram feitos. Isso motivou investimentos altíssimos para a construção de aviários, muitas vezes superiores aos que os camponeses possuem em terra.

Para eles, a quem a escassez de terra é a maior limitação, a crise certamente será muito maior que a sua frustração com a integração, caso os aviários se transformem em caros memoriais da insanidade do mercado.

Sericicultura

O Brasil é o quinto produtor mundial de fios de seda, destinando cerca de 96% da produção ao mercado externo. No Paraná, a sericicultura é uma das

POR UMA GEOGRAFIA DOS CAMPONESES   155

atividades de destaque entre os camponeses; ela está presente em 229 dos 399 municípios paranaenses, envolvendo 7.685 criadores de bicho-da-seda.

Segundo a Associação Brasileira de Fiações de Seda (Abrasseda), no ano de 2001 foram cultivados 24.441 hectares de amora no estado, o que resultou em uma produção de 9.351 toneladas de casulos verdes. Isso representa mais de 80% da produção nacional. Entre os 33 municípios estudados, a sericicultura está presente em 22, com uma área cultivada de 1.450 hectares, a cargo de 487 produtores. Em termos de produção, sua participação equivale a pouco mais de 5% da produção do estado do Paraná.

O processamento industrial dos casulos verdes é feito pelas três maiores empresas do ramo no Brasil: Bratac, Cocamar e Kanebo, respectivamente sediadas em Londrina, Maringá e Cornélio Procópio.

Apesar de ser uma atividade cuja produção envolve os produtores de menores recursos financeiros do campo, a sericicultura não está voltada ao consumo interno; ela se dirige diretamente aos grandes compradores mundiais. Em outras palavras, é incipiente o mercado para os fios de seda no Brasil, o que lança os produtores em um circuito ainda mais instável, em vista das crescentes medidas protecionistas adotadas, por parte dos países consumidores, na política de importações.

Tudo isso torna essa atividade bastante peculiar, totalmente à mercê das oscilações, que tanto podem resultar de condições internas dos países compradores, como dos movimentos mais gerais da economia mundial. Isso afeta diretamente os sericicultores, ocasionando, alternadamente, momentos de retração e expansão da atividade.

É sabido que, nas últimas décadas, o preço de quase todos os produtos primários vem caindo sistematicamente, salvo breves altas conjunturais, logo anuladas pela tendência inversa. Isso também se aplica à sericicultura, pois o quilo do fio de seda da melhor qualidade, que em 1998 era vendido a US$ 45 dólares, atualmente alcança US$ 24 dólares no mercado internacional, segundo dados fornecidos pela empresa Bratac (maio de 2002).

Por outro lado, há que se levar em conta que os custos dos insumos utilizados pelos produtores registraram um movimento inverso, o que pode indicar o encolhimento da renda auferida na atividade. Evidentemente, essa perda não foi distribuída equitativamente entre todos os componentes da cadeia produtiva; como é próprio da ordem econômica vigente, coube aos criadores do bicho-da-seda, elo mais frágil da cadeia, absorvê-la em grande medida.

156   ELIANE TOMIASI PAULINO

Contudo, esse não tem sido o único desafio enfrentado por eles. A pequena participação brasileira no mercado internacional exige saídas para a própria sobrevivência das empresas citadas, por causa da sua limitação em jogar com preços e estoques, coisa que grandes produtores, como a China, podem fazer e efetivamente o fazem. Resta-lhes concorrer em mercados diferenciados, que privilegiam a qualidade superior do produto. Portanto, são esses nichos que elas têm explorado, garantindo até então a colocação de sua produção que é considerada uma das melhores do mundo.

Ocorre que a posição desfrutada pelas fiações brasileiras está longe de ser confortável, sobretudo porque a China está perseguindo o incremento de cerca de 10% da sua produção, o que em termos reais pode suplantar toda a produção brasileira. Assim, em um mercado abarrotado e com tendência à expansão da oferta, a pressão para a melhoria da qualidade e redução dos custos é severa.

Não há dúvida de que o ritmo frenético do mercado obriga as empresas a se adequarem, sob pena de cerrarem as portas. E isso recai com igual intensidade sobre os criadores, já que a qualidade do fio da seda é determinada, em grande medida, pelos processos subjacentes à produção dos casulos, ainda que as diferentes condições de infraestrutura com que operam as fiações também interfiram no produto final.

É esse o cenário com o qual se deparam os integrados na sericicultura. Enquanto não havia limites precisos no mercado internacional de fios de seda, a conquista de produtores foi fundamental para a consolidação das empresas fiadoras. No caso do Paraná, esse processo teve início nos anos 1970, com a implantação da atividade, e se estendeu até meados dos anos 1990, com mais de 8 mil sericicultores integrados, que chegaram a responder por produção superior a 13 mil toneladas. Segundo a Abrasseda, em 1996 o estado do Paraná obteve uma produção recorde, com 13.172 toneladas de casulos verdes.

Verificamos, assim, que a expansão da atividade no Paraná foi ponderável, conquanto, nesse período, o mercado tenha registrado uma queda progressiva nos preços dos fios de seda. Tal expansão, em um cenário de preços deprimidos, se deve à diferença cambial: a desvalorização da moeda brasileira em relação ao dólar acabava compensando, em parte, as perdas reais sofridas no preço dos fios de seda no comércio internacional.

É aí que sobrevém a grande crise do setor, que coincide com a mudança cambial atrelada ao Plano Real. Ao serem equiparados os valores da moeda

POR UMA GEOGRAFIA DOS CAMPONESES   **157**

brasileira ao dólar, de um só golpe a sericicultura, assim como as demais atividades que se beneficiavam do câmbio, tiveram sua rentabilidade reduzida em quase três vezes. É evidente que o impacto maior recaiu sobre os camponeses, em face dos parcos rendimentos que já vinham obtendo com a atividade. Os efeitos sobre os mesmos foram de tal ordem que muitos a abandonaram, com reflexos diretos na produção, cuja redução chegou a quase um terço nos anos subsequentes.

Entretanto, convém lembrar que nos últimos anos, em razão de mais uma mudança cambial, com a consequente desvalorização do real, a sericicultura ganhou um pouco de fôlego, o que não significa, em absoluto, que esteja havendo um surto de recuperação de renda dos produtores. Para os proprietários empobrecidos, e para os camponeses sem terra própria, estão cada vez mais limitadas as alternativas de renda monetária, sobretudo porque as culturas alimentares destinadas ao consumo interno são comercializadas em moeda local, com menos da metade do que efetivamente rendem os produtos exportados, como é o caso dos fios de seda.

Afora essa conjuntura, cumpre destacar que a sericicultura tem a seu favor o baixo custo de implantação. Segundo informações das empresas e dos próprios sericicultores, atualmente é possível implantá-la com cerca de R$ 5 mil, evidentemente desconsiderando a terra que deverá ser destinada ao cultivo das amoreiras. Portanto, é esse frágil balanço que faz com que a sericicultura ainda seja uma atividade atrativa para os camponeses.

No entanto, a qualidade dos casulos está se tornando cada vez mais decisiva para a permanência dos integrados no circuito. Como vimos, a dinâmica da sericicultura no Paraná foi, até pouco tempo, marcada pela expansão. Nesse contexto, o desafio colocado às empresas sempre fora a inserção de mais produtores em seus quadros, a fim de assegurar o fornecimento regular da matéria-prima. À medida que o mercado internacional caminhava para uma frenagem dessa tendência, veio a crise cambial, aqui entendida como sobrevalorização da moeda brasileira. Isso forçou uma acomodação do setor sem que fosse colocada em pauta a qualidade da produção. Face o golpe na rentabilidade da atividade, as empresas continuaram a enfrentar a necessidade de convencer produtores a ingressarem ou permanecerem em seus quadros.

Esse momento reflete o desencantamento com a sericicultura, presente na fala de vários camponeses que tivemos a oportunidade de conhecer na região. Igualmente, os testemunhos desses acontecimentos também estão

158   ELIANE TOMIASI PAULINO

inscritos nas parcelas do território pertencentes aos camponeses, sobretudo porque alguns galpões lá estão, ociosos ou transformados em depósitos de maquinários, ferramentas e até colheitas. Essa questão será retomada posteriormente. Por ora, convém mostrar que há uma situação nova se desenhando para os sericicultores, que é a possibilidade real de serem preteridos, caso não consigam se adequar aos padrões impostos pelas fiações. De acordo com um técnico de uma das empresas de fiação:

> Desde que eu trabalho aqui, a sericicultura sempre funcionou assim: o produtor demonstrava interesse pela atividade, entrava e só saia se quisesse. Mas isso era porque precisava aumentar a produção e, por isso, a empresa acabava aceitando de tudo. Mas as coisas estão mudando. A empresa já está selecionando os produtores que querem entrar, agora só participam aqueles que moram na propriedade. Até as propriedades estão sendo selecionadas, porque o que conta são aquelas melhor localizadas, com facilidade de acesso e tudo o mais. A verdade é que antes a empresa tinha de lutar para ficar com os produtores, agora são eles que vão ter de lutar para ficar com a empresa.

É inquestionável, portanto, que a orientação das empresas mudou. Isso porque a parte do território monopolizada pela sericicultura já se encontra consolidada, ou pelo menos, há um círculo estável de criadores que asseguram as metas de produção das fiações. Além disso, o mercado incorporou exigências antes inexistentes. E para os sericicultores tudo isso tem um nome: seletividade.

Se dantes o embaraço para permanecer na atividade era proveniente do montante de renda auferida, agora a este veio se somar a exigência por padrões preestabelecidos de qualidade e produtividade. Em outras palavras, aqueles que não se enquadrarem deverão ser eliminados dos quadros da integração. Conta o técnico de outra empresa:

> Faz 13 anos que eu trabalho nessa empresa e nunca se ouviu falar em corte de produtores. Os técnicos tinham até dificuldade para trabalhar, porque havia aqueles que não seguiam as orientações técnicas e nada se podia fazer contra eles. Hoje não é mais assim. Daqui para a frente, quem não produzir casulos com qualidade não terá como permanecer na atividade. Estamos trabalhando intensamente para recuperar aqueles que ainda têm problemas, porque isso representa prejuízo para a empresa. Eles estão tendo oportunidade de melhorar, mas com base no histórico que temos, se vier um, dois, três lotes sem melhora nenhuma, aí eles serão cortados.

Há três fatores essenciais na definição da qualidade dos casulos: tamanho, forma e limpeza. E asseveram os técnicos que isso depende exclusivamente do manejo dos bichos-da-seda ao longo das fases sob responsabilidade dos produtores.

O ciclo desses insetos corresponde a cinco idades. As duas primeiras se completam dentro das indústrias, que mantêm guardadas a sete chaves as matrizes e as estratégias de cruzamento, a fim de obter raças híbridas que apresentem melhores resultados para a produtividade da seda. Sinteticamente, o cruzamento é orientado por duas características básicas: alto teor de seda e resistência a doenças, respectivamente acentuadas nas raças japonesas e chinesas. Após a postura, os ovos podem ser estocados por até seis meses, o que contribui para que a distribuição das larvas entre os criadores obedeça a uma programação rigorosa.

Após a eclosão controlada dos ovos, o espaço de tempo tolerável para a alocação definitiva das larvas é curto, pois elas precisam ser alimentadas ininterruptamente de folhas tenras. Essas características vitais das mesmas fazem com que as empresas tenham de definir, na parte do território monopolizado, uma atuação adequada ao perfeito encadeamento dos procedimentos que, à exceção da assessoria técnica, se restringem à distribuição das larvas e recepção dos casulos. Em condições usuais de acesso, o raio de ação compreende uma distância máxima de 30 quilômetros.

Contudo, a atividade se acha espalhada pela maior parte dos municípios. Para enfrentar a dispersão dos sericicultores, as empresas trabalham com uma estrutura de entrepostos, fixos ou eventuais, distribuídos estrategicamente entre as regiões produtoras. O apelo da geração de emprego e renda pela sericicultura é tão forte, sobretudo entre os municípios pequenos, que inúmeros deles cedem espaços físicos públicos para que tais transações sejam efetuadas, sem ônus para as empresas.

Isso posto, há que se destacar que a exigência dessa atividade, em termos de valor trabalho contido na produção, certamente torna a integração a melhor opção para o fornecimento regular da matéria-prima, pois o não pagamento de todo o trabalho da família camponesa contido nos casulos é decisivo na composição da taxa de lucro da indústria.

Em um exercício hipotético, é fácil compreender a razão pela qual os camponeses são os produtores, por excelência, do bicho-da-seda. Considerando os cuidados que a atividade requer, caso a mesma fosse realizada mediante o

160 ELIANE TOMIASI PAULINO

assalariamento, o preço da matéria-prima obrigatoriamente subiria, uma vez que a legislação trabalhista estabelece jornadas máximas e adicionais noturnos.

Como se pode observar, caso os camponeses utilizassem esses parâmetros, mesmo considerando o salário mínimo vigente, a renda obtida na atividade obrigatoriamente deveria ser maior. Portanto, o valor trabalho que lhe é subtraído, nos preços pagos pela sua produção, é maior do que se subtrai nas condições limites de exploração do trabalho nas relações tipicamente capitalistas, senão vejamos. Entre as atividades desenvolvidas na área pesquisada, a sericicultura é, sem sombra de dúvida, a que mais requer cuidados diferenciados, considerando-se a cadência que extrapola o ritmo habitual das atividades no campo, regidas pela luz do sol. Isso porque o dormir e o acordar dos bichos-da-seda se articulam num ciclo completamente alheio à alternância das noites e dias. Em suma, esses insetos regem, quase que nesse compasso, toda a rotina das famílias que os criam.

A fragilidade da espécie determina que nenhum resvalo seja cometido durante o manejo, especialmente nas três últimas fases, que ocorrem sob os cuidados dos criadores, posto que, até então, elas acontecem em ambientes artificiais rigorosamente controlados.

Como foi mencionado, os entrepostos são os pontos de distribuição das larvas, cabendo aos produtores retirá-las nas datas e horários estipulados. É importante lembrar que as larvas são vendidas em um esquema de adiantamento aos criadores, cabendo-lhes saldar essa dívida no momento da entrega dos casulos. Via de regra, os mesmos dispõem de veículos precários, quando os possuem. Para que cheguem ao destino, em condições de transporte nem sempre convencionais, são utilizadas caixas de papelão com dimensão variável entre 1,20 m² e 1,50 m². Essa é a medida para o dimensionamento da atividade, que não é padronizado entre as empresas, variando de 33 mil a 40 mil larvas por caixa.

Considerando-se a duração dos ciclos, diretamente relacionados com as estações do ano, a terceira idade compreende um período médio de 72 horas, em que as lagartas ficam ativas, seguidas de 36 horas de sono. Ao acordarem, ingressam na quarta idade, com igual duração de atividade e sono. Assim, passados cerca de nove dias, as lagartas adentram a quinta idade, fase em que permanecerão acordadas ao longo de seis ou sete dias, perfazendo um período de atividade de aproximadamente 160 horas. É o momento em que elas param de se alimentar e iniciam a subida aos bosques, onde tecerão os casulos.

POR UMA GEOGRAFIA DOS CAMPONESES   **161**

Durante os períodos de sono, as lagartas se mantêm imóveis, presas aos galhos de amoreira da qual se alimentaram. São as fases de menor intensidade de trabalho para os criadores, já que os cuidados se restringem a três aplicações diárias de cal hidratado sobre as mesmas, a fim de evitar a proliferação de fungos, altamente prejudiciais ao seu desenvolvimento. Todavia, há a iminência de ataque de predadores, que são os mais variados: pássaros, roedores, répteis, insetos etc., de forma que a vigilância deve ser constante. Segundo as empresas, cerca de 30% de perda de lagartas está relacionada a ocorrências dessa natureza.

Não é por motivo diverso que a sericultura é uma das atividades quase indissociáveis do trabalho familiar camponês, viabilizada justamente pelo envolvimento dos membros da família, até crianças e idosos em atribuições que não requerem grande esforço físico. É o que verificamos nessas fases de dormência, quase sempre a cargo dos indivíduos de menor vigor físico, ficando os demais liberados para os trabalhos mais pesados, seja na lavoura da amoreira ou em outras, dentro ou fora da propriedade.

Se, enquanto dormem, os bichos-da-seda dão uma relativa folga aos sericicultores, quando estão acordados, exigem cuidados intensivos. Na corrida pela melhoria da qualidade essa é, sem dúvida, a etapa decisiva. E, dentre os requisitos dessas fases, a alimentação adequada é aquela que, de longe, vai definir os resultados. Em outras palavras, a produtividade da sericicultura depende diretamente da forma como são alimentados os bichos-da-seda, com suas exigências variando concomitantemente ao seu desenvolvimento.

Dessa maneira, o cultivo das amoreiras, alimento exclusivo da espécie, deve ser conduzido com esmero. Tudo isso implica trabalho e custos, visto que a disponibilidade de nutrientes no solo é fundamental para a manutenção de arbustos resistentes e viçosos, mesmo diante da exposição a podas sistemáticas. Assim, as adubações orgânicas e/ou químicas são indispensáveis, observando-se certos critérios, pois, havendo retenção de substâncias estranhas nas plantas, elas fatalmente serão ingeridas pelas lagartas, podendo afetar severamente a cria.

Isso se aplica também ao controle das espécies invasoras que não pressupõe, sob nenhuma hipótese, o uso de componentes químicos, como pesticidas e herbicidas, devendo-se recorrer exclusivamente ao manejo manual das pragas. Em vista da intensidade do trabalho no barracão, e da dimensão da lavoura, que nos casos da exploração camponesa normalmente compreende cerca de três hectares de cultivo, a tração animal é um recurso quase obrigatório para sua manutenção.

Durante a primavera, o verão e o outono, estações propícias à criação do bicho-da-seda, entre os marcos indicativos do domínio sericícola no território temos os densos amoreirais, muito verdes e brilhantes, em meio dos quais sempre se pode ver uma imagem que muitos supõem ser coisa do passado: homens cuidando da lavoura com o auxílio de animais, como mostra a foto abaixo.

Porcenteiro da sericicultura

Ocorre que a incapacidade apresentada pelos bichos-da-seda de tolerar substâncias químicas não se restringe ao alimento ingerido. O ambiente circundante deve ser inodoro e igualmente livre de partículas tóxicas. Esse é um dos motivos pelos quais a atividade tende a se concentrar em bairros rurais. Por tratar-se de *locus* privilegiado dos camponeses, prevalece a policultura fundada em um manejo apenas parcialmente apoiado em agrotóxicos, mesmo porque os custos do pacote tecnológico são proibitivos à maioria.

No domínio das monoculturas, ainda que haja enclaves camponeses, a sericicultura é praticamente inviabilizada, em decorrência da concentração regular de veneno no ar, derivada das pulverizações nas plantações. Visitamos alguns camponeses no município de Lobato, Paraná, que tiveram de abandonar a atividade em virtude da introdução de agentes desfolhantes no manejo da cana-de-açúcar, em franca expansão na região. A utilização de insumos altamente agressivos não se restringe a essa cultura, estando eles presentes em praticamente todas as lavouras cerealíferas.

POR UMA GEOGRAFIA DOS CAMPONESES **163**

Na ausência de interferências exteriores, como essas, o desafio para que os sericicultores possam alcançar índices satisfatórios de produtividade está nas técnicas de corte e distribuição das amoreiras para as lagartas.

Ao chegar à propriedade, percebe-se que cada caixa contém de 33 mil a 40 mil larvas, o que representa cerca de 10 a 20 gramas. Isso pode dar uma ideia do seu diminuto tamanho, bem como da sua restrita necessidade alimentar ao adentrar a terceira idade. Contudo, só aparentemente esta seria uma facilidade aos camponeses, pois a fragilidade das larvas pode constituir-se em uma armadilha. Os bichos-da-seda não enxergam, o que os impossibilita de buscar o próprio alimento. Assim, é este que deve chegar até eles e em condições que os mesmos possam identificá-lo. É o cheiro da amoreira que os atrai e são as folhas frescas que o exalam. Portanto, ao murcharem, deixam de lhes servir de alimento.

Ocorre que o acúmulo de folhas murchas é altamente favorável à fermentação e proliferação de fungos, que geralmente são fatais aos bichos-da-seda. Considerando-se que, enquanto acordados eles devem comer sem parar, a quantidade servida deve ser exata, ainda que as três aplicações diárias de cal hidratada sobre as camas de criação tenham por objetivo reter o excesso de umidade e, assim, minimizar os riscos de contaminação.

O dimensionamento da criação vai depender diretamente das condições da lavoura, mas, em média, cada caixa de larvas requer cerca de um hectare cultivado, isso após dois anos do plantio, quando os arbustos já conseguem responder mais rapidamente às podas. No primeiro ano de cultivo, o número de caixas a serem criadas necessariamente deve ser menor.

Para a terceira idade, as folhas devem ser tenras, tendo como limite a parte superior dos galhos, cujos talos ainda estão verdes. Ao adentrarem a quarta idade, a consistência ideal das folhas está nos galhos, posicionados a uns 30 centímetros abaixo do limite mencionado. Por fim, na última idade devem ser servidas as folhas mais duras, presentes na parte imediatamente inferior dos galhos.

Vemos assim que uma boa produção exige uma seleção cuidadosa do alimento disponibilizado aos bichos-da-seda. É isso que orienta o corte diferenciado das amoreiras, de acordo com as várias idades e respeitando o manejo em talhões. Para garantir alimentos nos oito meses em que é possível criá-los, procede-se a três podas, a primeira no final de maio, quando o ciclo anual é encerrado, repetindo-se no início de julho e no início de agosto.

Assim, é possível adequar o estágio do vegetal à retomada da atividade, em meados de setembro.

Já foi mencionado anteriormente que a sericicultura comporta um calendário peculiar e isso interfere no ritmo e na divisão do trabalho no interior da unidade produtiva. Nas fases em que as lagartas devem ser alimentadas, isso é por demais evidente. Nesse período, a incidência de luz solar é que vai reger o trabalho dos diferentes membros da família. Como foi descrito, as folhas a serem servidas devem estar frescas. Desse modo, não é possível buscá-las na lavoura enquanto houver sol, pois nessas condições elas tendem a murchar rapidamente. É por isso que todo barracão de criação deve possuir um depósito para ramos de amoreira.

No alvorecer, os homens saem para a lavoura a fim de proceder ao corte de todas folhas de amora necessárias à alimentação das lagartas ao longo do dia. Para o transporte até o barracão são utilizadas carroças puxadas por animais, sendo necessárias tantas viagens quanto a capacidade diária de consumo das mesmas. Enquanto alguns se ocupam dessa tarefa, outros já estão envolvidos na distribuição do alimento para os bichos, geralmente idosos, mulheres e crianças, que assim permanecerão em vigilância ao longo do dia, distribuindo mais ramos, sempre que necessário, e regando os que se encontram no depósito para que não murchem. À noite, é comum todos se revezarem nessa tarefa. É o que se vê na foto seguinte, que mostra pai e filho distribuindo a amora aos bichos.

A socialização da criança pelo trabalho. Pai e filho alimentam bichos-da-seda

POR UMA GEOGRAFIA DOS CAMPONESES   **165**

O sol não é referência apenas para a colheita da provisão alimentar diária da cria, regendo igualmente a cadência do trabalho dentro dos barracões. Isso sem falar no ciclo biológico do bicho-da-seda, cuja duração está diretamente relacionada à incidência de luz e calor. Entre os meses mais quentes e os meses mais amenos, essa diferença chega a ser de até cinco dias.

Os lotes de larvas são dispostos longitudinalmente no barracão, de forma a garantir espaço de circulação para as pessoas que cuidam da alimentação e da assepsia do local. A necessidade de distribuição de alimento varia com o ritmo da temperatura, diretamente relacionada à conservação das folhas em condições de serem consumidas pelas lagartas.

Por essa razão, no período da manhã o trabalho é mais intenso, pois há um consumo maior de folhas. À medida que o calor se intensifica, as folhas rapidamente deixam de ser atrativas, razão pela qual as lagartas comem menos, impondo tratos mais regrados. Quando o sol se vai, o ritmo de consumo novamente se intensifica e assim se estende por toda a noite. Nas fases em que as lagartas estão maiores, sobretudo na quinta idade, o som que produzem ao devorar as folhas é surpreendente. No silêncio da noite, a sensação que se tem dentro do barracão é a de que está chovendo.

Como se vê, o ritmo da sericicultura é bastante peculiar, demandando atenção e cuidados extremados, com hora e forma certas de distribuir os ramos de amoreira. Havendo excesso, as folhas murcham antes de serem consumidas, dificultando o saneamento no barracão. Por outro lado, a quantidade insuficiente vai interferir diretamente no desenvolvimento das lagartas e, consequentemente, na qualidade e quantidade dos fios de seda.

A experiência ímpar em relação à sucessão dos eventos naturais, associada à presença quase permanente dentro do barracão, torna os camponeses profundos conhecedores do ritmo biológico dessa espécie. Como se pode inferir, trata-se de um calendário ordenado de acordo com o tempo que rege as necessidades vitais e o tempo de maturação das lagartas. A tudo isso os criadores devem estar atentos, porque, ao final do ciclo, as lagartas buscam instintivamente um local para se instalarem, no caso os bosques, e assim passarem pelo processo que as transformaria em crisálidas, caso este não fosse interrompido. É nessa fase que tecerão o casulo em um único e extraordinariamente longo fio de seda, cujo comprimento varia de 900 a 1.200 metros.

Os bosques são estruturas quadriculadas de papelão, comportando cada quadrícula apenas uma lagarta e, consequentemente, um casulo. Não basta os criadores baixá-los a uma altura que as lagartas possam alcançá-los. É preciso cuidar para que uma única lagarta se aloje em cada quadrícula, caso contrário serão produzidos casulos duplos, sem valor comercial. O mesmo se aplica aos casulos deformados e manchados, o que exige dos sericiculto-res extremos cuidados com os bosques, o equipamento mais caro dentro do barracão. Para se ter uma ideia do seu custo em relação ao rendimento que a atividade proporciona, as empresas até há pouco tempo se comprometiam a financiá-lo aos integrados ao prazo médio de três anos. Adiante será de-monstrado como o poder público assumiu esse compromisso.

Por tratar-se de um equipamento frágil, sua durabilidade é de no máximo oito anos, quando observados os cuidados especiais na estocagem, monta-gem, desmontagem e manuseio após a retirada dos casulos, devido à deposi-ção de excrementos das lagartas durante os sete dias em que ali permanecem. Assim, ao serem retirados os casulos, os bosques devem receber sol até seca-rem completamente, caso contrário haverá comprometimento do artefato. Cada quadrícula deformada ou suja não poderá mais alojar lagartas nas crias subsequentes, sob pena de os casulos não terem qualquer valor comercial.

As condições de alojamento das lagartas nos bosques, se observado o manejo adequado durante sua permanência no barracão, é que definirá a renda dos produtores. Isto porque desconsiderando seu peso e saúde, já determinados anteriormente, no decorrer de seu desenvolvimento, a qua-lidade é mensurada pela aparência do casulo entregue à indústria. Neste caso, os critérios são forma perfeita e limpeza irretocável. Isso lhes impõe não apenas o trabalho de pré-seleção antes da entrega dos casulos, mas, so-bretudo, um trabalho artesanal de retirada e realocação de todas as lagartas que se acomodaram em quadrículas defeituosas ou em dupla, a fim de se evitar ao máximo as perdas. Lembre-se de que essa tarefa se aplica a um universo próximo a cem mil lagartas, o que faz com que a conservação dos bosques seja imprescindível.

Quanto à pré-seleção feita pelos sericicultores, ela vai determinar, em parte, o ganho da atividade, por causa da variação de preço entre os casulos de primeira e de segunda. Por isso é conveniente proceder a uma boa sele-ção já no barracão, para garantir lotes homogêneos, de modo que os melho-res possam se enquadrar nas melhores classificações. Uma das estratégias das indústrias para obter a melhoria da qualidade está no pagamento de prêmios escalonados sobre o preço bruto do quilo de casulo, fixado a partir de um padrão mínimo de qualidade. Abaixo desse padrão, os preços podem chegar à metade do que efetivamente se paga pelos melhores casulos.

Os critérios de classificação se pautam por duas variáveis: peso e aparência. Para definir o peso, determinado pelo tamanho da lagarta, toma-se uma amostra de meio quilo, contando-se a quantidade de casulos que a compõem. A partir daí são definidos os prêmios, que variam de 2% a 10% do preço bruto, em ordem inversamente proporcional ao número levantado, limitado a 290 casulos por amostra.

Nessa mesma amostra é feita a seleção, a fim de se levantar o índice de casulos abaixo do padrão. Do mesmo modo, são adicionados percentuais de 2% a 10% do preço base, até o limite de 5% de descarte daqueles imperfeitos.

É por essa razão que uma seleção bem feita no barracão evita a definição de uma qualidade média, que deprime sobremaneira o preço do percentual com padrão de qualidade superior.

Até então, o contrato de integração reza que todos os casulos serão recebidos pela indústria, mas os engenheiros de produção afirmam que atualmente o processamento daqueles pequenos, malformados ou sujos representam prejuízo para as empresas, ainda que o preço pago aos produtores seja muito baixo, chegando a menos de um dólar por quilo.[11]

Casulos menores implicam fios de seda menores, que no processo de enrolamento requerem mais emendas. Além das emendas depreciarem o preço alcançado pelo fio industrializado, oneram os custos da mão-de-obra, uma vez que a industrialização nada mais é do que o desenrolamento do fio de cada casulo e o posterior enrolamento, até que se consigam enormes carretéis de fios de seda. Cumpre salientar que todos os fios são emendados manualmente e exclusivamente por mulheres, dada a delicadeza da tarefa.

Como se pode observar, as exigências da atividade são de tal ordem que a sua viabilidade requer trabalhadores especiais, sobretudo no campo, cujo envolvimento com as necessidades diretas e indiretas dos bichos-da-seda vai interferir em toda a cadeia produtiva. Sem equívoco, pode-se afirmar que as demandas desses ditam, quase sem restrições, a rotina e o ritmo de trabalho dos camponeses.

---

11 Em maio de 2.002 os preços pagos aos produtores variaram entre R$ 2,78 a R$ 5,00 por quilo de casulo verde, e o rendimento por caixa de larvas criadas variou entre 50 e 70 quilos.

É por isso que o trabalho familiar camponês é absoluto na sericicultura. E, à medida que se vão intensificando as exigências no tocante à qualidade, a seletividade entre os próprios sericicultores vai se colocando em outro patamar.

Com efeito, durante o processo de expansão da capacidade instalada das indústrias fiadoras, a criação de bichos-da-seda por camponeses proprietários nem sempre teve importância relevante. A parceria na sericicultura foi amplamente difundida, chegando a responder por mais de 80% da produção de casulos verdes em alguns dos municípios estudados, a exemplo de Astorga, Paraná.

Nesse regime, muitos detentores de pequenas propriedades já radicados na cidade viram nessa atividade a possibilidade de auferir renda sem envolvimento direto e com limitadas necessidades de investimentos. É importante destacar a existência desses elementos diferenciais da sericicultura em relação aos esquemas usuais de parceria na agricultura, pois a primeira requer pequena parcela de terra, bem como de recursos financeiros, ao mesmo tempo que o retorno monetário é mensal, exceto no período de entressafra, que se prolonga de maio a setembro.

O cultivo da amora e o manejo dos bichos-da-seda se fazem com baixíssima utilização de insumos e intensa ocupação de mão-de-obra. Como o ônus monetário da atividade realizada em parceria tende a recair sobre os proprietários das terras, a quem em geral cabe a aquisição de insumos, contra a força de trabalho que oferece o parceiro, depreende-se que, na sericicultura, muito pouco, em termos monetários, é exigido do proprietário.

Portanto, além de se tratar de uma atividade que praticamente inverte a lógica da agricultura atual, pautada na intensificação dos fatores técnicos em detrimento da força de trabalho efetivamente envolvidos na produção, a mesma tem um ciclo bastante curto. Daí o ponderável giro monetário para os proprietários, coisa que não acontece nas demais culturas, em razão dos ciclos mais longos de produção.

Em um cenário onde os ganhos, em geral, são determinados pela escala de produção, a lucratividade das pequenas propriedades ocupadas com atividades convencionais e exploradas sob bases tipicamente capitalistas tem sido cada vez menor. Assim, as particularidades destacadas tiveram importante peso na implementação da parceria, ainda que essa relação implique a fixação das famílias na propriedade, situação rechaçada pela maioria dos proprietários, pelos vínculos que a mesma pressupõe.

POR UMA GEOGRAFIA DOS CAMPONESES   **169**

Do ponto de vista dos sericicultores parceiros, a ausência de meios de produção próprios é driblada pela referida relação, a qual tem garantido a preservação de sua condição camponesa. Aliás, a persistência dessa relação é por demais evidente, não se limitando apenas à sericicultura.

É por isso que decretar o desaparecimento do campesinato ante a desestruturação da tradicional economia cafeeira norte-paranaense tem sido um equívoco. O mais apropriado é buscar na dinâmica produtiva as possibilidades da recriação, a qual supõe estratégias variadas a que recorre a classe camponesa, renovadas sempre que as condições mantenedoras de sua autonomia se desintegram, e sabemos quanto elas são recorrentes.

No caso em questão, o cenário que atualmente se insinua merece destaque. Os acordos[12] de parceria que foram propulsores da sericicultura são cada vez menos interessantes para as indústrias, justamente porque apresentam fundamentos diferenciados em relação à atividade desenvolvida pelos camponeses proprietários, a começar pela alteração na lógica da produção, pois que essa passa a envolver três sujeitos sociais: o capitalista da indústria, o proprietário da terra e o parceiro. Desse modo, a disputa entre o camponês parceiro e o proprietário será pela retenção da renda da terra gerada pela atividade e igualmente perseguida pelo capitalista da indústria. Portanto, o camponês parceiro passa a sofrer uma dupla relação de exploração.

Esse conflito se manifesta principalmente no desencontro entre as expectativas de renda pelos que cedem a terra e por aqueles que conduzem a atividade, não raro criando situações de descontentamento para ambas as partes. Evidentemente, isso se reflete no empenho com que a criação do bicho-da-seda é conduzida e, em geral, se manifesta sob duas formas.

Uma delas diz respeito ao manejo das amoreiras, que exigem adubações periódicas a fim de preservarem matéria verde em quantidade e qualidade adequadas. Isso demanda gastos, razão pela qual muitas vezes os proprietários as negligenciam, havendo implicações diretas no desenvolvimento das lagartas e, consequentemente, na qualidade dos casulos, como comprova o depoimento de um porcenteiro:

---

12 O termo contrato não é utilizado por ser limitante nos casos estudados, em vista da predominância dos acertos verbais entre proprietários e sericultores.

Está ficando cada vez mais difícil para a gente, porque o adubo subiu mais que os casulos e não é todo dono de terra que aceita empatar mais dinheiro numa coisa que rende cada vez menos. Mas é a gente que sofre mais ainda porque a amora sente. Aí tem que pegar menos bichos-da-seda para criar, sem falar que nem sempre dá para tirar uma classificação boa na indústria. (N., Tupinambá, Astorga)

Parece inequívoco que a barreira está na resistência do proprietário quanto ao investimento monetário na atividade, submetido ao cálculo geral que pressupõe o retorno de uma taxa média de ganho. Nesse caso, além da perda monetária, os sericicultores sofrerão uma intensificação do trabalho, pois menos folhas ou folhas impróprias exigem mais cortes, transporte e distribuição mais abreviada no barracão.

Por outro lado, vimos que os cuidados dentro do barracão são igualmente decisivos na qualidade dos casulos. Embora as recomendações técnicas contemplem um ritmo de trabalho passível de ser desempenhado por cerca de duas ou três pessoas, considerando a média por criador, o trato pode e é conduzido de diversas maneiras. Se na jornada diurna o que faz a diferença é o esmero na distribuição do alimento, o diferencial está no período noturno, quando os bichos continuam se alimentando incessantemente. Apesar de não haver imposições no sentido de que haja distribuição de amora no intervalo entre dez horas da noite e cinco horas da manhã, a prática é considerada desejável, por implicar ponderável incremento na produtividade.

De um modo geral, são os camponeses proprietários que se submetem a uma rotina que sacrifica o sono noturno, especialmente na quinta idade, quando a voracidade dos bichos-da-seda se manifesta com a máxima intensidade. Nessa fase, o barracão se encontra praticamente tomado pelas camas de criação, em vista do seu extraordinário crescimento. Para se ter uma ideia dessa variação, basta lembrar que no ciclo a caixa que contém cerca de dez gramas de larvas produzirá, no mínimo, 50 quilos de casulo, dos quais mais de 80% correspondem ao peso físico das lagartas metamorfoseadas.

A determinação explícita das empresas em ir eliminando gradativamente os parceiros dos quadros da integração se apóia justamente nesses pequenos detalhes. É óbvio que não passa despercebido às mesmas o fato de que as condições objetivas daqueles que controlam integralmente a atividade são mais favoráveis e, de fato, elas se manifestam nos resultados finais das crias.

POR UMA GEOGRAFIA DOS CAMPONESES   **171**

Ao concorrer a possível negligência dos proprietários do negócio, aos quais nem sempre importa a diferença monetária entre a melhor e a pior classificação, com a indiscutível diferença de estímulo dos sericicultores que retêm para si apenas parte dos rendimentos da atividade, em geral fixada em 40% do preço alcançado pelos casulos, a qualidade da matéria-prima, via de regra, é afetada. Daí a tendência da parceria na sericicultura se inviabilizar.

Se do ponto de vista dos detentores da terra mercadoria isso representa apenas uma mudança de atividade, é certo que aos camponeses parceiros isso implicará novos desafios para sua própria reprodução, o que não significa, contudo, que para os sericicultores proprietários os desafios sejam menores, sobretudo para aqueles que não se adequaram aos novos padrões impostos pelas integradoras.

É evidente que o frágil equilíbrio monetário resultante de uma situação cambial instável, somado à crescente pressão por melhoria da qualidade, sem a necessária contrapartida em termos de renda, não afastam do horizonte de vários camponeses a necessidade de adotarem novas estratégias para a reprodução familiar centradas na manutenção da propriedade.

Contudo, convém lembrar que nem a confirmação dessa situação hipotética seria suficiente para decretar o fim do campesinato como classe. Primeiro porque a dinâmica da realidade não pode ser confundida com um arrastão, supostamente capaz de conferir um destino comum a unidades produtivas cujo trunfo está exatamente na sua diversidade. Segundo, porque a recriação dos camponeses não ocorre como dádiva, tampouco como concessão do capital, mas como situação objetiva que combina uma série de variáveis que culminam na energia de encontrarem saídas, sempre que necessário. No limite, isso se reflete no próprio processo de diferenciação interna à classe.

A sericicultura, para não fugir à regra das demais atividades primárias, igualmente se encontra submetida a ciclos de expansão e retração. Não foram poucos os camponeses que a abandonaram num passado recente, assim como não são poucos os que estão ingressando na atividade.

Ao mesmo tempo que são encontradas algumas famílias em fase de implantação da atividade, alguns começando a cultivar a amoreira, outros já em fase de construção do barracão, encontramos várias famílias que optaram pela desativação da sericicultura em favor da combinação do café com leite, café e cereais, muitos dos quais conseguiram colher a primeira safra somente no quarto ano após o plantio, em virtude da forte geada do ano 2000. Outros substituíram a sericultura pela policultura, outros pela olericultura e até mesmo pelo cultivo e produção artesanal da vassoura, vendendo diretamente ou delegando a outros a venda da produção em cidades próximas, mediante percentagem.

Os camponeses recorreram às mais variadas estratégias para fazer frente à ultima crise na sericicultura. Contudo, um traço comum entre eles parece ser a disposição em colocá-la como alternativa derradeira, caso as atuais opções produtivas se esgotem. Notamos que essa posição não é derivada apenas da desilusão que a súbita insustentabilidade econômica provocou em um passado recente. Aliás, esse é um fato comum na agricultura e os camponeses estão fartos de prová-la, abandonando e retomando os diversos cultivos de acordo com a dinâmica dos preços.

Entre os fatores arrolados para justificar o estranhamento em relação à sericicultura, está a dificuldade em combinar a diversificação com as exigências dessa cultura. Nesse sentido, a argumentação mais incisiva girou em torno do fato de a considerarem uma atividade invasiva, que os obriga a abdicar do lazer e das práticas sociais difundidas na comunidade, como conta um sericultor:

> Falar que a gente nunca mais vai criar bicho-da-seda a gente não fala, porque o agricultor nunca sabe o que vai ter que fazer nessa vida. Mas que a gente só volta a fazer isso quando não tiver mais nada para fazer aí a gente fala de coração. E não é por causa do preço, porque agora está bom de novo. É porque a gente deixa de viver para cuidar do bicho. Não dá para fazer diversificação, não dá para ir às missas do domingo, um jogo, uma visita para os parentes... Você acha que isso é vida? (A., Água das Laranjeiras, Pitangueiras)

É esse nível de exigência que torna a sericicultura uma atividade desinteressante e, por que não dizer, incompatível com as relações tipicamente capitalistas, pois, como vimos, os custos salariais certamente estariam em desacordo com as taxas de lucro consideradas satisfatórias tanto para os proprietários como para os industriais.

Cremos tratar-se de uma clara manifestação de que a integração se sustenta e se expande nas atividades intensivas cuja taxa de lucro para a indústria é assegurada pela apropriação desmesurada do valor trabalho contido na produção da matéria-prima básica. Prova disso é que as empresas classificam como sericicultores ideais aqueles que são proprietários e desenvolvem atividades paralelas, inclusive de autoconsumo. Portanto, para se manter, os camponeses devem ter renda acessória, em geral obtida com a diversificação interna e produção parcial de alimentos, pois o retorno monetário da sericicultura não é suficiente para a compra de todos os víveres e satisfação das demais necessidades básicas da família.

Essa situação de reprodução social, pautada nos mais baixos índices de rentabilidade, contrasta com a posição da indústria que dela se alimenta. Primeiro, porque a indústria possui extraordinária capacidade de agregar renda à produção primária, com destaque para o fato de que o processamento industrial permite o aproveitamento integral dos casulos, enquanto o cálculo para o pagamento da matéria-prima aos produtores está centrado exclusivamente no teor de seda.

As lagartas enclausuradas, mortas pelo choque térmico aplicado aos casulos, para evitar a evolução para a fase de crisálida, possuem propriedades protéicas das mais elevadas, sendo totalmente aproveitadas para fabricação de ração para peixes. Por outro lado, a parte final dos casulos, que não permite a extração da seda em forma de fio, é submetida a um processo de fiação associada a fios de algodão, dando origem à viscose, de grande aceitação no mercado têxtil.

Em segundo lugar, concorrem para a garantia das taxas de lucro as relações das mesmas com os recursos públicos. Foi asseverado anteriormente que o financiamento dos bosques para os sericicultores foi amplamente difundido pelas empresas. Contudo, em uma conjuntura em que os produtores considerados ineficientes tendem a ser eliminados, o vínculo derivado de adiantamentos como esses sujeita-os inapelavelmente às empresas e vice-versa, pois isso implica manter o contrato de integração enquanto a dívida não for quitada, independentemente da qualidade da produção entregue.

Essa é uma das razões pelas quais as integradoras estão recorrendo à linha de crédito denominada Agregação de Renda à Atividade Rural (Agregar), que por sua vez é vinculada ao Programa Nacional de Fortalecimento da Agricultura Familiar (Pronaf). Trata-se de uma linha de crédito voltada às empresas integradoras de um modo geral, por causa das baixas condições de renda dos produtores a elas vinculados, os quais são, ou deveriam ser, os alvos privilegiados desse programa, como se verá adiante.

174　ELIANE TOMIASI PAULINO

Destarte, as integradoras são beneficiadas com um empréstimo mãe, por assumirem a parte burocrática vinculada à solicitação de crédito para cada um dos sericicultores, encarregando-se de formular e encaminhar os projetos nos moldes previstos pelo Pronaf. Desse modo, os recursos globais são creditados à empresa, que se encarregará de repassá-los aos integrados.

Apesar de haver uma tendência geral entre os camponeses de associarem tal medida a uma boa ação das empresas, na prática as empresas é que são fortalecidas por ela. Primeiro porque ao deixar de adiantar recursos próprios para os sericicultores, elas preservam o poder decisório sobre a pertinência ou não de mantê-los no quadro de fornecedores. Segundo, porque as empresas se beneficiam de um recurso público para incrementar o seu capital de giro a um custo monetário baixíssimo, visto que os juros para essa modalidade de empréstimo são de 4% ao ano. Trata-se da mesma taxa subsidiada a que tem direito os agricultores mais empobrecidos, como se verá mais adiante.

Enquanto para as empresas essa é uma benesse, os camponeses que obtêm o repasse por meio dessa intermediação perdem o direito de se beneficiar com uma outra linha de crédito do Pronaf, o Pronafinho, o qual concede um rebate de cerca de 18% do montante emprestado aos que pagarem as parcelas em dia.

Como se pode observar, enquanto foi possível manter a taxa de lucro independentemente da qualidade da matéria-prima, as empresas se dispunham a adiantar dividendos aos integrados, mesmo porque se não o fizessem certamente não teriam como viabilizar a própria atividade, posto que muitos camponeses não dispunham de recursos para os investimentos iniciais. A exacerbação da competitividade no mercado de fios de seda, com a respectiva necessidade de reduzir custos e ganhar em qualidade, transformou em amarras essa prática tradicional: débitos de sericicultores implicam a manutenção dos contratos até a sua quitação, ainda que a qualidade da matéria-prima seja insatisfatória.

São situações dessa natureza que explicitam a privatização dos lucros e a socialização das perdas. Ao disponibilizar crédito para a viabilização da atividade, a intervenção do Estado não modifica o patamar de renda dos sericicultores: para estes, saldar os débitos sem o rebate e ainda acrescidos de juros, ainda que módicos em relação às taxas correntes, não é tarefa fácil, em vista da compressão da renda na atividade. Some-se a isso o fato de que as empresas são totalmente livres para rescindir os contratos, mesmo que os investimentos realizados pelos sericicultores ainda não tenham sido resgatados.

Por outro lado, esse subsídio público dá margem para que as mesmas continuem implementando estratégias que assegurem a extração de taxas médias de lucro. Entender a integração nesses termos é reconhecer que, nos casos em que o limite para o empreendimento em bases tipicamente capitalistas é definido pelo custo das matérias-primas, a monopolização das parcelas camponesas do território é, sem sombra de dúvida, uma saída estratégica.

O paradoxo do cooperativismo

Em contraponto à teoria marxista da luta de classes para a superação da exploração e desigualdades capitalistas, nasce em meados do século XIX o cooperativismo moderno. Inspirada em ideólogos como Saint Simon, Charles Fourier e Robert Owen, a doutrina cooperativista pregava a transformação gradual e "sem traumas" da sociedade, por intermédio da racionalidade instituída a partir da cooperação mútua nas mais diversas instâncias econômicas.

É indubitável que tal perspectiva, ao preconizar uma transformação social pacífica, desconsiderou a dinâmica de uma sociedade de classes. Aí está o equívoco, por não ser plausível apostar que a classe detentora da posição hegemônica faça voluntariamente concessões que impliquem a perda dessa condição. Passados cerca de um século e meio da experiência pioneira, isso é por demais evidente, pois as cooperativas se multiplicaram e se difundiram mundialmente, mas não conseguiram tocar significativamente as desigualdades sociais existentes.

Não há dúvida de que em plena Revolução Industrial o sistema cooperativista se inscreveu como um movimento de insurreição às precárias condições de reprodução social dos trabalhadores e, por conseguinte, de enfrentamento do já desmesurado poder dos capitalistas. Entretanto, no decorrer do processo de consolidação mundial deste, pode-se afirmar que as cooperativas mais foram influenciadas do que influenciaram a ordem que se propunham transformar.

Isso fica patente nas sucessivas alterações sofridas pelos princípios originais do sistema cooperativista, que atualmente podem ser resumidos em seis preceitos: adesão livre e voluntária; gestão democrática pelos próprios cooperados; limitação da taxa de juros sobre o capital social, face ao pressuposto de que esse é meramente fator de produção; distribuição das sobras líquidas proporcional à participação; constituição de fundo para a educação cooperativa; ativa integração entre cooperativas.

> A História se encarregou de demonstrar a utopia da proposta de socialização contida na doutrina cooperativista [...]. A dialética da interação entre o movimento cooperativista e as forças propulsoras do capitalismo não só frustraram a proposta de transformação da sociedade, como possibilitaram a incorporação do cooperativismo na própria dinâmica da expansão do capital, como elemento de complementação à economia de mercado. (Schneider, 1981, p.11)

No caso brasileiro, o sistema cooperativista basicamente experimentou todos esses processos ao longo do século XX. Apesar da diversidade dos setores envolvidos na organização cooperativa, centraremos a atenção na cooperação agrícola, iniciada em 1915,[13] com a constituição da célula do que viria a ser a Cooperativa Agrícola de Cotia, hoje extinta.

Até meados do século XX, afora algumas experiências isoladas, as cooperativas se constituíam basicamente de unidades independentes, com baixa capacidade de influência territorial, geralmente restritas ao município de origem. A diversificação produtiva e a descentralização da produção foram decisivas para o surgimento da maioria delas, pois a organização dos agricultores derivou predominantemente de sua disposição em contornar as dificuldades encontradas para a colocação da produção no mercado. Além de eliminar a cupidez dos atravessadores, a soma de esforços otimizaria o transporte da produção, viabilizando ainda a implantação de infraestrutura para seleção e armazenamento adequados. Enfim, propiciaria qualidade e volume que pudessem assegurar uma comercialização mais remuneradora. No norte do Paraná, pode-se creditar o surgimento das cooperativas ao café, que se proliferaram basicamente ao ritmo de expansão dessa cultura.

Contudo, o projeto de tecnificação agrícola, gestado pela e para a indústria, vislumbrou nessas cooperativas uma porta de entrada para o campo,

---

13 A Cooperativa Agrícola de Cotia originou-se da mobilização de alguns olericultores em Moinho Velho, São Paulo, contra a ação dos intermediários, e se tornou uma das maiores cooperativas agrícolas do Brasil. De acordo com Nascimento (2002, p.7), somente no norte do Paraná chegou a congregar 8 mil cooperados. Em 1994 foi declarada sua falência, cuja dívida, somente com os produtores, foi avaliada em cerca de dez milhões de dólares.

POR UMA GEOGRAFIA DOS CAMPONESES   **177**

dada a sua penetração ímpar entre os agricultores potencialmente tecnicizáveis. Nas décadas decisivas para a transformação da base técnica da agricultura, o capital industrial teve nas cooperativas importantes agentes de intervenção e disseminação.

É evidente que um projeto dessa envergadura não se realizaria sem o concurso efetivo do Estado. Fiéis à pressão exercida pelos países centrais, arautos de uma linha de cooperativismo que procurava dissimular a acumulação ampliada do capital, as políticas públicas do período investiram na lapidação do caráter empresarial das cooperativas. É nesse contexto que se promulga a Lei 5.764 de 1971, sob pretexto da necessidade de reestruturação econômica destas.

Segundo Loureiro (1981, p.136, 137), essa lei, que até hoje rege o sistema, representa o rompimento de alguns dos princípios básicos do cooperativismo. Com relação a esses princípios, destaca-se o fato de que os imperativos da rentabilidade passam a ter primazia sobre os demais, a exemplo da abertura dada por esta lei à associação com empresas não cooperativas. Além disso, ela altera os mecanismos de representação dentro da administração das cooperativas. A renovação do conselho de administração passa a ser trienal, porém aplicável somente a um terço dos componentes. Por não haver normas que assegurem o rodízio dos membros do conselho, praticamente é bloqueada a oxigenação democrática das estruturas administrativas.

Posto isso, é inquestionável o fato de que o próprio Estado regulamentou a profissionalização dos dirigentes das cooperativas, pois com o respaldo da lei, a permanência de até dois terços dos membros se tornou possível, havendo casos em que o revezamento nos cargos lhes permite manterem-se *ad infinitum* no poder.

A título de reestruturação das cooperativas, os objetivos inerentes à intervenção do Estado não são outros senão a incorporação controlada de um instrumento de expansão do capitalismo no campo. Isso se confirma nas palavras de um ministro de Estado do governo militar:

> É o sistema cooperativista uma das mais viáveis alternativas para uma agricultura moderna, fundamental exigência do atual estágio de desenvolvimento do Brasil. Consciente disso, o governo federal tem procurado estimular a formação de cooperativas em bases empresariais, permitindo-lhes, assim, oferecer melhor prestação de serviços e maior remuneração para o produtor associado (Paulinelli apud Loureiro, 1981, p.136).

Vê-se assim que, ao preconizar o sistema cooperativista em bases empresariais, a cooperação acaba sendo destituída de significado, sobretudo para os cooperados cuja prática não é orientada por essa concepção, como é o caso dos camponeses. Se como empresa a mesma deve atuar a partir da prioridade dada aos dividendos, os cooperados inseridos em uma lógica de reprodução contrária à primazia do negócio têm dificuldade em se identificar como partícipes da organização.

Assim, a burocratização das estruturas oriundas da orientação empresarial representou, na prática, a fissura entre os cooperados capitalistas e os camponeses em seu interior. Se para os primeiros a mesma se apresentou como canal privilegiado de fortalecimento, dada a similaridade das concepções que orientam as práticas econômicas, para os camponeses tornou-se um instrumento de aparente subordinação, pois esse estranhamento os impede de participar, em pé de igualdade, tanto do processo de tomada de decisões como dos encaminhamentos cotidianos da ação cooperativa.

> [...] no afã de sobreviver à competição que lhe foi sendo oferecida pela empresa privada capitalista, o cooperativismo passou a lançar mão dos mesmos métodos organizacionais e operacionais de que se valiam as demais empresas, com o fim de atingir graus de eficiência econômica compatíveis com as situações de mercado, com que se defrontava. Isto resultou na transformação gradativa de muitas cooperativas [...] em organizações de porte avantajado e de estruturas organizacionais cada vez mais complexas, levando muitas a inviabilizar o princípio da participação efetiva e do controle democrático da organização por parte dos seus associados. [...] na medida em que a organização cooperativa se expande como empresa e consolida sua sobrevivência em meio a uma ordem essencialmente competitiva, ela tende a se descaracterizar como cooperativa, porquanto inviabiliza um dos princípios básicos que a definem como tal [...]. A tendência é a do sistema se confundir cada vez mais com a lógica e a racionalidade da empresa capitalista em geral, transformando o produtor associado num mero cliente dos seus serviços. (Schneider, 1981, p.32, 33)

Portanto, a intervenção estatal foi claramente orientada para a integração vertical das células independentes, via instrumentos legais e creditícios, com vistas ao fortalecimento da agricultura empresarial, tida como indispensável para a viabilização das unidades agroindustriais.

A mediação dessas cooperativas para a aquisição de máquinas e insumos requeridos pela agricultura de escala atendia aos interesses de uma

POR UMA GEOGRAFIA DOS CAMPONESES **179**

minoria de cooperados, ao passo que se mostrava cada vez mais incapaz de dar respostas às demandas da maioria de produtores. Houve assim um distanciamento recíproco, pois, ao mesmo tempo que os camponeses deixaram de buscar soluções no interior da cooperativa, essa se constituía em agente contrário à cultura de excedente, que comparecia como empecilho à especialização produtiva requerida pela agroindústria.

Nesse contexto, muitos dos fundamentos que atraíram os camponeses à organização cooperativa foram se desvanecendo em ritmo diretamente proporcional às mudanças projetadas, culminando em uma estrutura bastante distanciada dos princípios da ajuda mútua e gestão democrática.

Não obstante, a despeito do aprofundamento do esquema competitivo em detrimento do caráter solidário e participativo, trata-se de um sistema cooperativo, no qual o princípio de cotas assegura aos participantes das assembleias equanimidade nas decisões. Trata-se do princípio de que cada cooperado tem direito a um voto. Assim, pelo menos em tese, o poder emana de todos, diferentemente das sociedades anônimas, pelas quais o peso das decisões está diretamente relacionado à quantia de ações (poder econômico, portanto) de cada um dos participantes. Portanto, os canais de participação estão legalmente assegurados, estando os camponeses igualmente investidos do poder de decidir os rumos da cooperativa.

Em outras palavras, apesar de as mesmas atuarem, em grande medida, no sentido de favorecer a acumulação primitiva para um grupo restrito de produtores, sistematicamente fortalecidos como capitalistas, é necessário ponderar que a inserção dos camponeses no sistema cooperativo implica a eliminação de intermediários que se apropriam da renda da terra. Dessa maneira, ainda que a mediação da cooperativa não represente, de imediato, ganhos superiores em relação à mediação de empresas privadas, parte dessa diferença será canalizada para reinvestimento nas estruturas da cooperativa, da qual são partícipes. Assim, a menos que essa venha a falir, a renda que seria retida pelos intermediários pertence aos camponeses cooperados.

A dificuldade de os camponeses se reconhecerem como reais proprietários e depositários da renda retida pela cooperativa está no fato de que a distribuição das sobras é algo raro, assim como a infraestrutura construída atende, em grande medida, às necessidades da agricultura empresarial.

Prova disso é que a agricultura camponesa, basicamente voltada à produção de alimentos para o consumo interno, raramente privilegiada pelas políticas públicas, tem perdido esse que poderia se transformar em um instrumento de fortalecimento. Schneider assevera que foram justamente as cooperativas que centraram seus esforços nas chamadas culturas nobres que conseguiram se diferenciar econômica e empresarialmente.

> [...] as cooperativas vêm se consolidando e se expandindo na medida direta da sua maior ou menor integração nos subsetores mais dinâmicos da economia brasileira. [...] É o cooperativismo, capitalizando em cima de estímulos crediticios e de preços voltados preferencialmente para a agricultura comercial ou empresarial. [...] Em contrapartida, o cooperativismo incide apenas marginalmente nos subsetores voltados para a produção de alimentos básicos, setores estes geralmente preteridos e marginalizados pelas políticas de preços e estímulos que emanam do setor público. (Schneider, 1981, p.23, 25)

A despeito de tais tendências, muitos dos agricultores, ocupados com as culturas de menor valorização, continuam a integrar os quadros das cooperativas, conforme será demonstrado mais adiante. Porém, não resta dúvida de que sua participação é menor, em razão do montante individual da receita movimentada dentro da cooperativa. Segundo Schneider (1981), uma estrutura que abriga sujeitos profundamente desiguais, ao ser dimensionada a partir do critério de proporcionalidade, tende a reforçar essas diferenças, inclusive no plano dos serviços que presta aos associados. A título de exemplo, se no caso de assistência técnica, o deslocamento de um técnico for justificado em função da dimensão da área cultivada, os camponeses poderão ser preteridos.

Assim, Schneider (1981) conclui que a atual estrutura cooperativa reforça a desigualdade entre os pequenos agricultores e os grandes proprietários, visto que a mesma tende a incorporar relações de dominação e subordinação presentes na sociedade maior. Na cooperativa, essa situação se manifesta no exercício do poder pelo grupo economicamente mais poderoso, que tende a se revezar nos cargos administrativos da mesma.

Uma das formas de se evitar essa situação seria a reconstrução do espírito cooperativo, que ampliaria o leque de lideranças passíveis de ocuparem os postos administrativos. Aliás, os comitês educativos das cooperativas foram projetados para, entre outras funções, gerar lideranças que pudessem manter a rotatividade na direção da cooperativa. Contudo, sob o pretexto de redução de custos, esses comitês estão sendo gradativamente desativados, ainda que, no sistema cooperativo, 5% da receita deva ser aplicada em educação. Segundo Pelegrino (2002, p.20), no Paraná, das 64 cooperativas ativas, em apenas 22 os comitês ainda são mantidos.

A nosso ver, não é por causa dos custos que tais comitês perderam importância dentro do projeto cooperativo, mas sim em razão dos princípios de participação democrática. Enfim, sua desestruturação se inscreve no conjunto de readequações perseguidas pelas cooperativas para atenderem às exigências do mercado, necessariamente conflitantes com as demandas da maior parte dos cooperados. É preciso assinalar que, a despeito dos princípios de participação equânime, a limitada mobilidade geográfica e social dos camponeses empobrecidos dificulta o acesso às instâncias normativas e deliberativas da cooperativa.

Assim, é preciso evidenciar que, apesar da importância do sistema cooperativista, particularmente na área estudada, esse não tem sido um canal de expressão compatível com os anseios e necessidades prementes dos produtores pequenos, ainda que esses componham majoritariamente os quadros do sistema.

Segundo o Sindicato e Organização das Cooperativas do Estado do Paraná (Ocepar), em cada três produtores paranaenses, um está inserido no quadro cooperativo agrícola. Além disso, em um universo de 98.348 cooperados no estado, 85% são proprietários de até 50 hectares, o que evidencia a importante presença camponesa no sistema. Por outro lado, a presença das cooperativas na economia paranaense é respeitável: em 2001, as 64 cooperativas agropecuárias ativas no estado movimentaram R$ 7,8 bilhões, soma que corresponde a 50% do valor bruto da produção agropecuária estadual. Em termos de participação no volume da produção, ver Figura 1.

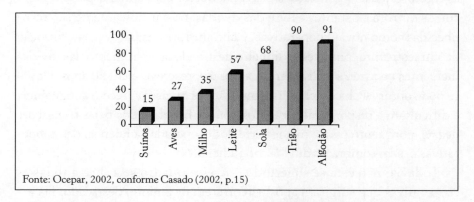

Fonte: Ocepar, 2002, conforme Casado (2002, p.15)

Figura 1 – Participação da cooperativas na produção paranaense em 2001 (%)

182   ELIANE TOMIASI PAULINO

Com esses índices em 2001, a participação do sistema cooperativo no Produto Interno Bruto (PIB) do estado foi de 15%, sendo alcançado igual percentual no que tange às exportações, dados inequívocos de sua importância em termos econômicos. Considerando o histórico papel da agricultura no equilíbrio das contas externas, questão dimensionada com o Plano Real, é de se supor que as cooperativas são peças imprescindíveis para o bom funcionamento da máquina administrativa, razão direta da sua permanência na agenda dos investimentos públicos.

O fato de terem se fortalecido à sombra de um tratamento preferencial, face à intervenção estatal com vistas a uma configuração empresarial, teria outros reflexos: as políticas de crédito subsidiado aliadas às administrações cativas acabaram gerando gestões corruptas e/ou incompetentes, que chegaram a recorrer a empréstimos bancários para garantir a distribuição de "sobras" entre os cooperados. Na década de 1990, ao serem modificadas as condições de acesso ao crédito, inclusive com a aplicação de índices de correção nas respectivas dívidas, os rombos no sistema vieram à tona, levando muitas delas a cerrarem as portas.

Contudo, isso não implicou a moralização automática das administrações, uma vez que a lei em vigor ainda é aquela que, de certo modo, interditou a transparência, ao minar a participação democrática dos cooperados. Valendo-se da legislação pouco restritiva, houve casos em que a elite das cooperativas falidas se rearticulou sobre as ruínas de dívidas impagáveis, por intermédio do mecanismo de "arrendamento" parcial ou integral das estruturas existentes.

Nesse sistema, graças à mudança da razão social e de alguns dirigentes, as recém-criadas organizações passam a operar com a maior parte dos recursos outrora existentes e livre das dívidas, pois juridicamente são reconhecidas como novas cooperativas. Cabe-lhes apenas pagar pela utilização da infraestrutura, sendo esse dinheiro destinado ao abatimento das dívidas incidentes na razão social anterior, as quais prescrevem em 20 anos. Como se pode observar, há brechas na legislação, as quais favorecem a ingerência e dificultam a responsabilização dos poucos beneficiados pelas transações ilegais, porquanto para a maior parte dos cooperados a falência das cooperativas é, sem sombra de dúvida, prejudicial.

Todavia, não está se sugerindo que esse quadro se aplica a todas as cooperativas que surgiram após percorrerem o caminho destacado. Há articulações entre ex-cooperados bastante capitalizados que, aproveitando-se

POR UMA GEOGRAFIA DOS CAMPONESES 183

das estruturas ociosas daquelas falidas, constituíram novas cooperativas. Isto porque o fechamento das primeiras deixou um hiato no mercado e mesmo entre os próprios agricultores, o que tem sido decisivo para o rápido crescimento destas.

Esse é o caso da Cooperativa Agropecuária de Produção Integrada do Paraná, que surgiu em 1995, nas instalações da Cotia, falida em 1994. Organizada por um grupo de 28 ex-cooperados e funcionários, assessorados pela Ocepar, fixou sede em Londrina, Paraná, e atualmente já opera em 25 municípios do estado, mediante o pagamento pela utilização de parte das instalações da Cotia. Atua na comercialização de grãos, produção de fios de algodão e no processamento de subderivados do milho, desde farelo até cereais matinais. Segundo Nascimento (2002, p.7), em 2001 já contava com 3 mil cooperados, tendo comercializado 713 mil toneladas de cereais e faturado R$ 311 milhões nesse mesmo ano.

Cumpre salientar que esse caso não deve ser tomado como regra, pois em uma situação de mercado absolutamente instável, a mudança das normas para o setor cooperativo, no que concerne aos subsídios públicos, efetivamente o tornou vulnerável, levando aos mais diferentes desfechos.

Além dos mencionados, há experiências que mostram que as cooperativas se organizaram sob a forma de confederações, como é o caso da Cooperativa Central Agroindustrial (Confepar), com sede em Londrina, a qual agrega oito cooperativas coligadas.

Essa articulação revela uma estratégia de fortalecimento ante a crescente competitividade no setor de laticínios, oriunda da expansão de gigantes multinacionais, aliada à política do governo FHC de importação de leite e derivados. Ao optarem pelo fechamento das indústrias de laticínios isoladas, a fim de direcionar os investimentos para a modernização de uma única indústria, foi-lhes possível reduzir os custos operacionais e obter um salto de qualidade, imprescindíveis para a permanência no agronegócio leiteiro.

Entretanto, cabe salientar que as experiências até aqui exitosas não se pautaram exclusivamente pela visão empresarial dos administradores, pois o fundo público mais uma vez foi acionado. Com a Medida Provisória 1.715 de 1998, o Estado veio em socorro do sistema cooperativista, instituindo o Programa de Revitalização de Cooperativas de Produção Agropecuária (Recoop). Com ele, disponibilizou-se um fundo de crédito capaz de custear a modernização dos parques industriais das cooperativas, mediante a apro-

184 ELIANE TOMIASI PAULINO

vação dos projetos de reestruturação apresentados por estas. O objetivo desse programa é a recuperação do caráter competitivo das cooperativas. Como se vê, isso interessa ao Estado, por contribuir para o equilíbrio da balança de pagamentos, devido a sua importância na produção exportada.

Afora todos os recursos já liberados, a projeção para o ano 2002 era a aplicação de R$ 250 milhões em novos projetos de modernização das cooperativas, contratados a juros de 10,75% ao ano, sem que haja a incidência de qualquer correção monetária sobre os empréstimos, conforme relata Casado (2002, p.18). Essa é só uma pequena parte dos recursos disponibilizados pelo governo federal nesse ano para a agricultura, e em particular ao setor cooperativo, cujas condições são das mais vantajosas. Mais adiante o tema será retomado e serão analisadas as conexões do Estado com os setores sociais mais enriquecidos do campo.

Em nossa área de estudo, atualmente há oito cooperativas ativas, as quais atuam em praticamente todos os ramos da produção primária. No que tange às atividades agroindustriais, duas cooperativas se destacam em razão da diversificação atingida, enquanto as demais têm uma atuação mais limitada, seja no processamento industrial, seja na comercialização da produção dos cooperados.

Fios de algodão, seda e poliéster, óleos vegetais e seus derivados, derivados do milho, suco de laranja e uva, açúcar e álcool, leite em pó, *in natura* e derivados, café torrado e ração animal são os principais produtos dessas cooperativas, além da comercialização a granel dos cereais produzidos na região.

Como se pode observar, a capacidade de comercializar a produção e agregar valor a muitos produtos primários já é uma realidade no sistema cooperativo da região. Apesar de a racionalidade da cooperativa estar, via de regra, distante da lógica de reprodução dos camponeses, a articulação mútua é inquestionável. Desse modo, a mediação da cooperativa contribui para que parcelas do território sejam controladas pelo campesinato. Ao impedir que a lógica da monopolização do território camponês pelo capital prevaleça, a mesma permite que a territorialização dos camponeses se realize, contraditoriamente.

No entanto, paira entre os camponeses a compreensão de que a atuação da cooperativa ora se confunde com o capital comercial, ora com o capital industrial. Essa aparente similaridade em relação ao capital comercial se manifesta

POR UMA GEOGRAFIA DOS CAMPONESES   185

nos métodos empregados pela cooperativa diante da entrega da produção. Ao receber as colheitas, a cooperativa estabelece parâmetros de classificação da produção de acordo com as possibilidades de negociação no mercado, pagando preços iguais ou até ligeiramente inferiores aos dos agentes privados.

Todavia, os eventuais desníveis de preços ao produtor em relação aos demais intermediários da cadeia produtiva se explicam pelos custos de armazenagem, pois a cooperativa não compra a produção, apenas a negocia no momento em que o produtor julgar oportuno. Além disso, ela atua no mercado futuro da bolsa de produtos agrícolas, o que explica diferentes cotações num mesmo dia.

Quanto aos produtos indispensáveis à produção comercializados pela cooperativa, como é o caso de rações, medicamentos para as criações, agrotóxicos, ferramentas etc., a demanda individual dos camponeses, via de regra, não permite transações vantajosas, quando comparadas aos preços e prazos praticados pelo mercado local. As condições não atrativas dessas mercadorias se devem, em grande medida, ao fato de que a cooperativa nem sempre consegue competir com os comerciantes especializados, que geralmente conseguem preços melhores por causa do volume que movimentam.

Entretanto, a percepção de que a cooperativa nem sempre é o melhor lugar para comprar algo ou entregar a produção faz com que muitos recorram às estruturas paralelas sempre que isso seja mais vantajoso. Por outro lado, as próprias cooperativas não conseguem impor o cumprimento fiel do estatuto, por não haver respaldo na cobrança de fidelidade quando a cooperação se apresenta como fator de desvantagem imediata aos cooperados.

Isto não significa que o estatuto não seja acionado para punir transgressões, sobretudo os desvios de colheita. Encontramos um camponês que fora excluído dos quadros da cooperativa por comercializar parte de sua colheita de café com terceiros. Por haver uma desconfiança antiga desse em relação aos métodos de classificação do café entregue, a medida da cooperativa foi tomada como retaliação:

> Teve uma vez que numa carga só acharam seis classificações, sendo que o café foi colhido, seco e ensacado tudo junto. Agora esses dias eu fui lá comprar veneno e eles disseram que eu só podia comprar à vista, sendo que eu sempre paguei adiantado, nunca fiquei devendo um centavo. Acho que é porque esse ano eu vendi o café para um comprador de Arapongas. Isso me deixou desgostoso, porque dar a cooperativa não dá nada não, mas, se puder, tira da gente. (J., Prado Ferreira)

Parece indubitável que o alijamento da condição de cooperado, expresso pelo corte do crédito, esteja atrelado ao desvio da colheita, mas não elimina a possibilidade de se tratar de uma estratégia de calar discordâncias em relação à prerrogativa que a cooperativa tem de estabelecer critérios, nem sempre claros aos cooperados, na avaliação das colheitas.

Esse mesmo fato pode explicitar a reprodução das desigualdades no âmbito do sistema cooperativista, pois o desligamento de um camponês de poucos recursos certamente não tem por objetivo resguardar a sustentação econômica da cooperativa, mas sim de resguardar as normas estatutárias, ocasionalmente desrespeitadas por todos os segmentos de cooperados. Essa medida pode sugerir um esforço de disciplinar as relações de poder no seu interior, não raro a partir de uma hierarquização influenciada pela condição econômica de cada um dos cooperados.

De qualquer modo, a força do Estatuto impõe a fidelidade à cooperativa. No caso dos produtos perecíveis, que exigem fornecimento contínuo para que a indústria funcione, a obrigatoriedade da entrega da produção exclusivamente à cooperativa é observada com extremo rigor. Esse é o caso do leite. As cooperativas visitadas deixaram claro que desvios da produção não são aceitos, sendo punidos indistintamente.

Por outro lado, nos setores que admitem estocagem da matéria-prima, como é o caso do café e dos cereais, as cooperativas por vezes parecem transigir, pois conseguem planejar o estoque de acordo com as necessidades da indústria. No que concerne a esses produtos, não é raro constatar entre os cooperados, não apenas os camponeses, a entrega de apenas parte da produção para a cooperativa, sendo o restante negociado diretamente nas indústrias da região ou até mesmo no próprio sítio, onde ainda atuam atravessadores de menor porte.

Como se vê, nem sempre a cooperativa representa, pelo menos em termos imediatos, o melhor caminho para a negociação das colheitas. Além disso, a agregação de valor, inerente ao processamento industrial, nem sempre é revertida em favor daqueles que a supriram de matéria-prima. Diante da visão empresarial, que leva administrações a privilegiarem o investimento e postergarem a distribuição das sobras, que em última instância é uma parte da renda da terra retida na comercialização ou processamento das colheitas, as cooperativas correm o risco de se distanciarem perigosamente da base que as sustenta.

POR UMA GEOGRAFIA DOS CAMPONESES   187

A fruticultura no sistema integrado cooperativista

Apesar de o Brasil comparecer como um dos maiores produtores mundiais de frutas, a geração de divisas derivada de sua participação no comércio internacional do produto *in natura* ainda é pequena, tendo movimentado apenas 1% da produção em 2001 (Fruticultura no mundo, 2002). Para essa situação contribui a incidência de algumas espécies de pragas, como é o caso da mosca-da-fruta, o que dá margem para a manutenção de barreiras fitossanitárias nos principais mercados consumidores internacionais.

No caso do Paraná, a fruticultura comercial ainda é pouco expressiva, contribuindo com apenas 2,1% da produção nacional. Conforme Andrade (2002), desse montante, os cítricos ocupam posição de destaque, participando com 55% do volume produzido no estado. Cumpre salientar que a predominância desses não se dá apenas em escala local, pois situação análoga pode-se verificar no setor frutícola em todo o mundo.

Segundo a FAO, os cítricos são responsáveis por 22,8% da produção mundial de frutas. De acordo com Neves (2002), entre esses, a laranja pode ser considerada a mais consumida, participando com 63,2% da produção mundial de citros. Em se tratando do Paraná, no ano de 2000 cerca de 10.800 hectares estavam ocupados com o cultivo comercial da laranja, envolvendo 4.393 produtores.

Cumpre salientar que o rótulo de fruta mais consumida no planeta inclui tanto o estado *in natura* quanto a versão industrializada sob a forma de suco. No caso brasileiro, é exatamente esta que movimenta a maior parte da cadeia agroindustrial de frutas. O fato de o processamento industrial eliminar vetores e parasitas que justificam as barreiras fitossanitárias erigidas pelos países consumidores faz do suco de laranja concentrado o quarto produto da pauta de exportações brasileiras. Com isso, o país domina o setor no comércio mundial, sendo responsável pela metade da produção do planeta e por 80% do volume comercializado no mercado internacional.

No processo de extração do suco, há ainda subprodutos de importante valor comercial, como é o caso da polpa cítrica, utilizada para ração animal, bem como para óleos, essências e outras substâncias utilizadas na indústria química, farmacêutica, alimentícia e de cosméticos. No ano de 2001 foram exportadas 737.852 toneladas desses subprodutos e 1.055.266 toneladas de suco concentrado, conforme informações da Abecitrus (2002).

188 ELIANE TOMIASI PAULINO

No Paraná, três indústrias atuam na produção de suco concentrado para exportação, duas das quais sediadas no noroeste do estado, mais especificamente em Paranavaí, maior pólo citrícola do Paraná, e a terceira em Rolândia, situada no norte-paranaense. Dessas três, apenas uma se caracteriza como empresa privada, pois a Paraná Citrus, atuando em Paranavaí, pertence à Cooperativa de Cafeicultores de Maringá (Cocamar). A terceira, sediada em Rolândia, pertence à Cooperativa Agropecuária de Rolândia (Corol).

A implantação do projeto de citricultura da Corol teve início em 1994, ainda que a indústria de extração de suco tenha sido inaugurada somente em 2001. Esse projeto se insere entre as diversas estratégias de diversificação agroindustrial da cooperativa, que serão analisadas posteriormente. Por ora, merece destaque o fato de que o fundamento da implantação da citricultura nesses termos obedece às características peculiares da região em apreço, a qual reúne duas condições bastante satisfatórias para a fruticultura: predominância de pequenos proprietários e condições pedológicas e climáticas salutares para a cultura da laranja.

A conjuntura em que se deu a idealização do projeto também não é de somenos importância, visto que a decadência da cafeicultura tradicional deixou um hiato em termos de culturas permanentes nas pequenas propriedades. Note-se que a retomada do café, agora no sistema adensado e semiadensado, passou a ter importância em meados dos anos 1990, posteriormente ao encaminhamento do projeto de integração citrícola.

Entender o significado das culturas permanentes entre os produtores pequenos é ponto de partida para compreender o audacioso projeto dessa cooperativa, devido à presença de verdadeiros oligopsônios sediados no estado de São Paulo, os quais praticamente dominam a industrialização e exportação do suco de laranja brasileiro.

Apesar disso, as condições para o ingresso da cooperativa no setor eram favoráveis, pois havia uma demanda reprimida por uma atividade que ocupasse, pelo menos em parte, o vazio deixado pela decadência da cafeicultura. A sistemática subordinação dos produtores às mais variadas estratégias capitalistas de apropriação da renda, além de colocar limites à reprodução camponesa, tem dificultado o investimento produtivo, notadamente quando se toma por referência a agricultura tecnificada. Nessa perspectiva, além de a rentabilidade estar associada à escala da produção, incompatível com a quantidade de terras sob seu controle, há a dificuldade em arcar com os custos das lavouras temporárias, amplamente assentadas na mecanização.

POR UMA GEOGRAFIA DOS CAMPONESES   189

Ao recorrer às lavouras permanentes, como é o caso da laranja, os camponeses podem prescindir, em grande medida, de máquinas, ainda que lhes seja possível o cultivo intercalar de lavouras comerciais enquanto a cultura principal se desenvolve. Considerando que o intervalo entre a implantação do pomar e a primeira colheita é longo, a cultura intercalar viabiliza a utilização intensiva da terra, garantindo renda direta ou indireta.[14] A disponibilidade de equipamentos entre os camponeses acaba interferindo na escolha dos cultivos, não sendo raro a lavoura de excedente, passível de ser empreendida mediante pequena inversão em insumos e no recurso à tração animal.

Particularmente no caso da citricultura, há uma vantagem adicional, porque a alteração do ciclo climático regular, tão cara à maior parte das culturas, raramente poderá comprometer a lavoura e apenas ocasionalmente interferir no volume da produção. Portanto, é a possibilidade de articular tal atividade, considerada de baixo risco, com as culturas temporárias e ou a criação de animais, que a tornou atrativa para muitos camponeses da região, os quais dominam, em termos numéricos, os quadros da citricultura do norte-paranaense.

O hiato entre plantio e colheita é um dos elementos que melhor explicam a razão pela qual a cultura da laranja tem se mostrado uma atividade atrativa aos camponeses. Trata-se da própria lógica que os move, contrariamente à lógica capitalista, na qual um dos fatores decisivos para a canalização dos investimentos é o retorno a curto prazo.

Na atividade em questão, além do elevado investimento para a implantação dos laranjais,[15] há a necessidade de tratos culturais sistemáticos, sob pena de a cultura perecer. Isso impõe gastos adicionais em insumos e em trabalho, adiantamento de dinheiro, portanto. Por essa razão, a atividade tem sido pouco atrativa para os capitalistas na região, que tendem a optar pelas lavouras mecanizadas. O mesmo não ocorre em São Paulo e no Triângulo Mineiro, onde os pomares cultivados em bases tipicamente capitalistas têm se expandido.

---

14 Entende-se por renda direta o incremento monetário derivado da destinação parcial ou integral da produção extraída para o mercado. Já a renda indireta expressa a economia com aquisição de alimentos derivada da retenção da produção para o consumo da unidade camponesa.
15 Segundo a Corol, em maio de 2002, o custo de implantação de um pomar, excetuando-se a terra, estava calculado em R$ 10,00 por pé de fruta.

190 ELIANE TOMIASI PAULINO

Como destacamos, o tempo de espera pela primeira colheita é longo, pois, apesar da possibilidade de colheitas já no terceiro ano, a produção é muito baixa, não sendo suficiente sequer para cobrir os gastos com insumos. Considera-se que isso somente seja possível por volta do sexto ano, quando os laranjais atingem a plena capacidade produtiva, se conduzidos adequadamente. Em outras palavras, a demanda por investimentos não se esgota com a formação do pomar, sendo desejáveis formas paralelas de utilização produtiva dessas terras, para que se possa custear parte das despesas enquanto o porte das laranjeiras o permitir.[16]

Da possibilidade de extrair parte dos recursos gastos na formação e manutenção dos laranjais nos próprios limites geográficos dos pomares, pouco se valem os capitalistas, em vista da baixa versatilidade que sua estrutura produtiva impõe. Esse é o resultado da especialização, característica básica da exploração capitalista, a qual é determinada por um conjunto de variáveis, passando pela demanda por mão-de-obra, posse de maquinários, além da própria dinâmica de preços dos produtos com que se ocupam. É isso que estabelece limites para a diversidade produtiva do empreendimento. Como informa o pessoal da Corol:

A ideia de implantar a citricultura na região [Rolândia, Paraná] já era antiga na cooperativa, pelo fato de a nossa região possuir as condições ideais para isso. Além do predomínio da pequena propriedade, temos aqui um dos melhores solos do mundo e regularidade de chuva. Mesmo as geadas não preocupam, pois a laranja é uma das espécies que mais resistem a ela. A laranja veio para ocupar um espaço ocioso na propriedade, onde não dá para mecanizar nem para plantar café porque queima. Então a cooperativa apostou na laranja como mais uma forma de diversificação. Mas nós sempre frisamos que ela é apenas uma fonte de renda complementar, pois só a laranja não vai garantir renda suficiente ao produtor.

Observa-se assim que, tal qual as atividades destacadas anteriormente, a cultura da laranja se viabiliza entre os camponeses pelo fato de ser possível a articulação com uma série de outras atividades no interior da propriedade, as quais possibilitam a otimização dos recursos a partir de um ponto essencial: a presença permanente da força de trabalho.

---

16 A recomendação dos técnicos é que se desenvolvam culturas mecanizáveis nos dois primeiros anos, especialmente soja e trigo, em razão de sua rentabilidade. Posteriormente, o sombreamento do pomar estabelece limites para culturas intercalares intensivas.

Não se quer com isso sugerir que tal atividade seja exclusivamente camponesa, posto que grandes proprietários também têm investido na citricultura. Contudo, sua condução rompe com a forma capitalista pautada na contratação direta da força de trabalho necessária ao empreendimento. Para isso, a mediação da cooperativa tem se mostrado fundamental, já que a mesma se encarrega do fornecimento de mão-de-obra para as etapas que mais a requerem.

Desse modo, se no caso da sericicultura e da avicultura, a estratégia dos capitalistas para a condução da atividade é a parceria, a qual elimina os entraves trabalhistas e permite a apropriação da renda da terra, no caso da laranja a solução é oferecida pela própria cooperativa, que se acha vinculada a igual organização de trabalhadores temporários. Isso lhe permite gerenciar as principais fases da citricultura: a colheita e o transporte até a indústria.

Para a cooperativa, a iniciativa representa, além da receita suplementar oriunda da intermediação de tais tarefas, a garantia de que a colheita se fará com base em suas próprias orientações e será integralmente depositada na indústria.

Do ponto de vista dos citricultores, recorrer a esse tipo de prestação de serviço elimina por completo os problemas de gerenciamento e transporte da colheita, assim como elimina quaisquer responsabilidades para com os trabalhadores ocupados na atividade. Enfim, trata-se de uma forma de absenteísmo, evidentemente que a um custo maior do que teriam, caso se dispusessem ao envolvimento direto no processo.

Essa prestação de serviço aos citricultores é mais uma das expressões da política de diversificação dessa cooperativa, que articula uma série de atividades, de modo a maximizar os rendimentos passíveis de serem obtidos com base em uma estrutura física e funcional preexistente.

Essa espécie de terceirização explicita um dos paradoxos da agricultura capitalista, que é a necessidade de escala para a obtenção do lucro médio, condição para a sua permanência na atividade. Não obstante, a condução da citricultura nas condições descritas implica gastos muito superiores àqueles feitos pelos camponeses citricultores, mesmo que esses recorram à mão-de-obra suplementar para a colheita.

Depreende-se, assim, que a disposição dos proprietários em absorver custos que, aos olhos dos camponeses, são absolutamente desnecessários, revela que a cultura em escala compensa as perdas proporcionais. Trata-se de condições objetivas opostas: se para os camponeses o trabalho é a própria condição de sua existência, para os proprietários essa forma de absenteísmo é aceita sem restrições, desde que a margem de lucro do negócio seja satisfatória.

Em outras palavras, transferir para a cooperativa o gerenciamento da colheita é uma forma de se desobrigar de quaisquer preocupações, sobretudo trabalhistas. Ao fazê-lo, ao final da safra lhes é repassado o rendimento monetário líquido a que fazem jus, sem que se tenham envolvido na administração das tarefas ou despendido recursos, visto que o acerto de contas é em espécie, abatendo-se da produção obtida.

Cumpre salientar que a cooperativa não assume os tratos culturais da laranja, fase em que é possível a completa mecanização, tanto para controle das ervas daninhas como das pragas. Porém, essas tarefas dispensam contratos regulares de trabalho, sendo comum a contratação do serviço por empreita.

Essas diversas estratégias de cultivo da laranja na região são reveladoras da coexistência entre formas capitalistas e camponesas na agricultura. São evidências que possuem um alcance não apenas geográfico ou econômico. É do ponto de vista político que julgamos residir seu maior significado, pois apreender as várias faces do desenvolvimento capitalista no campo é verificar quão limitante é o pensamento binário que temos visto se propagar, agora sob o estigma de agricultor-proletário parcial.

O entendimento do campo passa necessariamente pelo abandono (tardio) de ideias maniqueístas, cuja renovação ainda parece limitar-se aos rótulos, agora baseados num esquema ideológico que propõe o animismo do mercado. Conforme foi asseverado, a refutação do conceito de camponês implica o desconhecimento da composição triádica das classes no capitalismo, contrariando a noção de formação econômico-social presente no pensamento marxista. Ainda que esse debate pareça inócuo, faz-se necessário ter clareza de que a obliteração da classe camponesa, a princípio no plano das ideias, necessariamente afeta os sujeitos concretos que a compõe.

> [...] a noção de formação econômico-social permitiu alargar a concepção de capitalismo, além dos limites da noção de modo de produção, abrangendo as relações apoiadas na produção mercantil simples. [...] a lei da formação econômico-social é a lei do desenvolvimento desigual. Ela significa que as forças produtivas, as relações sociais, as superestruturas (políticas, culturais) não avançam igualmente, simultaneamente, no mesmo ritmo histórico. (Lefebvre apud Martins, 1996, p.16, 17)

POR UMA GEOGRAFIA DOS CAMPONESES   193

São esses pressupostos que permitem que se compreendam não apenas as formas concretas de reprodução camponesa, mas os expedientes a que têm recorrido as empresas para se manter no circuito da produção capitalista. Isso impõe um esforço no sentido de buscar a unidade no diverso, pois o projeto citrícola destacado revela a conexão de três situações aparentemente contraditórias: o trabalho camponês como base de sustentação de uma forma de produção do capital, a qual se acha sob controle de uma cooperativa. Isso indica que a renda da atividade deverá retornar, proporcionalmente, aos citricultores, o que inclui os camponeses.

Quando da crise econômica das cooperativas, em virtude da gradativa diminuição dos incentivos governamentais, concomitantemente à desarticulação da economia regional baseada na cultura cafeeira tradicional, algumas cooperativas, em particular a Corol, passaram a direcionar seus esforços no sentido de controlar o ciclo produção-industrialização-comercialização. Ao atrelar o projeto de reestruturação econômica ao esforço de agroindustrialização, seus proponentes tinham clareza do salto de acumulação que a agregação de valor aos produtos primários sob seus cuidados proporcionaria. Esse momento coincide com a redefinição do caráter que, originalmente, fora decisivo para a adesão dos produtores, muitos dos quais camponeses, para a constituição da cooperativa.

O projeto da citricultura pode ser tomado como um dos melhores exemplos dessa mudança, por ter sido instituído dentro de um conceito gerencial próximo ao da avicultura e sericicultura anteriormente analisados. Cremos ter explicitado que a integração é um dos caminhos mais seguros para a viabilização da indústria, sem que ela tenha que se comprometer com a produção da matéria-prima essencial ao seu funcionamento e, acima de tudo, gozando a prerrogativa de arbitrar os preços da mesma.

Não podemos esquecer, porém, que a diferença fundamental da experiência de integração entre a cooperativa agroindustrial e as empresas avícolas e sericícolas está no destino da renda da terra. Enquanto nas últimas, a renda acaba determinando o aumento da taxa de lucro da indústria, no caso da cooperativa agroindustrial integradora, os depositários da renda da terra são os próprios integrados, entre os quais os camponeses.

Poder-se-ia ir mais além, uma vez que o grande salto na agregação de valor está no processamento industrial, o que indica que os camponeses, por exemplo, irão beneficiar-se de uma fatia da mais-valia dos trabalhadores diretamente empregados na indústria e mesmo de uma fração da mais-valia social. Entretanto, viu-se que a estratégia da cooperativa tem sido o reinvestimento em detrimento da distribuição das sobras, o que significa que esses ganhos são mais potenciais do que reais, por estarem projetados para o futuro.

Por outro lado, é bom lembrar que esse é um dos projetos mais arrojados da cooperativa, pelas especificidades do ramo agroindustrial no qual ela se propôs a ingressar. E para adentrar um mercado dominado por megaindústrias, há alguns requisitos fundamentais: garantia de matéria-prima e preços que pudessem tornar o suco industrializado competitivo, daí o recurso à integração.

Não resta dúvida de que a grande dificuldade, a princípio, foi arregimentar produtores dispostos a fazê-lo, pois, ao ser apresentado o projeto, não havia marcos concretos que pudessem servir de estímulo a um investimento a longo prazo e de retorno incerto.[17] Não é por acaso que a bandeira da cooperativa tenha sido a utilização dos espaços e mão-de-obra ociosos da propriedade. Além disso, foi disponibilizado crédito para a implantação dos pomares com base na equivalência em produto.

Em uma situação de recursos financeiros escassos, em que muitos camponeses se encontravam ávidos por uma atividade que acenasse a possibilidade de ingresso extra de renda na propriedade, a oferta de crédito suficiente para a formação dos pomares foi por demais atrativa. Contudo, o esquema de contratação, diverso da lógica monetária das instituições financeiras, é que foi decisivo para a adesão dos mesmos ao sistema de integração proposto, como comprova esse depoimento:

> Quando começou a correr a notícia da laranja, a gente não foi atrás porque não acreditava... mas, quando eles falaram que podia financiar e pagar com a laranja do pé financiado, aí a gente se animou. Assim parece mais fácil de pagar, porque da lavoura a gente zela e sabe que um ano pelo outro vai colher. Agora, se o negócio fosse no dinheiro não dava para entrar nessa não... A gente está cansado de ver onde é que vai dar um financiamento. (M., Água Canabi, Pitangueiras)

---

17 Por causa do intervalo entre a implantação dos pomares e sua produção efetiva, a construção da indústria foi projetada para quando a produção dos laranjais a sustentasse, fato que veio a ocorrer em 2001, sete anos após o início do projeto. Até então, o processamento das primeiras colheitas era terceirizado para uma indústria citrícola de Paranavaí.

POR UMA GEOGRAFIA DOS CAMPONESES   195

Como se pode constatar, para convencer os camponeses a plantar, em escala comercial, uma cultura até então cultivada apenas em seus quintais para consumo próprio, foi necessário recorrer a mecanismos diversos da lógica dominante. O fato de a cooperativa se permitir negociar em espécie revela uma dupla conveniência. Para ela, tratava-se de uma antecipação de compra, portanto de formação de um mercado fornecedor cativo, indispensável em um ramo de atividade marcado pelo monopólio de poucas megaempresas; para os camponeses, de uma rara oportunidade de ingressar em uma atividade passível de ser articulada com a diversidade já existente, tendo mercado garantido e sem intermediários.

Além disso, pagar o empréstimo da forma destacada é algo que não assusta os camponeses, pois a forma de abater o financiamento tem como referência um elemento concreto: a fruta produzida. O fato de eles dominarem a produção lhes permite vislumbrar o volume destinado ao abatimento do débito com a cooperativa. É essa operação pautada em dados concretos que lhes confere clareza no processo e, por conseguinte, controle sobre a dívida contraída.

Note-se que o empréstimo bancário é algo sobre o qual os camponeses não têm controle algum. Para produtores simples de mercadorias, assumir uma dívida em dinheiro acrescida de juros é deveras desafiador, uma vez que nem mesmo colheitas abundantes podem assegurar retorno monetário suficiente para quitá-la. Além da instabilidade do mercado, há a própria instabilidade de preços e da produção, que tornam imprevisível a capacidade de honrar compromissos futuros.

A disposição em adequar procedimentos a um código de trocas tido como seguro pelos camponeses parece ter sido decisivo para que a cooperativa os tenha atraído para os quadros da integração. Contudo, há ainda desafios a serem enfrentados, a saber: o projeto pressupunha o plantio de 1,225 milhão de mudas, a serem distribuídas em 3.500 hectares, dos quais foram implantados cerca de 2.400, ou seja, 32% aquém da meta (dados de março de 2002). Considerando-se que a indústria foi dimensionada para esse volume e que nem todos os laranjais se encontram em plena produção, ela está operando com ponderável capacidade ociosa, elevando assim o custo do suco produzido.

Como o sistema de integração acertado prevê o rateio proporcional dos resultados líquidos, primordialmente definidos pela produção do suco, já que a comercialização da laranja *in natura* é de somenos importância, o retorno monetário depende efetivamente da ampliação dos pomares.

196   ELIANE TOMIASI PAULINO

Entre os que apostaram na atividade como mais uma forma de diversificação, essa ociosidade da indústria, somada aos maus resultados das primeiras colheitas, não foram suficientes para desestabilizar a unidade produtiva. Considerando o período de 1997 a 2000, intervalo em que a produção evoluiu até a plena capacidade dos laranjais implantados no início do projeto, o preço médio alcançado pela caixa de 40,8 kg entregue na cooperativa foi de R$ 2,62.

Por outro lado, o custo médio de produção por hectare foi de R$ 4.521,74, segundo dados da Corol, com a tendência de aumento progressivo no período considerado. Diante desses fatos, alguns camponeses afirmaram ter tirado dinheiro do bolso no ano de 2000, ocasião em que os preços da laranja foram os mais baixos do período.

Entre aqueles que viram a laranja como cultura redentora, ou a elegeram como principal atividade da propriedade, essa situação gerou enorme desencanto. A frustração nas primeiras safras, após anos de expectativa e investimentos, só não os fez desistir pelo fato de terem um contrato assinado com a cooperativa, no qual se comprometem a manter a atividade por um período de 15 anos.

A posição da cooperativa agroindustrial integradora revela uma cautela compatível com as implicações do projeto implantado. A começar pela sua participação no que tange à oferta de crédito necessário à implantação dos pomares. Somem-se a isso os investimentos a título de custeio da colheita, estipulados a partir da projeção da produção. Assim, trata-se de um adiantamento calculado sobre o desembolso aproximado que o citricultor terá que fazer para que a laranja chegue à indústria, o qual compreende cerca de 40% dos preços correntes da matéria-prima. O restante será repassado ao final da colheita, quando serão proporcionalmente rateados os ganhos entre todos os citricultores cooperados. Observemos que o contrato e a mediação da cooperativa visam assegurar o fornecimento de laranja em volume que viabilize a indústria. Segundo informações da Corol:

A finalidade do contrato é a garantia de que vai ter laranja na indústria em qualquer situação de preço. O investimento para a construção da indústria foi enorme, ela vai ter que funcionar muitos anos até que se recupere o que foi gasto. E na agricultura é assim, quando uma coisa está dando, todo mundo planta, quando vai mal, todo mundo abandona. Com a laranja isso não pode acontecer.

POR UMA GEOGRAFIA DOS CAMPONESES 197

Assim, diferentemente da sericicultura e avicultura, nas quais a integração se sustenta na apropriação do valor trabalho contido nas matérias-primas, no sistema agroindustrial cooperativista, a indústria não comparece como o intermediário que irá se apropriar da renda da terra, mas sim como instrumento que assegura aos produtores cooperados a retenção da renda da terra, ainda que uma parcela dessa seja convertida em reinvestimento na indústria.

Além disso, convém lembrar que na integração citrícola não se verifica os níveis de pressão, a pretexto da qualidade, como nas primeiras. A cooperativa agroindustrial se limita a fornecer orientações técnicas e monitorar a produção, a fim de garantir que toda a laranja colhida seja entregue na indústria. O desvio de parte da produção se constitui infração dos termos contratuais, sendo passível de sansões legais. Com isso, a cooperativa procura se resguardar das oscilações, pelo fato de que, em determinadas ocasiões, o mercado de fruta *in natura* se apresenta mais vantajoso. É o momento de assédio dos atravessadores, que saem a campo na tentativa de conseguir uma negociação paralela com os integrados.

Apesar das implicações que uma rescisão contratual forçada tem para os camponeses, esse não é o principal elemento que os mantém na citricultura, como comprova o depoimento:

> Se fosse para vender a laranja inteira, a gente pegava um preço melhor do que esse que a cooperativa paga. O problema é que não tem garantia se vai vender ou não. Quando falta laranja, os negociantes jogam o preço lá no alto, mas é só até eles conseguirem o que precisam, depois a preço de banana é caro. Na cooperativa o ganho é pouco, mas pelo menos a gente tem a certeza que vai entregar tudo o que colheu. É melhor pingar do que secar, não é? (A., Água da Pimpinela, Pitangueiras)

Assim como na avicultura e sericicultura, a integração é a possibilidade de eliminar a maior dificuldade com que se deparam: a colocação de sua produção no mercado. As histórias de agricultores são repletas de experiências com colheitas fartas que se perderam na roça. Nessas ocasiões, não lhes faltaram condições para colher, mas sim lugar onde entregar. Com a indústria cooperativa, a entrega da produção é um dos problemas com os quais eles definitivamente não se preocupam. Assim, essa é mais uma das condições que precedem e conferem sentido ao contrato de integração.

As implicações desse contrato são de menor importância, pois a segurança de um mercado, ainda que não haja retorno imediato de parte da renda, pode ser decisiva na ocorrência de maus resultados em uma ou mais atividades desenvolvidas concomitantemente. Assim, a aparente subordinação torna-se uma efetiva cooperação.

Portanto, diferenças à parte entre a integração cooperativista e a integração com empresas privadas, esse sistema tem comparecido como recurso para que a reprodução da família seja assegurada. Por isso, apenas uma situação insustentável os faria romper os contratos e, com isso, macular seu compromisso pessoal com a integradora, além de lançar por terra todos os investimentos feitos. Vê-se assim que a integração permite a convergência de interesses contraditórios: se na perspectiva das empresas capitalistas ela possibilita a produção e a reprodução ampliada do capital, por outro lado viabiliza muitas unidades produtivas camponesas. Particularmente no caso da fruticultura, configura-se uma estratégia de retenção da renda da terra por essa classe.

Contudo, não há uma regularidade nos rendimentos em nenhum dos casos de integração destacados, tendo em vista a sua dinâmica própria, bem como a instabilidade do mercado. Se em determinadas conjunturas, a extração da renda camponesa chega ao limite, em outras é possível embolsar parte ponderável dela e, particularmente no sistema cooperativista, se apropriar quase que integralmente da mesma, ainda que de forma indireta. São essas ocasiões favoráveis que permitem a recriação camponesa, razão pela qual a sua ética é a da poupança de quaisquer recursos dispensáveis para a reprodução imediata. São situações e estratégias dessa natureza que explicam a razão pela qual os camponeses conseguem suportar fases em que praticamente não há ingressos monetários na unidade produtiva.

No caso da citricultura, isso é emblemático, uma vez que após sete anos sem retirar praticamente nada da atividade, chegou-se ao segundo ano consecutivo com bons resultados, o que mais uma vez reabastece um segmento de classe que resiste tanto à abundância quanto à escassez.

Paradoxalmente, a melhora dos preços aos cooperados integrados não reflete um cenário favorável ao suco de laranja concentrado, pois, na safra de 2001/2002, os preços alcançados no mercado internacional foram os mais baixos dos últimos dez anos.[18] Trata-se, portanto, de uma vantagem

---

18 Na Safra de 2001/2002, o preço médio da tonelada de suco concentrado foi de R$ 705,48.

POR UMA GEOGRAFIA DOS CAMPONESES **199**

interna que deriva exclusivamente da diferença cambial aplicada aos produtos exportados, face à desvalorização da moeda local frente ao dólar. Aliás, é esse mecanismo que tem enriquecido o setor agrícola capitalista que produz para o mercado externo.

O fato de a maior parte da laranja produzida no sistema de integração ser transformada em suco contribui para isso, posto que somente condições excepcionais de preços da fruta *in natura* no mercado interno fazem com que a cooperativa a ele se volte. Considerando que todo o suco concentrado produzido pela integradora se destina à exportação, a progressiva desvalorização do real tem se refletido nos preços pagos aos citricultores.

Todavia, essa situação reflete um frágil equilíbrio, sobretudo porque a diferença entre oferta e demanda no plano internacional tem representado, para o suco de laranja, assim como para a maior parte das mercadorias, um mercado abarrotado. Segundo a Associação Brasileira de Exportadores de Citros (2002), o volume exportado nessa safra foi o mais baixo dos últimos sete anos. Com isso, de um modo geral, as indústrias citrícolas estão trabalhando com estoques elevados, particularmente as gigantes do setor.

A questão dos estoques do produto ainda não está afetando a integradora em questão, sobretudo pelo seu tempo de operação, bem como a pequena escala de produção, se comparada às grandes indústrias. A sua perspectiva ainda é a expansão dos laranjais, o que possibilitará que a indústria opere com plena capacidade.

Embora esses desafios ainda estejam pela frente, a situação cambial relatada interfere diretamente nos custos da produção, sabendo-se que a maior parte dos componentes de consumo obrigatório na lavoura está alinhada à moeda estadunidense. Particularmente para a laranja eles são expressivos, sobretudo porque a cultura é extremamente vulnerável ao ataque de pragas. Mensalmente é necessária uma pulverização com cobre para evitar o alastramento do cancro cítrico, além do uso regular de fungicidas e outras substâncias contra diferentes pragas que incidem no laranjal. Um dos produtores comentou:

> Quando nós falamos da nossa intenção de plantar laranja um vizinho perguntou: "Vocês estão loucos? A laranja demora para dar e nela só não dá catapora e sarampo". É claro que isso é uma brincadeira, mas a verdade é que sem veneno ela não vai. (T., Água da Areia, Prado Ferreira)

Com esse depoimento, é possível depreender que a cultura se mantém pela força dos agrotóxicos, sem os quais as infestações podem trazer consequências imprevisíveis. Considerando-se a tendência de aumento progressivo de seus preços, bem como a situação do mercado para o suco da laranja, em termos de oferta e preços, supõe-se que o desnível entre dólar e real continuará sendo o maior aliado dos citricultores cooperados.

Contudo, levando-se em conta as práticas de integração, pode-se afirmar que essa é a atividade menos exigente e mais próxima da experiência camponesa, uma vez que a sua cadência é a das demais lavouras, regida pelo tempo circular. Embora exigente do ponto de vista dos tratos culturais, os camponeses não veem a laranja com estranhamento, pois essa cultura se enquadra em um ritmo de trabalho habitual, geralmente delimitado pela luz solar.

A exceção se refere às pulverizações que devem ser feitas na ausência do sol. Essa é a única tarefa que sacrifica uma parte do sono noturno, estando a sua duração associada à posse de equipamentos mais ou menos sofisticados:

> Quando nós começamos com a laranja foi difícil... o pior mesmo era o veneno, que tem que ser passado à noite para um efeito melhor. Quantas vezes nós quatro varamos a noite no meio da roça trabalhando. Agora ficou mais fácil, porque nós já temos um atomizador. Agora o serviço rende, e nem precisa de todo mundo aqui... só os dois homens dão conta. (L., Água da Areia, Prado Ferreira)

A falta de equipamentos adequados, a que se refere nossa interlocutora, não é a única dificuldade. Para os camponeses, de um modo geral, implantar a fruticultura exigiu uma renúncia ainda maior em termos de bem-estar da família. Isso porque a necessidade de tratos culturais no período que antecede as primeiras colheitas impõe não só a transferência de recursos monetários das outras atividades da propriedade, como implica mais trabalho para a família. Essa longa fase de dificuldade representa mais trabalho e menos dinheiro, esforço que se mantém em nome do tempo camponês, regido pela esperança no devir.

É por essa razão que a colheita de 2001 "lavou a alma de muita gente", como disse um técnico da Emater. Após cinco anos de transferência de recursos para a laranja, a região sofreu devastadora geada. Embora, na aparência, os estragos nos pomares tenham sido pequenos, os camponeses se mantiveram apreensivos até que puderam ver as laranjas vingadas no ano seguinte.

Tivemos a oportunidade de visitar uma propriedade em plena colheita. Apesar do trabalho ter começado às sete horas da manhã e ter se estendido até as cinco horas da tarde, apenas com intervalo para as refeições, feitas na própria roça, as atividades seguiam em ritmo de festa. A colheita era feita por dois irmãos, suas respectivas famílias e alguns vizinhos. Não havia neles expressão de desânimo ou cansaço. Em meio às conversas animadas, piadas e brincadeiras, o compasso do trabalho era intenso. Em suas próprias palavras, aquilo era considerado uma festa. Festa porque a colheita era farta e os preços, bons. Festa porque não é comum o camponês ver seu trabalho se materializar em renda "que dá e sobra".

Na colheita da laranja, as famílias costumam trabalhar juntas

Cumpre salientar que essa situação somente se aplica àqueles que diversificaram significativamente a produção, como nesse caso. Em pouco menos de 17 hectares de terra há laranja, café, culturas temporárias (soja, trigo e milho) e um aviário. Duas famílias trabalham em conjunto, ao todo dois casais e o filho adolescente de um deles. Os filhos pequenos já participam ocasionalmente de pequenas tarefas.

Entre os camponeses, a divisão do trabalho varia de acordo com a mão-de-obra disponível e a exigência em termos de força física. Há tarefas que tendem a ser masculinas e outras femininas. Contudo, essa divisão não é rígida, posto que nas ocasiões em que o serviço "aperta", o limite de gênero deixa de existir, fato descrito na citação anterior. Como vimos, com a aquisição de equipamento mais eficiente, aplicar veneno passou a ser uma tarefa masculina, mas pode deixar de ser, se as condições assim o exigirem.

Na colheita, momento de intensificação máxima das atividades, a divisão tende a ser a seguinte: as mulheres trabalham na saia da laranjeira e os homens no alto, onde é preciso o uso da escada. Cabe aos homens esse trabalho por ser mais pesado, sendo necessária a mudança constante da escada ao redor da laranjeira e de pé em pé. Todas as laranjas colhidas são atiradas ao chão. Apenas após obter-se o volume acertado para ser entregue ou o suficiente para uma viagem de caminhão, as frutas são transferidas para sacolas que são transportadas por um trator capaz de circular no meio do pomar. Daí elas seguem até um caminhão estacionado na estrada. Feito isso, as frutas são despejadas, seguindo para a indústria a granel. Carregar e descarregar sacolas, bem como dirigir o trator, é uma tarefa em que todos se revezam.

Para evitar que as frutas murchem, deve-se colher diariamente apenas a quantia programada para processamento na indústria, o que exige um cálculo cuidadoso sobre a quantidade média por planta para se chegar ao número de pés a serem colhidos.

A garantia de frutas frescas e de um fluxo de matéria-prima compatível com a capacidade da indústria se dá com um planejamento cuidadoso realizado pela cooperativa, que inclui não apenas cotas diárias de entrega, mas a própria composição dos pomares. Ao articular o plantio de quatro variedades de laranja, cujas colheitas variam entre precoce e tardia, a indústria consegue funcionar cerca de seis meses ao ano, estendendo-se a colheita de abril a outubro.

Aos camponeses, dada a pequena extensão dos pomares, normalmente é designada apenas uma variedade, pois isso facilita o manejo. Quando as áreas são mais extensas, combinam-se as variedades, a fim de que a produção possa ser absorvida sem sobrecargas. Esses procedimentos são fundamentais para a viabilização de uma indústria que nasceu sob os auspícios do planejamento.

Em função disso, algumas readequações estão sendo feitas. A primeira refere-se à distância máxima de 100 quilômetros entre o pomar e a indústria, embora os custos de transporte sejam de exclusiva responsabilidade dos integrados. Dentro da mesma lógica coloca-se a exigência quanto à área de implantação: em princípio eram seis hectares, atualmente é de, no mínimo, 12 hectares. Essas medidas sinalizam para a perda de rentabilidade da atividade, a qual exige não só ampliação da escala, mas também a redução dos custos.

POR UMA GEOGRAFIA DOS CAMPONESES   203

É por essa razão que os camponeses têm lugar privilegiado nessa forma de integração. O fato de a atividade ser conduzida pela família faz diferença, não apenas do ponto de vista dos custos, mas da própria produção. Daí infere-se que esses elementos permitem uma margem de retenção da renda que os capitalistas somente podem ter ao apostarem na escala.

Por outro lado, a necessidade de reduzir custos lança a cooperativa em outro projeto paralelo: a viticultura. Visando ao aproveitamento da estrutura industrial durante a entressafra da laranja, já está em andamento um projeto de produção de suco de uva.

Para tanto, a cooperativa conseguiu a adesão de um número de produtores cuja área contratada (250 hectares) já é suficiente para viabilizar a indústria, a qual necessita apenas de algumas adequações para essa dupla função.

Cabe lembrar que não se trata de novos integrados, são os mesmos do circuito da citricultura. Sabendo-se das especificidades da viticultura, excessivamente exigente em termos de cuidados, são os camponeses que preencherão, de forma preponderante, os quadros da integração da uva. Por outro lado, por tratar-se de uma cultura intensiva, essa não deverá comprometer o esquema de diversificação já praticado.

Isso pode representar a necessidade de mais força de trabalho disponível dentro da propriedade. Apesar de esse projeto ainda se encontrar na fase de seleção e preparação para o plantio, isso confirma um dado: a recriação camponesa não é peça de um exercício utópico, mas do próprio movimento da realidade, o qual tem lançado por terra o decreto que preconizava o fim de uma classe social. Portanto, estas experiências que os camponeses cooperados integrados estão fazendo recolocam a necessidade da discussão sobre as cooperativas.

Sistemas agrários camponeses e a sujeição da renda da terra

Afora as particularidades do sistema cooperativista, percebe-se que sua interferência na ordenação interna do sítio camponês se caracteriza por um grau menor de rigidez em comparação à integração nas empresas privadas. Não obstante, as análises empreendidas sinalizam para uma autonomia relativa dos camponeses no que concerne às atividades integradas.

Particularmente no caso da avicultura e sericicultura, o fato de lhes serem impostos rígidos padrões de manejo evidencia que, nessas atividades, o controle do seu tempo e do seu espaço cede lugar à necessária observância do tempo do capital, materializado no artificialismo com que se revestem os processos produtivos. É por essa razão que se evoca o conceito de intervenção ao serem analisadas tais experiências de integração, pois os camponeses que não se enquadram nos processos definidos externamente devem/podem abandonar a atividade.

Por outro lado, a intermediação, fundamento sobre o qual estruturar-se-ão as reflexões que se seguem, é concebida como uma ação que não define a organização dos sistemas agrários camponeses. Apesar do imperativo da produtividade, com todas as relações que lhe são inerentes, os camponeses continuam senhores de seu tempo e de seu espaço, de modo que os tentáculos do capital os afetam na exata medida em que eles incorporam tais parâmetros externos.

A simples menção ao fator incorporação já estabelece um divisor de águas em relação ao fator imposição, indiscutivelmente presente nas relações de integração já destacadas. Assim, ao incorporar certas determinações, supõe-se que o sujeito as internalize e de certa forma as redimensione de acordo com seus interesses.

É justamente o sentido dessa incorporação que torna difícil uma análise compartimentada de cada uma das atividades que se fazem presentes na parcela do território dominada pelos camponeses. Assim, a lógica da complementaridade invariavelmente remete a uma combinação na qual a hierarquia nem sempre pode ser confundida com primazia. Daí a pertinência de recorrermos à categoria de sistemas agrários camponeses.

Por outro lado, reitera-se que as atividades analisadas anteriormente de forma alguma podem ser excluídas do conjunto, posto que as mesmas se inscrevem igualmente no contexto das combinações existentes nos sítios camponeses. Enquanto individualmente se diferenciam, no conjunto manifestam uma articulação que revela a própria lógica de reprodução camponesa.

Não obstante, a concepção de sistema remete a um padrão orgânico que, além de ser comum à maior parte dos sítios camponeses, tem nas atividades citadas um caráter estruturante, visto que um conjunto de atividades paralelas às primeiras articulam-se, assumindo um sentido de complementaridade.

Vê-se também que esses sistemas não são mutuamente excludentes dentro dos sítios, tampouco indicam a drenagem da renda da terra por um único setor capitalista, seja o industrial, o comercial ou o financeiro, quaisquer que sejam seus agentes específicos. Trata-se na verdade de um emaranhado de estratégias adotadas de acordo com as condições internas mais apropriadas. Por fim, essas se manifestam para além da produção, culminando em variações conjunturais nos níveis de geração e apropriação da renda.

Por isso, passaremos à análise das atividades que, do ponto de vista da hierarquia presente no tempo e no espaço camponês, compareçam como aquelas que, de certa forma, assumem o caráter estruturador do sítio. Porém, de antemão, julgamos conveniente apresentar alguns dados que permitem uma visão geral do uso do solo na área estudada. Primeiramente, os dados sobre o número de produtores ocupados com cada uma das principais lavouras cultivadas em 2001 (Figura 2).

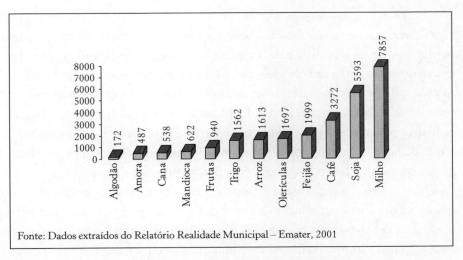

Fonte: Dados extraídos do Relatório Realidade Municipal – Emater, 2001

Figura 2 – Principais lavouras segundo o número de produtores em 2001

Como se pode observar, as lavouras que são próprias dos camponeses, como arroz, feijão, café e milho, estão entre as que têm maior número de cultivadores. Entretanto, ao se verificar a área que as mesmas ocupam, chega-se às evidências de que as lavouras mecanizadas são predominantes, por razões que serão discutidas posteriormente.

Observe a extensão de cada um desses cultivos na área de pesquisa como um todo (Figura 3).

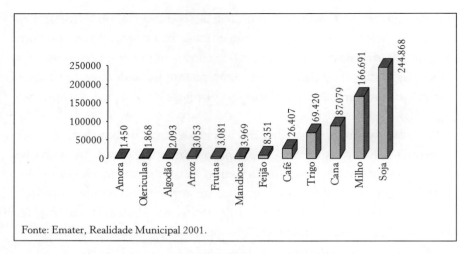

Figura 3 – Principais lavouras segundo a área cultivada em 2001 (ha.)

As lavouras mecanizadas são absolutamente dominantes, ainda que, na média, não se estaria diante de áreas muito extensas, indicando o quanto os camponeses estão envolvidos com as mesmas. Note-se que no milho a relação é de pouco mais de 21 hectares por cultivador, lembrando que se trata de uma lavoura de ciclo curto, em geral em rodízio com a soja, o que reduziria pela metade a necessidade de terras disponíveis. Evidentemente, o fato de haver grandes proprietários envolvidos com essa lavoura interfere nesses números, elevando a área média dos pequenos cultivadores.

Quanto à soja, a área média é de pouco mais que o dobro, o que mostra que essa é o cultivo preferencial dos médios e grandes proprietários; o oposto se verifica entre os cultivos próprios dos camponeses, que serão analisados mais à frente. Cumpre salientar que tomamos os dados das lavouras como um todo, embora haja particularidades geográficas que não podem ser desconsideradas. Nesse sentido, na área de estudo a diferença em termos de solo não deve ser desprezada na definição dos diferentes sistemas agrários.

Grosso modo, dois padrões agrários sobressaem, tanto em termos de extensão geográfica quanto de importância para a reprodução camponesa: a pecuária leiteira na área dominada por solos do arenito e as lavouras onde predominam os solos derivados do basalto. Antes de evidenciá-las, porém, convém indicar brevemente a constituição dos solos. Na área estudada, são três os solos derivados do arenito caiuá: latossolo vermelho-amarelo, latos-

POR UMA GEOGRAFIA DOS CAMPONESES   207

solo vermelho-escuro e podzólico vermelho-amarelo. Em linhas gerais, tais solos são porosos, tendem à elevada acidez, baixa fertilidade natural, além de serem bastante suscetíveis à erosão. Já os solos originados de rochas do derrame basáltico, latossolo roxo e terra roxa estruturada, basicamente se caracterizam pela alta fertilidade natural, baixa suscetibilidade à erosão e grande capacidade de retenção de água, estando entre os solos mais férteis do planeta. Por fim, incidem em menor proporção os solos litólicos, bastante rasos, o que os torna altamente suscetíveis à erosão além de difícil mecanização.

Considerando a sua distribuição a partir dos tipos agregadores, não se pretende apregoar noções deterministas ou negligenciar a unidade que transcende diferenças pedológicas, pois isso deporia contra o esforço de se identificar a relação dialética entre unidade e diversidade.

Portanto, as diferenças não são meramente físicas, pois a participação percentual das lavouras e da pecuária nos respectivos municípios revela que, enquanto as áreas ocupadas com lavouras são mais expressivas, em termos percentuais, nos solos derivados do basalto, as pastagens incidem em maior proporção nos domínios do arenito caiuá. Por outro lado, as formas predominantes de uso do solo entre camponeses e capitalistas também se manifestam na pecuária: enquanto a marca da grande propriedade é a pecuária extensiva de corte, os camponeses tendem a se ocupar da pecuária leiteira. É por essa razão que nos deteremos nessa atividade.

Pecuária leiteira

Após se mencionar as formas de uso do solo na área de estudo, é necessário ressaltar que a opção pela produção de leite entre os camponeses não tem uma explicação passível de se limitar à proposição: aptidão dos solos.

Com efeito, uma das marcas da parcela do território dominada pelos camponeses é a combinação de diversas modalidades de emprego da força de trabalho familiar, sendo essa uma das explicações para sua sustentação. Nesse sentido, os critérios de diversificação não são aleatórios, mas definidos com base em uma análise criteriosa da conjuntura que os envolve. Distingue-se, nesse ponto, da lógica capitalista, por subordinar a avaliação do que é mais rentável não à situação de mercado, mas às próprias condições produtivas internas.

É sabido que os camponeses são agentes perpetuadores de uma estrutura pautada na indivisibilidade entre produção econômica e reprodução social. Em outras palavras, as atividades econômicas são dimensionadas de tal forma que possam ajustar-se às condições objetivas da unidade familiar. Nessa ordem, a avaliação de como proceder à utilização produtiva da terra é submetida a uma série de quesitos, cuja combinação possa culminar, pelo menos em tese, na melhor resposta possível à reprodução da família.

Considerando que o recurso à pecuária leiteira é recorrente entre as unidades camponesas, especialmente nos domínios do arenito, é de se supor que a mesma seja positivamente avaliada a partir de um julgamento pautado nas condições objetivas internas e do próprio mercado. Desse modo, não é o solo a variável determinante, mas uma combinação de fatores em que a equação custos-renda-riscos comparece como preponderante na referida escolha.

A nosso ver, o depoimento colhido invalida o argumento de que é o solo arenoso que os impele à pecuária leiteira.

> Dizer que o leite está bom, não está não. Mas a gente já tocou muita roça e sabe que está cada vez pior. Qualquer coisa que se planta é um gasto que não acaba mais, porque hoje sem adubo, sem veneno e sem maquinário não dá para fazer nada. E o pior, quem garante que depois a gente não vai perder tudo? É aquela agonia se vai chover muito ou pouco. É o preço na hora de vender... quem toca roça não consegue dormir sossegado. Agora com o leite não têm perigo de deitar rico e amanhecer pobre. O gasto é pouco e um dinheirinho para pagar as despesas sempre entra. Quando aperta, aí a gente vende um bezerro. (A., Água do Boiadeiro, Munhóz de Melo)

Observe-se que a limitação colocada no centro da argumentação é a necessidade de dispor de dinheiro que pode se perder ao longo do processo produtivo. A agonia, a perda do sono, não são tomadas como explicação para a perda do investimento, antes, está explícito que o mesmo não almeja riqueza, mas a sobrevivência sem grandes sobressaltos. Amanhecer pobre significa perder tudo e isso se choca frontalmente com a saga da reprodução ancorada na manutenção dos meios de produção, logo, em uma lógica combinada a partir da autonomia do trabalho.

Esse relato da experiência passada com lavouras permite refazer o ciclo histórico de ocupação dessa região, que se confunde com a própria história da família. Não podemos esquecer que, outrora, a fertilidade natural derivada da densa cobertura vegetal sustentou, por décadas, uma agricultura de baixo uso de tecnologia, assentada nos cultivos de excedente articulados ao café. Entretanto, à medida que os solos começavam a dar sinais de esgotamento, modificava-se a base técnica da agricultura na região, com a expansão das lavouras mecanizáveis. Como se viu, essas mudanças vieram articuladas a um oneroso pacote tecnológico, restritivo à grande parte dos camponeses.

Ao mesmo tempo, a lavoura comercial que os sustentava impunha cada vez mais limites, seja em razão da queda de produtividade em face do esgotamento dos solos, seja em virtude dos preços, em acentuado declínio. É nesse momento que se define a escalada inversa entre volume e preços descendentes das colheitas e custos ascendentes para a produção. Ao longo dos anos, esse descompasso levou a uma redefinição das estratégias de existência, com destaque para a opção por atividades comerciais em que a combinação entre custos e riscos não ameaçasse a autonomia do trabalho familiar, centrada na propriedade dos meios de produção, notadamente na terra.

Portanto, não é o solo arenoso que determina a pecuária, já que essa foi antecedida por um sistema agrário mais diversificado, conforme indicado. É a busca de estratégias produtivas que permitem a ocupação da mão--de-obra familiar, sem a realização de grandes inversões de dinheiro com retorno incerto, que a tornou a substituta mais adequada aos cultivos tradicionais. Por outro lado, nos domínios do basalto, onde a fertilidade natural dos solos ainda é elevada, os camponeses continuam tendo como atividade comercial predominante as lavouras, ainda que a pecuária esteja presente, especialmente como atividade de autoconsumo.

Cremos ter demonstrado que essas estratégias desmistificam a tese de que os camponeses têm aversão aos riscos. Conforme foi visto, o cuidadoso cálculo que fazem é no sentido de definir um limite para o jogo travado com o mercado, limite esse que consiste na manutenção dos meios de produção. Balizados por uma experiência histórica entre demandas e possibilidades das diferentes atividades, além do presente nível de acumulação e disponibilidade de recursos materiais e força de trabalho, eles vão delineando um perfil produtivo, até que novas condições objetivas sinalizem mudanças necessárias ou promissoras. Anteriormente já foi mostrado como a sericicultura e a avicultura se enquadram nessa lógica.

É nessa perspectiva que a pecuária leiteira comparece como uma alternativa, o que não quer dizer que ela dispense investimentos. Se os altos custos de implantação e as exigências da matriz cerealífera tecnificada foram, e ainda são, de certa forma proibitivos, a conversão para a pecuária leiteira permitiu, ao menos, uma parcial utilização de recursos já existentes, aliados àqueles da própria natureza, como é o caso da proliferação do rebanho com base na retenção das bezerras nascidas na propriedade.

Entretanto, a progressiva queda nos preços pagos ao produtor tem requerido, na mesma proporção, o aumento da produtividade, e isso somente se alcança por meio de sistemáticos investimentos na atividade. Em outras palavras, nas atuais condições de mercado, é cada vez mais limitada a sua sustentação sem um melhor manejo genético e alimentar do rebanho, o que evidentemente supõe custos.

Por outro lado, há que se ponderar que tais condições de mercado não são obra do acaso, mas resultado direto da monopolização, pelo capital, da parcela do território dominada pelos camponeses, em que o leite é mais um dos casos emblemáticos.

Dentro da política de controle de preços de itens estratégicos para a viabilização da economia urbano-industrial, esse era um dos produtos submetidos ao tabelamento oficial dos preços, tanto ao produtor quanto ao consumidor final. Foram 45 anos de controle do governo sobre esse setor, o que preservou uma certa margem de ganho aos produtores, mesmo porque esse é um dos produtos da cesta básica e, como tal, de vital importância dentro do processo mais geral de acumulação.

Todavia, as próprias demandas dos grupos tornados hegemônicos pelas políticas anteriores que culminaram em sua consolidação, pressionaram no sentido da liberalização, ocorrida em 1991. Na prática, isso representou a plena transferência do poder de deliberação dos preços para o setor privado, afetando tanto o começo quanto o final da cadeia produtiva, medida essa comparável ao galinheiro aos cuidados da raposa.

Não resta dúvida de que a liberalização já se deu em um contexto de grande concentração de capitais na cadeia agroindustrial do leite que, assim como em praticamente todos os setores da economia, já havia agregado forças suficientes para pressionar a guinada nas políticas públicas, no sentido de sua plena anuência ao irrestrito controle privado das forças produtivas. Trata-se da reconstituição da tese liberal, sepultada nos 70 anos que se seguiram a mais séria crise de acumulação até então desencadeada pela "racionalidade" das livres forças do mercado. No dourar da pílula, não foram poucos os produtores que acreditaram que a substituição do governo pela suposta ação redentora do mercado lhes seria benéfica.

POR UMA GEOGRAFIA DOS CAMPONESES **211**

Quase todos os países desenvolvidos do mundo estabelecem mecanismos de proteção aos seus produtores primários, e isto vale no caso do leite para os Estados Unidos, Canadá, Europa, Japão etc. No Brasil, abriu-se o mercado sem limites e o que vimos foi uma vil espoliação dos produtores [...]. Num determinado momento, as indústrias se prevaleceram ou se prevalecem do seu poder de fogo e, agora, outro ator mostra a sua força, no caso as grandes cadeias de varejo, que chegam até a se sobrepor às poderosas indústrias, os algozes de outras épocas. (Fonseca, 2002, p.1)

Assim, ao abdicar da prerrogativa de regular o setor, o poder público abriu caminho ao fortalecimento dos oligopólios, com reflexos diretos no progressivo rebaixamento dos níveis de renda, especialmente dos produtores pequenos. Essa diminuição não ocorreu, tão-somente, pelo aviltamento dos preços pagos, mas igualmente pelo aumento dos custos. Nesse caso, o salto verificado resultou das variações gerais da economia, somadas à política de modernização do setor encampada pelas indústrias, que basicamente transferiram o ônus aos produtores.

Mais recentemente, a corrida pela redução de custos tem levado as grandes indústrias a diminuírem o número de fornecedores. Segundo a Empresa Brasileira de Pesquisas Agropecuárias (Embrapa), as 16 maiores empresas de laticínios, que juntas processaram 32% da produção nacional em 2001, o que corresponde a 6,57 bilhões de litros, reduziram em 18,6% o número de fornecedores nos últimos dois anos; ao mesmo tempo, a média diária de leite entregue por produtor passou de 109 para 156 litros, conforme Denardin (2002).

Esses dados interessam de perto, posto que entre as quatro principais indústrias que atuam como receptoras da produção na área pesquisada, duas delas estão incluídas entre as 16 gigantes do ramo englobadas pela pesquisa mencionada.

Quanto às outras duas, trata-se de cooperativas, que serão destacadas na sequência. Por ora, advertimos que essa tendência de concentração na captação de leite responde ao imperativo da redução de custos, demanda que explica inclusive a edição da Portaria 56 do Ministério da Agricultura, a qual instituiu o Programa Nacional de Melhoria da Qualidade do Leite (PNMQL).

[...] a implantação do PNMQL deve ser discutida com bastante cautela e não como uma panaceia que irá resolver todas as históricas chagas do setor leiteiro. Neste momento, torna-se premente a necessidade de uma maior responsabilidade dos governos em relação às políticas para o complexo agroindustrial do leite.

Deve-se entender que um programa de melhoria na qualidade do leite no país passa necessariamente pela criação de uma infraestrutura adequada; pela educação das pessoas envolvidas; pelo monitoramento das relações de poder entre os elos do complexo; por uma política consistente de financiamento e proteção de mercado contra práticas desleais de comércio (leia-se subsídios e triangulação de produtos importados); pela capacitação técnico-administrativa dos consultores, que hoje tem se apresentado como presas fáceis de discursos tecnicistas e; somente após todos estes problemas estarem devidamente equacionados, devem ser direcionados esforços para o combate à informalidade. (Souki, 2002)

Verificamos que tal portaria transfere o ônus da qualidade do leite ao elo mais fraco da cadeia: os produtores. O Estado, ao legislar nesses termos, não apenas se desobriga de interferir nos problemas que a própria desregulamentação criou, mas também beneficia diretamente as indústrias, as grandes interessadas na portaria, pois terão a seu dispor matéria-prima com qualidade monitorada, com o intocável direito de arbítrio sobre os preços aos produtores.

Todavia, é preciso que se esclareça que esses não são afetados por essas mudanças de forma equânime: ao estabelecer critérios de qualidade baseados na realidade dos grandes produtores, por força da qual os custos são diluídos, as medidas afetam sobremaneira aqueles que não têm a seu favor uma produção em escala.

Entre esses critérios, está a obrigatoriedade do resfriamento do produto e a granelização, a qual acaba com o tradicional esquema de acondicionamento e transporte em latões. O novo sistema pressupõe a deposição do leite *in natura* em resfriadores, sendo diretamente aspirado para caminhões com tanques isolados termicamente, seguindo daí para a indústria. As fotos a seguir mostram os dois sistemas, o uso do resfriador e o sistema tradicional dos latões à porteira, aguardando a passagem do leiteiro.

Com os resfriadores, os custos de transporte são drasticamente reduzidos, pois a coleta não precisa ser diária, sendo dimensionada a partir da capacidade de acondicionamento dos caminhões-tanque. Assim são redefinidas as linhas, que correspondem às áreas geograficamente delimitadas em função das vias de acesso e do volume da produção.[19]

---

19 As linhas de leite compreendem uma divisão das áreas produtoras de acordo com a capacidade de coleta. Por vezes, esse trabalho é realizado por caminhões da própria empresa e, por vezes, essa é uma tarefa terceirizada, embora o vínculo dos camponeses seja com a indústria.

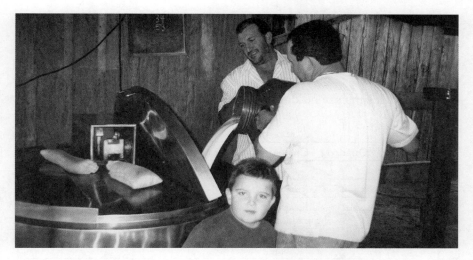
Leite depositado no resfriador

Leite acondicionado em latão, a ser transportado para a indústria

Não obstante, antes mesmo de a referida portaria entrar em vigor, esses procedimentos já estavam amplamente difundidos na região, inclusive entre os pequenos produtores. Como o que está em jogo é o lucro das indústrias, as medidas relativas à melhoria da qualidade do produto que processam há muito já vêm sendo tomadas: o fim do transporte em latões, o veto ao ingresso de fornecedores em desacordo com as novas normas e o pagamento diferenciado pelo leite resfriado e pelo leite na temperatura ambiente têm forçado os produtores a se adequarem. Como exemplo do poder de persuasão pautado nesses termos, citamos o caso da Cooperativa Cativa, sediada em Londrina: em 2002, 78% dos produtores com média diária de até 100 litros já possuíam o resfriador, um equipamento caro tanto do ponto de vista da aquisição quanto da manutenção, especialmente para essa escala de produção.

Segundo Carvalho (2002), a diferença de custo para o resfriamento de leite é inversamente proporcional ao volume resfriado. Essa diferença de custo se aplica tanto à aquisição do equipamento quanto a seu funcionamento. Observemos os valores levantados em abril de 2000 a partir dos quatro modelos mais vendidos no Brasil (Quadro 2).

Quadro 2 – Custos para o resfriamento do leite (R$)					
Capacidade em litros		220	520	1.550	2.050
Aquisição – preço por litro a ser resfriado		13,41	7,40	4,74	4,15
Manutenção – custo por litro resfriado	Utilização de 100% da capacidade	0,020	0,014	0,011	0,011
	Utilização de 50% da capacidade	0,040	0,028	0,023	0,021

Fonte: Carvalho, 2002

Como se pode observar, o menor resfriador, justamente aquele mais procurado pelos camponeses, custa mais que o triplo do maior equipamento, em termos proporcionais à respectiva capacidade. Some-se a isso o fato de que o custo do resfriamento diário do leite aos pequenos produtores é praticamente o dobro em relação ao dos grandes produtores.

Ao mesmo tempo que tais exigências resultam na elevação do custo, conforme demonstram os dados, os camponeses se deparam com um cenário de incerteza no tocante à sua permanência como fornecedores dessas indústrias, isso sem mencionar a questão do pagamento a ser recebido pelo leite entregue. Cumpre destacar que os produtores somente tomam conhecimento do valor de sua matéria-prima cerca de 30 dias após a entrega, momento em que são realizados os pagamentos. Essa forma de transação é fonte recorrente de surpresa para os camponeses, em vista da baixa remuneração obtida com a entrega do produto.

Nesse aspecto, os métodos das indústrias e das cooperativas são bastante próximos. Ainda que se deva considerar a diferença essencial entre ambas, em razão do destino da renda da terra gerada na atividade, não tem sido possível aos camponeses experimentarem cotidianamente essa distinção, visto que, apenas eventualmente, a relação cooperativista tem se revertido em vantagens palpáveis. Como já temos assegurado, os imperativos do mercado, aliados à opção pela gestão empresarial das cooperativas, têm

POR UMA GEOGRAFIA DOS CAMPONESES   215

protelado o usufruto imediato da renda a que os produtores fazem jus. Na ciranda da modernização dos parques industriais, a distribuição das sobras tem sido reiteradamente adiada.

Esse depoimento revela que o cooperativismo não tem conseguido amenizar os problemas enfrentados pelos pequenos produtores de leite.

> A gente só continua com o leite porque não vê muita saída. Se o leite está ruim, a roça nem se fala. Nesse mês eu fiquei devendo 27 reais para a cooperativa, porque uma vaca adoeceu e eu precisei pegar os remédios que o veterinário passou. Agora, você calcule, a gente trabalhou o mês inteiro, sem domingo, feriado, sol ou chuva e ainda ficar devendo? Acha que isso tem cabimento?(F., Água Azul, Santa Inês)

Estamos diante de um contexto de rebaixamento intenso do preço das matérias-primas, entre as quais o leite, para que a equação taxa de lucros seja preservada em favor da indústria. Embora se trate de uma indústria cooperativa, parece-nos que, mesmo em termos proporcionais, os camponeses dela não estão se beneficiando, ao menos de imediato. Além das estratégias das administrações já destacadas, não se pode ignorar que o sistema cooperativista não consegue alterar a dinâmica geral de acumulação ampliada do capital. Em outras palavras, são vários os canais de drenagem da renda camponesa.

A começar pelo nível de depreciação da matéria-prima leite em relação aos produtos industrializados: vimos, no depoimento, tratar-se de medicamento utilizado no tratamento de um dos animais. Cumpre salientar que o depoente entregou no referido mês 1.500 litros de leite. Se considerarmos tão-somente os gastos que o mesmo teve com energia elétrica consumida pelo resfriador e os custos com a alimentação do rebanho, depreendemos que o nível de exploração a que o mesmo está submetido é extremamente elevado e isso se aplica aos produtores pequenos em geral.

Pudemos colher, durante os cinco meses dedicados ao trabalho de campo, estórias e histórias não muito diferentes dessa. A rapina da renda camponesa, em muitos casos, atinge níveis insuportáveis, obrigando-os a substituir a atividade que não mais assegura retorno monetário e/ou encontrar formas alternativas de renda.

Numa indignação mal contida, muitos camponeses apresentaram não apenas relatos, mas também documentos que comprovam o achatamento dos preços, combinados com os crescentes custos de produção.

216 ELIANE TOMIASI PAULINO

A gente nem gosta de falar assim, porque parece que está reclamando à toa, mas eu te mostro as notas, faz quase cinco anos que eles pagam o mesmo preço pelo leite. O mesmo não, porque eles diminuíram de quatro para dois meses a entressafra e ainda assim pagaram menos que no ano passado. Só que o sal, o adubo, os remédios, a energia, tudo já dobrou, triplicou. Como é que a gente vai conseguir aguentar?(S., Água do São João, Santo Inácio)

A angústia derivada dessa situação certamente não pode ser expressa em palavras, posto que está em jogo a sobrevivência da família. E não se pode esquecer que nos dois mandatos de Fernando Henrique Cardoso, a tônica foi o "controle" da inflação. Como se sabe, este se limitou, na prática, a um certo congelamento de preços dos alimentos básicos, produzidos essencialmente pelos camponeses. Sabendo-se que, para a manutenção da taxa de lucros da indústria, diante da queda dos preços dos produtos finais, o caminho é a depreciação máxima da matéria-prima, é possível avaliar o quanto essa classe doou graciosamente à sociedade o seu trabalho, com a transferência desmesurada da renda da terra.

Assim, a taxa de lucro do capital foi preservada pela anuência institucional em relação ao arbítrio das indústrias em torno dos preços das matérias-primas. No caso do leite, o limite parece ter sido colocado pelo expediente a que as indústrias estão recorrendo, ao diminuir o período de entressafra para efeito de cálculo do preço aos produtores. Durante anos, os técnicos os estimularam a investir na mudança do perfil produtivo, sobretudo nos meses de pastagens escassas, com a promessa de preços remuneradores.

Em razão disso, a maior parte dos camponeses passou a investir em silos, plantio de volumosos alternativos e mesmo melhoria das pastagens. À medida que esses esforços se traduziram em uma relativa estabilização na captação ao longo do ano, a diferença paga pelo litro de leite, bem como a vigência da entressafra, foram sendo reduzidas drasticamente, retirando uma das poucas oportunidades de compensação aos preços depreciados no chamado período das águas. As dificuldades relatadas por esses camponeses não estão baseadas em impressões individuais.

Sinceramente está muito difícil. Eu não quero saber de amontoar, o que a gente quer é preço que dê para a família sobreviver. Até há pouco tempo o leite dava para tocar a vida, agora a gente precisa vender bezerro para acudir a precisão. Eu nunca tive ambição de possuir, possuir. Eu não troco essa vida por

POR UMA GEOGRAFIA DOS CAMPONESES **217**

nada, mas como é que vai ficar com o leite nesse preço? A gente até tinha esperança com o resfriador, porque falaram que o preço do leite gelado iria compensar. Mas cadê? É só mais uma despesa. (J., Água do Bagé, Guaraci)

Segundo Nogueira (2002), somente no ano de 2001, os preços básicos caíram 17% em relação ao ano anterior. Contudo, há que se advertir que a vulnerabilidade a que foram expostos os camponeses não atinge os produtores como um todo. Considerando que os grandes produtores são igualmente movidos pela lógica do lucro, é de se supor que, se as indústrias não lhes acenasse com preços remuneradores, teriam que baixar as portas por falta de matéria-prima. Evidentemente, a precedência do lucro igualmente se aplica aos grandes produtores de leite cooperados, razão pela qual as cooperativas se viram diante da mesma contingência. Assim surgiu o sistema de bonificação sobre o preço base, com variação proporcional ao volume entregue.

Campos Filho (2002), ao analisar o impacto da bonificação sobre os fornecedores da Nestlé em 2001, verificou que, enquanto os produtores com média diária de até 50 litros receberam R$ 0,186 por litro, aqueles com produção de mil litros receberam R$ 0,303 por litro. Isso sinaliza claramente o esforço das indústrias em concentrar a produção, pois com a granelização, os custos são inversamente proporcionais à escala de produção. Portanto, essa foi a saída que elas encontraram para assegurar a taxa de lucro, arranhada pelo aumento do custo da matéria-prima dos grandes fornecedores.

Entre as cooperativas, ilustramos a experiência da Cativa, cujo esquema de bonificação não é tão díspar quanto o de algumas empresas, embora os acréscimos percentuais em relação ao preço básico sejam significativos (Quadro 3).

Quadro 3 – Bonificação de acordo com o volume entregue (em litros)								
Até 50	51-100	101-200	201-300	301-400	401-500	501-600	601-700	Acima 700
0	1%	4%	5%	7%	9%	11%	13%	18%

Fonte: Dados fornecidos pela Cativa, 2002

Diante desses dados, podemos depreender que a lógica empresarial da cooperativa tem prevalecido sobre o princípio cooperativo, razão por que os pequenos produtores estão sendo chamados a arcar com os custos diferenciais que a sua escala de produção impõe. Portanto, nesse aspecto não se poderá falar em benefícios de cooperação, restando a esses a parte da renda que a eliminação de intermediários no processamento industrial de sua matéria-prima pressupõe.

Com relação às empresas privadas, a bonificação se revela um instrumento de segmentação, de modo que os camponeses, elos mais frágeis da cadeia de fornecedores, sofrem a extração máxima da renda da terra. De certa forma, esse mecanismo alivia os efeitos na taxa de lucro que os preços mais altos da matéria-prima dos demais produtores proporciona.

Assim, é possível admitir que, após terem sido agentes do processo de concentração ocorrido na cadeia leiteira, as indústrias estão recorrendo livremente ao expediente que transfere o seu ônus aos produtores mais enfraquecidos. Observemos o grau de participação dos produtores pequenos no rol dos fornecedores das mesmas.

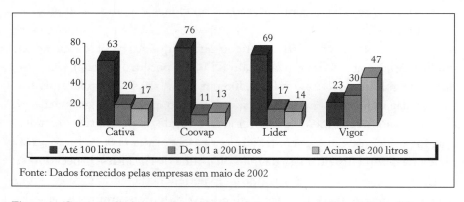

Figura 4 – Captação diária segundo o volume de leite por estrato de produtores (%)

A partir desses dados é possível verificar que, numericamente, a participação dos produtores pequenos é preponderante. Contudo, não se pode esquecer que o setor lácteo está passando por um processo de concentração da produção, processo, aliás, verificado desde o início dos anos 1990, com o fim do controle exercido pelo governo. Desde então, a taxa média anual de crescimento da produção brasileira tem sido de 4%, uma das maiores do mundo no período. Segundo o IBGE, em 2001 foram produzidos 21 bilhões de litros, volume 45% superior à produção de 1990, o que elevou o país à condição de quinto produtor mundial de leite. Especificamente em relação ao Paraná, em 2001 foram produzidos 2,1 bilhões de litros, o que corresponde a 9,1% da produção nacional, elevando igualmente este estado à categoria de quinto produtor nacional, conforme Denardin (2002). Lembramos que na área de estudo, afora os camponeses com produção exclusiva para o autoconsumo, no ano de 2001, 4.934 produtores comercializaram leite, movimentando nesse ano um volume diário de 437.742 litros, em média, de acordo com o Relatório Realidade Municipal da Emater (2001).

Não resta dúvida de que esses números refletem o imperativo da produtividade, como alternativa para minorar os efeitos da queda de rentabilidade da atividade leiteira. Diante da limitação dos fatores produtivos, como terra e dinheiro, certamente são os camponeses os que mais encontram dificuldade em atingir uma escala de produção que permita a manutenção dos percentuais de renda verificados anteriormente. É o que se pode observar na Figura 5.

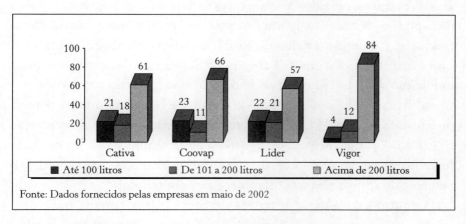

Figura 5 – Captação diária segundo o volume de leite (%)

A análise conjunta das figuras 4 e 5 evidencia que, apesar da presença maciça dos pequenos produtores no fornecimento de leite para as indústrias, o volume por eles movimentado é pouco significativo. Todavia, esse grau de participação não significa que eles são passíveis de descarte, seja pelas cooperativas, seja pelas empresas. Nota-se que eles são numericamente preponderantes, inclusive entre os líderes do setor.

E não se trata de uma situação peculiar à região, já que estudos baseados na realidade das gigantes do setor lácteo mostram que a tendência à concentração na captação de leite não é regra geral e, ainda assim, se mantém sobre uma base média de 135,5 litros diários por produtor, conforme dados de 2000 levantados por Carvalho (2002).

220   ELIANE TOMIASI PAULINO

Isso sugere a necessidade de se considerarem as diferentes conjunturas internas e externas às empresas, que acabam por definir o ritmo da captação e processamento do leite.[20]

Apesar da grande disparidade em termos de produção diária entre os produtores dos municípios estudados, não se pode desconsiderar que a concentração da captação está inserida dentro de um processo mais amplo em que o aumento se deu não apenas na produção, conforme já foi destacado anteriormente, mas também na produtividade. Segundo o IBGE, entre 1990 e 2000 a produção anual das vacas aumentou em 45,6%, ultrapassando a média diária de 4 litros, como relata Carvalho (2002).

No caso das duas grandes indústrias não cooperativas que atuam na área da pesquisa, os dados revelam quão variáveis são as políticas em torno da captação. A Líder registrou nos anos 1990 um aumento de 72,9% na produção. Conforme o Relatório Realidade Municipal da Emater (2001), essa expansão se deu graças à ampliação de seu raio de ação, visto que o município sede, Lobato, responde com apenas 2,5% da captação da empresa. Atualmente a mesma traz do estado de Goiás importante parcela do leite que processa. Porém, esse crescimento não se deve à concentração na captação, já que, no período de 1997 a 2000, o número de fornecedores foi reduzido em 5%. No intervalo entre 1999 e 2000 essa redução reflete o aumento de apenas 3,5 litros/dia entregues por produtor.

Por outro lado, a Vigor, instalada em Santo Inácio, tem mostrado uma tendência oposta, ou seja, de concentração efetiva na captação de leite. Considerando apenas o intervalo entre 1999 e 2000, houve um aumento médio de 39,1 litros na captação diária por produtor. Essa tendência de concentração na captação expressa pela Vigor é notável, já que essa é a que apresenta a maior disparidade em termos de volume e participação numérica dos produtores pequenos no fornecimento da matéria-prima: apenas 8,3% dos fornecedores estão no estrato de até 50 litros por dia, os quais respondem com apenas 0,8% do volume processado pela indústria.

---

20 Cf. Carvalho (2002), entre 1997 e 2000, os cinco maiores laticínios do Brasil diminuíram o número de fornecedores, ao passo que os sete subsequentes mantiveram a tendência de redução do volume por produtor.

Diante de tais tendências, é necessário questionar o papel do cooperativismo na cadeia leiteira, bem como as diferentes estratégias utilizadas pelas indústrias na monopolização do território, pela sua interferência nas parcelas do território dominadas pelo campesinato. Embora a expressiva maioria dos técnicos e administradores sentencie o desaparecimento dos pequenos produtores de leite, algumas vozes que ecoam pelo e para o referido consenso parecem indicar o contrário. Vejamos a avaliação do diretor da empresa de laticínios que apresenta a maior concentração na captação de leite no Brasil: "Se a empresa concentrar muito a captação em poucos produtores de grande porte, pode ter problemas com pressão por preços" (apud Ventura, 2002).

Essas palavras são suficientes para explicitar a farsa da autorregulamentação do mercado. Parece óbvio que, se do ponto de vista da empresa, o exercício do monopólio junto aos produtores é salutar na definição de seus lucros, o reverso surge como um fantasma, razão pela qual a mesma passa a se sentir ameaçada pela estrutura de captação montada em torno de poucos produtores.

Nesse caso, a indústria se torna duplamente vulnerável, primeiro porque seu poder de definição dos preços esbarra na exigência de lucratividade que mantém os grandes produtores, igualmente capitalistas, na atividade. Em segundo lugar, quanto menor for o número dos fornecedores, maior a capacidade de se articularem entre si e ditarem para a indústria o preço do leite. Assim, o que está em jogo é a sobrevivência da indústria, pois uma insatisfação maior ou mesmo a emergência de uma atividade mais lucrativa pode representar sérios problemas para a obtenção da matéria-prima.

São essas contradições da lógica capitalista que possibilitam a recriação do campesinato, embora muitos não compreendam ou rejeitem as evidências de que há uma intercomplementaridade contraditória entre camponeses e capitalistas. Conforme foi salientado, os técnicos e executivos entrevistados foram bastante taxativos quanto ao fechamento das portas para os pequenos produtores no circuito formal do leite.

Embora o sistema cooperativo preconize o apoio mútuo, vimos que a corrida pela diminuição dos custos com a captação do leite tem levado suas administrações a atuarem no mesmo fluxo das empresas privadas, conforme se depreende da declaração de um diretor de cooperativa: "Eu sei que tem que olhar o pequeno, mas não dá, ele só dá prejuízo para a cooperativa".

Essa sentença enfática foi citada apenas para evidenciar o cenário pouco promissor para os camponeses que não têm escala na produção de leite. Aliás, ela apenas reforça a tática socialmente perversa que está sendo levada às últimas consequências: a política das bonificações. Ao mesmo tempo que ela estimula o aumento da produção, inviabiliza aqueles que não alcançam a margem desejável.

Observemos que as próprias administrações das cooperativas estão-se furtando à necessidade de propor uma solução em outros termos, certamente por estarem convencidas de que o negócio deve preceder os benefícios da cooperação. É o que podemos depreender da declaração vinda de um funcionário de cooperativa:

> A preocupação da cooperativa não é resolver problemas sociais, mas se viabilizar como empresa. Se ela conseguir resolver o problema do pequeno, ótimo. Mas isso é só uma consequência.

O que está em jogo, portanto, é a viabilização da indústria, também no caso de indústrias cooperativas, o que evidentemente coloca em discussão a apropriação da renda em outro patamar, já que nesses casos ela deverá ser retida pelos próprios cooperados.

Em se tratando da viabilização da agroindústria, é necessário aprendê-la a partir de sua atuação em vários flancos: apropriação da renda dos produtores, exploração direta dos trabalhadores a seu serviço e capacidade de manter seu produto no mercado. Em última análise, são esses interstícios que permitem a apropriação do trabalho social não pago, mais-valia, portanto.

Não sem razão, a cadeia formal do leite tem ojeriza da informalidade, recurso comum entre os camponeses dessa região. No quarto capítulo detalharemos melhor essa prática, mas por ora salientamos que é por meio da eliminação dos intermediários que todos os trabalhadores parecem sair ganhando: os camponeses porque conseguem vender o leite até ao triplo do que obteriam com a entrega nos laticínios; os consumidores, trabalhadores de baixa renda, que conseguem comprá-lo a um preço inferior ao daquele industrializado.

Cremos não serem os riscos de perda de mercado o principal fator de repúdio à comercialização direta do leite, já que o conjunto desses consumidores não tem poder aquisitivo para se manter como assíduos compradores do produto industrializado. Além disso, o volume ofertado pelos camponeses na informalidade nem sequer arranha a escala que as indústrias movimentam. A nosso ver, o combate feroz é contra o efeito pedagógico dessa transação, que escancara a um só tempo a usura praticada nas duas pontas da cadeia, afetando a um só tempo os produtores e os consumidores.

Cafeicultura

Entre os sistemas agrários camponeses, atualmente a importância do café é inquestionável. Viu-se quanto a expansão dessa cultura está atrelada ao processo de territorialização camponesa no norte do estado. Entretanto, não se pode perder de vista que essa cultura se inscreve, igualmente, em uma dinâmica em que a variação dos preços interfere na expansão e retração da área cultivada e, consequentemente, na produção.

Após as sucessivas crises que culminaram na expansão das culturas mecanizadas, o café cedeu lugar ao algodão, que, por mais de uma década, se manteve como o principal cultivo comercial entre os camponeses da região.

Entretanto, a opção política pela importação do produto nos anos 1990, sobretudo após a edição do Plano Real, implicou a rápida decadência da cotonicultura, o que mais uma vez forçou os camponeses a encontrarem uma alternativa que se adequasse aos meios de produção disponíveis. Eis que a escolha recaiu novamente sobre o café, devido à reação dos preços e à procura do produto no mercado internacional, bem como ao incentivo do governo do estado, que passou a apoiar a implantação de viveiros e disseminação de mudas.

O relato a seguir é quase uma síntese da saga camponesa, delimitada pelas possibilidades de produção material e reprodução social centradas na posse da terra.

Com o fracasso do algodão, muitos se lembraram novamente do café. Aqueles que tinham insistido com ele foram os que mais se deram bem. O café sempre foi uma raiz que não devia ter acabado. Nós demoramos mais, tentamos, maracujá, amora... Só em 1997 é que decidimos tentar de novo. Agricultor é assim mesmo, está sempre experimentando. (A., Água das Laranjeiras, Pitangueiras)

Observemos que todas as culturas experimentadas são intensivas, ou seja, podem ser desenvolvidas em pequenas áreas: a retomada do café por aqueles que o haviam deixado assim o evidencia.

Segundo o critério de satisfação das necessidades da família, mediado pela pertinência em transformar os produtos da lavoura camponesa em alimento para a família ou bem de troca, pode-se afirmar que existe uma hierarquização dos cultivos. Enquanto alguns são estritamente comerciais, outros operam com a lógica da retenção parcial na unidade e finalmente há aqueles que não se destinam ao mercado.

Entretanto, do ponto de vista da organização do espaço produtivo, o café muitas vezes permite essa articulação, sob a forma de culturas intercalares. Nesse caso, são as nesgas de terra aproveitáveis entre as ruas que dão lugar às leguminosas, tubérculos e cereais que responderão pela satisfação das necessidades alimentares da família e, frequentemente, serão responsáveis pela geração de excedentes passíveis de serem transformados em renda monetária.

Nesse caso, a hierarquização se revela na escolha por cultivos que não venham a competir com o cultivo principal, sendo descartados aqueles que possam implicar perda da vitalidade dos cafezais.

> A terra aqui é pouca, está toda ocupada pelo café, menos o piquete das criações. Se o preço fosse justo, dava para tocar, porque uma vantagem do café é que a gente pode combinar ele com as outras lavouras. Você veja, quase não tem pasto para as criações, mas o milho que eu planto no meio vai para as vacas. Eu tiro leite que dá e sobra, uns dez litros, eu tenho o lugar certo de entregar numa firma. Feijão também sempre sobra para vender. Agora arroz é só para o gasto mesmo, não compensa vender. E tem as miudezas, amendoim, ervilha, batata doce, pipoca. É tudo coisa que não precisa comprar. (J., Prado Ferreira)

Vê-se assim que a importância do café reside justamente na capacidade de mantê-lo como atividade comercial sem prejuízo das lavouras de excedente. Além disso, na própria perspectiva do consumo, o café ocupa uma posição intermediária, por pressupor a retenção de uma pequena parte para o consumo da família, ao contrário do algodão, que se presta exclusivamente para a venda.

Isso sem mencionar o fato de que o café é uma cultura de exportação que também tem um respeitável consumo interno, o que lhe proporciona dupla potencialidade, diante de mercado garantido dentro e fora do país.

Não obstante, não se iguala aos produtos alimentares como arroz, feijão, milho, mandioca, importantes trunfos na majoração da renda camponesa, por permitirem uma organização interna do consumo articulada aos preços ao produtor. Essa estratégia possibilita jogar com o mercado de maneira

POR UMA GEOGRAFIA DOS CAMPONESES **225**

inversa à que se joga com a monocultura, voltada fundamentalmente à comercialização.

Diferentemente dessa, um produto que compõe a cesta básica pode ou não ser vendido, uma evidência de que a comercialização nem sempre deve ser definida de antemão. Dessa maneira, a quantia destinada a quaisquer vias (interna ou externa) pode obedecer às conveniências do momento: se os preços estiverem ruins, a produção pode ser retida para o consumo da família, sem prejuízo da premissa básica que é a alimentação.[21]

Portanto, o café não permite o equilíbrio nesses termos; como componente acessório da cesta de consumo, não é possível incluí-lo no rol de produtos cuja comercialização somente se fará em condições mais remuneradoras. É por essa razão que os camponeses que o cultivam, sobretudo os de menor renda, não podem prescindir das lavouras de excedente.

> O consumo socialmente necessário do grupo doméstico, o gasto da *casa* é um referente contínuo, um pressuposto que atinge as próprias condições sociais de produção. Os produtos podem vir pela produção direta do grupo doméstico [...] podem vir com a venda a dinheiro da produção doméstica e a aquisição posterior do consumo necessário [...] podem vir das *n* combinações possíveis dessas produções [...]. Todas as decisões sobre produtos a cultivar [...] e o destino levam em consideração os preços monetários e suas flutuações. Mas não se trata de um estoque de valor que se procura valorizar, de um estoque de dinheiro que por seu movimento específico engendra crescimento do estoque de dinheiro de seu possuidor, mas de pessoas a reproduzir mediante o produto da mobilização do esforço produtivo deste mesmo conjunto de pessoas. (Garcia Júnior, 1989, p.122, grifo do autor)

A vantagem do café é que em situações de preços baixos é possível mantê-lo armazenado aguardando condições mais propícias para a comercialização. No entanto, apesar de comparecer como um dos produtos agrícolas de mais baixa perecibilidade, suportando anos de estocagem, nem sempre os camponeses podem tirar vantagem disso, em vista das baixas rendas, que, via de regra, os obriga a se desfazerem das colheitas para reinvestirem no ciclo produtivo.

Atualmente, é com esse cenário que os mesmos estão se defrontando. Há no mercado mundial uma oferta elevada de café, situação que aliás se

---

21 Tal estratégia é classificada por alguns autores de alternatividade, conforme Garcia Jr. (1989) e Abramovay (1990).

226   ELIANE TOMIASI PAULINO

aplica à maioria dos alimentos e demais matérias-primas transacionadas internacionalmente. Apesar da fome e miséria amplamente disseminadas, o que mais ameaça a estabilidade do sistema é justamente a sobra de mercadorias, resultado direto do baixo poder aquisitivo da maior parte dos trabalhadores. Não é por outro motivo que a corrida por mercados consumidores é a tônica do capitalismo. A acumulação de capital depende inteiramente da circulação das mercadorias, pois é nessa etapa que a apropriação da riqueza gerada pelo trabalho se concretiza.

É a cupidez dos oligopólios que se sustentam da renda da terra, convertida em taxa média de lucro, que impõe enormes desafios à comercialização da produção camponesa. Portanto, o valor trabalho contido na produção da família camponesa, renda da terra, é o alvo da cobiça capitalista. Evidentemente, no processo geral de acumulação, as formas de apropriação desse valor trabalho não se restringem à comercialização das colheitas, como se verá mais adiante.

E são exatamente os níveis de renda auferidos pelos camponeses cafeicultores que atualmente adquirem contornos dramáticos na área estudada. Por se tratar de uma cultura permanente, a sua implantação pressupõe uma ponderável renúncia no nível de bem-estar das famílias de menor renda. Isso porque não se trata apenas de considerar os investimentos necessários para o plantio, mas a conjugação desse com o intervalo em que não haverá colheitas, que atualmente é de três anos, em média.

É por essa razão que poucos se dispõem a erradicar a cultura de imediato, ainda que os preços estejam altamente depreciados. Desse modo, as crises na cafeicultura obedecem um ritmo próprio, em que o comportamento dos preços possui efeito retardado, tanto em termos ascendentes quanto descendentes. Salvo a intervenção de políticas públicas específicas, isso significa que o mercado responde mais lentamente aos ajustes decorrentes da própria diminuição da oferta.

Em outras palavras, ainda que haja a migração de parte dos produtores para atividades mais remuneradoras, elevando o preço do produto em virtude da diminuição da oferta, serão necessários alguns anos para equilibrar o balanço em relação à procura. Não é por outra razão que, uma vez plantado, não convém erradicá-lo em qualquer situação de preço.

É por isso que o café está profundamente vinculado às estratégias de reprodução do campesinato. Dessa maneira, a "contribuição" esperada pelo mercado, no sentido de que o equilíbrio somente será alcançado com

POR UMA GEOGRAFIA DOS CAMPONESES **227**

a diminuição da oferta, de sua parte não deverá vir da erradicação. Antes, o reflexo que se fará sentir é a queda da produtividade, já que a diminuição dos rendimentos na atividade afeta diretamente a capacidade de investir nos tratos culturais indispensáveis para a vitalidade dos cafezais e, consequentemente, nas colheitas subsequentes.

Em uma perspectiva a curto prazo, os dados falam por si: segundo a Secretaria de Agricultura e Abastecimento do Paraná (2002), entre janeiro de 1999 e setembro de 2001, esse foi o balanço das despesas e receitas na cafeicultura: enquanto os gastos aumentaram 84% com adubo, 67% com agrotóxicos e 26% com contratação de mão-de-obra temporária, os preços pagos ao produtor caíram 29%. Assim, considerando-se que entre os camponeses essa é uma das principais fontes de renda monetária, a dificuldade de manter a lavoura dentro dos parâmetros tecnicamente recomendados é por demais evidente.

Contudo, pode-se inferir que a espiral da crise ainda não afetou a oferta, posto que os preços praticados atualmente são os mais baixos dos últimos 30 anos. De um lado, a explicação para o fato está no aumento da produção mundial: em 1995 foram colhidas 83 milhões de sacas; em 2000 a produção mundial foi de 115 milhões de sacas. Nesse mesmo ano, somente no Brasil foi registrada uma expansão de 27% da área cultivada, atingindo a marca de 6 bilhões de cafeeiros, ocupando respectivamente 2,6 milhões de hectares. Outrossim, os reflexos dessa expansão ainda estão por vir, já que os cafeeiros novos ainda não atingiram plena capacidade produtiva.

Especificamente em relação ao Paraná, verificou-se um extraordinário aumento da produtividade, o qual guarda íntima relação com a incorporação das técnicas de cultivo adensado. Segundo a Emater, entre 1994 e 1999, a produção passou de 1,36 milhões para 2,4 milhões de sacas, enquanto a área cultivada recuou, passando de 191.000 para 156.000 hectares. Entretanto, esse estado, que durante décadas se sustentou como o maior produtor de café, nesse período participou com apenas 8% da produção nacional. Na área pesquisada, em 2001 estavam ocupados com o café 26.407 hectares, envolvendo 3.272 unidades produtoras, segundo dados extraídos do Relatório Realidade Municipal da Emater (2001).

Diante dos dados, é possível verificar a perda da característica monocultora do café no estado, particularmente na porção norte, cuja área ocupada foi suplantada pelas pastagens, pelas lavouras mecanizadas bem como pela cana-de-açúcar. Não obstante, esses dados evidenciam a importância dos camponeses na cafeicultura do estado, uma vez que os capitalistas da agri-

228 ELIANE TOMIASI PAULINO

cultura migraram em massa para atividades de escala baseadas em baixa utilização de mão-de-obra.

Porém, é bom lembrar que essa característica da cafeicultura paranaense não se aplica ao Brasil como um todo, pois há estados que se tornaram grandes produtores em bases tipicamente capitalistas, a exemplo de Minas Gerais.

Por outro lado, creditar a atual situação de preços meramente à oferta é um equívoco, já que, no âmbito das trocas, uma das prerrogativas dos estados é o jogo com os estoques, que permitem substanciais modificações na alocação internacional da renda oriunda de tais atividades.

O café, após o petróleo, é a matéria-prima mais transacionada no mundo. Todavia, é extremamente vulnerável às baixas temperaturas, o que impede a sua produção em regiões frias. Não é por acaso que os países produtores estão situados no hemisfério sul, onde se estima que a sobrevivência de cerca de cem milhões de pessoas, a maior parte camponeses, depende exclusivamente do seu cultivo. Alguns países produtores, sobretudo da África, dependem quase que inteiramente da exportação do café para a obtenção de divisas.

Com exceção do Brasil, que além de maior produtor, possui o maior mercado mundial para o produto, consumindo cerca de 13 milhões de sacas por ano, os países centrais são os grandes consumidores de café, dependendo da importação para abastecerem seus mercados. Porém, esse é um circuito altamente monopolizado, no qual apenas 20 empresas controlam cerca de 75% das exportações mundiais, sendo que apenas uma delas está sediada em um país produtor, de acordo com dados da Secretaria de Agricultura e Abastecimento do Paraná (2002).

Nesse contexto, o poder das mesmas na definição dos preços internacionais é inquestionável. Cumpre salientar que a marca da política de seus países é o favorecimento à compra da matéria-prima bruta, para que a agregação de valor se mantenha sob seu controle. Estima-se que do preço pago pelo consumidor apenas 8% seja destinado à remuneração do produtor.

Assim, é necessário utilizar com ponderação a variável tomada como panaceia para a explicação da abrupta queda de preços nesse início de 2000. Prova disso é que o aumento da produção não tem sido suficiente para suprir os estoques dos países produtores, que nunca estiveram tão baixos. Portanto, essa conjuntura é o reflexo direto das práticas oligopolizadas no comércio internacional, sob o manto de governos e mesmo agências financeiras internacionais.

Premidos pelas exigências em equilibrar as contas externas, os países produtores, todos da periferia mundial, têm recorrido a maciças investidas nas

POR UMA GEOGRAFIA DOS CAMPONESES **229**

exportações. Além da injeção anual das novas colheitas, o Brasil assim procedeu com o café, aproveitando-se inclusive dos estoques reguladores internos.

A partir de 1996 a Política de Garantia de Preços Mínimos começou a trocar os instrumentos de Aquisição pelo Governo Federal (AGF) e Empréstimo do Governo Federal (EGF) pelos instrumentos de Prêmio para Escoamento da Produção (PEP) e contratos de Opção de Venda. Esta substituição de instrumentos traz como espinha dorsal a diretriz de não formação de estoques por parte do governo. Portanto, não há mais como lançar mão de estoques governamentais para complementar o abastecimento em períodos de escassez. A formação de estoques num mercado aberto é transferida aos parceiros comerciais. (Guimarães, 2002, p.10)

Como se pode observar, a tônica neoliberal alardeada pelos países centrais deve aplicar-se aos países periféricos, porém não internamente, por razões óbvias. Assim, a concentração da oferta no mercado internacional, provocada em grande medida pela mudança da política brasileira, fez não apenas com que os preços despencassem, mas permitiu aos países compradores a constituição de um estratégico estoque regulador.

Essa situação é um espelho do mecanismo de trocas desiguais, porquanto os países compradores foram duplamente beneficiados: primeiro, por adquirir o produto ao preço mais baixo da história, segundo, porque a ampliação dos estoques em condições privilegiadas lhes tem assegurado ampla margem de manobra para continuar pressionando a queda dos preços. Prova disso é que entre 1995 e 2000 os mesmos conseguiram duplicar seus estoques.

Esse cenário só não é mais sombrio para a classe camponesa em virtude da lógica que preside a organização da produção.

Nota-se no depoimento a seguir que a variação dos preços não causa surpresa, é algo incorporado à experiência da inserção no mercado:

> Com o café é assim, você tem que ganhar dinheiro quando ele está bom e suportar quando ele está ruim. O café com bom preço é excelente e com preço ruim é bom, porque nós plantamos café para cuidar dele, para ter uma boa lavoura, então tratando bem a lavoura, ela tem boa produtividade. (D., Água das Laranjeiras, Pitangueiras)

A aparente resignação quanto à instabilidade na verdade oculta uma estratégia de classe: é a partir de eventuais situações favoráveis que os camponeses conseguem se prover para que não venham sucumbir logo mais à frente, como relata um deles:

230   ELIANE TOMIASI PAULINO

Até na Bíblia está escrito que tem o tempo das vacas gordas e o tempo das vacas magras. Então é isso, na roça todo mundo sabe que no tempo das vacas gordas a gente tem que se preparar para o tempo das vacas magras.(S., Água do Pirapó, Sabáudia)

Essa racionalidade em que a abastança e a carência não se excluem, mas se encadeiam a partir de um ritmo contraditório, é mais uma evidência de que a classe camponesa opera a partir da perspectiva de sua reprodução. Na lógica capitalista, a ideia de "suportar" os tempos difíceis é por demais incongruente, tendo em vista que a razão de ser do empreendimento é a remuneração do capital a partir da taxa média de lucro. Quando essa equação não se realizar, inevitavelmente outras oportunidades de investimentos deverão ser buscadas.

Entre os camponeses, a indissociabilidade entre as esferas da produção econômica e a reprodução social não permite a mobilidade nesses termos, porém em determinadas ocasiões surgem como verdadeiros trunfos: o café é uma cultura que exige mão-de-obra intensiva, sendo esse um dos quesitos mais importantes na composição dos custos do produto. Além disso, essa é a única cultura na região estudada onde a colheita coincide com o inverno. Isso significa que o pico na demanda por mão-de-obra ocorre justamente num período de baixa atividade no campo. Como vimos, é possível combinar o café com outros cultivos, potencializando a geração bruta de renda mediante a utilização da mão-de-obra familiar. Nos sítios camponeses visitados, essa qualidade foi a que mereceu importante destaque quando os agricultores foram inquiridos sobre os critérios utilizados na opção pelas atividades produtivas.

Além disso, há a variável qualidade a seu favor: o preço do café está diretamente relacionado ao aroma da bebida, característica essa que resulta de dois fatores essenciais: técnicas de colheita e variedade dos cafeeiros.

Quando maduros, os frutos tendem à fermentação, o que interfere negativamente na composição aromática do café. Por essa razão, a secagem adequada é decisiva para a classificação. Não resta dúvida de que os camponeses, melhor que ninguém, podem recorrer a procedimentos de colheita diferenciados: como os frutos não amadurecem todos ao mesmo tempo, é desejável que sua retirada seja feita no tempo certo, pois, quanto mais permanecerem no pé ou caírem no chão, maiores os efeitos da fermentação.

Se repassar os talhões de acordo com a maturação dos frutos é uma imposição da qualidade, isso implica ponderável intensificação de trabalho. Dada a pequena variação de preços, essa prática por vezes chega a ser inviável dentro das unidades capitalistas, que dependem inteiramente da contratação de mão-de-obra.

Entretanto, o fato de o trabalho familiar camponês comparecer como vantagem adicional não provoca a eliminação automática da concorrência com as unidades tipicamente capitalistas, em se tratando de qualidade e custos de produção. Apesar dos limites da colheita seletiva, os capitalistas podem compensar essa deficiência caso disponham de secadoras. Aliás, ao final do processo, a secagem artificial do café resulta em qualidade superior à da secagem nos terreiros, mesmo que a colheita tenha sido feita observando-se os procedimentos adequados.

Nas fotos abaixo, pode-se observar dois métodos diferentes de secagem do café. Na primeira, o tradicional terreiro, no qual os grãos devem ser revolvidos sistematicamente para a secagem uniforme. Na segunda, o terreiro suspenso, o qual garante uma secagem mais eficiente e menos trabalhosa.

Terreirão de café e tulhas

Terreiro suspenso em meio a um cafezal em Flor

Além da secagem, outro fator decisivo para o aroma do café é a própria variedade dos cafeeiros. Há no mercado uma importante oferta de variedades com alto índice de cafeína e sabor inferior, porém mais resistentes e menos exigentes em termos de nutrientes. Por provocarem o rebaixamento dos preços, inclusive dos cafés de melhor qualidade, está aberta uma discussão sobre a necessidade de rotular o produto de modo a explicitar a sua composição, como comenta um funcionário da Cofercatu, de Porecatu, Paraná:

> O Brasil produz o melhor e mais barato café do mundo. Essa história de que o Vietnã é responsável pelo rebaixamento dos preços não convence. A produção deles não chega a um terço da nossa e eles só têm café da pior qualidade. A verdade é que o Brasil está vendendo muito mal o seu melhor café. O que falta é competência para comercializar.

O café da melhor qualidade a que se refere o interlocutor é o *coffea arábica*, dominante na produção paranaense. Há um projeto de lei no estado que prevê a obrigatoriedade das indústrias indicarem no rótulo a composição do café segundo as variedades. Isso projeta uma vantagem para os produtores do *arábica*, porém contraria o interesse das torrefações que, ao longo dos anos, vêm alterando no produto final a composição mediante a mistura da bebida aromática e a denominada bebida de enchimento, de qualidade inferior.

Segundo uma das indústrias visitadas, atualmente cerca de 30% do café utilizado nas torrefações é do tipo *arábica* de boa qualidade, inversão ocorrida em poucas décadas, quando o recurso ao café de enchimento era incipiente no Brasil. Por outro lado, nesse período houve importante incorporação de técnicas mais apropriadas, sobretudo no que se refere às colheitas, o que implicou um salto de qualidade geral na produção do café. Assim, até mesmo grãos considerados de má qualidade permitem a produção de uma bebida mais saborosa que aquela com classificação similar no passado. Portanto, a elevação dos padrões de qualidade trouxe benefícios para a indústria, permitindo-lhe adquirir matéria-prima de melhor qualidade a um preço cada vez menor.

É indubitável que essas variáveis, forjadas no complexo emaranhado de relações dominadas pelos grandes capitais, afetam diretamente os camponeses, os quais se deparam com a necessidade de incorporar padrões crescentes de qualidade, sem que isso seja revertido em preços mais remuneradores.

Não obstante, entre os cultivos comerciais da região, sobretudo nos domínios do basalto, o café ainda é um dos mais adequados às condições

POR UMA GEOGRAFIA DOS CAMPONESES **233**

produtivas das unidades camponesas que dispõem de pouca terra. Além de dispensar a mecanização, por tratar-se de cultura permanente, é possível combiná-la a uma policultura de excedente, em muitos casos desenvolvida de forma intercalar, conforme já foi demonstrado. Entretanto, essa combinação fica inviabilizada no sistema adensado, o que explica a resistência de muitos camponeses em implementá-lo.

De qualquer modo, seja no sistema adensado, seja no tradicional, entre as culturas comerciais comuns na região, o café é a que mais ocupa trabalhadores. Além da colheita, o controle das ervas daninhas em geral é feito manualmente, com capinas, sendo menos comum o recurso de tração animal. Entretanto, vimos que a elevada demanda por força de trabalho não é um empecilho, antes é um dos elementos de sustentação na cadeia produtiva camponesa, dada a sua abundância em relação aos meios de produção disponíveis.

Assim, os tratos culturais algumas vezes se confundem com ritos de jardinagem, tal o cuidado dispensado, o que eventualmente pode compensar a baixa capacidade de investimento dos camponeses. O recurso a procedimentos meticulosos, ainda que pontuais, evidencia intensificação do trabalho, demanda incompatível com as explorações tipicamente capitalistas. Alguns cuidados, como o relatado a seguir, ultrapassam os limites das meras implicações monetárias, sendo pouco provável a sua realização fora do círculo produtivo familiar:

> Você está vendo esse cafezinho mais novo? Aqui tem dois mil pés. Nós plantamos há dois anos, quando teve aquela seca feia. Para salvar, juntou eu e os meninos, todo dia depois que o sol esfriava a gente ia de trator pegar água num poço que fica a uns dez quilômetros daqui. A gente parava na beira da roça e cada um com um balde ia aguando pé por pé. Quando a água do trator acabava ia buscar mais. Acho que nós fizemos isso mais de mês, mas valeu a pena, porque praticamente conseguimos salvar toda a lavoura. (E., Água do Caçador, Cambé)

Como vemos, a falta de um conjunto de irrigação não foi suficiente para destruir a lavoura camponesa, justamente porque a família se expôs a um sobretrabalho, servindo-se de baldes para a rega individual dos cafeeiros. Procedimentos desse tipo são adotados sempre que as culturas estão em risco, ocasião em que todos os meios ao alcance da família são mobilizados para salvá-las.

Colheita de café em Rolândia, Paraná

Intervenções dessa natureza podem representar, ao fim de um ciclo agrícola, um acréscimo de renda bruta imprescindível para a manutenção do equilíbrio econômico da unidade, pois, sendo possível contornar perdas, as necessidades de investimento no período serão menores. É por isso que a quantidade de recursos, em si, não serve como referência única para entendermos a reprodução da família.

Isso se aplica à terra, posto que sua exiguidade não tem determinado a saída indiscriminada dos filhos. Por exemplo, em pouco mais de setenta hectares, foram encontradas três gerações de produtores: o patriarca, seus dois filhos e quatro netos, todos com famílias constituídas. A lógica de reprodução que o preside se combina com um preceito derivado do código moral que sustenta a hierarquia familiar: ao patriarca, os demais pagam renda de 25% sobre a produção obtida, o que garante a sobrevivência do casal, cuja idade avançada impede o trabalho na lavoura.

Costumes dessa natureza são bastante comuns nos sítios camponeses em que a idade dos genitores não é um empecilho para que eles tenham casa e vida independentes, ainda que os impeça de responderem sozinhos pela sua manutenção. Portanto, a perspectiva econômica é claramente insuficiente para aprendermos a reprodução do campesinato, pois a teia de relações que os camponeses instituem ultrapassam esse limite. Essa questão, que merecerá uma análise aprofundada mais adiante, por ora será tomada para lembrar que tal lógica se reflete na própria organização geográfica dos bairros camponeses e mesmo no interior dos sítios, inconfundíveis pela combinação e hierarquização singular dos cultivos, das instalações e dos próprios laços familiares e comunitários.

As parcelas do território dominadas pelo campesinato se exprimem por intermédio de marcos visíveis a quem quer que circule pelas estradas: embora não seja um fator excludente, onde houver café, os encontraremos, na maioria das vezes, proprietários das terras cultivadas, às vezes proprietários e porcenteiros ao mesmo tempo e, em menor proporção, apenas porcenteiros.

A combinação proprietário-porcenteiro é resultado de uma situação pretérita de mercado envolvendo três categorias: preço da terra, demanda de força de trabalho e preço do café. Sua origem remonta ao período em que esse cultivo assumiu caráter de monocultura comercial, ocorrendo em propriedades de todas as dimensões. Conforme já o demonstramos, aos médios e grandes proprietários, a parceria foi a forma encontrada para viabilizar a atividade sem dispêndio monetário com força de trabalho.

No seio da instabilidade inerente à cafeicultura, anos de colheitas fartas e bons preços permitiram aos cultivadores acumularem o suficiente para comprar seu pedaço de chão. No entanto, o preço da terra sempre esteve além dos rendimentos habituais, sendo necessários longos anos de economia para a aquisição dos lotes. Aqueles cujas terras compradas são por demais exíguas, às vezes um, dois hectares, não conseguiram viabilizar integralmente a reprodução da família no próprio lote. Assim, a porcentagem no café acaba contribuindo para a complementação da renda familiar.

Cumpre destacar que, nesses casos, a escolha pelo cultivo de café na terra própria parece dominante. Não obstante, a autonomia sobre a terra própria se reflete na presença obrigatória da policultura que, via de regra, é desenvolvida no sistema intercalar.

Atualmente, a recriação de novas unidades camponesas a partir de situações como essa estão bastante limitadas, já que o preço da terra, em termos de equivalência produto, tornou-se praticamente inacessível. Tomando a produtividade média da cafeicultura e os preços correntes no mercado fundiário regional, chega-se ao seguinte dado: para a compra de um hectare de terra seria necessário dispor de uma quantia monetária equivalente à produção integral obtida em cinco hectares.[22] Como o esquema de porcentagem pressupõe a entrega de 35% a 60% da produção aos proprietários das terras, é muito difícil aos porcenteiros reservarem parte do que lhes cabe para esse fim, em vista da necessidade de sustento da família.

Por essa razão, para essa categoria de cafeicultores, o sonho da terra própria tenderá a ser um sonho, pelo menos enquanto perdurar o descompasso entre custo de produção e preço.

Apesar disso, na região estudada persistem cafezais explorados nesses termos, embora o teor dos contratos seja dos mais diversos. É nas grandes propriedades exploradas por essa categoria de trabalhadores que ainda subsistem colônias, como se pode observar na foto a seguir.

Colônia de porcenteiros de café em Sertanópolis

---

22 O cálculo considera a produtividade média do café na região: 26 sacas ao preço de R$ 85,00 cada. Quanto à terra, os preços médios giram em torno de R$ 11 mil o alqueire ou R$ 4,6 mil o hectare. Dados referentes a agosto de 2002.

Tivemos a oportunidade de visitar uma delas no período da colheita. Diante de um grupo de casas, nos deparamos com um enorme terreiro, no qual estavam depositados inúmeros montes de café, cada qual pertencente a uma família. O fato de a propriedade dispor de secadora viabilizava essa organização, já que o espaço é utilizado apenas para pré-secagem, sendo frequentemente realimentado com a chegada dos frutos colhidos ao longo do dia. Ao eliminar a umidade do café, esse equipamento permite a armazenagem por longos períodos, sem que a qualidade seja alterada.

Convém lembrar que, recentemente, a conjugação de duas variáveis aprofundou a vulnerabilidade dos cafeicultores, sobretudo os porcenteiros: os preços baixos e a destruição dos cafezais, provocada pelas geadas de 2000. Nesse ano, com exceção de algumas partes altas e bastante ensolaradas, o restante dos cafezais foi praticamente destruído.

Isso implicou a dupla tarefa, sem qualquer incremento de renda: o corte na altura do tronco, para eliminar a parte afetada e a posterior seleção dos brotos novos. A desbrota, que é fundamental para a recuperação do cafeeiro, exige uma técnica adequada: é necessária a seleção de apenas duas guias, voltadas para faces opostas, a fim de dar equilíbrio ao arbusto. Assim, são escolhidos os melhores brotos, sempre no sentido do arruamento, pois caso cresçam perpendiculares ao espaço entre as ruas, qualquer vento poderá quebrá-los. Além do vento, esse sentido é impróprio tanto por tornar as plantas mais vulneráveis à circulação dos trabalhadores na manutenção e colheita, quanto pela impossibilidade de se realizar a cultura intercalar, em virtude do sombreamento.

Por serem necessários cerca de dois anos para que o cafezal podado atinja novamente a capacidade produtiva, fase que não dispensa nem cuidados e tampouco insumos, os camponeses passaram por graves dificuldades, tendo que recorrer a formas alternativas de renda.

Assim, chegamos a uma situação em que, aos camponeses proprietários, resta aplicar as parcas sobras monetárias em investimentos imprescindíveis para as safras seguintes. Adubações e pulverizações estão sendo mais espaçadas, havendo inclusive aqueles que nem isso estão fazendo, seja por estarem depauperados, seja por terem, de fato, desanimado com o café.

No caso dos porcenteiros, estes ficam a mercê das decisões dos proprietários, que cada vez se mostram menos dispostos a investir nessa atividade. Não foram poucos os que optaram por erradicar o café após a geada. Entre os que o mantiveram, parece pesar o destino dos camponeses que ali vivem, muitos dos quais há dezenas de anos.

É bom lembrar que os atuais preços inviabilizam a observância das recomendações técnicas para a cultura, que preconiza, em média, seis aplicações anuais de adubo, duas de fungicidas e cinco de inseticidas. A redução dessas operações pode afetar não apenas as safras seguintes, mas a própria vitalidade dos cafeeiros. Nesse item, as variedades desenvolvidas para o sistema adensado são mais frágeis, exigindo mais cuidados e insumos. Esse é outro fator que leva muitos camponeses a manter as lavouras antigas, a despeito da baixa produtividade.

Diante desse cenário, nota-se que as estratégias a que recorrem os camponeses são as mais diferenciadas, adequando-se às particularidades de cada unidade produtiva. Muitos dos que foram severamente afetados pela conjugação dos fatores geada e preços costumam avaliar a crise sob uma perspectiva a longo prazo. Inquiridos sobre as dificuldades ou possibilidade de recorrer a outros cultivos, eles nos respondem com uma análise do mercado e do tempo:

> Quem planta café já sabe que é assim mesmo, vem o preço ruim, vem a geada... Parece o fim do mundo. Mas depois o café brota, o preço reage e a gente respira de novo, esquece os anos difíceis e investe com toda fé. (J., Água da Marrequinha, Londrina)

O que parece ser resignação é, na verdade, força para prosseguir, calcada na esperança em dias melhores. Não se poderá compreender a reprodução camponesa dissociada desse traço: o campesinato é uma classe movida pela fé no devir. Assim, com a sabedoria de quem conhece os ciclos da natureza e do mercado, os camponeses prosseguem com o café, a cultura por excelência da pequena propriedade. Na esperança de anos melhores, eles empregam a maior parte dos recursos materiais e humanos nessa cultura.

Policultura

Vimos que a geografia norte-paranaense remete a uma ocupação hierarquizada do espaço agrícola. Essa hierarquia se manifesta nos diversos gradientes de rentabilidade que as atividades propiciam e que, ao contrário do que já fora intensamente propagado, não define o lugar das classes em si.

Como se poderá observar adiante, as lavouras "nobres", aqui entendidas como mais rentáveis, são reservadas aos que desfrutam de melhor situação econômica, o que não implica uma distinção entre camponeses e capitalistas.

Outrossim, se na lógica capitalista o desenvolvimento dessas culturas invariavelmente é premido pela escala da produção, o mesmo não se pode dizer quando são os camponeses que dela se ocupam. A versatilidade própria de uma organicidade voltada à reprodução das condições de existência comporta lavouras cujas dimensões não se sustentariam sob formas tipicamente capitalistas. A foto a seguir evidencia essa combinação singular. Podemos observar a articulação de três lavouras: no alto o café, recém-desbrotado. Sobre o terraço, no qual não é conveniente mecanizar, vemos o feijão e, na parte mais baixa do sítio, vemos o trigo, quase no ponto de ser colhido.

Café recém-desbrotado no alto, o feijão no leirão e trigo na parte mecanizável, em uma propriedade em Pitangueiras, Paraná

Arranjos como esse da foto são comuns. Há que se ressaltar também que a área reservada pela maior parte dos camponeses ao cultivo da soja/milho no verão e da variante milho/trigo no inverno é de 20 a 30 hectares, havendo, no limite mínimo, sítios com até 5 hectares mecanizados. Isso mostra que as escolhas se definem de dentro para fora do sítio, ou seja, as condições internas é que vão delinear a via e a intensidade da participação no mercado. Ao projetar os esforços de acordo com a ordem da família para a terra e dessa para a família, é possível eliminar a primazia do mercado como elemento estruturador da reprodução familiar. É exatamente essa capacidade de transformar o mercado em elemento subsidiário que confere tal versatilidade, a qual se manifesta nas escolhas que possam assegurar, ao menos potencialmente, os melhores resultados.

Isso explica a manutenção das lavouras comerciais menos rentáveis. Constatar sua presença marcante nos convida a não fazer vistas grossas ao fator fertilidade do solo na viabilização dos cultivos camponeses: se, nos domínios do basalto, 5 hectares comportam o cultivo da soja-milho-trigo, em iguais condições de gastos, os solos arenosos não o permitem.

Não que tais características pedológicas sejam incompatíveis com as referidas culturas, mesmo porque o arenito tem se constituído na nova fronteira da soja paranaense. Trata-se, no entanto, de um programa firmado entre grandes plantadores e pecuaristas. Sua motivação está nos níveis de degradação das pastagens e dos próprios solos após décadas de pecuária extensiva. A baixa capacidade de suporte das mesmas expõe cada vez mais a semiociosidade das terras, tornando-as vulneráveis à ocupação pelos movimentos organizados dos trabalhadores sem-terra.

Portanto o programa "soja no arenito" se inscreve no esforço de conservação das estruturas agrárias que, em vez de contemplar os camponeses, os penaliza ao limite da diferenciação social. Os efeitos predatórios do direito de propriedade ilimitado não se manifestam apenas nos solos degradados pela ausência de práticas de conservação das pastagens, mas também no cerco à reprodução autônoma do campesinato, do qual uma parcela se encontra submetida a formas precárias de acesso à terra.

Isso é bastante evidente na cultura do algodão na região do arenito, onde a mesma aparece como atividade típica de pequenos cultivadores. Entretanto, lembremos que não é o algodão que está limitado aos camponeses, mas o contrário, quando a posse precária da terra e os parcos recursos não lhes deixam muitas opções. Assim, esse é um dos cultivos em que a presença de camponeses arrendatários empobrecidos é marcante. No ano de 2001, nos 33 municípios pesquisados a área cultivada foi de 2.093 hectares, envolvendo 172 cultivadores.

O caráter de cultivos itinerantes, condicionados à existência de terras arrendáveis, os quais raramente ultrapassam 10 hectares, evidencia a vulnerabilidade daqueles que deles se ocupam. Via de regra, os cotonicultores são camponeses sem terra expulsos para a cidade em um passado recente. Por não terem um pedaço de terra para morar e dividir entre a lavoura comercial e as atividades de autoconsumo, encontram-se no limite da proletarização.

Assim, o algodão tem sido o último recurso para rendeiros que têm garantido a reprodução autônoma do trabalho, por meio do acesso à terra nesses termos. Em tais casos, a sobrevivência passa a depender também da venda da força de trabalho no campo ou na cidade, onde houver ocupação, pelo menos para alguns membros da família.

> Você pensa que só com o algodão dá para viver? Não dá não. Eu toco uns três alqueires por ano, mas a gente precisa fazer outras coisas para ganhar a vida. Eu tenho um ônibus para levar bóias frias para a usina e minha mulher também trabalha para fora. A vantagem do algodão é que não pode descuidar só na época das maçãs, aí é veneno toda semana. Do contrário, a gente consegue zelar e fazer outras coisas também. Para colher eu já tenho as pessoas certas que me ajudam, é pouca coisa, não precisa de muita gente. O ano passado eu tirei 350 arrobas em um alqueire, vendi a R$ 9,00 a arroba, então quer dizer que, mesmo tendo muito gasto, alguma coisa sempre sobra não é? (O., Tupinambá, Astorga)

Como se pode observar, a possibilidade de combinar o algodão com outras ocupações pode ser tomada como uma das explicações para a resistência dessa lavoura. Além disso, há uma articulação comum entre plantio de algodão e reforma de pastagens, razão pela qual essa cultura tornou-se itinerante, tal qual seus cultivadores que, em geral, a cada dois anos têm de mudar de área.

Por outro lado, esse rodízio de terras de certa forma tem viabilizado o cultivo, pois o custo do controle das pragas é diretamente proporcional às vezes em que a mesma área é utilizada, sendo desejável a mudança a cada colheita. Não podemos esquecer que entre as lavouras temporárias citadas essa apresenta um dos mais elevados níveis de infestação, exigindo uma carga excessiva de veneno, mesmo quando se toma por referência as demais, sabidamente dependentes de agrotóxicos.

Um rendeiro, que já foi cotonicultor no passado, indica que a baixa rentabilidade, aliada aos riscos do veneno, faz do algodão uma escolha de poucos que possuem terra própria:

> ... além de não dar quase nada, tem o problema da intoxicação. Antes de iniciar o algodão, em todos os rios da região tinha peixe. Em seis anos, que foi o tempo da febre do algodão, não sobrou nada. Para você ter uma ideia, em cinco meses,

que é o tempo que leva o algodão para estar pronto para a colheita, é preciso umas 12 passadas de veneno. Na soja a média é duas vezes. E o pior é que hoje os grandes plantadores de algodão estão pulverizando com avião, mas a gente vê que isso não é viável. Isso mata tudo, passarinho, inseto, peixe, não sobra nada. (A., Água das Laranjeiras, Pitangueiras)

Conforme se vê, a escolha desses tende a recair sobre o café, combinado com o arroz, feijão, milho etc. Paradoxalmente, esse mesmo algodão é que permitiu a muitos camponeses a transição da condição de camponeses rendeiros a camponeses proprietários, no auge dessa cultura.

Não é por menos que a denominação ouro branco, alusiva ao algodão, está tão integrada à história de alguns municípios do norte do Paraná como a do ouro verde, alusiva ao café. Bairros, estabelecimentos, empresas são testemunhas de um tempo em que o algodão viera para preencher a lacuna deixada pelo café.

Esse relato nos remete a um quadro quase nostálgico, retratado por agricultores que viram o algodão dinamizar a economia local, sobretudo a das cidades pequenas da região, muitas das quais têm registrado perda absoluta da população nos últimos anos, em vista da estagnação em que se encontram.

...tudo o que abria ia para a frente, porque todo mundo tinha dinheiro no bolso por causa do algodão. Qualquer criança de nove, dez anos, apanhava algodão para ganhar o dinheiro do seu doce. No tempo da colheita a cidade era uma agitação. Depois que o governo começou a comprar de fora, a festa acabou, porque o algodão dava serviço para todo mundo. No lugar veio a soja e essa não precisa de gente, é tudo na máquina. Para não morrer de fome, agora o pessoal tem que ir todo ano para Minas, lá eles ficam enquanto tiver café para colher, depois voltam e ficam aí, tem gente que pede pelo amor de Deus para você dar um dia de serviço, mas a gente também não pode, se for pagar, da roça não sobra nada. É perigoso da gente ficar até devendo. (M., Água Canabi, Pitangueiras)

Nesse caso, a interferência das políticas públicas é por demais evidente, pois, no caso do algodão, o estopim da crise está diretamente relacionado à opção do governo brasileiro pela importação dessa matéria-prima a partir de meados dos anos 1990, o que praticamente inviabilizou a sua produção a preços remuneradores aos pequenos cultivadores.

A menção ao fato de que todos tinham dinheiro nos remete a uma situação não muito distante em que a renda circulava localmente, uma vez que a utili-

POR UMA GEOGRAFIA DOS CAMPONESES **243**

zação de mão-de-obra é intensiva nessa cultura. Por ser o componente majoritário na geração da renda, os trabalhadores, bem ou mal, eram contemplados na partilha do excedente. Com a emergência das lavouras mecanizadas, nas quais o trabalho vivo é incipiente, praticamente todo o excedente passou a ser canalizado para os complexos industriais e comerciais, de modo que tais culturas muito pouco contribuem para a movimentação da renda local.

Para os expulsos do campo, esse processo implicou a mais completa precarização das condições de existência, justamente pela negação do trabalho. É por essa razão que, enquanto o componente básico da cultura cafeeira for o trabalho, a migração pendular atuará como válvula para a pressão social que, nessas cidades, possui vínculos estreitos com os processos agrários.

A extensão desse empobrecimento é ilustrada pela situação daqueles que outrora empregavam dezenas de trabalhadores na colheita e hoje só insistem na cotonicultura se não houver muitas alternativas. E, para que não paire dúvidas de que se trata de transferência de renda, basta lembrar que, nos últimos anos, a produtividade do algodão dobrou, sem que os produtores conseguissem sequer manter o nível de renda do passado.[23]

> O algodão deu, mas depois tirou dobrado da gente, porque nós tivemos que vender 24 alqueires de terra, além de trator e caminhão para pagar dívidas. De 1995 para cá ficou difícil, nunca mais conseguimos nada com a agricultura. O pior é que na nossa região o pequeno não pode plantar soja. Como se faz isso sem maquinário para plantar, nem para colher? O ano passado nós ainda tentamos. Arrendamos 50 alqueires para plantar algodão, mandioca e milho e não deu em nada. Este ano eu falei para o meu irmão: rapaz, eu não vou plantar, eu não estou devendo nada para ninguém, então eu vou ficar quieto. (G., Água da Gruta, Itaguajé)

Como se pode observar, as dificuldades relatadas não se limitam ao algodão, embora esse tenha causado grandes prejuízos a partir de meados dos anos 1990, em razão de três fatores combinados: importação para forçar a queda dos preços, aumento dos custos e quebra das safras.

Entre os camponeses da região dominada pelo arenito, a lacuna deixada pelo algodão foi preenchida, em grande medida, pela mandioca industrial.

---

23 Em julho de 2002, o preço médio da arroba de algodão ao produtor do Paraná era de R$ 10,30, sendo a média de preços dos últimos cinco anos de R$ 8,41, o que mostra a estagnação dos preços.

Seu cultivo registrou rápida expansão no final dos anos 1990 em vários municípios, sendo decisiva para essa expansão a crise provocada pela decadência do ciclo algodoeiro, a qual deixou a maior parte dos camponeses endividados e ávidos por uma alternativa que pudesse se ajustar tanto às condições produtivas de seus sítios, quanto às condições econômicas. E nesse sentido a mandioca surgiu como cultivo alternativo.

Além de se tratar de uma cultura altamente adaptada aos solos arenosos, os custos de implantação são baixos, restritos praticamente à preparação do solo; as mudas podem ser produzidas internamente e, salvo ataques esporádicos de pragas, praticamente é dispensável a utilização de insumos.

Some-se a isso o aumento da procura pelo produto em razão da instalação de pequenas farinheiras na região, além de uma multinacional do setor, em Paranavaí. Entretanto, os preços remuneradores passaram a atrair grandes plantadores, tornando-se cada vez mais comum lavouras de cem ou mais hectares ao lado das pequenas lavouras camponesas.

Obviamente essa expansão da oferta passou a interferir nos preços, que ano a ano foram caindo, concomitantemente a uma crise no setor industrial, que se refletiu no fechamento da maior parte das pequenas farinheiras. Nesse contexto, a referida multinacional se fortaleceu, tornando-se praticamente a única alternativa de mercado para aqueles que insistiram em manter essa lavoura.

Em 2001, a área ocupada pela mandioca era de 3.969 hectares, envolvendo 622 cultivadores. Diante da colheita de 426.300 toneladas, os preços despencaram, chegando a R$ 30,00 a tonelada entregue na indústria, o que representa menos de um terço do que fora praticado nos anos anteriores. Entretanto, os custos no período aumentaram, tanto com a proliferação das pragas, em virtude da própria disseminação da cultura, como pelo aumento dos custos de preparação do solo e transporte.

Como se pode observar no depoimento a seguir, a mandioca industrial também deixou de ser alternativa para os camponeses, a não ser que a migração dos capitalistas para outras atividades venha a implicar a redução da oferta. É com essa possibilidade que contam aqueles que continuam plantando.

> Nós resolvemos colher, porque falaram que a fábrica estava pagando R$ 35,00 e já que plantou tem que colher. Hoje a gente começou cedo, arrumou o caminhão e até gente para ajudar. Mas já tivemos que parar, porque o caminhão chegou lá e era R$ 30,00. Isso não paga nem a diária e o carreto. É melhor deixar na terra. (H., Água da Gruta, Itaguajé)

Essa situação evidencia o quanto a avaliação dos fatores produtivos internos está em primeiro plano entre os camponeses, a despeito de uma conjuntura de mercado que obrigatoriamente mediará o resultado de seus esforços. Paradoxalmente, no mesmo mês em que nos deparamos com uma família desistindo da colheita, fotografamos camponeses com a terra preparada e já cortando as ramas para o plantio de mandioca, como se vê na foto.

Preparação de rama de mandioca para o plantio em Lobato, Paraná

Desses eventos é possível extrair elementos que convergem para a lógica camponesa, senão vejamos: por mais contraditório que possa parecer, o fato de uma família abdicar da colheita e a outra iniciar o plantio revela um investimento baseado na referência do tempo camponês: um tempo medido pelas possibilidades e riscos de sobrevivência da família.

Vê-se que o fato de nosso interlocutor não ter tido sucesso nas colheitas anteriores, mas também não ter tido insucessos, esse último medido pela ausência de dívidas, o conduz à seguinte escolha: "Ficar quieto". Essa expressão, tão comum entre os camponeses, não expressa a abdicação dos cultivos, mas sim dos investimentos mais pesados. Dessa maneira, as lavouras comerciais, que implicam custos reais e retorno incerto, ocasionalmente podem ser sacrificadas[24] para que os recursos possam ser direcionados às

---

24 Sacrificadas não no sentido de abandonadas ou destruídas, mas no sentido de exclusão em um futuro próximo.

atividades que, além de garantir a sobrevivência da família, não interferem na preservação dos meios de produção tão caros a sua autonomia.

É nesse sentido que identificamos a mesma lógica em atos opostos: a mandioca é uma cultura bastante versátil, pois, apesar de estar pronta para a colheita no primeiro ano, pode permanecer na terra por dois anos, sem que a qualidade seja comprometida. Aliás, esse tempo maior de espera pela colheita pode propiciar o aumento da produção, em virtude do encorpamento das raízes. Assim, desistir da colheita não significa destruir a lavoura, mas jogar para o futuro riscos e possibilidades.

Todavia, não se pode deixar de considerar os desdobramentos dessa decisão: sabemos que um dos limites para a reprodução camponesa é a escassez de terras e, nesse caso, pode-se afirmar que, num ciclo anual, a terra não proporcionou qualquer espécie de renda. Mesmo havendo um aumento da produção, este é desproporcional aos rendimentos passíveis de serem extraídos em duas colheitas. Dessa maneira, prescindir de uma parte do sítio que poderia ser ocupada com outras culturas tem reflexos diretos nos níveis de bem-estar da família.

A escassez de terra, portanto, que já se constitui um empecilho à reprodução camponesa, ocasionalmente remete a desequilíbrios nem sempre passíveis de serem solucionados com base nos recursos internos. Em geral, são os momentos de frustração de safras que obrigam os camponeses a lançarem mão de outros recursos que impliquem incremento de renda.

É nesse sentido que a venda da força de trabalho se inscreve no rol de estratégias de preservação da condição camponesa, uma vez que nem todos conseguem implantar culturas diferenciadas. Como vimos, há limitações internas, derivadas do nível de investimento que novas atividades requerem, bem como externas, em virtude da dificuldade de colocação dos produtos no mercado, a um preço que garanta o mínimo de retorno.

De qualquer forma, a resistência camponesa tem-se manifestado nas diversas estratégias adotadas para superar as dificuldades e continuar se reproduzindo, a despeito dos embustes do mercado e da escassez de terra. Assim, entre a heterogeneidade de formas passíveis de produzir renda, destacamos a fruticultura, além do sistema de integração já mencionado.

Há uma enorme variedade de frutas cultivadas pelos camponeses: desde as de ciclo curto, como melancia e maracujá, até culturas permanentes, como uva, manga, laranja, caqui etc. Na área de estudo, em 2001 havia

POR UMA GEOGRAFIA DOS CAMPONESES **247**

3.081 hectares cultivados com frutas comerciais, respectivamente a cargo de 940 produtores, segundo dados extraídos do Relatório Realidade Municipal da Emater (2001).

A fruticultura é uma atividade que potencializa os fatores produtivos, porém exige certos níveis de rendimento. As frutas de ciclo temporário demandam gastos recorrentes com a sua implantação e manutenção. Via de regra, esses são acentuados, por causa das quantidades elevadas de insumos que requerem, sobretudo adubo e fungicidas. O fato de não haver produção o ano todo explica a razão de as mesmas estarem articuladas com outros cultivos cuja época de colheita não coincida.

Quanto aos cultivos permanentes, deve-se considerar, conforme análises anteriores, que o tempo de implantação dos pomares e espera da primeira colheita é longo, exigindo dos camponeses um esforço maior na diversificação ou até mesmo nas formas de obtenção de renda externas à propriedade, como o assalariamento temporário.

Nesse caso, ao adentrarem a fase produtiva, novas demandas lhes são colocadas. Por serem culturas cuja produção é de época, estas exigem um esquema de comercialização ancorado no grande mercado atacadista, sejam os grandes supermercados, sejam as Centrais de Abastecimento (Ceasas), pois não é possível estabelecer uma clientela como fazem os olericultores, cuja produção se estende ao longo do ano.

É por essa razão que a fruticultura é viabilizada basicamente nos sítios em que a diversificação é grande. Alguns camponeses podem até ser classificados de fruticultores, pois combinam variedades de frutas que asseguram colheitas, logo, renda, o ano todo. Outros, porém, recorrem às mais variadas combinações de atividades comerciais somadas à fruticultura, incluindo-se desde o cultivo de cereais até a pecuária leiteira. Evidentemente, o tamanho da propriedade é o limite. Via de regra, considera-se que, quanto menor o sítio, maior a necessidade de recorrer às alternativas que impliquem a intensificação do uso da terra e da força de trabalho.

Na perspectiva do cultivo do solo, a potencialização máxima desses dois fatores se materializa na olericultura. Em 2001, eram 1.868 hectares voltados à sua produção comercial, em 1.697 unidades produtoras. Como se pode observar, trata-se de uma atividade de pequenas dimensões, pois, em média, a área era de pouco mais de um hectare por unidade de produção.

248   ELIANE TOMIASI PAULINO

Assim como em todas as atividades destacadas anteriormente, a implantação dessa se define em função de um conjunto de variáveis internas a cada grupo familiar. Em alguns casos, a olericultura aparece em meio a uma grande diversificação. Tivemos a oportunidade de encontrar em uma única propriedade a sua combinação com outras seis atividades, todas com destinação parcial ou integral ao mercado. Dessas, pode-se afirmar que quatro são fundamentalmente comerciais: avicultura e sericicultura no sistema de integração, cafeicultura e fruticultura. Além dessas há a suinocultura e a pecuária leiteira, inseridas no circuito do excedente.

A partir desse relato é possível verificar que a diversificação destacada está quase inteiramente ancorada em atividades intensivas que demandam pouca terra.

> A gente não pode ficar preso a uma coisa só, porque se não der nada, como é que vai se manter? O sítio é pequeno, então tem que fazer um pouco de tudo. Tem um pouco de café, vaca de leite, uns porquinhos e mais uma granja e um barracão de bicho-da-seda. Também tem verdura e acerola que a gente entrega no Ceasa de Maringá. É pouco, então junta os vizinhos que também têm, para compensar o carreto. Bem dizer aqui tem de tudo. Quando um filho reclama, porque o serviço é muito e dinheiro a gente quase não vê, eu falo que não tem nada melhor que essa vida livre, onde a gente é patrão da gente mesmo. (V., Água do Boiadeiro, Munhoz de Melo)

A exceção ficaria a cargo do gado leiteiro, mas aqui há que se fazer observações. Dentro dos sítios camponeses que não têm a pecuária leiteira como principal atividade comercial, sua presença é um indicativo de uma situação mais estável da família.

Para entender isso é preciso levar em conta a geografia da região, materializada na integração entre condições do terreno e malha fundiária. Como vimos, nos projetos originais das glebas comercializadas, a maior parte dos sítios foi cortada em faixas longitudinais, delimitados na cabeceira pela estrada e no fundo pelos rios ou ribeirões. Via de regra, há uma transição do perfil das vertentes, pois na proximidade dos cursos d'água o terreno se mostra bastante acidentado, portanto impróprio aos cultivos. Ainda que sejam observadas as restrições impostas pela legislação no que tange às matas ciliares, é possível destinar o restante para criações de grande porte.

Na pesquisa de campo, constatamos que, existindo tais condições, é quase obrigatória a presença de algumas vacas de leite. Mantê-las representa a potencialização máxima das condições produtivas do sítio. Conforme já demonstramos anteriormente, os camponeses proprietários, por menores que sejam as áreas, procuram destinar uma parte aos pastos, pois isso diminui o custo de reprodução das famílias e aumenta os recursos disponíveis para giro, caso aconteça algum imprevisto.

Ao mesmo tempo que são confinadas a uma área que "não dá para outra coisa", há o provimento diário de leite, sem contar as crias anuais. Mesmo que sejam poucas cabeças, o incremento de renda é notável: além da sobrevivência direta, o esterco se presta à fertilização da lavoura e os bezerros se constituem uma espécie de poupança dos camponeses.

Dispor de gado é um signo de situação mais equilibrada. Aos que detêm mais terras, e isso raramente ultrapassa o limite de 30 hectares por família, é possível combinar procedimentos que asseguram tanto a maior produtividade do rebanho quanto um investimento menor na fertilidade do solo. Mantém-se assim um ciclo criações-lavouras que tão bem ilustra a irracionalidade de separarmos a agricultura da pecuária, quando tratamos de explorações camponesas. Essa divisão é adequada para as unidades capitalistas onde a economia de escala dificulta, quando não impede, a articulação entre as duas atividades. Sua ausência nos sítios se explica a partir de duas situações extremas: total falta de recursos financeiros, no nível do comprometimento das atividades de autoconsumo da família ou a taxa de especialização que compensa a aquisição de seus derivados no mercado.

No sítio em questão, não se pode perder de vista que a pecuária se insere numa articulação mais ampla, a começar pela forragem (cama de frango) utilizada no aviário: uma parte é destinada para estercar o café, cultura que permite uma excelente conexão com a sericultura, pois os ciclos de intensificação do trabalho são complementares – a colheita do café coincide com a entressafra do bicho-da-seda.

O restante da cama de frango é utilizado para complementar a alimentação do rebanho, já que há pouco pasto. Favorecidos pela localização geográfica, um tanto próximos da cidade, os camponeses não têm dificuldade em vender o leite direto para os consumidores, deduzida a parte do "gasto".

Esses mesmos consumidores acabam se constituindo na freguesia que também consome a carne suína, sempre que tem, já que não se trata de uma criação de escala. Comumente, no momento em que há animais prontos

250 ELIANE TOMIASI PAULINO

para o abate, são feitas as encomendas, de modo que a carne já é preparada de acordo com os pedidos.

Por outro lado, a alimentação dos suínos é basicamente garantida pela olericultura, que produz muitas sobras. Por fim, a mesma estrutura de transporte e comercialização é aproveitada simultaneamente pela olericultura e pela fruticultura. Por envolverem pequenas quantidades e baixo valor monetário, essas duas últimas atividades se sustentam na ajuda mútua entre os vizinhos, que repartem o custo do frete. No próximo capítulo, será dada a devida atenção a essa prática.

Sabemos, no entanto, que esse nível de diversificação, em que a olericultura é apenas uma entre tantas atividades, não se aplica a todos os sítios camponeses. São três os fatores que explicam sua viabilidade: família extensa, propriedade não muito pequena e razoável nível de rendimentos.

Há que se ponderar que, nos casos de extrema exiguidade de terras, pouco resta em termos de alternativas que assegurem a sobrevivência da família. Considerando a capacidade de absorção interna da mão-de-obra familiar, a olericultura é, sem dúvida, a principal delas.

Cumpre destacar que a exiguidade aqui destacada pressupõe propriedades muito pequenas, que os próprios camponeses convencionam denominar chácaras. Na pesquisa de campo, notamos a relutância generalizada dos mesmos em classificarem como sítios, propriedades com menos de 5 hectares. É importante frisar que aqui está sendo operada uma conversão, já que a unidade de referência comum entre eles não é o hectare, mas sim o alqueire.[25]

Não obstante, tais termos estão carregados de significado, e isso pode ser verificado na pesquisa, nas ocasiões em que o termo chácara foi evocado. Quando inquiridos sobre a diferença, a essência da resposta se manteve: os sítios são concebidos como propriedades que comportam a reprodução da família com base em atividades tradicionais, como lavouras e criação de gado. Por outro lado, a designação chácara foi condicionada a propriedades que interditam o exercício da tradição produtiva camponesa.

Em última instância, essa diferenciação transcende o uso econômico da propriedade, atingindo as possibilidades concretas de recriação do campesinato. Não é sem razão que, entre as autodenominações encontradas, o

---

25 Um alqueire equivale a 24.200 m² e um hectare equivale a 10.000 m².

POR UMA GEOGRAFIA DOS CAMPONESES 251

conceito de camponês se manifesta no termo sitiante, ou em sua variação vocabular "situante", como atesta esse depoimento:

... eu fui criado na fazenda, onde a gente era porcenteiro... na verdade, na verdade nós temos sítio aqui faz oito anos, então nós trabalhamos quase 20, tocando terra arrendada, vivendo na terra do sogro, pagando porcentagem para ele. Então situante mesmo, agricultor só faz oito anos... então eu acho que nós já fizemos bastante em oito anos. (S., Água do Cardoso, Bela Vista do Paraíso)

Assim, podemos observar que "situante" é aquele que ultrapassa a condição camponesa precária, que se considera situado por alcançar a autonomia representada pela propriedade da terra. Um situante é um sujeito cuja representação de si próprio não exclui o lugar, ou seja, ele está de tal forma preso à terra que se situa, que não existe separado dela.

Por outro lado, embora nenhum dos entrevistados tenha se autodenominado chacareiro, a chácara frequentemente evoca condições mais precárias de reprodução camponesa. Portanto, nesse termo está subsumida a negação das condições plenas de reprodução autônoma.

Vê-se, no entanto, que a denominação enfática da propriedade se opõe completamente ao termo que remeteria ao seu proprietário. Ao não se rotularem de chacareiros, os camponeses assumem a sua condição de classe, sem deixar de exprimir quanto a pouca terra os afeta.

Dessa maneira, essa que poderia parecer uma simples questão de nomenclatura é uma questão conceitual, que emite sinais de que não basta aos camponeses exprimirem resistência no plano econômico: essa é visível nas "chácaras" que garantem a sua sobrevivência. Trata-se de um esforço de manifestarem resistência no plano político, resistência essa instituída nos liames da consciência de classe.

Vimos que a olericultura tem-se constituído uma via de recriação em porções de terra exíguas, cujo equivalente não comporta muitos dos quintais de residências de luxo. Durante a pesquisa de campo, verificamos quanto isso é significativo na história dos olericultores. Se a permanência da condição camponesa nesses termos já é uma expressão inconteste de sua recriação, o que não dizer ao se constatar que a maior parte das unidades estudadas é um registro concreto do processo de diferenciação às avessas do que preconizaram Lênin e seus adeptos.

252   ELIANE TOMIASI PAULINO

Em outras palavras, praticamente todas as minúsculas propriedades que não comportam outra atividade, senão a olericultura, foram compradas pela própria família que a empreende atualmente. Isso não mudaria os fatos caso não se considerasse que, salvo exceções, seus proprietários até um passado recente trabalhavam em terras alheias como porcenteiros ou até mesmo como empregados.

> Eu sempre trabalhei para os outros, agora está melhor, quer dizer, agora a gente faz e desmancha. Está muito melhor... se tivesse mais um alqueire, não precisava de mais nada nessa vida. (D., Água do São João, Centenário do Sul)

Esse relato não deixa dúvidas de que se há um processo de diferenciação, o mesmo não se dá em um único sentido. Trilhar o caminho inverso tem um sabor de conquista que só os camponeses podem exprimir. Ao afirmar que mais um alqueire de terra seria o suficiente, nosso interlocutor apontava para um projeto de expandir o número de bananeiras, o cafezal, precisamente 9.600 pés combinados com a cultura intercalar de milho e mandioca, além da horta, confinados em menos de meio alqueire de terra, uma vez que dessa parte deve ser deduzida a área ocupada por duas casas, a sua moradia e a de um filho casado, além de um celeiro, um pomar doméstico e as áreas de circulação.

Esse caso demonstra que números e medidas nada significam fora do contexto em que são gerados. Outrossim, o mesmo pode ser tomado para ilustrar a existência de olericultores fora do circuito comercial das Ceasas.

São camponeses que vendem a sua produção diretamente aos consumidores. No caso em questão, os produtos são entregues de porta em porta, onde o contato direto acaba gerando uma freguesia fixa que, comumente, faz suas encomendas. São estratégias que, ao final, implicam incremento de renda, por lhes dar oportunidade de uma programação em termos de volume a ser colhido e frequência dos deslocamentos para a cidade, poupando trabalho e recursos.

Outro sistema de venda direta aos consumidores é viabilizado pelas feiras livres. Em relação ao primeiro, a principal desvantagem dessa se deve à dificuldade de prever o consumo, já que não se vende a consumidores fixos. Ainda que esses camponeses também consigam constituir uma freguesia, os laços são mais frouxos, pois vários fatores podem interferir na ida desses

POR UMA GEOGRAFIA DOS CAMPONESES **253**

consumidores à feira e, consequentemente, interferir negativamente nas vendas. Isso é motivo de perdas frequentes de mercadorias que, por serem altamente perecíveis, não admitem qualquer tipo de estocagem. Enfim, os prejuízos só não são maiores se transformados em alimentos para os animais, daí o esforço dos camponeses em mantê-los.

O fato de as verduras apresentarem baixo valor monetário muitas vezes torna o transporte automotivo proibitivo. É por essa razão que a carroça ainda é muito utilizada pelos camponeses que comercializam diretamente a sua produção. No entanto, aquilo que comparece como renda adicional, pela economia com o transporte é, em última instância, uma sobrecarga maior dos trabalhadores. Isto porque o maior tempo de deslocamento exige que nos dias de feira a família comece o seu dia de trabalho mais cedo e o termine mais tarde.

Na pesquisa de campo, encontramos uma família que se desloca 20 quilômetros, entre ida e volta, duas vezes por semana, por ocasião da feira. Além disso, apenas uma pessoa pode ir de carroça, em virtude do volume transportado.

> Já faz 14 anos que nós mexemos com horta, mas está cada vez mais difícil, porque tem mais gente vendendo e menos gente comprando. Na horta não tem domingo nem feriado, todo dia tem que trabalhar. E para ir para a feira é aquela vida, eu vou de carrinho e ele vai a pé ou de bicicleta e, quando chega lá, já está cansado. Se a gente tivesse um carro, seria bem mais fácil. (L., Água da Jupira, Colorado)

O relato nos permite inferir que a atividade, assim como a maior parte daquelas com que se ocupam os camponeses, proporciona parcos rendimentos. E isso reproduz um ciclo de sobretrabalho e diminuição do bem-estar da família.

É importante lembrar que a transferência da renda camponesa nem sempre segue a via clássica; no destaque, a transferência é feita diretamente para a sociedade. É por essa razão que concordamos com Oliveira (1994, p.49, 50), ao postular uma estratégia defensiva, no sentido de reduzir ao mínimo sua dependência externa, como possibilidade de um trilhar menos aviltante.

Não resta dúvida de que, diante da situação patrimonial de muitos casos aqui destacados, de propriedades com menos de dois hectares, preconizar a autossuficiência interna não passa de quimera. O impasse está, pois, na posse da terra e é exatamente a sua sobrevivência nela, mesmo em condições tão adversas, que evidenciam a extraordinária capacidade de resistência, que tanto é econômica como política. Não se curvar aos ditames do capital, mesmo que circunstâncias como essas sugiram que a proletarização talvez fosse menos penosa, é uma demonstração inequívoca de que o capitalismo efetivamente não conseguiu romper o invólucro que sustenta a recriação da classe camponesa: o sonho de autonomia.

E é essa mesma autonomia que abre brechas, possibilitando o fortalecimento de frações da classe camponesa. Nos deparamos com uma família que, depois de passar da condição de empregados para camponeses autônomos e daí seguir uma trajetória muito parecida com a mencionada, conseguiu adquirir um veículo. A consequência mais imediata foi uma extraordinária ampliação do número de fregueses. É isso que permite a sua manutenção, pois a diluição dos custos é diretamente proporcional ao volume da atividade.[26]

A posse do veículo possibilita as vendas de porta em porta. Além dos desdobramentos já apontados anteriormente, há que se considerar que o dimensionamento da atividade pode ser mais objetivo, de tal forma que o cultivo das variedades é definido na mesma proporção da demanda. Ou seja, a distribuição das verduras na horta obedece ao critério da aceitação pelos fregueses. Quando estes fregueses são fixos, é possível traçar um perfil da demanda muito próximo ao consumo real, sendo raro o retorno com mercadorias.

> Sobrar não sobra. Eu nunca voltei para casa com verdura. A gente sabe mais ou menos quanto vai sair de cada coisa... mas sempre leva a mais... Quando às vezes encontra uma pessoa pobre, que a gente vê que tem vontade, mas não tem dinheiro para comprar, a gente dá. (D., Água do São João, Centenário do Sul)

Esse relato mostra que, além da estratégia que organiza a sua produção, nosso interlocutor manifesta um componente que é próprio da ética camponesa. Apesar de lidar com produtos que são a essência da sobrevivência da família, os mesmos não incorporam o sentido estrito de mercadoria. Dar verduras a quem não pode comprá-las, mesmo que seja um ato ocasional, indica que nosso interlocutor está distante das práticas dos mercadores.

Outro aspecto que chama a atenção é a capacidade de lidar com a diversificação em áreas absolutamente restritivas. O milho e a mandioca

---

26 As entregas são feitas em Lupionópolis, Guaraci, Porecatú e Centenário do Sul, município onde reside esta família.

cultivados no meio do café se destinam tanto ao consumo quanto à comercialização, assim como as bananas, que se acham junto ao pomar. Esses três produtos integram a cesta de produtos *in natura* comercializados juntamente com as verduras. O fato de comercializar a mandioca já descascada, assim como o milho verde em espigas, garante uma extraordinária valorização, considerando o sistema usual de comercialização, baseado em sacas e toneladas.

A marca camponesa também se inscreve no circuito da produção. Veremos adiante como os camponeses envolvidos com as mais diferentes lavouras dispensam um tratamento diferenciado em relação aos cultivos de autoconsumo, particularmente em relação à horta doméstica. Invariavelmente, aí não entra veneno. A importância atribuída aos alimentos livres de agrotóxicos é a face oposta do contato direto com as lavouras comerciais, nas quais o seu consumo parece ser inexorável.

Na olericultura que ainda se sustenta sem a intermediação dos capitalistas, a apropriação integral da renda pode dispensar as imposições da produtividade, que tende a ser majoritariamente canalizada aos próprios circuitos capitalistas. Dessa maneira, o esforço em garantir uma produção orgânica não revela qualquer aspiração no sentido de obter a certificação que atualmente se constitui nicho de mercado, mas um costume de evitar ao máximo o uso de veneno para obter alimentos saudáveis, mesmo que nem sempre tão "bonitos" como os "contaminados".

É o que se pode depreender ao se considerar o circuito em que atuam esses olericultores. Seus consumidores possuem um padrão de vida que atesta uma distância abissal em relação às demandas dos consumidores de produtos orgânicos das médias e grandes cidades. No entanto, as verduras são produzidas exclusivamente com adubo orgânico e o combate de pragas é feito majoritariamente mediante técnicas naturais.

A cinza do fogão a lenha melhora o pH do solo e comparece como importante aliada do controle biológico das pragas, sendo regularmente aplicada sobre as variedades suscetíveis a ataques. Pés de fumo são plantados no meio dos canteiros para que o odor exalado evite a aproximação da maior parte dos insetos disseminadores das pragas. Suas folhas são utilizadas na fabricação de um inseticida natural que elimina os invasores mais comuns da horta, como lagartas e pulgões.

Veja na foto um pé de fumo (à esquerda) dentro da estufa repleta de variedades de verduras e legumes. Essa horta é cultivada sem qualquer agrotóxico, sendo as verduras vendidas diretamente aos consumidores. Além disso, são mantidos rústicos minhocários para a produção de húmus, que combinado com esterco bovino, garantem a fertilidade necessária ao bom desenvolvimento das verduras.

Na horta, cultivada sem uso de agrotóxicos, a família mantém um pé de fumo, que serve para afastar os insetos

Assim, os custos da atividade são baixos, basicamente restritos à aquisição das sementes, além da manutenção das estufas. Somadas ao transporte das verduras, essas são determinantes na elevação dos custos da atividade, já que a cada dois anos é necessário substituir o plástico, que acaba danificado pela ação do sol e do vento.[27]

Dessa maneira, parece não haver dúvidas de que a manutenção da olericultura nesses termos é possível face ao corte de custos, tanto no que diz respeito aos agrotóxicos quanto ao transporte e à pequena margem de perdas. Não obstante, o sistema assim descrito não pode ser generalizado entre os camponeses que se ocupam da olericultura, mas sim àqueles que apresentam uma escala menor de produção, o que igualmente exige diversificação da produção e venda direta aos consumidores. Trata-se de uma rara ocasião em que a renda da terra é integralmente retida pelos mesmos.

A outra face da olericultura tem como principal diferencial a ausência da comercialização direta; nessa, os camponeses se encontram enredados

---

27 Em junho de 2001, a renovação de cada estufa custava cerca de R$ 400,00.

POR UMA GEOGRAFIA DOS CAMPONESES **257**

num circuito mercantil altamente monopolizado por atacadistas, cuja base de atuação são as Ceasas e, de forma menos expressiva, as redes de supermercados das cidades maiores, visto que nas pequenas a comercialização das verduras se dá basicamente nas feiras livres ou pequenas mercearias.

A efetiva presença de intermediários no setor olerícola talvez seja a melhor evidência da mediação perversa do capital comercial na produção camponesa. A alta perecibilidade desses produtos elimina qualquer possibilidade de jogar com o mercado, no sentido de conservar a produção até que os preços garantam um patamar de rentabilidade satisfatório.

Independentemente do valor praticado pelos comerciantes, uma vez chegado o momento da colheita, não há nada que possa ser feito para pressionar para haver melhor remuneração. Restam duas alternativas: realizar a colheita e entregá-la de acordo com a oferta corrente ou perdê-la na roça.

Assim, nos momentos em que as condições gerais da produção são propícias, os atacadistas conseguem atuar com tamanha tranquilidade no setor, que acabam pagando aos camponeses preços muitas vezes inferiores ao custo da produção. Lembramos que aqui estamos nos referindo aos custos monetários, posto que os camponeses comumente não incluem o trabalho familiar nesse cálculo.

> O preço está relacionado à oferta. Tem mais coisas no mercado do que as pessoas podem comprar. O que todo agricultor quer é um aumento de preço daquilo que ele tem para vender, mas pode esquecer, os preços não vão subir. Se duvidar, vão baixar ainda mais. O que o agricultor tem que fazer é se virar, arrumar um jeito de vender aquilo que tem mais valor, vender direto para as pessoas que vão comer aquilo. O atravessador não aceita ganhar pouco, é por isso que nada tem valor para aqueles que produzem. Isso não vai mudar. (J., Água do Monjolo, Centenário do Sul)

Como se vê, os camponeses estão familiarizados com os mecanismos do mercado, bem como com a ganância daqueles que se interpõem entre eles e os consumidores. Ao evocar a necessidade de escapar dos mesmos, nosso interlocutor explicita com toda clareza o motivo dos preços não subirem: os atravessadores não se satisfazem com pouco.

Conhecem também a razão da "sobra" de mercadorias, tão comum para aqueles que se ocupam da olericultura. Os camponeses sabem que essa situação, conhecida como "enchente", exprime um flagelo para os produtores, que são premidos a destruírem a produção, perdendo absolutamente tudo o que foi investido em termos materiais e humanos. Por fim, eles sabem que está sobrando porque os rendimentos da maior parte das pessoas que vivem nas cidades são incompatíveis com os preços impostos por aqueles que "não aceitam ganhar pouco".

A denominada "enchente" expressa circunstâncias de crise profunda nas unidades camponesas, pois não é possível prever com antecedência o que vai acontecer com as mercadorias enviadas à Ceasa. Assim, o fato de a olericultura estar assentada na utilização intensiva dos fatores produtivos, em alguns casos vitais para que a autonomia seja mantida, não torna mais amena uma de suas características primordiais: o alto risco.

E o risco se manifesta na permanente ameaça de perda da produção, menos por fatores climáticos do que pela força dos oligopólios. Muitas vezes, os camponeses se submetem a entregar a produção a um preço até mesmo inferior ao do frete, fazendo-o para diminuir o prejuízo.

> Nós tivemos que passar o trator em cima de quase 70 mil pés de repolho. Só de semente, a gente tinha gasto R$ 390,00. Quando chegou lá na Ceasa, tinha dado enchente. Para cada dúzia, que devia dar uns 30 quilos, só estavam pagando R$ 0,70. Nós ainda tivemos que tirar R$ 60,00 do bolso para pagar o carreto. Então para não perder ainda mais, passamos a grade em tudo. Isso é muito ruim, porque além do prejuízo que a gente já levou, tem que esperar um pouco para poder plantar outra coisa porque o repolho na terra fermenta, então é prejuízo dobrado. (B., Bairro dos Moreiras, Tamarana)

Pudemos verificar *in loco* os sinais desse flagelo instituído pela ganância capitalista. Ao chegarmos a uma comunidade, à qual pertence nossa interlocutora, encontramos, além da sua, mais duas roças destruídas, como mostra a foto seguinte: da mesma forma, os preços praticados na Ceasa não cobriam os custos do frete.

A "racionalidade" do mercado: 20 mil pés de repolho perdidos, por causa do preço pago ao produtor

Nessa plantação havia cerca de 20 mil pés de repolho, destruídos na véspera de nossa visita. Pertencia a uma família de porcenteiros, relação bastante disseminada na comunidade visitada. Perder a lavoura nessas condições fere profundamente a manutenção dessas famílias, uma vez que a exiguidade de terras não comporta qualquer cultivo para o autoconsumo nem para criações. Nem mesmo galinhas é possível criar: elas estragariam a plantação.

O fato de não ter animais que possam "aproveitar" pelo menos um pouco dos alimentos que não puderam ser comercializados torna a situação mais agressiva para os camponeses, cuja lógica é completamente avessa ao desperdício. Quando se trata de alimentos em perfeitas condições de consumo, eles parecem não se conformar.

> Dá uma revolta ver a lavoura nessa situação. Se todo mundo tivesse comida, talvez a gente não incomodava tanto. Mas enquanto nós temos que tombar a horta, vai num mercado e o repolho que eles não querem comprar nem por um real a dúzia, lá está custando quase isso por quilo. Mas isso veio antes de Cristo, não é? Ele não falou que era mais fácil um camelo passar no buraco de uma agulha do que um rico se salvar? São esses ricos que querem tudo para eles e não têm dó de ninguém. (R., Bairro dos Moreiras, Tamarana)

O fato de estarem distantes dos mercados consumidores contribui para que a situação chegue a esse limite. Na comunidade destacada, praticamente todos os camponeses são olericultores, de modo que não há para quem distribuir a produção que o mercado não absorve. Ao serem inquiridos se era possível doá-la, em vez de destruí-la, eles explicaram que até fariam isso, porém os necessitados, que em sua visão comparecem como possíveis depositários de um trabalho que nem pode ser classificado de gratuito, em face do investimento monetário ali contido, não teriam condições de chegar até eles.

Da mesma forma, eles explicaram que a comercialização direta é proibitiva. Primeiro porque são raros aqueles que possuem veículo próprio e a distância e o tempo que a mesma demandaria é incompatível com o pagamento de frete. Além disso, trata-se de uma produção especializada, em que a diversificação cedeu lugar à quantidade. Isso igualmente inviabiliza a comercialização direta.

Nesse caso, a produção em quantidade e de reduzida variedade torna-se um imperativo da inserção no esquema de comercialização na Ceasa, cujo sentido são transações envolvendo um volume bastante grande das respectivas hortaliças. Além disso, é bom lembrar que cada situação, em termos de mão-de-obra familiar e recursos materiais, acaba interferindo na decisão sobre o que cultivar. Esses são alguns dos fatores que acabam conduzindo os olericultores para a especialização da produção.

À mercê do mercado, há pouco o que fazer. A foto seguinte mostra uma lavoura de abobrinha, estimada em 500 caixas de 25 quilos cada, igualmente destruída. Pelo pouco que conseguiram colocar na Ceasa, receberam R$ 3,00 por caixa. Ironicamente, no exato dia em que fotografamos a abobrinha destruída na terra, três supermercados visitados em Londrina a comercializavam a um preço que variava entre R$ 1,10 e R$ 1,37 o quilo.

Abobrinha perdida por "saturação" do mercado

A despeito das demonstrações inequívocas das dificuldades enfrentadas pelos olericultores, é necessário lembrar que não se trata de um fato novo, o que poderia sugerir que esses não resistiriam à mediação predatória do mercado. Tamarana se tornou importante pólo do setor olerícola da região, favorecida por suas características pedológicas, topográficas e de localização. Por estar situada a maiores altitudes, apresenta temperaturas mais baixas ao longo do ano, logo, propícias para a olericultura. Ademais, há maior quantidade de terras impróprias para a mecanização, face à declividade do terreno e presença marcante de solos litólicos, terras essas desvalorizadas no mercado fundiário. Além disso, dista 60 quilômetros de Londrina, maior mercado consumidor da região.

Esses fatores têm permitido não só a recriação camponesa, como a recriação com base na autonomia conferida pela compra da terra própria. As propriedades da maior parte dos olericultores não ultrapassam os 5 hecta-

POR UMA GEOGRAFIA DOS CAMPONESES   261

res, sendo a maior parte delas comprada pelos próprios, muitos dos quais ex-parceiros ou até ex-empregados de hortas do entorno.

Por outro lado, aqueles que possuem um pouco mais de terra continuam mantendo o esquema de parceria, no qual entram com a terra e as famílias contratadas entram com o trabalho. As despesas da produção são deduzidas e a parte restante é dividida. Apesar de todos os percalços, os parceiros conseguem se manter porque não há qualquer custo com moradia, além de conseguirem reduzir os custos da alimentação com os produtos cultivados.

Quanto àqueles que os empregam, a maior parte também está envolvida com a olericultura juntamente com a família. Porém, já possuem maiores rendimentos, primeiro porque uma área maior vai permitir a utilização das partes mais acidentadas para pastagem. A presença do gado permite absorver melhor essas situações em que a produção não consegue ingressar no mercado.

É por essa razão que estes já desenvolvem a atividade em melhores condições. Possuem caminhão para o transporte e até mesmo a "pedra"[28] na Ceasa de Londrina. Embora isso não elimine os custos, certamente os reduz, o que lhes garante mais estabilidade na atividade. São essas, portanto, as múltiplas faces da olericultura, a qual se encontra envolta num círculo que se reproduz continuamente.

Enquanto alguns empobreceram com a atividade, abandonando-a quando a área disponível permitia, outros transgrediram as barreiras da proletarização, assumindo a condição autônoma exatamente por se dedicarem à ela. Enfim, por se tratar de uma atividade pouco atrativa para os capitalistas, em razão dos riscos e da pouca renda gerada, é improvável que a mesma se torne incompatível ou venha a fechar as portas para a recriação camponesa.

Lavouras mecanizadas de soja, milho e trigo

Assim como o leite e o café, as lavouras temporárias são quase obrigatórias entre os camponeses. Há uma série de combinações que as incluem,

---

28 Pedra é o espaço onde cada olericultor ou comerciante mantém a mercadoria para ser comercializada. Em outubro de 2001, a menor pedra custava cerca de R$ 2.000,00, sendo cobrada uma tarifa adicional de R$ 8,00 a cada entrada de mercadoria na Ceasa.

sempre mediadas pela situação monetária da família, pelas necessidades internas de consumo, além da conjuntura de mercado.

Vimos que, combinadas com o café sob a forma de cultivos intercalares, predominam o arroz, o feijão e o milho, culturas alimentares que pressupõem um jogo com o mercado, no sentido da pertinência em retê-las para consumo próprio ou para serem vendidas quando os preços forem remuneradores. Por outro lado, há também aquelas em que essa estratégia não pressupõe o consorciamento, sendo destinados espaços distintos do sítio para cada uma delas, seja porque prevaleceu a opção pelo sistema adensado do café, seja porque a terra disponível permite tal organização. Por fim, há aquelas de caráter eminentemente comercial, como é o caso da soja, do milho[29] e do trigo, combinadas à aveia preta, uma cultura de inverno cuja função é a proteção e fertilização do solo.

Nos solos de origem basáltica, essa tripla combinação é predominante, inclusive entre os camponeses "fortes", sendo necessário recorrer a marcos pontuais, do ponto de vista da escala, para que se possam diferenciar os domínios camponeses dos capitalistas.

Analisemos, pois, como a fração do território apropriada pelos camponeses se organiza quando a reprodução depende majoritariamente dessas culturas. A princípio, faz-se necessário esclarecer que as lavouras temporárias pressupõem um ciclo curto, em geral de quatro a cinco meses, o que permite combinações tão variadas como a própria condição socioeconômica dos produtores.

A chegada do inverno é um momento ímpar para identificá-las: nos domínios das lavouras mecanizadas, o campo lembra um imenso tapete com vários tons de verde, com incrustações quebrando tal hegemonia e revelando espaços forjados pelas relações camponesas de produção.

Esses sinais se manifestam na quebra da monotonia da ocupação dominante. São leirões[30] cultivados com feijão em meio ao trigo, são as cabeceiras reservadas ao café e seus complementos, são os conjuntos de casas e pomares mais frequentes, enfim, são marcos da presença viva de pessoas e

---

29 No caso do milho, há dois sistemas agrários diferenciados, a produção em escala, combinada à soja e ao trigo, e a produção de excedente.

30 Os leirões nada mais são que terraços construídos em curva de nível, cuja finalidade é a retenção das águas da chuva. A altura e a distância entre eles são definidas em função do declive do terreno. Em alguns casos, as máquinas não conseguem trabalhar sobre os mesmos, deixando um espaço ocioso.

POR UMA GEOGRAFIA DOS CAMPONESES   263

do trabalho que essas mesmas culturas, quando implantadas como mono-culturas, varrem do campo.

A própria distribuição dos cultivos já nos remete à diversidade das relações que lhes são subjacentes, a começar pela aveia preta, que, apesar de não ser um cultivo comercial, traz inúmeras vantagens econômicas. Aliás, sua simples presença nos remete às características geográficas peculiares da região em apreço, o que não exclui a conjuntura à qual estão submetidos os produtores, em particular os camponeses.

Esse cultivo apenas excepcionalmente visa às colheitas, ocasião em que são extraídas as sementes para comercialização. Uma de suas funções é a cobertura do solo nu, a fim de evitar os efeitos erosivos do vento, bem como das chuvas, ainda que essas sejam menos intensas no inverno. Por tratar-se de um cultivo adaptado às baixas temperaturas, pouco vulnerável à ação das geadas, é tomado como alternativa de cobertura vegetal ao trigo e ao milho.

Some-se a isso o fato de a mesma proporcionar uma reposição parcial de nutrientes retirados pela soja e/ou milho cultivados no verão, atuando como um regenerador natural do solo. Por conseguinte, há uma diminuição dos custos da lavoura subsequente, especialmente com a adubação, proporcionando aumento da receita ao fim do ano agrícola. Quando integrada a um sistema mais amplo de manejo do solo, sua capacidade de regeneração acena não apenas para a diminuição dos custos, mas para a poupança que a preservação do solo, como recurso futuro, pressupõe.

Contudo, a escassez de terra comparece como um empecilho para que os camponeses a cultivem, já que plantar a aveia preta implica abdicar da produção comercial de inverno. Mas as próprias variáveis que interferem na decisão pela utilização produtiva dos meios de produção fazem com que a aveia não seja descartada *a priori*.

A começar pelos riscos de perdas de safras, potencializados no inverno, em vista da mudança do regime pluviométrico e da ocorrência habitual de geadas. Portanto, entre os camponeses essa conjuntura envolve um cálculo orientado mais para o que se pode perder do que para o que se pode ganhar com a lavoura.

A presença da aveia revela uma estratégia de minimização dos riscos, justificada como meio de evitar os prejuízos das geadas, que foram intensos no ano de 2000. Daquele evento há uma lembrança viva, até porque alguns de seus efeitos persistem. Naquele ano, não foram devastados apenas os cafezais, mas também as demais lavouras. Mesmo aquelas adaptadas ao clima frio foram perdidas, desencorajando alguns produtores a continuarem arriscando, já que os custos das culturas de inverno são elevados, com exceção da aveia preta.

> Geada como essa [do ano 2000] a gente nunca tinha visto. Até os pés de laranja e manga daqui do quintal a geada matou. A gente olhava a roça e parecia que alguém tinha tocado fogo no feijão, no milho e até no trigo, que não queima fácil. Só sobrou a aveia e era até bonito ver que ainda tinha vida no meio daquela destruição. Foi nossa sorte, porque o pasto acabou e se a gente não tivesse a aveia, onde iria arranjar comida para o gado? (E., Água da Jacutinga, Londrina)

Portanto, é a combinação das atividades responsáveis pela sustentação de cada unidade camponesa que interfere nesse cálculo, definindo as respectivas escolhas. Além das características já mencionadas, aos que têm gado leiteiro, a aveia é uma fonte segura de alimentação, já que as pastagens escasseiam, mesmo na ausência de geadas.

A insegurança quanto às variações climáticas no inverno leva alguns proprietários de terra a isentarem os arrendatários do pagamento de renda nesse ciclo, mais uma evidência dos riscos envolvidos. Ainda assim, não se veem terras ociosas. Encontramos camponeses ávidos pela oportunidade de arcar com os custos e os riscos de uma empreitada vulnerável, mas que, sendo bem-sucedida, permite um rendimento extra.

Esse precedente ultrapassa os limites das trocas econômicas, inscrevendo-se no âmbito das relações pessoais, sobretudo de vizinhança, muito comum entre camponeses e antigos proprietários absenteístas da região. É à resistência do código de ética tradicional que se pode tributar essa prática, pois todos os casos em que constatamos o uso livre da terra no inverno estão associados à existência de laços construídos na convivência de longa data no lugar.

Nos casos em que tal prática se difunde em vários pontos da área delimitada pelos respectivos bairros rurais, essas ligações evidenciam os limites de análises maniqueístas, as quais se constroem em torno do pressuposto de que não haveria trocas e conexões entre as formas capitalistas e camponesas.

No esforço de se evidenciar o caráter de interação, e não de resquício que a presença camponesa tem no modo capitalista de produção, chamamos a atenção para os mecanismos de extração de renda em favor dos capitalistas, bem como apontamos que esse circuito pressupõe a sua recriação. A isso

POR UMA GEOGRAFIA DOS CAMPONESES **265**

Raffestin (1993) chama de jogos de somas não nulas, face às vantagens recíprocas que se manifestam nas trocas desiguais. Na situação em questão, uma parcela eminentemente capitalista do território é ciclicamente submetida ao domínio camponês, situação que se repete a cada inverno.

> A gente pega terra para fora porque a nossa é pouca, não dá para lavoura mecanizada. Mas já faz muitos anos que nós tocamos essa aqui e para nós é muito bom... O dono é nosso conhecido bem dizer desde criança, então é fácil de se acertar... ele sabe que a gente cuida o melhor que pode da lavoura, então a renda dele é certa. É por isso que ele só cobra renda da soja. Então no trigo, mesmo que perder num ano, se colher alguma coisa no outro já ajuda, porque o gasto é muito. (G., Água Mundo Novo, Arapongas)

Esse é um exemplo de que nas parcelas do território onde impera a lógica capitalista, como é o caso dessa propriedade, também se pode fugir à regra das determinações que lhe são inerentes, já que os camponeses a utilizam a cada ciclo anual sem pagar por isso.

Assim, a despeito de o acordo não ferir as conveniências do proprietário, já que a recompensa vem com a soja, sua disposição de ceder as terras no inverno ao uso camponês implica a abdicação de renda, ainda que eventual. Não se deve esquecer que a estrita lógica capitalista apontaria para três caminhos: a interdição do uso, a partilha das sobras ou ainda a cobrança da renda, independentemente dos resultados da colheita.

Asseveramos que entre as diferentes modalidades de contrato de arrendamento por nós verificadas, essa última também se inclui, na forma de pagamento prévio pelo uso da terra e percentual sobre o montante colhido. Portanto, o relato não deixa dúvidas de que no conjunto das variáveis que conduzem a cessão gratuita, as relações pessoais têm peso significativo.

Temos visto que o arrendamento é uma estratégia de camponeses que, a despeito de não possuírem terras próprias ou possuí-las em quantidade insuficiente, conseguem cultivar as lavouras em questão, mediante o pagamento da renda. Entretanto, o limite para essa prática está na própria disponibilidade de terras arrendáveis, em locais cujos custos de deslocamento das máquinas não inviabilizem economicamente a atividade. Havendo terras disponíveis, essa é uma prática comum entre os camponeses que já dispõem de maquinários, o que lhes permite minimizar os efeitos de uma dupla ociosidade, das máquinas e da força de trabalho da família.

Em relação àqueles cuja quantidade de terras próprias são consideradas suficientes para a satisfação de suas necessidades, a imprevisibilidade
climática aliada aos custos crescentes da produção fazem com que a semeadura de aveia no inverno seja uma forma de "zelar" da terra, o que indica
que é a cultura de verão, particularmente a soja, a privilegiada em termos de
investimento. Na atual conjuntura, aqueles que dispõem de terras mecanizáveis não deixam de ter razão ao elegerem a soja como a melhor opção, pois
essa tem se mostrado a cultura mais rentável na atualidade.

Embora os preços favoráveis sejam decisivos, essa escolha não deixa de
ser influenciada pela avaliação dos riscos, já que as possibilidades de perda
da safra de verão são reduzidas. É o risco o que mais pesa no cálculo camponês, ainda que essa característica não autorize uma associação estrita a um
suposto *conservadorismo*.[31]

Nesse caso, é preciso superar certos pressupostos, pois a ponderação camponesa, quanto aos riscos, se inscreve em uma trajetória delineada pelo saber
vivido e construído na alternância dos ciclos da natureza. O camponês sabe
quanto é recorrente o mau tempo. Assim, salvo em eventos climáticos intensos, como a referida geada de 2000, ele consegue contornar as variações que
se repetem ano a ano, exatamente por se tratar de um componente intrínseco
às decisões sobre o que, quando, como e onde plantar. Portanto, não se pode
confundir prudência com hesitação, já que a premissa da sobrevivência precede o cálculo que os mesmos fazem ao escolherem os diferentes cultivos.

No inverno posterior à grande geada, aqueles que optaram pela aveia
preta descartaram o trigo e o milho, por avaliarem que na situação de baixos
rendimentos em que se encontravam, grandes investimentos, mediados por
riscos igualmente ponderáveis, seriam incoerentes. Mergulhados na cadência de uma concepção particular de tempo, a escolha recaiu sobre a preservação dos recursos para investimento na safra seguinte, mais rentável e segura.

O inverno é o melhor momento para cuidar da terra semeando aveia.
Lembramos que esse esforço de preservação da fertilidade não comparece
em suas falas como uma prática idílica, própria de um segmento de ecolo-
gistas. Antes, revela uma estratégia real da reprodução de sua existência,

---

31 Na origem, esse termo possui carga pejorativa, por ser forjado no interior das concepções
acerca do papel político dos camponeses no processo de superação do modo capitalista de
produção.

POR UMA GEOGRAFIA DOS CAMPONESES   267

uma vez que os mesmos dispõem de pouca terra e praticamente nenhuma mobilidade patrimonial. Assim, quanto mais a terra for poupada, maior a garantia de extrair sustento sem sobressaltos.

Um manejo mais sustentável, do ponto de vista ambiental, pressupõe a combinação da aveia com o plantio direto, que consiste na eliminação do revolvimento mecânico do solo. Nesse sistema, a aveia deve ser semeada após a colheita de verão e dessecada ao fim do inverno. O seu ciclo vegetativo é de três meses, tempo suficiente para que suas raízes quebrem a estrutura compactada do solo e fixem os nutrientes. Posteriormente, a palha e as próprias raízes serão decisivas para a retenção da umidade, ao mesmo tempo que minimizam os efeitos erosivos das chuvas. Segundo os agricultores que recorrem ao plantio direto, essa técnica os tem tornado menos dependentes de chuvas regulares, além de contribuir para a recuperação da fertilidade e diminuir o dispêndio com as culturas.

Ocorre que esse sistema requer níveis de renda que os pequenos não possuem, razão pela qual a maioria ainda pratica o plantio convencional, baseado no revolvimento do solo a cada semeadura. Além da necessidade de plantadeiras específicas, tratores pequenos não possuem a potência suficiente para acioná-las. Do ponto de vista da aquisição, esse conjunto é proibitivo aos camponeses, ainda que isso não elimine a possibilidade de realizarem o plantio direto mediante a contratação desse serviço.

Portanto, para que se possa contemplar essa diversidade de estratégias ligadas às lavouras temporárias, nem sempre é possível fazer uma análise compartimentada. Aliás, isso se aplica a quaisquer atividades destacadas, pois, na área estudada, não foi possível associar a monoatividade à reprodução camponesa.

São diversas as combinações envolvendo as culturas comerciais de verão e de inverno que, pelas razões destacadas, tornam limitadas as possibilidades de cultivo da aveia preta. Nesses casos, temos a soja e o milho como culturas de verão, cuja semeadura se estende de outubro a novembro, bem como as do trigo e milho safrinha como culturas de inverno, cujo plantio se estende de abril até maio.

Apesar de a cultura de verão pressupor a combinação de soja com milho, a primazia da soja é inquestionável, face à diferença de rentabilidade entre ambos. Para se ter uma ideia, no ano de 2001, a área ocupada por essa lavoura foi de 244.868 hectares, envolvendo 5.593 unidades produtoras. Por outro

268   ELIANE TOMIASI PAULINO

lado, foram registrados 7.857 cultivadores de milho em 166.691 hectares, segundo dados extraídos do Relatório Realidade Municipal da Emater (2001).

Embora a produção por hectare do milho supere em até 60% a da soja, os custos são relativamente proporcionais a essa escala, de modo que, ao se considerar a área semeada, envolve gastos maiores. Além disso, a média histórica dos preços entre ambos tem girado em torno de dois para um, ou seja, ao longo dos últimos anos, o milho tem sido vendido pela metade do preço da soja.

Por outro lado, o privilegiamento da soja não pode ser pautado exclusivamente nos preços praticados para o produtor, uma vez que há um custo de produção que não pode ser desprezado. O esgotamento do solo e a perpetuação das pragas em decorrência do plantio continuado podem ser parcialmente contornados com a rotação de culturas.

Com a retirada do milho, o solo fica recoberto por uma camada de palha, importante aliada da técnica de plantio direto. Porém, há limites para os camponeses adotarem essa técnica, o que não exclui a necessidade de alternância entre os dois cultivos. No plano imediato, porém, o estímulo dos preços tem prevalecido, porque tem havido na região uma retração das áreas cultivadas com milho em favor das de soja. Isso começa a preocupar a cadeia industrial de aves e suínos, que têm nesse produto um dos principais componentes das rações.

Por fim, como todo produto de exportação, a soja não está livre das flutuações do mercado internacional. Os preços considerados animadores refletem a situação das lavouras dos Estados Unidos, que servem como referência mundial para os estoques e preços do produto. Em virtude de variações climáticas, em 2002, seu desempenho foi o pior dos últimos cinco anos, o que favoreceu os produtores brasileiros.

Contudo, essa não é uma situação definitiva, pois tão logo a produção se normalize, o grau de competição tende a ser intensificado, com reflexos imediatos nos preços. Por outro lado, é bom lembrar que o governo estadunidense está ampliando a margem de subsídios para seus produtores, justamente para fazer frente à competitividade da soja brasileira. Isso tende a forçar a queda dos preços, estratégia que reflete a política de os países ricos protegerem seus agricultores, valendo-se do mecanismo das trocas desiguais.

Em relação às culturas comerciais de inverno, vimos que a combinação passível de se estabelecer é a de trigo e milho. Plantar milho no inverno é igualmente uma empreitada arriscada, uma vez que, além das geadas fre-

POR UMA GEOGRAFIA DOS CAMPONESES **269**

quentes, há a irregularidade e insuficiência das chuvas, que afetam diretamente a produtividade. Daí a denominação "safrinha", que remete à época
em que o seu cultivo proporciona uma safra menor.

Entretanto, salvo a ocorrência de geadas, os riscos com o milho se cir-
cunscrevem à quebra, mas não à perda da safra: trata-se de uma cultura
que resiste a *deficits* hídricos e não é afetada por precipitações excessivas.
Mesmo em condições de ser colhida, pode suportar semanas de chuvas
consecutivas. O risco maior é o vento, pois, se as plantas tombarem, a colheitadeira não conseguirá apanhá-las. Além disso, as espigas em contato
com o solo apodrecem rapidamente.

Quanto ao trigo, os riscos em relação às condições adversas do clima são
exponenciais. Se, por um lado, a sua escolha em relação ao milho parece
mais adequada, por tratar-se de cultura adaptada ao frio, suportando inclusive geadas, desde que não muito intensas, a vulnerabilidade em relação
ao regime pluviométrico é severa. O trigo necessita de chuva quando está
cacheando e sol no momento da colheita. Quando maduro, três dias de chuvas constantes são suficientes para a perda da safra, pois os grãos acabam
germinando no cacho.

Por ser cultivado especialmente em solos de basalto, com alta incidência
de argila, mesmo que as precipitações não ocorram nessa frequência, as
colheitadeiras somente conseguem adentrar a lavoura com a terra enxuta.
Isso aumenta os riscos de perda, uma vez que o período da colheita tende
a coincidir com o fim da estação seca. É por essa razão que os camponeses,
mesmo com os preços mais remuneradores do trigo, tendem a dividir a área
mecanizável entre as duas culturas. Em 2001, a área ocupada pelo trigo foi
de 69.420 hectares, envolvendo 1.562 triticultores.

O agricultor já está malhado, ele já sabe que vai perder uma colheita ou
outra. Há quatro anos o trigo estava lindo, colhemos um terço e chegou a chuva.
Foram oito dias sem a máquina poder entrar na roça. Então o restante foi vendido como ração, pela metade do preço. Na safra seguinte, a semente deu problema, fomos atrás de uma mais barata, mas só nasceu pouco mais da metade.
Daí o tempo correu bem, o que nasceu, foi colhido. No terceiro ano, o sol já
tinha atrapalhado um pouco. Quando os grãos estavam "no leite", veio a geada
e eliminou 90% da colheita. Este é o quarto ano, está tudo caminhando para uma
boa colheita, só não pode invernar, porque se der três dias de chuva o trigo brota
no cacho. É uma cultura de alto risco. (A., Água das Laranjeiras, Pitangueiras)

Vê-se assim que o insucesso das culturas de inverno é comum, razão pela qual alguns camponeses que vivem do arrendamento de terras no entorno cultivam gratuitamente a terra nessa estação, pagando renda apenas pela lavoura de verão.

O fato de os riscos serem maiores na cultura do trigo, em relação aos do milho, é compensado pela equação custos-preços, já que a média histórica do preço do trigo tem ocupado uma posição intermediária entre o do milho e o da soja.

A contrapartida desses desafios está no mercado brasileiro, pois há uma enorme demanda a ser suprida, o que elimina a possibilidade de pressão negativa nos preços em razão das colheitas. Mas isso não assegura aos camponeses qualquer estabilidade, pois são as políticas públicas que detêm o poder de regulação do mercado do trigo. Assim, a decisão pela importação em detrimento do produto nacional, quando os preços externos são mais competitivos, é tão nefasta quanto as regras impostas pelos importadores dos produtos nacionais.

Esse expediente foi largamente utilizado após a edição do Plano Real, que basicamente restringiu o controle da inflação à cesta básica. Tal estratégia, conhecida como âncora verde do referido plano, foi implementada, em grande medida, às expensas do campesinato. Mais adiante retomaremos o assunto sobre os efeitos dessa política interna que, ao ser associada à própria tendência depressiva dos produtos primários, afetou preferencialmente os camponeses, produtores por excelência de alimentos.

Vimos que o mecanismo de formação de preços do trigo obedece a critérios diferenciados, guardando íntima relação com a desvalorização da moeda brasileira. Por refletir as cotações dos produtos cuja referência é o mercado externo, a sua rentabilidade tem sido considerada bastante satisfatória. Isso tem propiciado uma relativa recuperação dos níveis de rendimento aos camponeses envolvidos com as lavouras citadas, já que a escala, em relação aos custos fixos, é inversamente proporcional. Porém, se de um lado os preços compensadores atuam na recomposição parcial das perdas acumuladas pelos camponeses com elas ocupados, por outro lado esse mesmo desempenho tende a criar barreiras para a recriação camponesa.

No rastro da valorização do trigo, da soja e do milho, temos visto a valorização das terras. Na porção basáltica, onde esses cultivos são predominantes, seu preço vem aumentando progressivamente nos últimos anos.

POR UMA GEOGRAFIA DOS CAMPONESES   271

Nos domínios do arenito, onde predominam as pastagens e a policultura, o preço da terra tem se mantido em patamares bastante inferiores, o que evidencia quanto os mecanismos de definição da renda da terra estão atrelados à demanda de sua produção potencial.[32]

É necessário esclarecer que, mesmo envolvidos com culturas privilegiadas do ponto de vista do mercado, a lógica que preside os cultivos camponeses é diversa da lógica com que operam os capitalistas. A começar pela combinação das culturas com atividades voltadas para o autoconsumo, que variam desde hortas e pomares até a grande diversificação, incluindo-se aí o café e/ou a integração na avicultura e na fruticultura como atividades comerciais paralelas.

No outro extremo, encontra-se a mesma combinação com a indústria doméstica de vinho, o que indica que a principal marca dessa parcela do território é a diversidade, ao contrário das unidades capitalistas, em geral homogêneas do ponto de vista da organização produtiva.

Não obstante, há um padrão de repetição que remete a uma hierarquização atrelada ao tamanho dos sítios camponeses. Optamos por trabalhar com estratos de área, nos quais foram consideradas pequenas propriedades aquelas com até 50 hectares, para viabilizar uma análise pautada nos dados oficiais disponíveis. Assim, é preciso esclarecer que a mesma não foi tomada como "camisa-de-força", no sentido de que todos os sítios camponeses devam se enquadrar nessa medida ou adotem estratégias similares quanto ao uso da terra.

Daí a necessidade de considerar as características da malha fundiária da região estudada, a qual teve origem nos primórdios da mercantilização da terra. Conforme já se fez referência, na concessão onde atuou a Companhia de Terras Norte do Paraná, houve uma tendência à maior fragmentação das propriedades.

O limite para a explicação das diferenças unicamente com base nesse fator é clara, mas é a sua combinação com as especificidades de cada bairro rural que exprime a diversidade descrita, cujo reverso é a unidade territorial instituída pela convergência de estratégias de recriação. Dessa maneira, o controle sobre as parcelas do território define limites e possibilidades que,

---

32 Segundo levantamento realizado pela Seab/Deral referente ao ano de 2001, o preço médio por hectare de terras mecanizadas era o seguinte: R$ 4,2 mil para a terra roxa, R$ 2,3 mil pela mista e R$ 1,9 mil pela arenosa.

combinados com a mão-de-obra e os instrumentos de trabalho passíveis de circularem via relações comunitárias e monetárias, produzem os contornos que se manifestam no plano geográfico, do espaço transformado em fração singular, mas heterogênea do território.

Cremos ter demonstrado como as diferentes modalidades de integração, assim como a pecuária leiteira e a cafeicultura, marcam o enquadramento dos camponeses em diferentes estratégias que convergem a uma única lógica: a reprodução da família. Nessa perspectiva, a hierarquia que se pode observar entre as lavouras temporárias resulta dos limites impostos pelos fatores materiais de produção e sociais de reprodução, entre os quais o fator primordial é a terra. Num plano ascendente, as culturas de excedente estariam na base, e as lavouras mecanizadas – de soja, milho e trigo –, no topo.

Em outras palavras, o privilegiamento das lavouras de excedente é majoritário entre os camponeses mais vulneráveis, os quais raramente possuem sítios com área superior a 10 hectares. Essa escassez de terra, que em si já emite sinais das condições materiais de quem as possui, impõe barreiras para o cultivo dos produtos mais rentáveis. Por outro lado, sítios maiores revelam melhores condições materiais das famílias, o que dá margem para opções mais remuneradoras, mas que, por outro lado, as tornam mais dependentes das flutuações do mercado.

É por essa razão que não se pode tomar a modernização da base técnica da agricultura no estado do Paraná, especialmente nas culturas da soja, trigo e milho, como obra exclusiva dos capitalistas. O fato de os camponeses se ocuparem dessas culturas, as quais pressupõem bases técnicas mais sofisticadas, não os torna menos camponeses, pois as mesmas revelam a menor vulnerabilidade econômica do grupo familiar.

Outrossim, as mesmas ocupam uma posição privilegiada em relação aos alimentos básicos, por ultrapassarem os limites do mercado nacional, tendo como referência de preço o dólar.[33] Embora o trigo e o milho sejam afetados apenas em parte por essa lógica, por serem destinados majoritariamente ao consumo interno, a cadeia produtiva na qual estão inseridos envolve o mercado externo. O milho, na perspectiva da produção comercial de escala, por se constituir alimento básico das aves e suínos, cujo volume de exportação é

---

33 Em 19 de julho de 2002 os preços médios ao produtor no Paraná eram os seguintes (saca de 60 kg em dólares): soja: U$10,38 – trigo: U$ 7,46 – milho: U$ 4,53; (sacas de 60 kg em reais): soja: R$ 30,00 – trigo: R$ 21,55 – milho: R$ 13,10.

considerável e o trigo, pelo peso da importação na composição de seus preços, já que a produção nacional é insuficiente para atender ao mercado interno.

No entanto, a cultura do milho se enquadra em dois esquemas distintos: ao mesmo tempo que integra o sistema mecanizado inserido no rodízio com a soja e o trigo, também se constitui lavoura de excedente, normalmente no esquema intercalar, cuja finalidade é o atendimento das necessidades internas de consumo.

Esse duplo papel se deve ao fato de que, para comercialização direta, o cultivo de milho exige escala. Para os grandes plantadores, a combinação soja e milho permite potencializar ao máximo a utilização das máquinas, já que a maturação das colheitas não coincide. Assim, distribuindo a área plantada, a mesma máquina fará as duas colheitas, primeiro a do milho e depois a da soja, o que não seria possível caso a escolha fosse mutuamente excludente. Nesse caso, seria necessário duplicar a quantidade de máquinas disponíveis para a colheita.

Segundo a Emater, uma lavoura de milho com o mínimo de sustentabilidade econômica pressupõe a produção de pelo menos 250 sacas. Os camponeses sabem disso, tanto que os pequenos raramente enquadram o milho em cultivo comercial, mas sim na lógica do excedente. Ele é utilizado para a alimentação das aves, suínos e grandes animais, notadamente as vacas de leite, sendo utilizado tanto para silagem quanto para pastejo na palhada após a realização da colheita, como mostra a foto.

Gado na palhada

Em outras palavras, o milho transformado em carne ou leite pode ser compensador, mas a granel não remunera o trabalho daquele que tem pequena escala de produção. Nesse sistema em que a mecanização é baixa, há uma produção de excedente a ser destinada ao mercado.

> O milho eu também vendo um pouco. Eu sempre vendo para um comprador lá de Taquara, o velho Juca, ele vem buscar aqui. Não dá para a gente mesmo levar lá para a cidade porque o gasto é bastante, tem que pagar carreto e debulhação. Então é melhor fazer assim, porque já vende livre aqui na roça, ele já vem, pesa e paga a gente... já traz o dinheiro aqui em casa. Então a gente às vezes anda muito atrás de dinheiro e perde...(A., Água da Marrequinha, Londrina)

É evidente que esse esquema em que atua o pequeno atravessador representa uma transferência de renda ainda maior do que no caso da comercialização direta nas indústrias, que é vedada ao pequeno agricultor em razão de duas variáveis: dificuldade de transporte e volume a ser ofertado. Apenas as colheitas maiores viabilizam esses canais de comercialização, visto que uma produção maior já garante a diluição dos custos de transporte, com a plena utilização da capacidade de carga dos caminhões. O mesmo se aplica no caso das cooperativas.

Quanto à soja, trata-se de um produto de exportação por excelência, o que não quer dizer que o mercado interno não retenha parte dessa produção, notadamente o óleo. Não se deve perder de vista, contudo, que esse produto é originalmente um subproduto que foi praticamente imposto à cesta de consumo dos brasileiros a partir dos anos 1970, passando a substituir paulatinamente a gordura suína e os óleos vegetais de amendoim e algodão.

A modificação dos hábitos alimentares foi motivada exatamente pela natureza das trocas no mercado externo: a demanda estava centrada no farelo de soja, largamente utilizado para a alimentação animal, especialmente nos países onde a pecuária está baseada no confinamento dos animais. Assim, uma forma de incrementar os lucros seria o aproveitamento dos resíduos do processamento industrial, no caso o óleo.

> Tanto falaram que a banha de porco fazia mal que quase todo mundo parou de usar. Aqui muita gente desanimou de criar um porquinho caipira, porque o que ia fazer com ele? Mas agora a gente vê como a soja é produzida, é veneno do começo ao fim... A semente já vem envenenada, é veneno na lavoura, uma, duas, três vezes. Já o porco que a gente cria, a gente sabe que não tem nada

disso. Me falaram e eu até fiz a experiência ... peguei um litro vazio de óleo e um de cloro e plantei uma mudinha de pepino em cada um. Você acredita que a do cloro foi para frente e a do óleo não? É o veneno. (J. A., Nova Granada, Astorga)

Embora não seja conveniente entrar no mérito da experiência descrita pelo nosso interlocutor, seu relato mostra quanto a publicidade negativa em torno da gordura animal foi decisiva para mudanças não apenas no gerenciamento da produção voltada ao consumo, mas inclusive na criação de uma necessidade a ser satisfeita pelo mercado.

Ocorre que a maior parte daquilo que lhes é apresentado como bem de uso insubstituível causa desconfiança, pois eles conhecem como poucos as armadilhas do mercado. Isso parece ter-se dado no caso do óleo, pois várias famílias visitadas, ao nos falarem das atividades para o autoconsumo, fizeram menção à retomada da gordura após um período de uso exclusivo de óleo de soja.

Contudo, é bom lembrar que essa reconversão ao produto animal não terá reflexos significativos no mercado da soja, já que estamos diante de uma sociedade altamente urbanizada, que não poderá recorrer a estratégias semelhantes. Embora isso não explique, certamente auxilia a compreender a valorização da soja, pois, entre os produtos da pauta de exportações brasileiras, essa ocupa o primeiro lugar.

Não obstante, essa é uma evidência de que projetos de publicidade executados com esmero atingem em cheio o alvo desejado. Isso se verifica inclusive na comercialização dos insumos agrícolas, em que há uma poderosa máquina de marketing, sempre investindo em fórmulas que prometem novas soluções para os problemas da lavoura. Os camponeses são muito vulneráveis a esse esquema, uma vez que é comum, ante os ataques de pragas desconhecidas ou mesmo o desenvolvimento das plantas em desacordo com o ciclo habitual, eles buscarem auxílio técnico nos estabelecimentos que comercializam os agrotóxicos.

Além disso, é comum a visita dos vendedores nas propriedades ou nos eventos que reúnem grande número de produtores. Como exemplo, citamos os cursos promovidos pela Emater e os chamados "dias de campo",[34]

---

34 Os "dias de campo" consistem em eventos voltados aos produtores para disseminar informações técnicas, produtos e serviços. Em geral, os produtores são levados a uma propriedade referência, tomada como modelo para aquilo que se quer demonstrar.

promovidos por cooperativas, órgãos oficiais de assistência técnica e mesmo pelo comércio com o apoio da indústria ligada ao setor agrícola, ocasiões em que a divulgação de insumos e equipamentos é intensa.

A forte presença camponesa nesses eventos é o reflexo de seu envolvimento com as culturas mecanizadas, o que evidencia o equívoco de ignorar, do ponto de vista analítico, a sua participação nos sistemas agrários pautados em inovações técnicas. Por outro lado, isso não significa suprimir diferenças sociais e condições materiais de reprodução, mesmo em se tratando do mesmo ramo de atividade. As limitações econômicas existem e não passam despercebidas, especialmente quando se compara a produção camponesa com a dos fazendeiros do entorno.

> Já tem semente de milho que rende quase 60 sacas a mais por alqueire que essa que eu plantei. Só que ela é mais cara, também precisa de mais adubo. Se eu tivesse o dinheiro para o investimento, podia ganhar mais, mas só os fazendeiros podem fazer isso. Quem tem mais sempre se sai melhor... Você veja, faz quatro meses que eu entreguei minha soja a R$ 16,00 e hoje tem gente entregando a 24, mas eles podiam esperar o preço melhorar, eu não, daí que o pequeno sempre se sai pior. (S., Água do Cardoso, Bela Vista do Paraíso)

Em face do volume de recursos imobilizados no maquinário necessário ao cultivo dessas lavouras temporárias, é inquestionável que aqueles que têm a seu favor mais terras conseguem reduzir proporcionalmente os custos da atividade. E isso não se aplica somente às máquinas e ao transporte, mas também aos insumos, cujos preços são inversamente proporcionais à quantidade adquirida. A diferença de preço do calcário e do adubo em sacas ou toneladas é enorme, mas estes não permitem estocagem. Do mesmo modo, os agrotóxicos são comercializados em diferentes tamanhos de embalagens, muitos dos quais têm prazo de validade que impedem a utilização nos anos seguintes.

Assim, mesmo considerando que há uma saturação em termos de escala, mais terras significa custos diluídos. Trata-se de um circuito em que o diferencial está nos índices de rendimentos, de modo que mais investimentos custam menos e propiciam melhores resultados produtivos.

Por outro lado, o contraponto dessa desigualdade está na lógica que move seus agentes: a agricultura como investimento está limitada à rentabilidade do capital investido, enquanto a agricultura como ocupação pressupõe a reprodução de um modo de vida, cujas dimensões não se esgotam no econômico.

É por isso que lógicas e realidades distintas exigem referenciais teórico-metodológicos igualmente distintos. Condicionar o entendimento da realidade à suposta racionalidade econômica do capital é fazer tábula rasa aos processos que se materializam em um espaço prenhe de significados. A recriação do domínio camponês do território em um cenário desfavorável não só o evidencia como mostra que a técnica não pode ser tomada como elemento fundante para a compreensão da realidade. Ao contrário, é o conteúdo presente nas diferentes estruturas sociais que conferem significado à apropriação da técnica.

A transferência da renda no consumo produtivo camponês

Admitir que a recriação camponesa tem-se dado em meio à adversidade não serve de pretexto para deixar de reiterar a ação predatória empreendida em diversos níveis pelos diferentes agentes do capital. Já apontamos os mecanismos de apropriação da renda camponesa nas esferas em que todo o trabalho e investimento do campesinato se materializam na produção: são as cadeias industriais que se sustentam por meio da matéria-prima fornecida por essa classe, como é o caso da integração; igualmente visíveis são os interstícios da acumulação de capital pelas indústrias que recebem o leite, os produtos da lavoura permanente e temporária. Por fim, a agressiva ação do capital comercial com as anteriores se confunde.

Falta refletir melhor sobre a sua ação na esfera do consumo produtivo, ou seja, no monopólio dos preços dos insumos necessários à produção. Conforme já foi demonstrado, o campesinato não está excluído do processo de modernização da base técnica da agricultura. Nessa perspectiva, sua produção comercial pressupõe a utilização de máquinas e insumos, ainda que numa escala compatível com os recursos materiais de que dispõe.

É justamente a incorporação de tecnologia que o obriga a pagar um pesado tributo ao capital industrial e comercial, tributo esse representado pelo consumo das mercadorias que entram no processo produtivo. A título de exemplo, na área estudada havia, em 2001, 10.966 tratores, 743 colheitadeiras e 1.742 plantadeiras, ao passo que a maioria absoluta dos produtores recorreu a algum tipo de insumo industrializado, seja pesticidas, herbicidas ou adubos químicos. Isto pode nos dar uma dimensão do quanto a modernização da base técnica da agricultura tem sido importante para a acumulação do setor industrial, a qual tem inclusive se apoiado numa espécie de mediação pelo próprio Estado que direcionou, e ainda direciona, a apropriação da riqueza social gerada diretamente pela agricultura, ao privilegiar, por intermédio de inúmeras políticas públicas, o empresariado da terra, produtivo ou não.

Portanto, o ônus da produção e da reprodução ampliada do capital continua recaindo sobre os trabalhadores, entre os quais os camponeses, diretamente afetados pelo custo crescente para produzir e pela apropriação decrescente da renda. A Figura 7 é duplamente elucidativa: mostra que os produtos típicos da lavoura camponesa foram os que apresentaram o maior descompasso entre custos para produzir e preços recebidos pelas colheitas e, ao mesmo tempo, indica que a majoração dos produtos da indústria para a agricultura não está atrelada à política de preços mínimos ao produtor.

Embora os dados apresentados se refiram à média das variações, a Figura 7 não deixa dúvidas quanto à precarização das condições de sobrevivência dos camponeses nos últimos anos.

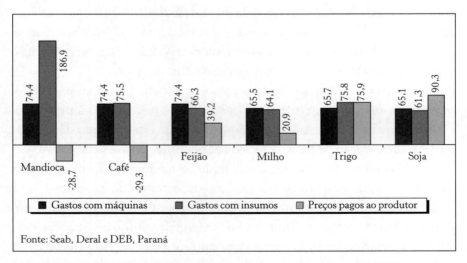

Figura 7 – Variação dos custos da produção e preços pagos ao produtor de janeiro de 1999 a setembro de 2001 (%)

POR UMA GEOGRAFIA DOS CAMPONESES **279**

Anterior estava ruim e agora está mais ainda, veja que os recursos que os meninos ganham a gente aplica aqui mesmo... mas o leite caiu de preço, o café também, mas os adubos e inseticidas subiram. O que é da agricultura abaixou, mas o que é da indústria... As indústrias acompanham o patamar, elas não têm prejuízo, elas querem ganho. Eles vão somando os prejuízos e depois sobem os preços e a gente não tem como fazer isso, porque vai vender para eles e tem que vender no preço que está. (J., Água Clara, Nossa Senhora das Graças)

No caso das máquinas, tomamos por referência os custos de manutenção, incluindo-se aí peças e combustível, bem como a variação dos preços para aquisição. Notemos que nesse item os custos da lavoura tipicamente camponesa, como é o caso do café, do feijão e da mandioca, aumentaram, em média, 74,4%, enquanto aqueles em que a presença da agricultura empresarial é significativa, como é o caso da soja e do trigo, os aumentos ficaram entre 64% e 66,8%.

Contudo, no que se refere aos preços pagos aos produtores, houve um comportamento inverso: enquanto pela soja e pelo trigo foram pagos preços superiores à escalada dos custos, o café e a mandioca registraram queda real de preços ao produtor de 29,3% e 28,7% respectivamente, o que indica quanto está difícil se manter nessas atividades. No caso do feijão e do milho, apesar do aumento nos preços de 39,2% e 20,9%, respectivamente, os produtores ainda tiveram que absorver importante parte da majoração dos custos.

No que se refere aos insumos, onde estão incluídas as sementes, adubos e agrotóxicos, a variação dos custos dos produtos da lavoura camponesa segue a mesma lógica, ou seja, foram superiores aos demais, lembrando que, em todos os casos, foram tomados os custos médios entre as técnicas convencionais de cultivo e o plantio direto, no caso dos cereais, e cultivo adensado, no caso do café.

É importante salientar que, nos itens de consumo da agricultura, os dados refletem a variação de preços na ponta da cadeia produtiva, ou seja, diretamente aos agricultores. Assim, fica difícil separar qual a fatia de renda apropriada pela indústria a montante da agricultura, já que os comerciantes locais também lucram com a venda desses produtos. De qualquer maneira, é de se supor que o movimento de alta é conduzido pelo capital industrial, cabendo ao capital comercial repassá-lo aos agricultores.

É nesses meandros que a renda camponesa acaba retida, lembrando que a mesma lógica prevalece na comercialização das colheitas. Essas são as di-

280 ELIANE TOMIASI PAULINO

ferentes expressões da monopolização das parcelas do território dominadas pelos camponeses, ainda que isso não represente sentenças aprioristicas de desaparecimento, já que os camponeses buscam permanentemente alternativas para preservarem sua autonomia.

Contudo, eles não deixam de observar a situação de subordinação em que estão enredados, situação essa que foge ao seu controle e, por vezes, parece ser a única variável capaz de inviabilizar o projeto de reprodução autônoma da família, como mostra esse depoimento:

> Na lavoura, o pessoal da roça não manda nada, é lá na cidade que eles decidem quanto custa o adubo, o veneno, quanto vai subir. Não interessa para eles quanto custou para a gente produzir, são eles que colocam o valor na nossa colheita e não tem conversa. Só que a gente acaba entregando assim mesmo porque tem compromissos, não pode se dar ao luxo de esperar melhorar o preço que nem se sabe se vai melhorar ou piorar. Enquanto der para aguentar a gente vai plantando. (B., Água da Jacutinga, Londrina)

Assim, a acumulação capitalista proporcionada pela transferência da renda produzida pelos camponeses não se dá serenamente, sem conflitos. Embora pareça haver uma conformação geral, a indignação entre eles é latente. Cientes de que são fundamentais no esquema de faturamento das indústrias, tanto daquelas que produzem as sementes, insumos e máquinas, quanto daquelas que agregam valor às colheitas mediante o processamento industrial, os camponeses vislumbram a sangria dos frutos do seu trabalho. É essa percepção de que as trocas são absolutamente injustas que alimenta uma utopia de insubordinação entre a classe camponesa, como comprova esse camponês:

> Está muito difícil, mas tudo isso acontece porque nós da roça somos desorganizados. A gente tinha é que parar de plantar para vender, tinha é que plantar só para comer, porque daqui a gente tira tudo o que é preciso para viver. Se passasse um, dois, três anos sem vender um grão de arroz e feijão, você ia ver como as coisas iam mudar. Mas a gente tem dó, tem sentimento pelo povo da cidade que trabalha igual e está até pior que a gente. Eles que não têm culpa de nada é que iam sofrer ainda mais do que já sofrem. (C., Água da Jacutinga, Londrina)

Como se pode inferir, o interlocutor não é apenas portador de uma utopia peculiar de justiça, ele expressa total compreensão de seu papel político

POR UMA GEOGRAFIA DOS CAMPONESES **281**

e do potencial, como classe, de desarmar, pelo menos em parte, o esquema de acumulação estruturado na cidade. Contudo, ele não deixa de reconhecer na exploração dos trabalhadores urbanos uma condição socioeconômica mais ultrajante que a dele. É a ética da justiça instituída pelo trabalho que o impede de formular uma saída revolucionária, pois lhe é inconcebível punir quem é tão vítima do sistema quanto ele.

É por essa razão que se faz necessário atentar para a inconsistência dos esquemas teóricos e político-partidários que, em nome da luta pela transformação rumo a uma sociedade mais justa e igualitária, se fecham em torno da pretensa inferioridade política do campesinato. Nesse particular, a posição de Oliveira é cristalina:

> A aliança política entre trabalhadores assalariados e camponeses não pode mais ser pensada na perspectiva da hegemonia política pura e simples dos primeiros sobre os segundos, e muito menos no sentido inverso. Ela deve nascer da compreensão de suas diferenças, e do direito mútuo de cultivá-las. Ela deve nascer da compreensão dos processos contraditórios que o capital desenvolve no campo e atuar no contrafluxo de sua lógica [...]. (Oliveira, 1994, p.51)

Estão equivocados, portanto, aqueles que atribuem à aspiração milenar por uma ordem social mais justa e igualitária uma possibilidade fugaz de mobilização dos camponeses, a exemplo de Wolf (1976). Segundo esse autor, a permanente recusa de os camponeses aceitarem a extração de excedentes os torna aptos a compor movimentos revolucionários, mas não os habilita a construir um projeto político próprio. Portanto, trata-se de uma interpretação alinhada à visão kautskiana de que os mesmos necessitariam de agentes externos para conduzi-los:

> A emergência de um mito comum de justiça transcendental pode frequente e efetivamente levar os camponeses tanto a ações impossíveis como a outras formas de organização. Mas concede-lhes somente uma visão comum, não uma estrutura organizacional para ação. Esses mitos unem os camponeses, mas não os organizam. Se às vezes um bando de camponeses varre o campo como uma avalanche, do mesmo modo dispersar-se-á na resistência, *desintegrando-se se uma liderança adequada não vier de fora*. Os movimentos camponeses, como as alianças, são instáveis e rápidos alinhamentos de unidades antagonizadas e autônomas, nascidas momentaneamente de um sonho milenário. (Wolf, 1976, p.144, grifo da autora)

282   ELIANE TOMIASI PAULINO

Notemos que Wolf reconhece a capacidade revolucionária dos camponeses, a qual está inelutavelmente inscrita na história contemporânea. Contudo, os pressupostos construídos em torno da ideia de que a diferença necessariamente deve ser enquadrada numa ordem hierárquica é que resvala no lugar comum dos que confundem a história dos camponeses com a história para os camponeses. Isso porque negar a capacidade de implementação da utopia camponesa é definir escalas a priori, desconsiderando que as partes do território conquistadas por essa classe são estruturadas em torno de um código moral orientado por esse projeto histórico de justiça.

Por outro lado, atribuir-lhes a incumbência da transformação da sociedade pautada num conceito de revolução que efetivamente não se enquadra nessa mesma utopia é incorrer, mais uma vez, na expectativa equivocada de que a superação do capitalismo virá pelas mãos de uma classe redentora. Gramsci (1987) já advertia que tal superação requer um projeto conjunto dos trabalhadores sem a hierarquização das diferenças.

Por fim, cabe lembrar que os projetos camponeses que mais se aproximaram dessa igualdade utópica não foram compreendidos nem mesmo pelos arautos do projeto de sociedade socialista. A título de exemplo, citamos as comunas russas (Mir) que, de acordo com Fabrini (2002, p.48, 74), não foram reconhecidas pelo Partido Bolchevique como experiências passíveis de contribuírem para o projeto socialista. Assim, não é a ausência de mediadores externos que impede a articulação dos camponeses em torno de projetos mais igualitaristas, porque eles são inumeráveis. Antes, são justamente as intervenções vindas de fora que, via de regra, os têm dilacerado.

4
As frações camponesas do território: unidade na diversidade

O lavrador é o soldado que trabalha na roça, é o soldado braçal que o governo tem. Não é aquele soldado que ele vai pôr lá para dar poder para os industriais, porque os industriais se não tiverem os preços reajustados, eles dão prejuízo... abrem falência e pegam dinheiro do governo. Agora, nós aqui não, se a gente não pagar o dinheiro que pegou, eles querem tomar a terra, por quê? Porque a gente é pequeno. Tem muitos aí que a terra já foi tomada, a gente não tem a força... Quando existe um soldado que perde a saúde na roça, ou que não consegue pagar o que pegou no banco por falta de preço justo, ele coloca aquele soldado que está com a arma na mão para destruir... (camponês de Água Clara, Nossa Senhora das Graças, PR).

Políticas públicas e camponeses: encontros e desencontros

Embora a face mais perceptível da intervenção do Estado no campo seja a política de crédito e de preços mínimos dos produtos agrícolas (ou a ausência dela), a interferência das políticas públicas no processo de recriação camponesa é por demais significativa.

Refletir sobre seus desdobramentos requer, antes de mais nada, recuperar um pressuposto já destacado anteriormente: trata-se de reconhecê-las como instrumento privilegiado de mediação de interesses em uma sociedade dividida em classes, cujos objetivos e necessidades são necessariamente conflitantes.

284 ELIANE TOMIASI PAULINO

Ao assinalar o caráter contraditório do processo de recriação camponesa no capitalismo, Oliveira (1986) destaca que, não raro, esta vem revestida da cessão gratuita do trabalho camponês para a sociedade, por meio de preços alcançados pelos produtos que os mesmos colocam no mercado, notadamente os alimentos básicos.

Deve-se lembrar que os baixos preços deles não são um fato isolado, mas que se articulam a um processo de desvalorização social dos agentes dessa produção, perpetuado pela sistemática transferência de renda a outros setores da sociedade. Nesse particular, o concurso do Estado é inquestionável, seja na elaboração e execução das políticas de crédito agrícola, seja na definição de preços mínimos, muitas vezes incompatíveis com os custos da produção e, por fim, pela própria anuência às relações de mercado predatórias.

O equacionamento analítico desse paradoxo se fará com o reconhecimento de que a existência camponesa se inscreve em um quadro de resistência que transcende a esfera econômica, embora seja essa a face mais explícita de um conflito primordial: quem irá se apropriar da renda gerada pelo trabalho camponês.

Assim, é oportuno lembrar que tal conflito se desenrola no plano da luta de classes, a qual remete à capacidade política que os camponeses têm demonstrado ao longo dos séculos de construir o devir, a despeito de sua vulnerabilidade ante os mecanismos de extorsão empreendidos pelas forças dominantes.

Há que se ponderar que tais embates comportam diferentes estratégias, não devendo ser resumidos a meros confrontos diretos. Embora isso se aplique a situações particulares, notadamente a ocasiões em que os camponeses veem a sua sobrevivência ameaçada de fato, outras dimensões da resistência camponesa, com frequência, têm passado despercebidas, especialmente quando a tônica do desaparecimento como classe prevalece.

Vimos que, em última instância, essa mesma interpretação remete a uma concepção histórica de sua suposta inconsistência política, que, no plano das ações revolucionárias, tenderia à cooptação pela classe hegemônica, ou, no limite, revelaria uma inércia obstrutiva, como se a revolução fosse tarefa de uma classe naturalmente iluminada. Conforme já advertira Oliveira (1994, p.51), a superação das formas de exploração capitalistas não pode ser pensada a partir da hegemonia de uma classe sobre a outra, mas de uma aliança instituída a partir do respeito às diferenças entre as classes oprimidas.

POR UMA GEOGRAFIA DOS CAMPONESES **285**

E trata-se de diferenças por demais significativas. Conforme lembra Martins (2002), a subordinação ao capital manifesta-se de forma diversa entre proletários e camponeses: os primeiros são atingidos pela extração do trabalho excedente, ao passo que, sobre os últimos, pesa a extração da mais-valia social. É por essa razão que a compreensão desse processo e o encaminhamento das lutas devem necessariamente divergir.

A fala camponesa que introduz este capítulo parece dirimir qualquer dúvida a esse respeito: o fato de conservarem a autonomia sobre os meios de produção, inserindo-se no circuito mercantil como produtores e, ao mesmo tempo, consumidores de mercadorias necessárias ao processo produtivo sob seu controle, remete suas ações e atenções ao plano institucional, mais precisamente ao governo.

Diferentemente dos operários, cujo vetor de exploração se materializa diretamente nos capitalistas para os quais vendem sua força de trabalho, os camponeses conseguem ter clareza que, em última instância, é o Estado quem dá o tom da assimetria nas trocas que os envolvem, na medida em que se alia, ou pelo menos não cerceia as práticas lesivas empreendidas pela classe hegemônica, como comprova o depoimento:

> O homem que trabalha na roça não abre mão do seu serviço, ele trabalha e ama o serviço que ele faz, porque ele é um soldado honesto. Agora aquele soldado que ele [o governo] põe lá para proteger os poderosos, aquele soldado lá não é digno, porque ele acompanha os poderosos. Ele está lá para acompanhar os poderosos que emprestam o dinheiro do governo, se ele não capta dinheiro para pagar, ele fecha a indústria. Se tem três ou quatro mil pessoas trabalhando ele fecha assim mesmo. Agora o governo deixa de aplicar o dinheiro num soldado de garantia, que é o da roça, que é o soldado braçal. Você já pensou quantos mil que não tem, que o governo deveria pensar em reajustar os preços daqueles que põem o que comer? (J., Água Clara, Nossa Senhora das Graças)

Essa possibilidade de identificar a parcialidade do Estado em relação ao trabalho que produz a riqueza que, como vimos, tem sua face mais explícita no preço das colheitas e nos custos da produção, faz com que os camponeses reajam a essa situação de forma pouco convencional, em comparação ao universo daqueles que já experimentaram a sujeição real ao capital. Enfim, o fato de possuírem os meios que os tornam senhores de si, faz com que a lógica acionada seja exatamente a da preservação desses meios, postura comumente entendida como conservadora pelos que a analisam de fora.

286 ELIANE TOMIASI PAULINO

Considerando que a essência dessa condição está no acesso à terra, é fácil entender a saga pela sua conquista e permanência nela. Essa autonomia é de tal forma prezada pelos camponeses que até a ideia de dignidade está intimamente relacionada à mesma, como ilustra o relato a seguir:

> No mínimo, uma família tinha que ganhar o suficiente sem ninguém precisar trabalhar de empregado, pelo menos aquele que tem a terra. Aquele que não tem, que vai trabalhar de arrendatário, tem que ter esperança de ter o suficiente também, porque a pessoa que trabalha de arrendatária é digna também. Como é que pode, o governo vai deixar esse imenso solo fértil parado, perdido com ervas daninhas? Como os fazendeiros? O governo não quer saber se o soldado da roça vai perder a esperança de trabalhar, se vai perder a única arma que tem, que é a enxada. Eu sou um soldado fiel... eu não vou destruir firmas, bancos, não vou lá mandar parar o banco, eu não vou fazer esse tipo de coisa, é mais provável que eu morra quietinho aqui na minha terra. Eu não vou parar nosso país não, eu apenas vou cruzar os meus braços, vou deixar minha propriedade para as ervas daninhas comerem. (J., Água Clara, Nossa Senhora das Graças)

Trocar ações incisivas pelo cruzar dos braços, saída derradeira defendida pela maior parte dos camponeses que tivemos a oportunidade de encontrar, evidencia um conteúdo de sublevação de alcance maior do que se poderia supor: como lembra Oliveira (1994, p.51), os alimentos produzidos "de graça" asseguram a redução dos custos com a reprodução da mão-de-obra, ampliando assim a margem de lucro dos capitalistas.

Embora essa represente o extremo de uma ação possível, daí seu caráter quase utópico, não se pode ignorar que os camponeses, ao resistirem à sujeição real, subvertem a ordem ditada pelo capital. Trata-se de um enfrentamento silencioso, o qual se inscreve em uma perspectiva de classe que possui uma característica singular: a capacidade de produção dos próprios meios indispensáveis à sua sobrevivência. É em função dela que os mesmos dispõem de múltiplas formas de fazer política.

É nesse embate delineado pelos interesses de classe que o Estado acaba sendo chamado a intervir. Sabendo-se que a produção camponesa é fundamental para o abastecimento do mercado interno, as políticas públicas tendem a ser encaminhadas de modo pontual, a fim de amenizar as contradições para que esse frágil equilíbrio seja preservado.

E, entre as frentes de atuação do Estado, alguns programas de intervenção direta têm sido relevantes. Entre eles, destacaremos aqueles cuja

POR UMA GEOGRAFIA DOS CAMPONESES   287

interferência se faz desde uma escala ampla, envolvendo os municípios e as instituições de assistência técnica na solução de problemas das comunidades rurais até aqueles que têm alcance individual, beneficiando apenas as famílias contempladas com recursos a serem aplicados internamente.

Contrariamente ao que se poderia supor, embora os atuais programas de responsabilidade do governo federal preconizem essa intervenção mais ampla, verificamos que, na região estudada, ocorre o inverso. Ou seja, o Paraná 12 Meses, programa do governo do estado, tem se mostrado mais amplo em termos de modificação das estruturas que dão sustentação à reprodução camponesa do que o Pronaf. Em tese, este estaria voltado às diversas frentes que sustentam essa modalidade de agricultura, desde a infraestrutura comunitária até os instrumentos de viabilização de crédito para investimento e custeio da produção. Por fim, será analisado o Programa Cédula da Terra na versão que nos interessa de perto: o Banco da Terra.

O Paraná 12 Meses é um Programa estabelecido a partir de uma parceria do governo estadual e o Banco Mundial, com o objetivo explícito de diminuir a situação de pobreza no campo e atuar no manejo e conservação dos recursos naturais. Para tanto, seriam investidos 353 milhões de dólares, sendo que cada uma das partes financiadoras seria responsável pela aplicação de 50% desses recursos.

De acordo com o programa, a intervenção se daria a partir de três instâncias: investimento em infraestrutura de uso individual e comunitário, investimento em projetos de geração de emprego e renda e, por fim, investimento para a preservação do equilíbrio entre as atividades agrícolas e o meio ambiente.

Além das Vilas Rurais, foram estabelecidas prioridades tais como: melhoria das condições de saneamento básico, de habitações rurais, de salões comunitários, bem como adequação ou construção de abastecedouros, readequação de estradas, controle de erosão, construção ou adequação de unidades artesanais de transformação da produção para agregação de valor etc.

Preconizando ações articuladas com os órgãos e programas da administração federal, o Paraná 12 Meses contempla várias categorias de trabalhadores, inclusive os temporários, por intermédio das Vilas Rurais, sobre as quais se fará uma rápida abordagem mais à frente. No que tange aos sujeitos que nos interessam mais de perto, os mesmos foram enquadrados no programa a partir de uma classificação entre Produtores de Subsistência

288 ELIANE TOMIASI PAULINO

(PS) e Produtores Simples de Mercadorias (PSM), distribuídos de acordo com a participação da mão-de-obra familiar nas atividades, quantidade de terras, máquinas e benfeitorias disponíveis, numa escala crescente, como demonstra o Quadro 1.

Quadro 1 – Classificação dos agricultores segundo a condição produtiva				
Produtores	Área (ha.)	Benfeitorias U$	Equipamentos U$	Mão-de-obra
PS/PSM1	Menos de 15	Menos de 5.000	Menos de 4.000	80% familiar
PSM2	15 a 30	De 5.000 a 12.000	De 4.000 a 12.000	50% familiar
PSM3	De 30 até 50	De 12.000 a 40.000	De 12.000 a 36.000	50% familiar

Fonte: Emater, 2001

Cumpre salientar que esse espectro de agricultores, guardadas algumas variações em termos de enquadramento e nomenclatura, também se enquadra no conjunto de beneficiários arrolados pelo Pronaf, o qual será analisado mais adiante. Por ora, interessa destacar que, diferentemente do Pronaf, esse programa tem centrado suas ações em torno do público-alvo mais vulnerável economicamente, como os assalariados temporários e as comunidades camponesas mais carentes.

Apesar das distorções em nome de um projeto político que não está e nem poderia estar explícito no programa, face às ambiguidades em relação ao que está proposto, o fato de o mesmo privilegiar as demandas coletivas é que contribui para o fortalecimento das comunidades. Isso permite um avanço não apenas do ponto de vista econômico, mas também político, pois as metodologias de levantamento dessas demandas inserem a comunidade no encaminhamento das soluções.

Entretanto, é necessário lembrar que esses avanços são tímidos e isso se deve exatamente aos objetivos não revelados, que vão sendo alcançados à medida que se espraia o programa Vilas Rurais. O volume de investimentos que tem sido carreado para as mesmas e a forma como vem sendo aplicado têm gerado uma série de protestos das entidades organizadas, inclusive junto aos organismos internacionais, tendo em vista a coparticipação do Banco Mundial no processo.

Além dos problemas internos à construção e gerenciamento das Vilas Rurais, o que mais preocupa é o caráter desmobilizador e de descaracterização das lutas camponesas. Basta considerar que o custo de implantação

POR UMA GEOGRAFIA DOS CAMPONESES **289**

das Vilas chega a superar, em alguns casos, o dos assentamentos, com a diferença que essas não geram emprego e renda, em face da exiguidade dos lotes. Ao mesmo tempo, incorrem em uma irregularidade que, a princípio, elimina a possibilidade de titulação aos contemplados, já que a área dos lotes é inferior ao mínimo permitido pelas leis brasileiras.

Essa ressalva é necessária para que se possa compreender os meandros das políticas públicas que, muitas vezes, a pretexto de desenvolver o campo, podem reforçar as desigualdades existentes. Entretanto, pode-se afirmar que se no plano estrutural, intervenções dessa natureza são contrárias aos interesses da classe camponesa, no plano imediato das comunidades contempladas os efeitos são positivos. Isso é particularmente evidente entre aquelas mais empobrecidas, especialmente se localizadas dentro das chamadas zonas de pobreza, as quais podem ser contempladas com projetos de investimento a fundo perdido.

Tais zonas foram delimitadas de acordo com o Índice de Desenvolvimento Humano (IDH) dos diferentes municípios. Cumpre salientar que, embora mais amplo que as formas tradicionais de mensurar a condição de pobreza de uma dada população, esse critério também tem limitações, por estar assentado em médias. O fato de o norte do Paraná se apresentar como uma das zonas mais dinâmicas do estado tem trazido embaraços para as comunidades empobrecidas, que não são poucas. Alguns técnicos da Emater, órgão oficial de assistência técnica, nos relataram as batalhas institucionais travadas para que essas comunidades pudessem ser beneficiadas com a liberação de tais recursos, ainda que sem alcançar o *status* de áreas prioritárias de intervenção econômica.

Não obstante, para que essas intervenções se concretizem, o envolvimento da Emater tem sido decisivo, estando a seu cargo todos os aspectos ligados ao gerenciamento das ações. O gerenciamento a que nos referimos implica a mediação de todo o processo, desde o diagnóstico junto às comunidades para verificar as necessidades mais prementes, até o encaminhamento dos trâmites burocráticos para a liberação dos recursos, bem como a fiscalização de sua aplicação.

Na área pesquisada, encontramos comunidades beneficiadas com reformas de moradias, adequação de estradas, obras de usufruto comunitário, como salões de reuniões, abastecedouros de água e até mesmo a construção de uma indústria doméstica de açúcar mascavo e rapadura.

Embora as demandas ultrapassem em muito essas intervenções pontuais, não resta dúvida de que tais melhorias expressam uma frente de fortalecimento do campesinato, sobretudo porque evidenciam uma presença que tem sido capaz de marcar a agenda de prioridades do estado do Paraná.

Por outro lado, as obras que não pressupõem contrapartida monetária, os chamados projetos a fundo perdido, tendem a provocar profunda desconfiança nos camponeses. Isto se aplica àquelas de interesse individual, como é o caso da reforma de moradias. É nesse sentido que uma metodologia de trabalho adotada pela Emater procura contornar a resistência da comunidade: trata-se do Diagnóstico Rural Participativo (DRP).

O DRP pressupõe um envolvimento comunitário para a discussão dos problemas comuns. Feito isso, a etapa seguinte consiste na definição de prioridades para o encaminhamento de soluções, já que os recursos, quando há, são escassos. A oportunidade de acompanhar algumas dessas dinâmicas nos mostrou quanto as comunidades podem avançar com a união de esforços em torno de soluções comuns. Além de eventualmente culminarem em alguns dos benefícios mencionados, fortalecem a disposição em lutar por outras demandas.

Cumpre salientar que, embora a dinâmica seja estimulada pela Emater e tenha por princípio a aplicação prioritária de eventuais recursos, a cultura do envolvimento comunitário em torno de soluções comuns é uma das marcas do campesinato. Trata-se da ajuda mútua, que acontece independentemente desse esforço dirigido, tema esse a ser analisado mais adiante

O envolvimento nesses termos acaba por impor limites à interferência de agentes externos, inclusive da referida instituição, cujo trabalho depende efetivamente da aceitação pela comunidade. Situações opostas constatadas durante a pesquisa de campo assim o evidenciam.

Um dos fatos que merece destaque refere-se à recusa de um grupo de camponeses de integrarem o projeto de reforma gratuita das moradias. Neste caso, não se trata de um estranhamento em relação ao órgão mediador imediato, no caso a Emater, cuja legitimidade entre a maior parte das comunidades é indiscutível, legitimidade essa que resulta de um trabalho de quase meio século de assistência técnica e extensão rural. Trata-se de uma profunda desconfiança em relação aos objetivos do estado, manifesta na descrença de que esse pudesse lhes conceder algo de graça. A histórica omissão desse, na melhor das hipóteses, foi suficiente para criar na comuni-

POR UMA GEOGRAFIA DOS CAMPONESES **291**

dade esse inusitado mecanismo de defesa, senão vejamos o que diz uma das profissionais do quadro técnico da Emater:

> O agricultor está tão tarimbado com falsas promessas que, às vezes, é difícil eles acreditarem no nosso trabalho. Aqui em Sabáudia, cerca de trinta famílias não aceitaram participar do projeto de reforma de residências custeado pelo Paraná 12 meses. A dúvida deles era a seguinte: se o governo está dando isso para a gente agora, o que ele vai tirar mais para frente?

Esse recolhimento não se dá apenas nessa situação específica. Viu-se anteriormente quanto os camponeses podem se retrair, temporariamente, para não perderem sua condição autônoma, ainda que esse ato possa representar privações severas.

Por outro lado, o grau de legitimidade das instituições pode ser expresso no plano das representações políticas do município. A candidatura de técnicos da Emater a cargos do legislativo nas pequenas cidades não é um fato isolado. Além de evidenciar a importância dos camponeses na vida econômica das mesmas, esse fato revela a presença importante de seus agentes nas comunidades rurais.

Analisemos aspectos reveladores dessa presença, os quais se manifestam no desfecho do pleito: a existência de técnicos atuando como vereadores indica mais que a simples aquiescência da comunidade, pois nas cidades menores a visibilidade dos atos do legislativo é maior. Com isso, verificamos uma tendência desses legisladores atuarem em favor dos interesses das comunidades camponesas.

Note-se que são algumas intervenções que fazem toda a diferença: conserto de trechos críticos das estradas rurais, construção de terraços para conter a erosão dentro das propriedades, construção de açudes e até mesmo preparo do solo, em geral, são conquistados com a mediação dos vereadores. Lembramos que tais ações, embora sejam fundamentais para os camponeses, pouco oneram os cofres públicos, pois as máquinas são da prefeitura e os custos com combustível e eventuais horas-extras com os maquinistas são pagos pelos primeiros.

Há que se ponderar que, independentemente dos programas estaduais ou federais, a presença do poder público municipal nas comunidades rurais é indispensável, sobretudo quando se trata de medidas como as destacadas, já que a contratação desses serviços, sobretudo de máquinas pesadas, é proibitiva à maior parte deles. Não parece mera coincidência o fato de que a presença do poder público municipal nas comunidades rurais esteja relacionada à representação camponesa na Câmara. Evidentemente, é necessário qualificar essa representação, pois ela somente é válida quando há um compromisso com a comunidade. É por isso que, em determinados municípios, alguns técnicos se mantêm como vereadores em várias legislaturas, o que não deixa de ser um sinal da legitimidade que os mesmos gozam no exercício de suas atribuições.

No entanto, esse envolvimento pressupõe uma ética profissional que nem todos possuem, o que pode muitas vezes pode trazer constrangimentos para os camponeses. E para isso nem é necessário a vitória no pleito; aliás, no plano imediato, a derrota parece ser ainda mais negativa. Quando prevalece a ideia de que o exercício das atribuições públicas implica dívida pessoal, a ser paga com votos, por exemplo, a recusa nas urnas tende a interferir no envolvimento com o trabalho que cabe ao servidor executar.

Aliás, essa postura já é um indicativo da falta de legitimidade junto aos camponeses, pois essa não se conquista apenas com o simples exercício técnico das funções. Na região estudada, pelo menos um evento dessa natureza foi constatado, ainda que nenhuma das partes tenha feito qualquer menção explícita ao ocorrido. O fato de o esforço de interpretação sobre os avanços e recuos do processo de territorialização camponesa não dispensar as manifestações políticas de lutas e resistências é que nos levou a encontrar essas evidências nas entrelinhas das conversas com camponeses e técnicos.

A nosso ver, isso evidencia a extraordinária capacidade de insubordinação das comunidades camponesas aos laços de dominação pessoal, que também se alimenta do exercício impróprio das funções públicas no meio rural.

Ao fazê-lo, os camponeses demonstram maturidade política para lidar com eventuais represálias que podem se manifestar na omissão das funções ou mesmo na obstrução de caminhos que podem conduzir aos benefícios que dependem da mediação da instituição. Tivemos a oportunidade de acompanhar a mobilização da comunidade para exigir transparência na elaboração e encaminhamento de um projeto de abastecimento comunitário de água, já que a não apresentação do mesmo em tempo hábil implicaria a perda dos recursos do estado disponibilizados para aquele fim.

Esse caso isolado pode ser tomado como advertência de que a classe camponesa nem sempre se curva à hierarquia de funções e saberes e cria

POR UMA GEOGRAFIA DOS CAMPONESES **293**

variadas formas de resistência para driblar a prevalência de poder que se nutre dessa hierarquia.

Desse modo, no plano das políticas públicas podem ocorrer desencontros entre as estratégias de intervenção delineadas em gabinetes e sua aplicação prática. Mesmo que no jogo político um equilíbrio circunstancial culmine em programas de interesse dessa classe, ou a conjuntura exija concessões a fim de mitigar as contradições, quanto maior for a distância mantida, maior a probabilidade de desacertos.

É por isso que, em diferentes instâncias, equívocos ocorrem, seja no interior das instituições elaboradoras dos programas, seja no momento de sua execução. Viu-se que na região essa ponte é feita pela Emater, órgão público com histórico envolvimento junto aos produtores pequenos. Embora as cooperativas e empresas integradoras também se façam presentes, trata-se de uma intervenção restrita, basicamente condicionada às atividades econômicas de seu interesse.

A princípio, deve-se lembrar de que a própria instituição vem sofrendo com a ingerência do Estado, empenhado em lhe retirar o caráter de órgão público. A pretexto de desonerar os cofres, a Emater vem sendo submetida a um verdadeiro desmonte, com destaque para a redução do número de funcionários e a obrigatoriedade de captar externamente os recursos necessários ao seu funcionamento, com exceção da folha de pagamento, ainda a cargo do Estado.

Essa diretriz em si já acena para o direcionamento da instituição para uma solução de mercado, ou seja, a prestação de serviços deve pressupor contrapartida monetária. No entanto, o montante de renda auferido pelos camponeses bloqueia essa possibilidade, razão pela qual a maior parte das prefeituras acaba estabelecendo parcerias com a instituição, de modo a viabilizar esse trabalho junto às comunidades rurais. Porém, não resta dúvida de que a instituição se acha dividida entre a exigência de captar recursos por meio da prestação de serviços aos médios e grandes proprietários e a premência de atender àqueles que mais necessitam de auxílio técnico, já que não dispõem de recursos para tanto.

A essa barreira estrutural vem se somar um desencontro que, por vezes, é materializado na relação entre técnicos e camponeses: em essência, o mesmo deriva da existência de visões divergentes sobre o sentido do trabalho e da agricultura, senão vejamos. A formação de uma geração de técnicos ligados à agricultura se fez e ainda se dá sob a égide do paradigma tecnicista. Desse modo, a filosofia do trabalho para o qual foram formados está embasada no pressuposto de que o saber camponês deve ser removido em nome da eficácia técnica. Essa ambiguidade, no entanto, nem sempre é levada ao extremo, pois aqui se está tratando de sujeitos cuja concepção de mundo necessariamente diverge.

Assim, há técnicos e técnicos. Em alguns casos, a interlocução entre o saber convencional dos mesmos e o saber tradicional dos camponeses é praticamente nula.

O esforço de um segmento em implantar na unidade camponesa a racionalidade da empresa capitalista pode ser apreendida na insistência de uma contabilidade rigorosa, para a qual a empresa inclusive disponibiliza planilhas e toda a orientação necessária:

> O produtor ainda não sabe que é um empresário rural. Ele tem que ter um controle, saber exatamente quanto está custando para produzir isso ou aquilo, porque muitas vezes ele está tendo prejuízo e não sabe.[1]

A questão parece ser outra que a de criar mecanismos contábeis para mensurar a eficiência produtiva, mesmo porque os parâmetros não coincidem. Viu-se que a lógica camponesa não pressupõe o encerramento de atividades que, do ponto de vista capitalista, dão prejuízo. Aliás, isso se explica pelo simples fato de que essa variável também é fluida, de acordo com a combinação estabelecida no interior de cada sítio. Ademais, há uma explicação particular para não se realizar esse procedimento. Veja-se o depoimento a seguir:

> A gente não pode fazer as contas porque, se fizer, vai descobrir que está trabalhando de graça ou até pagando para trabalhar. Aí vai ter que desistir... e depois, vai fazer o quê? Enquanto der a gente vai levando. (A., Água Ouro Fino, Londrina)

Assim, mesmo sendo inquestionável o propósito de provocar uma redenção socioeconômica dos camponeses, se essa for condicionada à incorporação de métodos organizacionais e pacotes tecnológicos prontos,

---

1 Conferência de um técnico da Emater em um curso para produtores de café, realizado em Londrina, em junho de 2001.

POR UMA GEOGRAFIA DOS CAMPONESES   295

há uma grande probabilidade de surgirem dificuldades reais, como diz um técnico da Emater:

> Trabalhar com eles é difícil... a gente fala que é para fazer de um jeito, eles fazem de outro. Quando é a gente que fala, quase ninguém dá crédito, mas, se um deles falar, aí 95% confia.

Nota-se no relato que o centro do desencontro entre o que recomenda o técnico e o que executam os agricultores parece ser a falta de legitimidade mútua. Da parte dos primeiros, a inobservância das orientações técnicas tende a ser interpretada como apego ao tradicional ou simplesmente resistência em mudar para melhor.

Trata-se de uma resposta simples para um problema complexo: o encontro de duas lógicas contraditórias. Dentro do paradigma tecnicista, a tônica é o mercado, cuja fruição das supostas benesses se daria através da eficiência em produzir mercadorias.

Nesse contexto, o trabalho de assistência técnica está centrado no esforço em fazer valer a observância do receituário que sustenta o pacote tecnológico, o que em si já pressupõe a prevalência da mercadoria sobre o sujeito. Disso resulta uma dupla violação da lógica camponesa: num primeiro plano, instala-se o embate entre a autonomia e a alienação.

Tem-se visto que a luta pelo controle sobre o processo produtivo é uma das variáveis que melhor explicam a recriação camponesa. Esse controle pressupõe tanto a preservação dos instrumentos materiais quanto o domínio sobre o conjunto de saberes que possibilita a sua consumação.

Não obstante, esse saber endógeno transcende o limite da técnica em si. Por ter sido gerado no interior de um processo em que a produção material e a reprodução social são indissociáveis, está impregnado de conceitos e valores nos quais os camponeses se reconhecem. Aqui, há que se ter cautela para não se incorrer em simplismos, em nome da objetividade que acompanha o *status* científico, o qual ratifica apenas o conhecimento submetido aos rigores do método.

A racionalidade camponesa é outra, o que não significa que ela deva ser atirada na vala comum que costuma ter como referência a oposição moderno e arcaico. Sendo portadores de um projeto estruturado na lógica da reprodução familiar, o saber que orienta a prática circula a partir de uma intersecção entre o que já se provou e o que poderá e/ou deverá ser provado.

Em outras palavras, o saber camponês alimenta-se das práticas que possibilitam a sua recriação, sem que isso signifique necessariamente experiências diretas, daí que as provas às quais nos referimos remetem ao duplo significado de experimento e legitimação.

Trata-se, portanto, de um conjunto de referências inscritas na história familiar e comunitária que normatizam o presente e orientam as ações futuras, na medida em que são associadas aos resultados das diferentes estratégias registradas nessa trajetória. Ao mesmo tempo, tais referências são acionadas de forma que não se perca o controle sobre algo a ser experimentado.

Nisso consiste a diferença essencial da classe camponesa. Ao dominar os pressupostos intelectuais e mecânicos do processo produtivo, a mesma se move dentro de um parâmetro singular de autonomia.

Ora, o que faz o pacote tecnológico é justamente anular essa prerrogativa, principalmente por ter sido gerado externamente, a partir de fundamentos técnicos e filosóficos totalmente alheios à sua estrutura organizativa. Com isso, a lógica produtiva camponesa não se enquadra no modelo em questão.

Essa é uma das fontes do conflito a que nos referimos anteriormente: a importação desse pacote traz consigo componentes da alienação, na medida em que a mesma supõe uma incorporação automática, livre do crivo construído no interior das práticas sociais.

Ocorre que a autonomia a que nos referimos está pautada em um conjunto de práticas e saberes incompatíveis com um descarte automático de histórias, o que acaba por erigir uma barreira a um engajamento cego ao novo modelo.

É nesse contexto que os critérios anteriormente destacados são acionados pelos camponeses, os quais, em geral, promovem uma verdadeira filtragem com base naquilo que julgam oportuno incorporar.

Aí reside o desencontro entre a visão mecanicista do processo produtivo e a lógica que transcende a segmentação na agricultura. Como se vê, alguns profissionais buscam superá-lo com a invocação dos valores que desconsideram não apenas o saber, mas a própria lógica de reprodução camponesa.

Nesse caso, há dois desdobramentos possíveis: no primeiro, o trabalho de assistência técnica dissolve-se parcialmente na resistência camponesa, gerando combinações práticas que, naquele ponto de vista, deixariam de cumprir os princípios da eficácia.

Uma situação emblemática verifica-se na pecuária leiteira: a ortodoxia preconiza a necessidade de os camponeses modificarem a composição

POR UMA GEOGRAFIA DOS CAMPONESES **297**

genética do rebanho, recorrendo às raças de maior produtividade leiteira, como é o caso da raça holandesa.

Nesse caso, impera a lógica de que a obtenção de renda depende da quantidade de leite passível de ser colocada no mercado. Até porque as próprias empresas aplicam um sistema de cotas de premiação progressiva. Portanto, do ponto de vista da lógica do mercado, não há dúvida de que essa orientação procede. Veja-se, porém, suas limitações na perspectiva dos camponeses.

Em primeiro lugar, o êxito desse sistema depende da imbricação de dois fatores: escala e especialização. Em outras palavras, a rentabilidade depende da produção em grande quantidade e essa, por sua vez, requer especialização. Como se sabe, os custos da especialização são bastante elevados, a começar pelos animais. Além do preço de aquisição ser muito alto em relação ao rebanho mestiço, o sucesso da lactação está condicionado à inseminação artificial e alimentação diferenciada. Por fim, esse sistema é de alto risco, tendo em vista o custo e a resistência menor dos animais às doenças, como desabafa um camponês:

> A gente tem o exemplo aqui do nosso vizinho que resolveu começar a trocar devagarinho as vacas que davam menos leite por vacas de raça. Para comprar uma holandesa ele teve que vender cinco, entre vacas e novilhas. Não sei se ele achou que podia tratar a vaca do jeito que estava acostumado a tratar as outras ou se foi falta de sorte... só sei que a vaca morreu. Você veja bem, às vezes acontece de morrer uma vaca ou outra, mas cinco de uma vez? O que aconteceu foi isso, ele não perdeu uma vaca, mas cinco de uma vez só. É por isso que animal de raça não é coisa para pequeno. (M., Água do São João, Centenário do Sul)

Como se vê, embora do ponto de vista da racionalidade técnica o gado holandês seja melhor em virtude da sua maior capacidade de produção de leite, há que se considerar que essa produção não se viabiliza no mesmo patamar de custos do gado mestiço. Além disso, por ser uma raça originária de clima temperado, é mais suscetível a doenças, sobretudo as infecciosas. Como se sabe, o custo de acompanhamento de médico-veterinários, bem como de medicamentos, é proibitivo aos camponeses.

Por outro lado, o relato remete ao princípio de que a sustentação camponesa pressupõe a diversificação do capital produtivo, o que permite a absorção das perdas, que são recorrentes na agricultura. No caso em questão, não se trata apenas da perda econômica imediata, representada pela morte do animal e pela diminuição da quantidade de leite. Trata-se dos desdobramentos futuros dessa situação. Sabendo-se que o sustentáculo da pecuária leiteira entre os camponeses está centrado tanto no nascimento anual dos bezerros quanto no próprio leite, é de se supor que os estragos serão maiores a médio prazo.

Portanto, a falta de clareza de que lógicas diferentes não comportam soluções idênticas pode levar a um resultado oposto ao que se pretendia alcançar com a assistência técnica.

Tivemos a oportunidade de visitar uma família que acabara de desativar sua leiteria com produção diária de 400 litros de leite. Nesse caso, a mesma se encontrava rigorosamente dentro dos padrões técnicos recomendados: gado holandês, ordenha mecânica, resfriador, estábulo dentro das normas de higiene, alimentação balanceada com base em volumosos e concentrados na proporção adequada, manejo rigoroso das pastagens com base em adubação e pastejo rotacionado etc. Enfim, nem mesmo a observância de todos esses quesitos foram suficientes para manter a família na atividade. Quanto ao motivo, o de sempre: o mercado. Os custos da atividade estavam sendo incompatíveis com o preço pago pela indústria de laticínios.

A frustração desse empreendimento representa muito mais que um insucesso econômico, tão recorrente na agricultura. Representa o sepultar de um paradigma contido no projeto em que tanto o técnico quanto o produtor investiram com toda fé, como relata um técnico da Emater:

> Ninguém tem mais legitimidade do que eu para falar de leite. Foram anos de trabalho para aproveitar a vocação da região e melhorar a produtividade dos pequenos produtores. E isso a gente conseguiu. Em dez anos nós conseguimos modernizar a atividade e triplicar a produção de leite no município. Mas hoje ela já caiu quase pela metade. O problema é que a indústria está cada vez mais predatória e não paga um preço que remunera o produtor.

Essa situação ilustra a encruzilhada em que é colocada a assistência técnica. Não basta ter eficiência produtiva, é preciso considerar que o gargalo da agricultura é o mercado. E se trata de uma lógica que obedece a uma relação inversamente proporcional: quanto maior for a eficiência do conjunto de produtores, menor será o preço de suas mercadorias.

A percepção de que abraçar incondicionalmente a racionalidade técnica é se render aos seus ditames pode fazer a diferença. Num sítio próximo dali,

POR UMA GEOGRAFIA DOS CAMPONESES **299**

encontramos uma família que preferiu não acatar integralmente o projeto de modernização da atividade leiteira:

Teve um financiamento do governo para melhorar a produção de leite e eu peguei... aqui na vizinhança bastante gente pegou. Tinha bastante dinheiro, era no tempo do cruzado, 40 mil por família, mas eu só quis o suficiente para melhorar a mangueira e comprar mais algumas vaquinhas... peguei 12 mil. Na época até o técnico veio aqui, ele achava que tinha que usar o financiamento inteiro, que tinha que melhorar o gado para aumentar mais a produção. Para quê? Agora só faltam mais dois anos para pagar. Este ano eu já tenho o dinheiro e o ano que vem, se for o caso, a gente vende uns bezerros. Agora quem pegou o financiamento inteiro, comprou vacas boas e equipou a mangueira não está aguentando pagar, porque o leite baixou e é do leite que a gente tem que viver e ainda tirar esse dinheiro. (P., Água do Colorado, Flórida)

Essas situações opostas apontam para uma teia complexa em que a assistência técnica tem que se mover. É necessário advertir que, ao preconizar um modelo produtivo cujo desfecho pode ameaçar a condição camponesa, ou até mesmo selar destinos em direção à proletarização, os técnicos de forma alguma estão sendo inconsequentes ou algo parecido.

Trata-se de um paradigma que norteia não apenas as suas ações, mas aquelas da sociedade como um todo. Sua força na agricultura é tal que a regra é acatá-lo sem grandes questionamentos e basta sair a campo para perceber a sua força.

Assim, desfechos dessa natureza são experimentados de forma recorrente, envolvendo sujeitos e circunstâncias várias. Porém, por mais que abalem as condições de trabalho, os mesmos estão contribuindo para a consolidação de uma outra visão de assistência técnica e extensão rural públicas. Ousaria afirmar que, na região estudada, a mesma já prevalece. Embora fiel aos princípios que a justificam, a tônica do trabalho junto aos camponeses já consiste no esforço de diversificação máxima da propriedade e a retomada da autossuficiência alimentar, coisa que tempos atrás soaria como insano na região, como confirma uma das profissionais do quadro técnico da Emater:

Nos últimos anos, muitas comunidades chegaram a ser engolidas pelas máquinas. Aquela cultura da diversificação praticamente tinha se perdido, a máquina prometia resolver todos os problemas. Agora todo mundo está vendo que esse não é o caminho. A Emater está resgatando esses valores: no trabalho com as comunidades, a gente procura mostrar a importância de tirar da terra toda a alimentação possível, de encontrar formas domésticas de agregar valor à produção, enfim, de fugir ao máximo das compras na cidade, porque a renda da pequena propriedade não comporta mais isso.

Não se trata de sinalizar para uma suposta unanimidade entre aqueles que atuam junto às comunidades, mas assinalar um consenso que já existe na instituição. Já foi destacado anteriormente que diretrizes somente saem do papel para serem implementadas no campo, por meio da ação de sujeitos concretos e, nesse percurso, suas visões de mundo e suas práticas pessoais, inelutavelmente, farão a diferença.

Essa dinâmica, aliás, encontra-se totalmente imbricada nos avanços e recuos do processo de territorialização camponesa, haja vista o potencial de transformação inerentes às instituições e organizações. Trata-se apenas de uma questão de enquadramento em torno dos interesses de classe. Quando as visões de mundo e os propósitos convergem para o mesmo ponto, as comunidades tendem a se fortalecer, pois a instituição integra ou pelo menos transita em esferas que definem a distribuição do fundo público e, no interior dessas, dispõe de instrumentos que acabam por privilegiar projetos e investimentos.

Conforme se verá adiante, a liberação de crédito do Pronaf aos pequenos produtores implica um trâmite moroso e burocrático, o qual prevê a elaboração de projetos que evidenciem claramente o enquadramento das famílias nas regras e explicitem como se dará a aplicação de eventuais recursos. Além disso, é necessário anexar uma série de papéis e certidões que somente quem conhece as estruturas burocráticas poderia saber como e onde obtê-los. Enfim, parece não haver dúvida de que, sem uma mediação externa, esse processo excluiria os camponeses *a priori*.

Na região estudada, a primeira batalha dos trâmites burocráticos para a tentativa de obter recursos do Pronaf é assumida pela Emater, instituição que, além de estar mais próxima das comunidades rurais, caminha com as mesmas em busca das soluções mais prementes.

Assim, se cumpridas as exigências formais, a liberação do financiamento fica condicionada à disponibilização dos recursos pelo governo federal e, por fim, a liberação dos mesmos pela agência bancária credenciada. Ocorre que a autonomia destas em liberar os recursos da carteira agrícola acaba criando sérios entraves aos camponeses.

POR UMA GEOGRAFIA DOS CAMPONESES   301

Primeiro porque as exigências burocráticas que recaem sobre o agente financiador independem do montante concedido em financiamento, ou seja, quanto mais pulverizada for a liberação dos recursos, maior trabalho terá a agência em fazê-lo. Em segundo lugar, os recursos para a agricultura são escassos e necessariamente disputados entre pequenos e grandes tomadores de empréstimos. Considerando que os grandes tendem a ser os clientes preferenciais dos bancos, é de se supor que os demais serão relegados a um plano secundário, como atesta o relato desse técnico da Emater:

> Os bancos não gostam de trabalhar com o Pronaf, aliás os bancos não querem nem saber dos pequenos produtores, é muito pouco movimento para muitos papéis. É mais fácil viabilizar o crédito para um grande produtor do que pequenas porções de crédito pulverizado. O trabalho é o mesmo para um pequeno e para um grande, mas o movimento é diferente. Hoje os gerentes trabalham com metas. Somente aqueles mais conscienciosos viabilizam o Pronaf sem embaraços.

Durante a pesquisa de campo, acompanhamos um fato que bem ilustra essa situação: apesar de a Emater encaminhar os projetos ao Banco do Brasil dentro das normas vigentes, a dificuldade de os camponeses em se beneficiarem do Pronafinho, uma variação do Pronaf a ser mais bem discutida adiante, já se arrastava havia anos, de tal modo que as sucessivas tentativas frustradas levaram muitos a desistirem do intento.

Contudo, a insatisfação dos mesmos acabou eclodindo no Sindicato dos Trabalhadores Rurais. Com a eleição de uma nova diretoria, a ação conjunta do Sindicato e da Emater em dado momento conseguiu tocar nas estruturas de tal forma que a gerência da carteira agrícola foi substituída e os recursos começaram a fluir.

Essa é uma prova irrefutável de que a mediação do poder público não pode ser analisada a partir de referências maniqueístas, pois, no caso em questão, ambas as instituições são públicas, o que, em tese, impediria ações contrárias.

Entretanto, não se pode perder de vista que, nos agentes financiadores, entre os quais o Banco do Brasil, que domina a liberação de crédito do Pronaf,[2] acha-se incrustada a lógica da modernização conservadora. O fato

---

2 Segundo Correa e Ortega (2002, p.6) em 1998 o Banco do Brasil foi responsável pela liberação de 79,5% dos recursos para a região Sul.

302 ELIANE TOMIASI PAULINO

de esses organismos, há décadas, serem agentes diretos da desigualdade no campo, pelo crédito privilegiado às camadas mais abastadas, explica a resistência na viabilização do Pronafinho.

> [...] há forte dificuldade de liberações de recursos para os agricultores não integrados e estas liberações continuam sendo feitas via uma forma tradicional: através do sistema bancário. Especialmente através do Banco do Brasil, que notoriamente tem um viés histórico de liberação que dificulta o acesso aos produtores menos integrados [...] Se o objetivo do programa era ofertar recursos para os produtores familiares com maior dificuldade de acesso a crédito e passíveis de integração econômica, ele não está seguindo esta direção. (Correa; Ortega, 2002, p.14)

Não se trata aqui de atribuirmos ao sistema bancário a inteira responsabilidade pela desigual liberação do crédito, uma vez que o objetivo do programa seria exatamente diminuir essas distâncias em relação à classe historicamente alijada das políticas de fomento à agricultura.

Esse estrangulamento se dá em virtude de um nó que está na concepção estrutural do programa, que foi pensado na perspectiva da integração eficiente ao mercado. Em outras palavras, ao serem definidas as linhas de ação do programa, dividiu-se os agricultores familiares em segmentos de acordo com a respectiva capacidade de os mesmos alimentarem o "ciclo moderno" da agricultura. Não é casual, portanto, que a própria classificação designe os lugares dos mesmos.

A simples utilização do conceito de periférico, conforme consta na definição do público-alvo e a divisão em linhas de atuação com critérios diferenciados, evidencia a quem o mesmo se destina. Enfim, se a própria estrutura do programa reproduz hierarquias, como seria possível esperar que a longa tradição em privilegiar os menos necessitados em detrimento dos demais fosse rompida?

É por essa razão que a precisão conceitual não deve ser confundida com mera questão retórica. A estruturação do Pronaf, ao se apoiar na definição agricultores familiares, remeteu o benefício das políticas públicas àqueles que demonstrem capacidade ou potencialidade de se reproduzir por meio da eficiência em produzir mercadorias. Chega-se assim a um projeto que obstrui o usufruto do fundo público a um segmento de classe em grande medida responsável pela sua constituição.

POR UMA GEOGRAFIA DOS CAMPONESES **303**

Daí a advertência de que as políticas públicas não são feitas à margem dos embates teóricos. Em última análise, os mesmos revelam posturas de classe, cujos desdobramentos podem ser verificados na realidade, nos avanços e recuos que marcam o processo de territorialização. Enfim, essa dinâmica reflete-se no caráter contraditório desses programas que, por sua vez, refletem a história daqueles que os idealizaram e os instituíram.

Contudo, o Estado não é um bloco monolítico, mas a materialização do poder que se constrói no jogo de interesses divergentes e forças sociais contrárias que, circunstancialmente, não se encontram apartadas territorialmente. Assim, as políticas públicas não devem ser entendidas como concessões a essa ou aquela classe, mas como termômetro do seu respectivo gradiente de força, que acaba sinalizando para diferentes intervenções, como atesta o desabafo deste pequeno produtor de Ibiporã:

> Nós somos os mais desassistidos de todos os brasileiros. Quando acontece algum desastre na cidade, vem o governo com verbas, a defesa civil socorre os atingidos. No ano passado aconteceu um grande desastre, que foi uma geada que arrasou tudo. Ninguém, mas ninguém mesmo veio ver se a gente precisava pelo menos de um saco de arroz. (P., Barra do Jacutinga, Ibiporã)

A constatação de nosso interlocutor remete, pois, à posição subalterna dos trabalhadores na sociedade, com o agravante de que a dispersão geográfica dos camponeses torna menos explícita a omissão do poder público, até mesmo nas ocasiões em que intervenções imediatas são imprescindíveis. Indiscutivelmente, a concentração própria da cidade faz dela o centro das decisões políticas. Tanto que as situações de calamidade que costumam causar impacto na opinião pública, levando de certa forma a providências imediatas, mesmo que emergenciais, tendem a ser urbanas.

Não obstante, há que se considerar a conjuntura política na ocasião do evento relatado: a opção por um modelo econômico centrado no controle dos *deficits* primários, cuja face mais perversa é a negligência em relação aos problemas nacionais prementes, em benefício de uma suposta estabilidade. Estabilidade para quem, há que se questionar, já que em seu nome a produção de alimentos e demais produtos primários básicos foi submetida à lógica da competitividade internacional, sendo profundamente penalizada pelas políticas estrangeiras de proteção estratégica desses produtos, via subsídios públicos.

Essa é uma demonstração de que, muitas vezes, o concurso do Estado faz com que a apropriação da riqueza social ultrapasse o limite das fronteiras nacionais. Porém, a evidência de que sua distribuição é desigual não torna menos verdadeiro o fato de que as lutas internas permitem que uma parte dos recursos angariados pelo sistema tributário retorne às classes subalternas.

Essa é a lógica com a qual opera o Pronaf, cuja capacidade de distribuir uma parte (ínfima) da riqueza produzida pelos próprios trabalhadores não pode ser ignorada em função das limitações envolvidas. Entretanto, atentar para essa lógica não deixa de ser salutar, dado seu imbricamento com os mecanismos que reproduzem internamente os mesmos caminhos que levam ao recrudescimento das desigualdades sociais.

Em sua origem, o Pronaf nasceu de um estudo publicado em 1996 pelo Instituto Nacional de Colonização e Reforma Agrária (Incra), em parceria com a FAO, o qual comprovou a extrema desigualdade no acesso às políticas públicas pelos diferentes estratos de produtores brasileiros, bem como a necessidade de uma política de crédito exclusiva aos produtores familiares, que vinham se beneficiando com cerca de apenas 11% dos financiamentos destinados à agricultura.

Cumpre salientar que o próprio estudo foi orientado por uma concepção de agricultura familiar em desacordo com a abordagem deste livro, tendo em vista o estabelecimento de um parâmetro de classificação pautado na eficiência em produzir mercadorias. Correa e Ortega (2002, p.2) destacam que o estudo chegou à seguinte definição: dos 7 milhões de estabelecimentos, meio milhão, ocupando 75% das terras, foi classificado como patronal. Os 6,5 milhões restantes foram classificados como familiares em três estratos distintos: familiares consolidados, familiares de transição e familiares periféricos.

Os estabelecimentos considerados familiares consolidados se diferenciariam dos demais em função da completa integração ao mercado, do acesso às políticas públicas, bem como das inovações tecnológicas. Seriam 1,5 milhão de estabelecimentos ocupando cerca de 19% da área agrícola.

Por fim, os estabelecimentos de transição e periféricos seriam aqueles que, em escala decrescente, teriam restrito ou praticamente nenhum acesso à assistência técnica e ao crédito, baixa integração ao mercado e discutível viabilidade econômica. Embora sendo a maioria dos estabelecimentos, apenas 6% das terras estariam sob seu controle.

POR UMA GEOGRAFIA DOS CAMPONESES **305**

Considerando que a realização desse estudo e a própria divulgação dos resultados se inscreve na agenda de fortes pressões dos movimentos camponeses, que desde os idos da abertura política novamente ocuparam a cena política e deram visibilidade à questão agrária brasileira, a decisão do governo federal de criar um programa específico para a agricultura familiar não pode ser vista como iniciativa do poder, mas como resultado dessas lutas. Em 1994, ano em que o estudo foi concluído, criou-se o Programa de Valorização da Pequena Produção Rural (Provap), no interior do qual seria gestado o Pronaf, instaurado dois anos depois, por meio do Decreto nº 1946 de 28 de junho de 1996.

Assim nascia o programa que, preconizando várias fontes de financiamento, vinculava inclusive os recursos dos próprios trabalhadores, como é o caso do Fundo de Amparo ao Trabalhador (FAT). Aliás, essa tem sido uma das principais fontes financiadoras do Pronaf. Segundo Correa e Ortega (2002, p.4), a participação dos recursos do FAT no montante disponibilizado pelo Pronaf, nos anos de 1997 e 1998, foi de 80%.

O Pronaf atua a partir de três linhas: financiamento de infraestrutura e serviços, capacitação e profissionalização dos agricultores e financiamento da produção. Nos dois primeiros casos, trata-se de linhas enquadradas em uma política diferenciada de crédito, a qual visa ao investimento na melhoria dos fatores materiais e humanos envolvidos na agricultura familiar. A prioridade de investimentos é definida de acordo com as zonas de pobreza, se concentrando na infraestrutura e capacitação profissional.

Deve-se lembrar que o acesso a essas duas modalidades de crédito são restritas ao poder público municipal e estão condicionadas, além do enquadramento nas zonas preferenciais de investimento, à completa adimplência do município junto à União, bem como ter constituído o Conselho Municipal de Desenvolvimento Rural (CMDR), com a participação de representantes de diversos segmentos da sociedade, dos quais pelo menos 50% devem ser representantes dos agricultores.

Uma vez contemplado, caberá ao município designar os órgãos, também públicos, que farão a gestão e o acompanhamento da aplicação dos recursos de acordo com as prioridades de investimento estabelecidas pelo CMDR.

Entretanto, a perspectiva de descentralização da gestão dos recursos, em tese coerente, nem sempre assegura a participação democrática dos camponeses, tendo em vista os vícios de autoritarismo existentes nas re-

306 ELIANE TOMIASI PAULINO

lações locais de poder. Ainda assim, possibilita a ampliação e flancos para a participação democrática dos camponeses. Vejamos as considerações de Correa e Ortega:

> Recursos do Pronaf Infraestrutura e Serviços, além de alcançar os municípios mais pobres do país, de uma agricultura praticada por agricultores não integrados, representa o incentivo a uma transformação importante na realidade econômica, social e política daqueles municípios. A obrigatoriedade da constituição de um Conselho Municipal de Desenvolvimento Rural, ainda que constituído muitas vezes num ambiente de dominação de velhas e novas oligarquias locais, acaba politizando uma realidade e criando a possibilidade da construção de um projeto de desenvolvimento alternativo. Essa, portanto, que é uma linha inovadora do Pronaf, recebe anualmente um volume bastante minoritário do total de crédito do programa. (Correa; Ortega, 2002, p.21)

Cumpre salientar que, na região Sul, a liberação de crédito dentro dessas linhas é absolutamente inexpressiva. Segundo Correa e Ortega (2002, p.5), em 1999 apenas 12,1% dos recursos destinados à infraestrutura foram liberados para essa região, o que em termos monetários representa pouco mais de 200 mil reais. No entanto, essa pífia alocação de recursos não se justifica apenas pelo fato de as famílias camponesas do Sul desfrutarem de condições de vida superiores quando comparadas às demais regiões. Conforme se verá mais adiante, na divisão de recursos no interior do programa, é o Pronaf-crédito que abocanha a maior fatia, sendo que o Sul acaba sendo a região privilegiada.

Dessa feita, na área estudada não registramos nenhuma comunidade beneficiada com projetos de infraestrutura financiados pelo Pronaf. Nesse sentido, essa lacuna foi em parte preenchida pelo Paraná 12 Meses. Por outro lado, no que se refere ao Pronaf-investimento e custeio da produção, há duas linhas de crédito, definidas de acordo com a condição socioeconômica dos requisitantes, conforme classificação no Quadro 2.

De antemão, devemos salientar que, se no Pronaf Infraestrutura e capacitação a módica alocação de recursos bloqueia uma intervenção transformadora, no caso do Pronaf-crédito talvez o maior empecilho seja a forma como o mesmo está estruturado, já que, diferentemente das modalidades anteriores, não existem prioridades em termos de atuar em bolsões de pobreza ou diminuir as desigualdades regionais. Assim, ele se conforma como

POR UMA GEOGRAFIA DOS CAMPONESES **307**

linha de crédito para tomadores individuais, mesmo na variante Pronafinho, na qual a exigência na constituição de grupos tem como finalidade viabilizar o aval solidário, conforme se poderá verificar mais à frente.

As regras vigentes para efeito de enquadramento do público-alvo e os respectivos limites para o Pronaf-crédito prendem-se ao montante de renda bruta anual auferida pela família, excluindo-se a aposentadoria rural, bem como a participação da mão-de-obra familiar nas atividades produtivas, conforme indica o Quadro 2.

Quadro 2 – Classificação dos agricultores para enquadramento no Pronaf-crédito		
Grupos	Condições para enquadramento.	Limite para tomada individual de crédito e prazos para quitação.
Grupo A	Assentados- incluídos em 1999, com a extinção do Procera.	Variam de acordo com as condições do assentamento.
Grupo B	Unidades com renda familiar anual bruta de até R$ 1.500,00 e mão-de--obra exclusivamente familiar.	Até R$ 500,00 – até 2 anos para pagar e rebate de 40%.
Grupo C	Unidades com renda familiar anual bruta de até R$ 10.000,00 e contratação esporádica de mão-de--obra.	Custeio – Até R$ 2.000,00 – 2 anos para pagar – rebate de R$ 200,00.Investimento – Até R$ 4.000,00 e rebate de R$ 700,00.
Grupo D	Renda entre R$10.000,00 e 30.000,00 e presença de até dois empregados permanentes.	Custeio* – Até R$ 5.000,00. Investimento* – Até R$ 15.000,00.

Fonte: Incra, 2002
*sem rebate

Como vimos, as condições de crédito para custeio e investimento são definidas de acordo com os níveis de renda das famílias. Assim, os assentados e aqueles do grupo B, além de contarem com um rebate maior, caso efetuem os pagamentos em dia, pagarão juros fixos de 1% ao ano. Quanto aos agricultores dos grupos C e D, os juros são de 4% ao ano, sendo que o grupo D não faz jus ao rebate.

Essas condições diferenciadas passaram a ser asseguradas desde 1997, com o desdobramento do programa e a respectiva criação do Pronafinho, linha especial de crédito do qual estão excluídos os denominados agricultores familiares consolidados, aqueles classificados no grupo D. Por outro lado, esse enquadramento é válido apenas para o crédito rotativo, que consiste no investimento e custeio da produção, já que os investimentos em infraestrutura e capacitação dos agricultores são regidos pelas linhas de crédito que, em tese, se voltariam para segmentos mais fragilizados economicamente, a fim de resgatá-los.

Embora ambicioso na acepção do termo, esse programa atende a uma parcela muito pequena dos agricultores familiares e isso não se deve apenas aos obstáculos burocráticos ou mesmo entraves colocados pelos agentes financeiros locais. São restrições que estão na sua concepção estrutural.

Isso fica mais explícito se considerarmos a distribuição do Pronaf-crédito entre as diferentes categorias de agricultores familiares, o qual é carreado diretamente para os agricultores e não para obras de interesse comunitário. Segundo Correa e Ortega (2002, p.12), nos anos de 1998 e 1999, os tomadores do Pronafinho, agricultores atualmente dos grupos B e C conforme o Quadro 2, foram beneficiados com apenas 14,6% e 21,6% dos recursos efetivamente liberados pelo Pronaf-crédito. Tomamos esses anos para ilustrar a desigual distribuição dos recursos, já que, nesse período, o Pronafinho estava consolidado, assim como os assentados não estavam incluídos, por ainda disporem de uma política de crédito específica, o Procera.

Parece indubitável que a desigualdade no acesso ao crédito, que justifica até a própria criação do Pronaf, continua se reproduzindo, ainda que dentro de um universo formado a partir da identidade agricultura familiar. Essa situação perpetua-se em função dos próprios critérios que regulam o acesso ao crédito para custeio e investimento.

Diferentemente das linhas anteriores, em que o critério de desigualdades regionais é prioritário na destinação dos recursos, nesse prevalece a lógica convencional, de modo que a liberação é feita diretamente na rede bancária, sendo condicionada, de um lado, ao pagamento dos subsídios pelo governo para compensar a menor taxa de juros e, do lado dos beneficiários, à exigência de oferecerem garantias hipotecárias e serem correntistas.

Sabendo-se que os camponeses com menor renda sequer mantêm vínculos com os bancos, é de se supor que esse é um empecilho a mais para o acesso ao crédito. Os dados assim o comprovam: segundo Correa e Ortega (2002, p.10), do montante disponibilizado pelo Pronaf para custeio e investimento nos anos de 1998 e 1999, apenas 69,7% e 51,3% foram respectivamente captados.

POR UMA GEOGRAFIA DOS CAMPONESES **309**

Embora tenhamos destacado a pífia liberação de recursos pelo Pronaf infraestrutura para a região Sul, é necessário evidenciar a face completa dessa desigualdade. Vimos que, apesar de os investimentos em infraestrutura e capacitação atingirem de fato os camponeses mais empobrecidos, sua participação no volume de transações do Pronaf é irrisória. Considerando o período de 1997 a 1999, ela foi, segundo Correa e Ortega (2002, p.7), de 6,8%, dado inequívoco de que mesmo os instrumentos criados a pretexto de resgatarem a dívida social com os camponeses não estão sendo devidamente acionados.

Considerando-se que essa dívida é maior no estrato de agricultores classificados originalmente pelo programa como produtores de transição e periféricos, parece não haver dúvida de que nem mesmo a criação do Pronafinho foi capaz de resgatá-la. Além dos entraves já apontados, há que se considerar que essa versão do Pronaf é extremamente restritiva, pois, uma vez beneficiado pelo mesmo, até que a dívida não seja integralmente saldada, o beneficiário não poderá recorrer a nenhuma outra linha pública de crédito.

Some-se a isso o fato de que esse tipo de financiamento está assentado no aval solidário. Assim, os projetos pressupõem a formação de um grupo de agricultores que preconize os mesmos fins na destinação do recurso, já que se trata de um único projeto, portanto de uma destinação comum. Por fim e, principalmente, o grupo formado deve desfrutar de confiança mútua, pois todos assumem individualmente a dívida global. Em outros termos, se alguns dos beneficiários não pagarem o empréstimo, os demais deverão fazê-lo.

A lógica do Pronafinho, portanto, é simples. Como os mais empobrecidos dispõem de poucos bens passíveis de hipoteca, a somatória dos patrimônios individuais garante a eventual execução da dívida, ainda que a inadimplência entre eles seja baixíssima.

Para ilustrar essa lisura tão característica dos camponeses, basta considerar que, nos casos em que há perda da safra financiada ou os preços alcançados no mercado são insuficientes para saldar a dívida, os mesmos a refinanciam,[3] tomando um novo empréstimo. Esse é um elemento complicador para o pequeno agricultor, tendo em vista a impossibilidade de financiar

---

3 Lembramos que isso somente é possível quando não há parcelas em atraso, pois caso contrário os créditos ficam bloqueados até a quitação da dívida.

um novo ciclo produtivo, pois o dinheiro é desviado para o abatimento do empréstimo anterior:

> Nós pegamos um Pronafinho para plantar mandioca porque no ano passado o preço estava melhor. Mas essa prestação não tem jeito de pagar porque o que estão pagando não cobre o custo de tirar ela da terra. Então o jeito é refinanciar e pedir a Deus para o preço melhorar até o próximo ano, porque não vai dar para a gente investir em outra lavoura. (O., Água da Jupira, Colorado)

Portanto, essa lógica só vem confirmar aquilo que até os banqueiros já sabem: o rombo nas carteiras agrícolas não é obra dos pequenos, que, via de regra, pagam religiosamente os empréstimos.

Porém, para conveniência do mercado financeiro, o programa permite que a responsabilidade de seleção dos beneficiários seja transferida do agente financiador para os próprios requisitantes, sabendo-se que eles zelarão ao máximo pela formação de um grupo onde todos tenham condições de honrar o compromisso.

Além de excludente, esse programa também é perverso do ponto de vista da estabilidade dos laços comunitários: o fato de serem devedores solidários igualmente transfere a responsabilidade de fiscalizar o pagamento das parcelas do agente financiador para o próprio grupo; se, por algum motivo, alguns deles deixarem de pagar em dia as prestações, todo o grupo será prejudicado, pois débitos em atraso bloqueiam os recursos para as próximas safras dos demais.

Não é difícil imaginar o que pode acontecer em uma comunidade na eventualidade de um ou mais componentes do grupo ficar em pendência com o banco: ou os demais se unem e assumem as prestações, mesmo que a título de adiantamento ao faltoso, ou todos são lançados na vala comum da inadimplência. De uma forma ou de outra, ocorrências dessa natureza acabam ferindo os laços comunitários.

Não obstante, deve-se assinalar que, do ponto de vista da relação custo--benefício, muitos avaliam que a submissão a regras como essas só compensa em casos extremos. Se os camponeses, de um modo geral, rechaçam a ideia de recorrer a empréstimos, para não ficarem sujeitos ao banco, o que não dizer de um programa que parece enredá-los duplamente: ao banco e aos companheiros de grupo. É por isso que a maior parte deles, sempre que possível, continua a desenvolver sua atividade com recursos próprios.

Em última análise, isso acaba reprimindo a demanda por empréstimos e se presta exatamente a camuflar as reais necessidades dos camponeses em termos de apoio público adequado. Basta lembrar que a diferença dessa taxa de juros em relação a quaisquer outras linhas de crédito para a agricultura é menor que cinco pontos percentuais, posto que, no Pronaf, os juros são de 4% contra os 8,75% anuais dos demais contratos. E nem é necessário ir tão além, já que no interior do mesmo programa, os chamados agricultores consolidados conseguem um empréstimo até três vezes maior sem a necessidade de aval solidário.

Isso é o que se pode chamar de critério de desigualdade pautado no pressuposto da igualdade. Ao desprezar os investimentos comunitários em favor do crédito rotativo sem estabelecer critérios adequados ao perfil dos camponeses, o que faz o Estado é abdicar da prerrogativa de fortalecer a agricultura camponesa.

Notemos que aqueles que se enquadram no Pronafinho têm direito a um crédito máximo de R$ 4.000,00 para investimento e R$ 2.000,00 para custeio da produção. Os demais produtores ditos familiares cairão na mesma faixa de juros, sem uma avaliação, se não se trata de agricultores capitalistas, já que são aceitos dois assalariados permanentes. Na região estudada, esse volume de mão-de-obra permanente é compatível com grandes explorações capitalistas, tendo em vista os índices de mecanização.

Essa interpretação poderia ser contestada, recorrendo ao limite de área aceito para enquadramento no Pronaf. Ora, o critério estabelecido pelo programa não se prende à propriedade jurídica da terra, mas sim à unidade administrativa, os chamados estabelecimentos. Forjar a fragmentação da propriedade para se beneficiar desse programa é tarefa até para amadores, coisa que os capitalistas efetivamente não são.

Aliás, não se trata de trazer suposições vazias, mesmo porque os dados apresentados são a prova inequívoca de que o Pronaf não veio para tocar nos mecanismos de reprodução das desigualdades que grassam no campo brasileiro.

A definição de agricultura familiar a partir da tipologia utilizada pelo estudo FAO-Incra de 1996 considerou como critérios de classificação: o grau de integração ao mercado, as tecnologias agrícolas, a gestão produtiva, o limite de o controle da terra não exceder 100 hectares. A partir desta perspectiva é que se constrói a estratificação dos agricultores familiares e sua proposta de política

312 ELIANE TOMIASI PAULINO

para o segmento. O objetivo é a integração ao mercado. Os que estão fora desta possibilidade estão fora da política de incentivo. O objetivo do programa proposto não é o de manter o homem no campo, não é o de combater o problema da escassez que ronda um enorme número de famílias que se encontra no estrato C de sua classificação. (Correa e Ortega, 2002, p.17)

Some-se a isso a Resolução nº 2.713 de 2000, a qual modifica a linha de crédito Agregar, permitindo assim que as agroindústrias tomem empréstimos do Pronaf para repassá-los aos agricultores integrados. Conforme já destacamos, as indústrias sericicultoras da região já estão fazendo isso, e manifestaram explicitamente o alívio de caixa que essa medida provocou, já que cabia a elas fazer os adiantamentos para que os camponeses iniciassem a atividade ou mesmo repusessem os equipamentos.

Note-se que as mesmas igualmente estão se beneficiando dos juros subsidiados à taxa de 4% ao ano, ao mesmo tempo que esses empréstimos-mãe impedem que os integrados se beneficiem do Pronafinho e, por conseguinte, do rebate que teriam direito ao pagarem em dia as parcelas. Por fim, essa medida implica a canalização da maior parte dos recursos para atividades específicas do setor de integração e concentra o aporte de recursos nas regiões onde tais indústrias estão alocadas.

Para se ter a dimensão desse fato, basta considerar que a região Sul, *locus* privilegiado da integração, é a recordista na apropriação dos recursos do Pronaf-custeio. Segundo Correa e Ortega (2002, p.16), essa região ficou com 65,6% de todos os recursos liberados no ano de 2000, ao passo que a região Nordeste, onde a agricultura camponesa é dominante e as condições de pobreza severas, o índice de repasse foi de apenas 9,3%.

Outrossim, lembremos que esse é apenas um dos meandros das políticas agrícolas, talvez o mais contundente, por evidenciar o paradoxo de um programa que se propôs a fortalecer a agricultura familiar. Portanto, deve-se ressaltar que, da forma como está dimensionado, os maiores beneficiários são os mesmos de outrora, inclusive aqueles do setor de máquinas e insumos. Um exemplo disso é o Programa Moderfrota, também instituído no ano de 2000 pelo governo federal. Trata-se de uma linha de crédito criada especialmente para modernizar a frota de tratores e colheitadeiras, à taxa de juros de 8,75% ao ano para tomadores com renda bruta de até R$ 250 mil por ano.

Sem entrar no mérito da pertinência ou não do programa, devemos destacar que para os produtores pequenos o mesmo é altamente excludente,

POR UMA GEOGRAFIA DOS CAMPONESES **313**

pelo simples fato de que, mesmo dispondo de maquinários, dificilmente eles os trocariam por equipamentos novos. Quanto ao argumento de que eles poderiam se beneficiar indiretamente, já que os grandes produtores venderiam suas máquinas quando da adesão ao programa, caberia indagar a razão pela qual não há uma linha de crédito para esse fim.

Não obstante, os efeitos do mesmo já se fizeram sentir na indústria. No segundo ano após a implantação do Moderfrota, o crescimento registrado na venda dessas máquinas havia sido de 43,8%, mais uma indicação de que as políticas públicas não são aleatórias.

Evidentemente, esse é apenas um exemplo de que a alocação de recursos públicos obedece ao jogo de forças da sociedade e, nesse sentido, é inquestionável a subordinação dos interesses dos trabalhadores em geral, e dos camponeses em particular, à lógica de acumulação, especialmente em uma conjuntura em que os mecanismos institucionais de controle são extremamente débeis.

Contudo, temos reafirmado que o fato de o modo capitalista de produção ser reproduzido a partir de relações contraditórias abre igualmente a possibilidade de reprodução de uma classe social autônoma, ainda que o fruto do seu trabalho esteja subordinado à lógica dominante.

A tendência de o Estado zelar pelos interesses mais bem representados coloca a necessidade da regulação, pois, tão logo as contradições derivadas dessa forma de apropriação se manifestem em níveis ameaçadores, cabe ao Estado acionar os meios disponíveis para abrandá-las. Portanto, não se trata de concessões, mas de contradições que se constroem no interior dos embates travados.

É na perspectiva da contradição envolvendo as políticas públicas que se inscreve o Programa Banco da Terra; na região estudada já havia, em maio de 2002, 15 projetos instalados e 363 famílias atendidas.

Para entender esse projeto é necessário reportar-se ao desenrolar das lutas camponesas e às escolhas feitas pelos governos para enfrentá-las. É sabido que as formas de acumulação de capital, desde os primórdios da apropriação capitalista do território no Brasil, têm se confrontado com as formas camponesas de reprodução social, havendo, portanto, uma latência que sistematicamente explode em diferentes expressões de luta. Após o último regime autoritário, esse movimento ressurge com uma força compatível com a energia contida em 20 anos de repressão severa.

314   ELIANE TOMIASI PAULINO

Como forma de contê-la, é lançado o Plano Nacional de Reforma Agrária (PNRA), que nos seus quatro anos de vigência alcançou apenas 6% da meta estabelecida. Desse modo, os camponeses adentraram os anos 1990 conscientes de que uma reforma agrária não viria pelas mãos do Estado. As lutas ganharam organização e se ampliaram por todo o território nacional, conquistando legitimidade e apoio de amplos setores da sociedade.

É nesse contexto que se pode entender a ofensiva do Estado, a qual ganha novos contornos em meados dos anos 1990, culminando em uma singular tentativa de desarticulação desse movimento: a negação do instrumento constitucional de desapropriação. Notemos que a questão agrária deixa de ser uma questão de Estado, à medida que o Banco Mundial surge como coautor do Programa Cédula da Terra, entrando com 60% dos recursos a serem aplicados na suposta fase piloto do projeto.

Essa parceria é o melhor indicativo da envergadura e potencial transformador que as lutas camponesas alcançaram nessa década, a ponto de mobilizar uma instituição que, em termos de princípios, em nada destoa dos métodos e objetivos do governo brasileiro, já que a mesma tem sido um agente estratégico de subjugação de muitos povos do planeta aos princípios da especulação.

Aliás, o esforço do Banco Mundial em lançar as lutas camponesas nos braços do mercado não é pioneiro no Brasil; antes mesmo de se associar ao Governo FHC, já implantara projetos parecidos na África do Sul, Filipinas e Indonésia, prova inequívoca de que o mesmo atua onde a estabilidade do sistema se mostra vulnerável às lutas populares.

Além disso, é preciso ter clareza de que não se trata de investidas isoladas, inclusive dentro do Brasil, pois, conforme se viu anteriormente, esse mesmo banco financia o Paraná 12 Meses, o qual alimenta igualmente um programa de intervenção explícita na capacidade de articulação das lutas camponesas nesse estado, o Paraná 12 Meses.

O Programa Cédula da Terra foi oficialmente implantado em 1997 e, segundo seus autores, se estenderia por dois anos a título de experiência piloto. Se coroado de sucesso, se ampliaria e receberia, somente desse banco, a injeção anual de 250 milhões de dólares.

Apesar dos veementes protestos das representações camponesas, cientes das implicações futuras do programa, em cinco estados foram implantados os projetos pilotos, quais sejam: Bahia, Ceará, Maranhão, Minas Gerais e

POR UMA GEOGRAFIA DOS CAMPONESES 315

Pernambuco. Em 13 de abril de 1999, o Decreto nº 3027 regulamentava o programa, com a criação do Banco da Terra. Desde então, esse programa já financiou R$ 981,2 milhões para compra de terra e implantação de benfeitorias, sendo que o financiamento brasileiro do programa se fez às expensas dos fundos tradicionalmente carreados para a instalação de projetos de assentamento.

Assim, embora a carta de intenções negasse o caráter substitutivo do Banco da Terra ao mecanismo de desapropriações, não foi o que ocorreu na prática. Aliás, o próprio nome do programa o denuncia: Fundo de Terras e da Reforma Agrária – Banco da Terra.

Na prática, o Banco da Terra consiste na disponibilização de crédito para que famílias de agricultores sem terra negociem diretamente com proprietários a compra de imóveis rurais. No lançamento do programa, o crédito disponível era de até R$ 40 mil por família, quantia essa que, no Paraná, foi sendo reduzida, estando fixada atualmente em R$ 25 mil.

Cumpre salientar que esse é o montante total de recursos disponibilizados para a instalação completa da nova unidade produtiva, o que inclui compra da terra, construção de moradia, instalação de energia e abastecedouro de água, cercas, aquisição de instrumentos de trabalho, enfim, tudo o que for necessário para que uma família possa organizar a propriedade de modo a retirar daí o seu sustento.

Com as novas medidas do Conselho Monetário Nacional, houve uma redução na taxa de juros, ainda que permaneça o escalonamento de acordo com o montante financiado. Atualmente, para a quantia de crédito disponível, o mesmo seria de 5% ao ano, além de atualização monetária, limitados a 12% ao ano. O prazo é de até 20 anos para pagar com até três anos de carência. Caso os agricultores paguem as parcelas em dia, há uma possibilidade de rebate nos encargos financeiros, os quais também são escalonados de acordo com o IDH de cada município. Das famílias contempladas na região, 201 estão enquadradas no rebate de 50%, cinco no de 30% e 106 teriam direito a 10% de rebate no montante de juros e correção monetária incidente em cada parcela.

Como garantia do empréstimo, é dado o próprio imóvel financiado. Os beneficiários não podem vender as suas terras e as respectivas benfeitorias enquanto não quitarem o financiamento, salvo para outro beneficiário que preencha os requisitos do programa, mediante anuência dos órgãos competentes.

316   ELIANE TOMIASI PAULINO

Como se vê, trata-se de um programa dimensionado a partir da estrita lógica de mercado, mas pelas mãos do Estado: os camponeses figuram como simples tomadores de um empréstimo bancário e os fazendeiros como meros vendedores de uma propriedade. Se fosse mais uma transação de mercado, típica da ordem capitalista, pouco se poderia questioná-la.

Não obstante, trata-se de uma política pública adotada como solução para a questão agrária brasileira. Considerando que a raiz desse grave problema é a propriedade especulativa da terra, e que bem ou mal todos os governos tiveram que enfrentá-la, recorrendo ao mecanismo de desapropriação, eis que agora advogam uma solução luminosa: uma "reforma agrária ágil, consensual", onde todos sairiam beneficiados.

Contudo, não se trata de reforma agrária, pois essa é um mecanismo inalienável de gestão pública do território. Conforme determina a Constituição, a propriedade fundiária somente é intocável quando cumpre a função social. Em outras palavras, sobre os pretensos ou legítimos proprietários das terras improdutivas deve pesar a desapropriação. Notemos que não se trata de uma punição, mas de um mecanismo primário de ordenamento do território, o qual remete ao usufruto produtivo da terra.

O Banco da Terra representa a completa inversão desses princípios, tendo em vista a premiação, com dinheiro à vista e sem burocracia, àqueles que se dispuserem a vender seus imóveis. Além de premiar a especulação, esse mecanismo faz com que os preços da terra subam proporcionalmente ao aumento da demanda. Trata-se, enfim, da conversão da renda fundiária em renda capitalizada às expensas do dinheiro público.

Nos municípios onde se implantou esse projeto, os técnicos foram unânimes em afirmar que a simples notícia de que há crédito disponível para tal implica o imediato aumento do preço da terra. Foram comuns os relatos de que os fazendeiros se uniram em torno da elevação artificial dos preços diante da formalização dos grupos para se beneficiarem do programa. Talvez seja até desnecessário acentuar quais os reflexos no mercado fundiário da região, tendo em vista que talvez ninguém, além do Estado, se disporia a comprar grandes propriedades à vista, ao preço estabelecido pelos primeiros.

O município de Jaguapitã é um exemplo dessa situação. Segundo técnicos da Emater, ao ser ventilada a disponibilidade de crédito para a implantação do programa, imediatamente os proprietários se organizaram, fixando um preço muito além do que vinha sendo pedido pelas fazendas que se

POR UMA GEOGRAFIA DOS CAMPONESES **317**

encontravam à venda, o que acabou resultando na elaboração de um parecer negativo quanto à viabilidade de implantação do Banco da Terra no município. Isso provocou reações em vários setores, dos políticos aos comerciantes de terra, que se beneficiariam política e até economicamente de tais transações. Por fim, os próprios camponeses reagiram fortemente ao veto da instituição, a quem cabe elaborar o estudo de viabilidade técnica e econômica do projeto. Esses, que são os principais interessados, muitas vezes não têm noção do que estão assumindo ao ingressarem no Banco da Terra. Para eles, o que importa é a realização do sonho da terra própria, razão pela qual não atentam, em um primeiro momento, a um possível abuso nos preços.

No caso em questão, a não consumação do negócio provocou imediato desaquecimento do mercado fundiário, a ponto de uma fazenda ofertada ao Banco da Terra ter sido vendida, seis meses após o parecer negativo, a um preço 25% inferior ao da última oferta para o programa.

Além disso, há que se considerar que o poder do latifúndio muitas vezes pode prevalecer mesmo após a venda da terra. Na pesquisa de campo, pudemos verificar a concessão feita a um fazendeiro para sua permanência nas terras incorporadas pelo Banco três meses após ratificado o projeto, fato ocorrido no final de julho. Esse prazo talvez não seria tão significativo se não considerássemos algumas implicações, a começar pelo fato de que, uma vez ratificado, começa a correr o prazo para quitação das parcelas.

Por outro lado, a permissão para que os beneficiários começassem a trabalhar na terra seria dada em novembro, atrasada, portanto, em relação ao melhor período de semeadura da safra de verão. Ocorre que as terras estavam totalmente ocupadas com pastagens e, em pleno período chuvoso, acabar com a grama para iniciar o cultivo é uma tarefa hercúlea, senão impossível, se considerarmos os métodos habituais.

Cultivar lavouras em áreas ocupadas com pastagens exige a preparação do solo no inverno; isso é básico quando se preconiza eficácia e redução de custos: nesse período uma tombação, em geral, já deixa a terra em condições de cultivo. Ao se transferir essa etapa para o período chuvoso, serão necessárias várias tombações e nem isso impede a invasão da grama na lavoura, pois a umidade do solo alimenta sucessivas rebrotas.

Mesmo se desconsiderando o custo adicional com o preparo do solo que essa camaradagem trouxe para os beneficiários, há que se considerar a grande possibilidade da inviabilização da primeira safra de verão, pois o período de semeadura já ficara para trás. Não obstante, o projeto de viabilidade previa colheita nessa safra. É isso que reforça a convicção de que há um galáctico distanciamento entre as diretrizes dos órgãos envolvidos e as condições reais com que se defrontam os beneficiários ao entrarem na terra.

Esses são apenas alguns dos desdobramentos da reforma agrária de mercado, o que não deixa dúvida de que, mais uma vez, os camponeses, em particular, e a sociedade, em geral, pagarão a conta do latifúndio, já que se trata de um programa subsidiado pelo governo federal. Apesar de a transferência de renda nesses termos ser recorrente na história brasileira, entendemos que a novidade do Banco da Terra é que este alimenta não apenas a especulação imobiliária, mas também a financeira, à medida que os bancos intermedeiam a negociação mediante o subsídio público.

Embora incautos apregoassem o natural desaquecimento da especulação fundiária, pela preponderância crescente dos ativos na atual economia, vê-se que a terra continua sendo o instrumento privilegiado dessa conversão. E, nesse contexto, novos desafios são recolocados na agenda de luta dos camponeses.

A começar pelos próprios beneficiários que, ao chegarem à terra, descobrem que o sonho da autonomia, a essência da utopia que os move em direção à terra prometida, é vedado pelo Banco da Terra. Em outras palavras, o beneficiário não poderá gerir seu sítio à sua própria maneira, devendo obedecer ao que está previsto no projeto aprovado.

Isso porque o programa está estruturado de forma que a liberação dos recursos que o acompanham está condicionada à comprovada viabilidade econômica. Para isso, há uma articulação institucional em várias instâncias: o Conselho Curador do Banco da Terra é a instância máxima, cuja função é a coordenação nacional do programa; sob responsabilidade dos diversos estados da federação, há a Câmara Setorial e a Unidade Técnica Executora que, em síntese, gerenciam os recursos e aprovam as propostas de financiamento. No nível regional, funciona a unidade que coordena as ações regionais e, por fim, há, na jurisdição municipal, a Unidade de Assessoria Técnica, a qual dá os encaminhamentos necessários para a instalação do projeto em vinculação direta com o Conselho Municipal de Desenvolvimento Rural.

É nessa instância que o destino dos beneficiários é selado. Primeiro porque o programa não atende a camponeses isolados, mas a grupos formalmente constituídos para tal. Há uma série de exigências que devem ser

POR UMA GEOGRAFIA DOS CAMPONESES **319**

satisfeitas, o que não dispensa a orientação técnica. Na região, a Emater é quem participa ativamente de todas as fases do processo, desde a orientação na composição dos grupos e escolha da área a ser comprada até a elaboração do projeto técnico de viabilidade econômica.

É justamente esse projeto que impede a autonomia camponesa no Banco da Terra. Trata-se de um estudo no qual estão minuciosamente arroladas as atividades que deverão ser desenvolvidas enquanto os camponeses não terminarem de quitar o financiamento.

Assim, esse estudo leva em consideração as condições físicas das terras loteadas e o comportamento de mercado das culturas que aí se adaptam. Note-se que se trata de um estudo cujo fim precípuo é identificar as possibilidades de renda monetária a serem utilizadas para pagamento das parcelas.

Esse planejamento prévio regerá a vida camponesa ao longo de duas décadas. Notemos que a sua participação na elaboração desse projeto, na melhor das hipóteses, é marginal, não prevalecendo os seus anseios na definição de como se dará o uso da terra.

Assistimos pessoalmente a um entrevero ocorrido diante da intenção manifestada por um contemplado do programa em mudar o destino dado à sua terra naquela safra. A resposta de uma das assessoras técnicas da Secretaria da Agricultura de Centenário do Sul, Paraná, foi peremptória:

> Nós não vamos permitir mudança alguma, tem que respeitar o que está no projeto. Aliás, eu passei por lá e vi que tem gente plantando o que não está previsto. Vocês sabem que isso é proibido. Nós vamos tomar providências.

Diante dessa resposta, ao indagarmos sobre a dinâmica que rege a agricultura e a eventual necessidade de adequação às mudanças no mercado, a técnica informou que o projeto somente poderá sofrer alterações após laudo minucioso.

Cumpre destacar que a desavença relatada ocorreu em virtude da recusa de alguns plantarem algodão, conforme previa o projeto. Entretanto, nos dois anos que separavam a elaboração do projeto e o acontecido, os preços desse produto haviam caído cerca de 11%, enquanto os custos tinham aumentado cerca de 20%, conforme cálculo da Secretaria de Agricultura do Estado do Paraná. Cremos ser esse o maior indicativo de que os projetos de viabilidade econômica são simulações absolutamente irreais, não apenas em função da variação dos preços agrícolas, mas porque eles não pressupõem secas, chuvas em excesso, geadas, enfim, a sucessão de eventos que sistematicamente afetam a produção.

Tudo isso se constitui camisa-de-força que pode ser fatal aos beneficiários. Vimos quanto a sobrevivência dos camponeses está condicionada à capacidade de jogar com o mercado, cultivando aquilo que promete maiores rendimentos. Ocorre que a lógica da sobrevivência, que os torna aptos a, no limite, sobreviver com o mínimo de ingresso monetário, não se aplica, pois as prestações são altas e vencem anualmente, independentemente dos preços, laudos e colheitas.

Não surpreende o fato de os beneficiários já começarem a constatar o grau de limitações do programa. Encontramos um beneficiário, filho de camponeses olericultores que, ao se casar, passara à condição de rendeiro, já que a unidade paterna não comportaria a reprodução econômica de mais uma família. No entanto, pagar pelo uso da terra torna ainda mais difícil a reprodução camponesa, o que o tornou vulnerável ao apelo da terra própria. Assim, num primeiro momento, o Banco da Terra foi incorporado como possibilidade de fortalecimento de sua condição camponesa, já que ficaria livre do arrendamento.

Não obstante, não lhe ocorreu que, ao aderir ao projeto, ele teria que abdicar de suas práticas tradicionais. Note-se que, ao ser colocado diante da necessidade de incorporar a atividade descrita no projeto, o camponês passa para a condição de mero executor de algo que não é fruto da sua decisão. Trata-se, enfim, da negação da autonomia levada às últimas consequências.

Advertimos que essa situação não é vivida por nenhum outro estrato camponês, sequer por aqueles que cultivam terras alheias cedidas em contrato verbal ou formal, como é o caso dos rendeiros e parceiros. No limite, esses podem procurar outras áreas sempre que não quiserem continuar com a atividade determinada pelos proprietários. Assim também o são os integrados, que conciliam a diversificação com a atividade objeto da integração e, no limite, podem abandoná-la mediante o ressarcimento dos débitos com a integradora. O que faz esses camponeses livres é a possibilidade de disporem livremente do seu trabalho e eventualmente da terra e, sobretudo, não estarem presos a nenhuma espécie de dívida.

Aliás, não ter dívidas é um elemento simbólico que reafirma a autonomia do campesinato, pois todos conhecem de sobejo quanto essas podem implicar a restrição do direito de ir e vir. Embora não seja nosso objetivo

POR UMA GEOGRAFIA DOS CAMPONESES   **321**

fazer comparações com esquemas ilegais de privação desse direito, é bom lembrar que, no Banco da Terra, o mesmo está parcialmente cerceado pelo fato de o beneficiário ser avalista solidário, o que constrange o abandono do projeto. Do ponto de vista institucional, ele poderá até fazê-lo, desde que mediante a transferência dos direitos e responsabilidades, condicionada à anuência dos órgãos competentes.

Vimos ao longo desse trabalho que a recriação camponesa é um tributo à diversidade, instituído a partir de uma ampla combinação de fatores. O sentido da propriedade camponesa é a liberdade em definir as estratégias produtivas de acordo com a composição familiar, com as experiências produtivas e, por que não dizer, com a empatia em relação a essa ou aquela atividade.

Faz parte do modo de vida do pequeno agricultor articular o que lhe garante a reprodução com o que lhe dá satisfação e isso se aplica inclusive aos rendeiros, porcenteiros e integrados, teoricamente mais limitados em suas escolhas. Em suas conversas vão sendo delineadas as preferências pelas atividades que empreendem, sempre manifestadas em um gradiente particular de gostos que, na medida do possível, é privilegiado.

No programa, tanto o trabalho quanto a terra estão bloqueados em nome da viabilidade que deverá assegurar retorno monetário para saldar os compromissos assumidos. Nessa perspectiva, o Banco da Terra viola o mais sagrado dos seus princípios. Isso permite questionar até quando o mesmo se sustentará com base nesse formato, pois a rigidez do programa, efetivamente, não comporta a versatilidade camponesa.

Some-se a isso o fato de que a renda gerada pela agricultura nessa escala não é compatível com o valor das prestações, sobretudo ao se considerar a quantidade de terra comprada em cada um dos projetos, a qual varia de 5 a 15 hectares por beneficiário.

Além disso, predominaram os contratos baseados no teto máximo dos financiamentos na região, sendo que, no escalonamento de uma dívida de R$ 40 mil, relativa aos primeiros projetos, após dois anos de carência, a primeira parcela custaria aos beneficiários R$ 3 mil e a última, considerando os valores atuais, já que os encargos podem ser revistos pelo Estado, R$ 9.091,00.

A nosso ver, diante da completa falta de recursos financeiros dos beneficiários e das próprias condições adversas para a agricultura de pequena escala, logo à frente se verá que as mesmas são impagáveis. A inadimplência começa a rondar os primeiros projetos já no vencimento da primeira parcela e isso tende a inviabilizá-los como um todo, senão vejamos: por pressupor aval solidário, cada um dos contemplados é responsabilizado pela dívida global do projeto.

Como forma de resguardar a quitação do financiamento, o programa atrelou todos os créditos para custeio e investimento ao pagamento em dia das prestações. Dessa forma, havendo um único beneficiário em atraso, nenhum componente do grupo poderá ter acesso ao crédito para custeio, como o Pronafinho, por exemplo.

Durante a pesquisa, verificamos esse percalço já no vencimento da primeira parcela do projeto mais antigo da região, o qual conta com 35 lotes de 8,4 hectares, onde estão sendo cultivados algodão, feijão, café e soja. A existência de alguns beneficiários inadimplentes bloqueou o acesso ao Pronafinho para as 35 famílias do projeto, que não puderam contar com esse recurso para iniciar, no tempo devido, o plantio da safra de verão, a mais importante do ano agrícola. É assim que os camponeses começam a provar o gosto amargo de um programa que lhes vendeu a ilusão de que, a partir do mercado, a saga pela terra própria finalmente estaria concluída.

Além das dificuldades econômicas por que passarão em virtude da restrição ao Pronafinho, parece-nos que os danos à integridade camponesa são irreparáveis, pois mesmo aqueles que conseguiram pagar a primeira parcela também estão com os nomes incluídos no cadastro dos maus pagadores e com seus CPFs bloqueados para quaisquer benefícios creditícios. Quando se leva em consideração quanto é valorizado na ética camponesa o nome limpo, o não dever nada para ninguém, que, aliás, é uma das fontes de reafirmação de sua autonomia, pode-se imaginar as implicações dessa medida legal, sobretudo aos "devedores" indiretos, como desabafa a mãe de um camponês:

> Quando começaram com essa história de Banco da Terra, ele [o filho] se interessou, porque pagar arrendamento pesa. A gente cansou de falar para ele que isso não era bom, mas não teve jeito. Agora bem dizer ele nem entrou na terra ainda, mas todo mundo está angustiado... porque o outro Banco da Terra daqui já deu problema. Teve gente que não pagou e sujou o nome de todo mundo. Sempre vai ter um que não vai conseguir pagar. Como é que pode todo mundo pagar por isso? Ele deveria ter ficado como estava. Arrendamento é mais livre, ele não devia nada para ninguém e podia continuar fazendo o que estava acostumado. (I., Água do São João, Centenário do Sul)

POR UMA GEOGRAFIA DOS CAMPONESES **323**

Um programa que se coloca como alternativa à reforma agrária e, até mesmo aos olhos de camponeses que mal começaram a vivenciar seus obstáculos, já é considerado pior que pagar arrendamento não pode sequer ser confundido com uma política de cunho conservador.

Note-se que, ao remeter a liberdade à condição pretérita do filho, um rendeiro que não só desenvolvia as atividades de acordo com suas experiências e preferências, mas não tinha dívidas, a mãe sugere que a adesão ao programa o enredou em duplo cativeiro: das dívidas, ante as sombrias perspectivas de saldá-las, e da perda da autonomia, na medida em que o projeto já definiu como será utilizado o seu tempo e o seu espaço.

Entretanto, nem todos os beneficiários ou interessados diretos expressam semelhante compreensão. Ao conversar com rendeiros contemplados em um projeto ainda em fase de instalação, estes demonstraram enorme entusiasmo com o programa. Sendo os três de uma única família, pai, filho e genro, os mesmos deverão receber lotes contíguos, o que permite uma otimização dos fatores produtivos. Ademais, essa é uma família que já experimentou o circuito completo da diferenciação: nos anos 1980, o pai vendeu o pequeno sítio comprado após anos de trabalho como porcenteiro no café. Isso porque fora levado pela promessa de terras fartas e baratas em Rondônia, onde perdeu o pouco que possuía. Retornando ao Paraná trabalhou como empregado durante 12 anos, passando a rendeiro quando a força de trabalho dos filhos já permitia esse salto. Agora foram contemplados com três lotes do programa, voltando, pelo menos em tese, à condição de proprietários.

Ao serem inquiridos sobre o impacto das parcelas, eles foram categóricos ao afirmar que é uma coisa com a qual vão se preocupar mais à frente, após os três anos de carência. Não obstante, sinalizaram para um caráter complementar do Banco da Terra, já que a prática de arrendamento não será abandonada.

Essas interpretações ambíguas envolvendo o programa explicam-se pela quase ausência de resultados palpáveis, que certamente darão outra dimensão à avaliação dos futuros interessados. Um dos problemas do Banco da Terra é a necessidade de se pagar pela terra um valor de mercado, na melhor das hipóteses, acrescido de juros e correção monetária. Enquanto não vencerem as parcelas, quaisquer problemas serão contornados. Diríamos mais, com a carência, é possível que a grande maioria não tenha dificuldade em saldar os primeiros débitos, pois terão mais tempo para poupar. Na

324 ELIANE TOMIASI PAULINO

sequência, ficarão na dependência estrita do ano agrícola para extrair renda suficiente para sobreviverem e ainda saldá-las.

Note-se que, embora seja proclamado como política pública para viabilizar a agricultura familiar, o programa não admite equivalência produto, o que permitiria aos camponeses saberem exatamente, no momento da adesão, quanto teriam que pagar pela terra. É isso que nos dá serenidade para questionar se o mesmo foi pensado para os camponeses ou para o mercado imobiliário e financeiro. Assim, persistindo a baixa histórica dos produtos agrícolas, nem mesmo os maiores incrementos de produtividade poderão eliminar a distância entre o que recebem pelas colheitas e o que terão que pagar para obtê-las, e deve-se somar, ainda, os insumos em alta, os eventuais custeios e a própria terra. Aliás, algumas projeções já vêm sendo feitas, demonstrando o engodo do Banco da Terra.

> O problema destes financiamentos não está só na taxa de juros e nos encargos, mas na baixa rentabilidade da atividade agrícola, principalmente das culturas produzidas pelos agricultores familiares. [...] É provável que muitas prefeituras, governos estaduais ou mesmo o governo federal, divulguem dados incorretos ou mal explicados para potencializar e ampliar o uso do Banco da Terra como um instrumento substituto da Reforma Agrária. [...] Reforçamos a importância e a necessidade de um crédito fundiário para potencializar a agricultura familiar. Entretanto, as condições de pagamento precisam estar adequadas à rentabilidade da produção agrícola e relacionadas ao acesso à tecnologia, formação profissional, pesquisa, assistência técnica, educação e outros créditos agrícolas. A proposta apresentada pelo Banco da Terra não cumpre nenhum destes prerrequisitos, pelo contrário, poderá levar os agricultores familiares e assalariados rurais já descapitalizados, para uma situação ainda mais crítica. (Bittencourt, 2002)

Trata-se, portanto, de impasses cujas consequências são imprevisíveis. Ou em determinado momento o Estado assumirá a dívida ou os bancos a executarão, tomando para si projetos inteiros, já que esses são dados em hipoteca. A nosso ver, prevalecerá a primeira alternativa, mesmo porque aos bancos não interessa a terra, mas os ativos potencializados na ciranda dos juros. Diante de tantos efeitos nefastos, essa parece ser a única possibilidade criativa do programa e, registre-se, é aquela com que trabalha a absoluta maioria dos beneficiários. Dos entrevistados nos diversos municípios, em projetos instalados e ainda em fase de instalação, todos indicaram claramente ou, pelo

POR UMA GEOGRAFIA DOS CAMPONESES   325

menos indiretamente, que não acreditam na necessidade de pagar a dívida. Há uma convicção generalizada de que em breve a mesma será perdoada.

O que mais chama a atenção é o fato de eles confundirem esse com um programa de reforma agrária. Nesses termos, não concebem a possibilidade de serem retirados diante de eventual falta de pagamento, mesmo porque a referência é a primeira, em que os lotes somente são vendidos aos assentados após a emancipação do assentamento, o que leva muito tempo para ocorrer e, ainda assim, os valores são estipulados a partir do valor venal da terra, muito abaixo do preço de mercado.

Os poucos que têm consciência de uma possível execução judicial asseveram que, uma vez estabelecidos, não deixarão a terra sob nenhuma hipótese, o que indica que esse, provavelmente, não será o caminho a ser tomado pelo Estado para resolver os impasses criados por esse falacioso "programa de reforma agrária".

É nessa perspectiva que se pode vislumbrar seu caráter paradoxal. Enquanto do ponto de vista estrutural o Banco da Terra é um instrumento claramente voltado ao cerceamento do processo de territorialização camponesa, a resistência ao seu caráter arbitrário manifesta-se nos sinais de insubordinação já apontados anteriormente, os quais tendem a interferir nas diretrizes do programa. Não obstante, é pertinente destacar que, a despeito desses sinais, o acesso à propriedade, via Banco da Terra, tem permitido o exercício da lógica camponesa, senão vejamos.

Pudemos constatar que, na maior parte dos projetos implantados na área estudada, famílias e pequenas comunidades foram reagregadas. Como é sabido, o programa privilegia agricultores que não têm terra suficiente para manter a família, fato comum entre os camponeses ao contraírem matrimônio. Manter os filhos na propriedade somente tem sido possível com a implantação de atividades intensivas, que exigem elevados investimentos, portanto proibitiva para muitos.

Como o projeto surge da formação de grupos, comumente os mesmos são constituídos por parentes, irmãos, primos e tios, nas mesmas condições. Normalmente, nos projetos menores, são todos aparentados, ou unidos por laços de vizinhança. Paradoxalmente, ao mesmo tempo que encontramos camponeses que lutaram contra a adesão dos filhos ao programa, outros os incentivaram, assumindo em conjunto o desafio de pagar as dívidas. Para alguns deles, essa é a única forma de poderem "encaminhar" os filhos.

Diz um técnico da Emater de Ângulo, Paraná:

Aqui foi implantado um Banco da Terra com 12 famílias. São quase todos jovens, filhos de pequenos proprietários do município. Para dizer a verdade, são todos meio aparentados. Os pais estão vendo isso como um investimento da família. Estão juntos e pretendem trabalhar juntos, aliás eles se comprometeram a ajudar no pagamento.

Nesses grupos, a própria distribuição geográfica dos lotes foi definida pela lógica camponesa: imperou o critério de sorteio apenas para um dos elementos da raiz familiar, pois os demais seriam alocados nos lotes contíguos, para trabalharem "juntos", conforme relata o técnico. Além disso, prevaleceu o acordo para que os mais empobrecidos, com menor força de trabalho familiar ou mais idade, fossem automaticamente alocados nos lotes melhores, uma forma de viabilizar o grupo como um todo.

No entanto, nos empreendimentos maiores, essa prática tende a se perder na heterogeneidade do grupo. Ademais, essas composições mais parecem estar voltadas para o benefício de uma transação imobiliária para a grande propriedade do que propriamente à viabilização do projeto, pelo simples fato de que a identidade e a confiança mútua necessárias, já que se trata de aval solidário, ficam bastante comprometidas, senão inviabilizadas. Não por acaso, esses grupos compostos por 30, 40 e até mais de 50 famílias, muitas das quais sem qualquer afinidade entre si, são os primeiros a sofrer com a desagregação interna.

Como se sabe, isso pode ser fatal para o projeto, sobretudo porque uma tênue linha separa o estremecimento de relações pessoais da disposição em permanecer no grupo, arcando com o ônus do financiamento. A solidariedade, tão presente na ética camponesa, não se constrói por decreto nem por aquiescência forjada. Assim, é improvável que a mesma prevaleça nas situações em que foram sacramentadas em gabinetes e não na partilha de um estradar comum.

Por fim, há que se considerar que nenhuma política mirabolante poderá brecar o desencontro essencial: a legião de camponeses diante da cerca do latifúndio. É por isso que nos furtamos à análise de programas virtuais de reforma agrária, a exemplo do cadastro pelo correio, no qual foram inscritas cerca de 875 mil famílias e nenhuma sequer foi assentada no governo que a propôs.

Enfim, não há dúvida de que tais programas têm clareza nos objetivos, inscrevendo-se nas investidas contra a luta pela terra, sendo que na prática

POR UMA GEOGRAFIA DOS CAMPONESES **327**

provocam avanços e recuos no processo de territorialização camponesa. Por outro lado, temos visto o quanto as condições de sua reprodução são sensíveis a esse ir e vir que se desenrola no contexto de um enfrentamento de classe.

Trata-se de uma guerra, no geral silenciosa, que na perspectiva dos camponeses é enfrentada em nome da autonomia. Se essa se revela a razão do enfrentamento, as táticas consistem na combinação das atividades nos moldes já apontados anteriormente, as quais tendem a se desenhar em resposta às investidas da classe hegemônica em diferentes versões e feições.

Tendo ingressado em um momento ímpar da história, com a condução ao poder, via eleições, de um presidente da república historicamente comprometido com anseios e lutas populares, a possibilidade de alteração desse cenário parecia estar dada. Contudo, tudo indica que mais uma vez ficarão nas promessas esvaziadas pelas estratégias de cooptação e continuarão a ecoar no âmbito das aspirações coletivas, que não podem ser satisfeitas por jogos de retórica. Ainda que não se possa imputar a eliminação de mazelas tão profundas a um mandato presidencial, as políticas públicas propostas e efetivamente empreendidas em nada são promissoras.

O tempo o confirmará.

Trajetórias e estratégias camponesas

Considerando-se que o processo de territorialização camponesa é um *continuum*, marcado por lutas permanentes para assegurar a sua condição de classe, o insucesso de uma empreitada não deve ser tomado como o fim de uma trajetória. Em algumas ocasiões, ele pode até se constituir em um recomeço, que traz como incremento mais uma referência para as práticas futuras. Não se pode esquecer de que o processo de territorialização camponesa é a materialização dessa dinâmica, em que a gestão própria do sítio se encerra em um circuito de experiências (tentativas para se chegar ao melhor resultado), somando experiência (saber).

Nesse sentido, o próprio vocabulário camponês o evidencia: ao relatarem suas atuais estratégias produtivas, bem como as passadas, a palavra tentativa ocupou uma centralidade nos argumentos explicativos. Tentar é experimentar, mas só podem fazê-lo aqueles que detêm não apenas o controle sobre o seu tempo e seu espaço, mas, sobretudo, o controle sobre os processos que os envolvem, do qual emana o conhecimento que alimenta a capacidade de inovação criativa.

Note-se que, nesse contexto, o experimentar subsume um determinado foco, que não é outro senão o controle próprio do processo produtivo e de recriação social, invalidando assim o pressuposto de que a existência camponesa seria uma condição dada e determinada por agentes externos.

Não se trata de negar a interferência das forças hegemônicas capitaneadas pelo Estado no modo de vida camponês, mas de apontar que a existência dessa classe não pode ser explicada na perspectiva de que seria uma "licença" capitalista, pois, no limite, os camponeses poderiam sobreviver fora do circuito mercantil, tendo em vista a sua capacidade de produzir os próprios meios de vida. Ademais, sua capacidade de permanecer na terra tem sido a arma utilizada nas circunstâncias de progressiva desestruturação econômica, momento em que optam por abandonar bruscamente a atividade comercial principal e, assim, dar as costas aos capitalistas que se nutriam da renda ali gerada. Evidentemente, esse é um ato extremo, cujo conteúdo simbólico não pode ser desprezado: é um grito de liberdade contra a opressão do mercado.

Não obstante, na frieza das estatísticas, esse fato poderia perfeitamente ser tomado como indício de proletarização, já que as mesmas nem sempre conseguem captar a atividade que veio em substituição à extinta, sobretudo se esta integrar o circuito da informalidade. É por isso que o método dá o tom das interpretações, conduzindo a constatações tanto mais abstratas quanto for o afastamento do campo real em favor da ciência de gabinete.

Anteriormente, relatamos o fracasso de uma experiência de máxima tecnificação na atividade leiteira, que culminou no encerramento da mesma. No entanto, essa mesma família nos mostrou a conversão operada no sítio poucos dias depois. Os equipamentos ainda aguardavam compradores, porém, as instalações estavam totalmente aproveitadas: a atividade leiteira cedera lugar à pecuária de engorda. Como o preço das vacas holandesas era elevado, mesmo descontando a parte a ser destinada ao pagamento das dívidas, fora possível comprar um bom lote de gado mestiço em fase de pré-engorda:

> O leite foi uma decepção e eu acredito que isso aconteceu por causa dessa história de caixinha [longa vida]. O Brasil não estava preparado para isso, porque o custo é alto e, se repassar para o consumidor, não vende. Então a indústria repassa para o produtor. Agora a nossa esperança é a engorda de novilhas, porque a gente tem tudo pronto: pasto, estrutura para silagem, mangueira. O bom das

POR UMA GEOGRAFIA DOS CAMPONESES   329

novilhas é que não precisa entrar no esquema de frigorífico. Essa é uma das poucas alternativas que restou para os pequenos. (D., Água do Colorado, Flórida)

O que merece ser destacado neste caso é que não se trata de uma simples mudança de atividade, mas uma mudança de estratégia. Enquanto a
primeira representava a completa vinculação à cadeia agroindustrial, logo,
a subordinação da produção aos ditames da indústria, a segunda tem por
princípio o oposto, tanto no que se refere às formas de inserção no mercado quanto à própria escolha em termos produtivos. Face aos níveis de
tecnificação que a mesma já havia alcançado, lidando com raças especializadas e estrutura produtiva ultramoderna, poderíamos indagar por que a
reconversão da atividade privilegiou um gado mestiço, comprovadamente
menos produtivo que as raças especializadas, a exemplo do nelore, altamente adaptado às condições da região.

A chave da explicação está nas próprias palavras do interlocutor: era
preciso romper não apenas com a atividade, mas com a própria lógica que
fizera a anterior sucumbir. Trata-se da lógica do circuito agroindustrial,
que, sendo mantida, teria talvez como mudança mais significativa o ende-
reço dos agentes da sujeição: da indústria leiteira à indústria frigorífica.

Ao destacar que o gado mestiço é uma das poucas alternativas para os
pequenos produtores, o mesmo nos remete ao circuito da informalidade
que consiste, predominantemente, na venda direta aos açougues e supermercados pequenos ou mesmo aos atravessadores que estabelecem essa
ponte. Apesar de o gado de corte mestiço ter um preço inferior ao de raça,
outras vantagens fazem com que o mesmo se sustente em um circuito que,
diga-se de passagem, é amplamente dominado pelos próprios camponeses.

E não se pode compreendê-lo desvinculado da pecuária leiteira que, em
última instância, é quem o alimenta. Outrossim, há que se destacar que, na
área de estudo, essa atividade caracteriza-se por uma posição intermediária
entre o que se pode chamar de moderno e tradicional.

O trabalho de campo pode evidenciar que a maior parte dos camponeses
que se dedica à pecuária leiteira não possui terra suficiente para uma atividade extensiva para pasto. Assim, o investimento em volumosos capazes
de complementar a alimentação do rebanho já é um fato consumado, sobretudo porque, no inverno, as pastagens definham e o preço da ração industrializada é proibitivo. Essa, só "de amostra" no cocho ou em situações
emergenciais, quando a sobrevivência dos animais exige.

330   ELIANE TOMIASI PAULINO

Assim, é pouco provável chegar em um sítio leiteiro e não encontrar milho, capim-napier ou cana-de-açúcar disputando espaço com as pastagens e os cultivos de autoconsumo, com destaque para o feijão e o milho. A importância deste é inquestionável, pois, em termos de versatilidade, nenhuma das lavouras camponesas se iguala ao milho.

Quando verde, o milho é consumido pela família e eventualmente é vendido em espiga, o que rende uma agregação de valor respeitável. Mais alguns dias na roça e já estará pronto para silagem, a qual aproveita integralmente a planta. Depois de seco, servirá de alimento às aves e aos suínos, assim como ao gado. Além disso, dependendo da combinação produtiva e das próprias condições climáticas, o gado pode ser solto na palhada, até que a chuva tenha caído em quantidade suficiente para recomeçar o ciclo produtivo.

Outrossim, a racionalidade que preside tal articulação explica a viabilidade da produção camponesa e os insucessos derivados da sua ausência. Tivemos a oportunidade de conhecer duas propriedades produtoras de leite com igual extensão de terras (dez hectares) e vizinhas entre si: na primeira, o trato com os animais contempla uma dose de proximidade ímpar, pois as vacas são tratadas pelo nome, sendo que sua principal tratadora diferencia inclusive o comportamento entre os animais. O ganho oriundo do leite é pequeno, porém a atividade é realizada dentro de uma lógica de sustentabilidade, em que o esterco alimenta o pasto e o nascimento dos bezerros mantém o nível de renda imprescindível para a própria continuidade da atividade.

Por outro lado, a segunda propriedade encerrou a atividade leiteira, por ser avaliada como uma atividade de prejuízo. Vimos que seu proprietário é um homem urbano, que a implantou em virtude da promessa de sucesso veiculada por programas da televisão. Ao conceber a leiteria como uma atividade fechada, estritamente monetária, sem articulação alguma com outras atividades no interior da propriedade, como o fazem os camponeses, cedo percebeu que o valor monetário recebido pelo leite vendido não compensava os investimentos, dada a pequena escala de produção. Em outras palavras, dava prejuízo.

Portanto, desenvolver a pecuária leiteira em condições de escassez de terra às vezes severa, revela uma aliança entre as recomendações técnicas e uma racionalidade que é própria dos camponeses. Entretanto, os mesmos parâmetros que levaram ao fracasso da atividade leiteira, conforme foi destacado, ainda é referência para a maioria dos técnicos, os quais veem com bastante restrição o fato de os camponeses privilegiarem o gado mestiço, face ao seu menor potencial leiteiro.

POR UMA GEOGRAFIA DOS CAMPONESES   331

Ocorre que o leite é apenas um componente da cadeia da pecuária, na qual os bezerros possuem importância inquestionável. Após desmamados, seu valor de mercado praticamente equivale ao valor obtido com a venda do leite de suas respectivas mães ao longo daquela lactação.[4] Em outras palavras, o bezerro vale quase tanto quanto o leite e deve-se considerar que a escassez de terra torna imperiosa a venda anual da maior parte deles, senão de todos. Porém, isso somente é válido para o gado mestiço, já que os machos da raça holandesa não possuem valor de mercado, sendo praticamente invendáveis. Tanto que unidades leiteiras especializadas por vezes os doam a quem os queira, como conta este pequeno produtor de Ângulo, Paraná:

A gente também não mexe com vaca holandesa porque para o bezerro macho não tem comprador. Eu caí na besteira de pegar um na leiteria aqui perto porque eu pensei que dava para criar junto com os outros. Para começar, tinha que dar quatro litros de leite por dia, nós chegamos até a comprar aquele leite em pó próprio, que era mais barato do que tirar da nossa produção. Esses dias eu tentei empurrá-lo junto com um lote de dez girolanda desmamados, mas o comprador veio e separou, porque dá para conhecer. O bicho tem os pêlos arrepiados, não é bonito igual aos outros. E olha que os outros tinham uma média de oito meses e esse já passava de um ano. Nem para carne o pessoal compra! Agora a gente não sabe o que faz porque ele pode não prestar para engorda, mas comer ele come igual aos outros. (J., Água da Valência, Ângulo)

Como se pode observar, não é possível analisar as estratégias camponesas senão dentro de um contexto produtivo próprio, no qual há uma complexa imbricação de fatores que fogem ao pragmatismo do mercado e, porque não dizer, do próprio modelo técnico a ele atrelado.

Esse desencontro, conforme já se fez referência, cria severos embaraços à assistência técnica, mesmo quando os técnicos são bastante sensíveis às diferenças. Conforme destacamos, o crédito disponibilizado pelo Pronaf-investimento em 2001 era de R$ 4 mil, recurso esse que foi alvo de vários projetos encaminhados pela Emater para compra de vacas leiteiras na região estudada. De acordo com as regras do programa e os preços de mercado, os camponeses que aderiram ao mesmo conseguiram comprar, em

_____

4 Para se proceder a esse cálculo, foram utilizadas as seguintes referências (ano de 2001): preço básico do leite pago pelas indústrias (R$ 0,18); produção média diária por vaca (6 litros); tempo médio de lactação anual (8 meses) e preço médio de bezerros desmamados (R$ 250,00).

média, cinco vacas girolandas e manifestaram, em sua maioria, a intenção de vender o leite *in natura* na cidade.

No entanto, há um projeto bastante avançado para acabar com esse tipo de comércio, do qual participam inclusive técnicos da Emater, envolvidos no chamado Projeto Vitória. Inicialmente esse projeto foi elaborado para qualificar técnica e sanitariamente o leite oriundo das pequenas propriedades. No entanto, foram poucos os pequenos que nele se enquadraram. Na visão de alguns técnicos, isso se deve à falta de interesse, pois o convite foi feito individualmente a cada um deles e a maioria não se propôs a participar ou o abandonou já no início, de modo que em seu lugar entraram os médios e grandes produtores.

Sem entrar no mérito e nos possíveis desdobramentos do referido projeto em termos de conquistas à saúde pública, já que sobre a informalidade não pesa a fiscalização sanitária, não deixa de ser paradoxal esse fato, tendo em vista que a viabilidade econômica da atividade leiteira na escala financiada pelo poder público é bastante discutível, pelo menos se pensarmos nas unidades produtivas trabalhando individualmente.

Primeiro, em razão das exigências do PNMQL, incompatível com a produção de cinco vacas e, segundo, porque as próprias indústrias cada vez menos se dispõem a aceitar em seus quadros fornecedores com baixa produção diária.

Assim, o fato é que dificilmente o Pronaf poderá viabilizar os referidos produtores na formalidade, já que os mesmos não têm como investir em instalações e acondicionamento nos moldes previstos pelas autoridades sanitárias. De nossa parte, concordamos que tais medidas legais, no fundo, beneficiam os grandes laticínios, colocando aos produtores pequenos a única alternativa de entregar-lhes o leite, a até um terço do preço que obtêm com a venda direta ao consumidor. Vale lembrar que, por outro lado, os consumidores de baixa renda também são beneficiados com a informalidade do leite, pelo menos no que tange aos preços.

Não resta dúvida de que a lacuna passa a ser a qualidade do produto vendido na cidade, o que lança um desafio para a assistência técnica e extensão rural no sentido de se construir um consenso com os produtores e mesmo no interior da instituição, que culmine em um projeto sem ambiguidades e ao mesmo tempo viável para os camponeses.

Não se pretende aqui fazer apologia a soluções mágicas, como se essa transformação estivesse na simples dependência da boa vontade dos técnicos. Temos clareza de que paradoxos como esses se inscrevem nas contradições próprias de uma sociedade profundamente desigual. Por um lado, a precariedade evidenciada nas condições, nem sempre adequadas, de manejo sanitário do rebanho, ordenha e transporte até a cidade, que pode comprometer seriamente a qualidade do produto. Por outro, a voracidade da indústria na apropriação da riqueza social, que faz com que não apenas os camponeses tentem driblá-la, mas os próprios consumidores, sobretudo os mais empobrecidos, que são beneficiados com o atalho produtor-consumidor.

É preciso ter clareza de que não serão decretos ou constrangimentos que trarão soluções para a informalidade nesses termos, mas a inserção equânime de todos no pacto social, e isso somente é possível por meio de lutas políticas, que nada mais são que confrontos de classe. Não resta dúvida de que o caminho mais fácil é o das soluções imediatas, porém há que se supor que essas, ao serem preconcebidas pela classe hegemônica, tocam apenas marginalmente, quando não agravam as contradições. As políticas públicas anteriormente analisadas são um exemplo disso.

Embora também almejemos soluções imediatas, mas no sentido inverso à exclusão que essas investidas subsumem, entendemos não haver lances arrebatadores capazes de operar transformações imediatas, pois essas são fruto de um processo que se constrói nas lutas políticas cotidianas. E nesse sentido, constatarmos, para além das práticas ambíguas, o esforço da assistência técnica e extensão rural em se aproximarem da realidade camponesa, preconizando estratégias que implicam o enfraquecimento da ação predatória dos agentes do capital, não deixa de ser um sinal dos tempos. O oposto, representado pelos programas aqui discutidos, também não deixa de ser um sinal dos tempos. Não se trata de apostar na inexorabilidade, em uma ou outra perspectiva aqui apontada, pois somente as lutas políticas é que podem construir o devir.

É por essa razão que, ao se discutir o significado das políticas públicas no processo de territorialização camponesa, procuramos evidenciar que não se trata de um movimento unidirecional, como se as determinações hegemônicas se materializassem na forma pura, tal qual idealizadas e planejadas por seus mentores.

Ao ser lançado no plano material, esse ideal concebido estará propenso a modificações, na medida exata das interferências decorrentes da colisão de interesses divergentes. Assim se materializa o conflito de classes, expressando um movimento contraditório em que o progresso é portador do retrocesso, na perspectiva do poder e sua confluência nas parcelas do território. Como vimos, essa dinâmica é determinada pela conjuntura das forças políticas, logo dos respectivos níveis de coesão, os quais atestam seu fortalecimento ou enfraquecimento.

Todavia, temos visto que o embate de classes não está circunscrito aos confrontos diretos, embora a classe camponesa também possa adotá-los como estratégia de luta em determinadas circunstâncias. Não há dúvida de que esse é um recurso incomum, justamente por ser acionado no ponto limite das contradições. A nosso ver, as práticas que ensejam sua recriação evidenciam a dimensão cotidiana do conflito, igualmente enfrentado com determinação política. É com base nessa perspectiva que se chega ao entendimento de que sua perpetuação é produto das contradições e não simplesmente de concessões das forças hegemônicas.

Não obstante, esse processo encerra uma complexa cadeia de possibilidades no interior da estrutura de classes. Do ponto de vista semântico, não encontramos nada mais apropriado para indicá-lo que o termo diferenciação. Porém sua utilização exige uma breve reflexão, tendo em vista o caráter conceitual oposto ao sentido que se pretende destacar. A teoria da diferenciação social foi desenvolvida por Lênin (1982) para apontar um suposto desaparecimento inexorável do campesinato, seja pelo seu empobrecimento e consequente proletarização, seja pela elevação à condição burguesa, face ao paulatino enriquecimento. Como se vê, em Lênin, o conceito de diferenciação comportava um sentido único, tornando-se uma referência nas análises sobre o desenvolvimento do capitalismo na agricultura que persiste até os dias atuais.

O esforço deste livro consiste exatamente em apontar os fundamentos palpáveis desse equívoco, ainda que não se possa negar a transição interclasses. Em outras palavras, partimos das evidências de que a recriação camponesa se dá a partir de uma vasta combinação de estratégias, as quais se materializam nas mais diversas trajetórias. Assim, a tese da inexorável proletarização se perde ante as evidências de que nessa dinâmica há inclusive um movimento de fortalecimento de classe, propiciado pela aquisição da terra própria.

Porém, esse símbolo da condição camponesa não deve servir de referência única para essa distinção, tendo em vista as diferentes possibilidades de autonomia conferidas pelo controle que não deriva da propriedade formal desse meio de produção. Esse é o caso da parceria que, na área de estudo, é praticada em quase todas as atividades que requerem mão-de-obra intensiva, como a sericicultura, a olericultura e, sobretudo, a cafeicultura, na qual essa relação se constituiu em um diferencial para o processo de territorialização camponesa.

Vimos, anteriormente, que o povoamento da região se fez às expensas do café. Aliás, a vinculação dessa cultura à consolidação do campesinato brasileiro é inevitável, pela sua participação no processo de emancipação ambígua vivenciado no século XIX. Como se sabe, a transformação da terra em mercadoria foi fundamental para que os camponeses alcançassem a igualdade jurídica perante os demais segmentos sociais, em uma conjuntura dominada pelas oligarquias.

A própria expansão cafeeira rumo ao Paraná revela um avanço no processo de territorializaçao camponesa, face à importante participação de pequenos proprietários e colonos; aqueles galgando a nova condição social em virtude de já terem sido colonos no estado de São Paulo e terem acumulado o suficiente para comprar terras mais baratas na fronteira. Estes embalados pelo mesmo objetivo e pela disposição em colocar a serviço dos grandes cafeicultores a força de trabalho da família até alçarem o sonho da terra prometida.

E não resta dúvida de que, para muitos, isso não passou de um sonho. Embora tenham se mantido por décadas como produtores diretos de sua existência, trabalhando em terras e cafezais alheios, nem todos conseguiram amealhar recursos suficientes para adquirir o seu pedaço de chão. A partir dos anos 1970, a desestruturação dessa cultura em favor das lavouras mecanizadas fez com que muitos deles trilhassem os caminhos da proletarização.

Não obstante, uma outra parte que chegara "só com a coragem para trabalhar" conseguiu retirar do café e das culturas intercalares o suficiente para comprar sua nesga de terra, como relata este pequeno agricultor de Londrina:

> Eu vim para cá porque lá em Minas Gerais a gente escutava falar que aqui em Londrina a gente juntava dinheiro com o rodo... que era muito bom. E quando eu cheguei em 1963 era bom mesmo, porque no começo era tudo da gente, e ainda ganhava 2.500 réis por mês para dar o café arruado. Aqui derrubei mata, porque era tudo mata, a gente podia plantar na terra derrubada. Eu plantava feijão jalo e foi com o dinheiro desse feijão que eu comprei esta

chacrinha de um alqueire e meio. É pouquinho, mas graças a Deus... O homem deu o mato para derrubar por porcentagem e de porcentagem eu estou até hoje, porque na chacrinha nem casa tem. É aqui que eu moro, na minha chacrinha eu tenho de tudo um pouco e mais o café. É com o café que dá para a gente tocar a vida. (A., Água da Marrequinha, Londrina)

A trajetória relatada revela uma combinação peculiar. Nosso interlocutor chegara à idade adulta trabalhando com a família em uma fazenda de Minas Gerais. A necessidade de encontrar sua própria "colocação" o fez migrar para a região, trabalhando inicialmente como formador de café. É essa ocupação que lhe permitiu juntar um pecúlio para comprar terra, pois em suas próprias palavras era chegado o momento de "parar", que significa se estabelecer, formar família. Entretanto, as terras próprias eram insuficientes para a sobrevivência da família, razão pela qual se manteve como porcenteiro em uma área bastante próxima à da sua "chacrinha".

> Na minha chacrinha eu planto o feijão, é sempre no meio do café... Mais da metade eu uso para o arroz e para o milho, o café é mais pouco, é só mais em cima, eu tentei plantar mais para baixo, mas a geada veio e sapecou... Agora aqui eu também tenho café, é 40% de porcentagem, só que esse ano não tem colheita, aqui eu toco mais palhada e menos café. Agora o milho vai para a criação, porco, galinha, animal de tração, uma vaca, eu tinha mais vacas, mas por causa do pasto eu vendi, porque muita criação e pouco pasto é só para sofrer, é melhor ter menos e tratar bem... Ficar com muita criação e elas passarem mal não está certo.(A., Água da Marrequinha, Londrina)

Como se vê, a produção é alcançada com a combinação entre as terras próprias e as áreas exploradas no sistema de parceria. Observemos que a cultura comercial é secundária para esse camponês de Londrina, que demonstra privilegiar as atividades que garantem o suprimento da cesta alimentar completa da família. É bom lembrar que não se trata de uma preocupação isolada, mas de uma estratégia da classe camponesa. Para se ter uma ideia, no ano 2001, 11.404 hectares foram destinados ao cultivo de arroz e feijão, os alimentos primordiais da cesta de consumo doméstica.[5]

Aliás, essa é uma preocupação recorrente nas comunidades que sobrevivem com pouca terra, aumentando a renda por meio do contrato que estabelecem com proprietários para atuarem como porcenteiros no café.

---

5 Dados extraídos do Relatório Realidade Municipal da Emater em 2001.

POR UMA GEOGRAFIA DOS CAMPONESES   337

Muitos dão continuidade aos contratos estabelecidos pelos pais e avós, que ali permaneceram desde a constituição das colônias de cafeicultores. Foi o que essas gerações acumularam como parceiros durante décadas que permitiu a compra dessas propriedades minúsculas.

Como se vê, os mesmos se dividem entre os cultivos na terra própria e nas parcelas de café tocadas em esquema de porcentagem. Nas parcelas próprias, embora o café seja um cultivo praticamente obrigatório, sua participação em termos de área nem sempre é significativa, por dois motivos: primeiro, porque a sobrevivência está em primeiro lugar e nem sempre se pode obtê-la em terras alheias. Segundo, porque, via de regra, esses pequenos sítios somente puderam ser adquiridos por serem "refugos", ou seja, piores em termos de fertilidade e por terem mais declives que as áreas no entorno. Como vimos, as cotas mais baixas praticamente inviabilizam a cultura e tendem a ser destinadas a pastagens, para o suprimento de leite para o consumo familiar.

Entretanto, nem todos os parceiros no café são proprietários, assim como também nem todos os cafezais explorados sob o regime de parceria são extensos, com várias famílias trabalhando. Além das colônias a que nos referimos, há também pequenas áreas cultivadas por uma ou duas famílias parceiras, mas esses contratos igualmente pressupõem a moradia da família na propriedade, já que os tratos culturais se estendem ao longo de todo o ciclo agrícola, ainda que com diversos níveis de intensidade.

Talvez essa seja uma das razões pelas quais é tão comum entre os camponeses a metáfora entre o enraizamento profundo do cafeeiro no solo e a fixação do agricultor na terra onde o mesmo é cultivado, como diz este camponês de Ibiporã, Paraná:

> ... o café faz o produtor ficar na terra. Quem é cafeicultor cria raízes, iguais às do café antigo, que é difícil de arrancar. O café segura a gente no campo, além disso, tem serviço o ano inteiro, tem que carpir, passar veneno, preparar a colheita, colher. (O., Barra do Jacutinga, Ibiporã)

A permanente necessidade de cuidar do café contrasta com a maioria das lavouras, pela baixa ocupação de mão-de-obra que elas implicam. Por outro lado, algumas implicações legais fazem com que a maior parte dos proprietários absenteístas rechace a fixação de famílias em sua propriedade. Não é por acaso que, na região, a maior parte das lavouras cafeeiras tipicamente capitalistas foi substituída por culturas mecanizadas. Onde persistem os cafezais, se verá o cultivo a cargo de famílias, proprietárias ou parceiras. A parceria diminui os custos com mão-de-obra e, ao mesmo tempo, aumenta a eficiência na atividade.

Não obstante, os contratos de parceria são os mais variados, ainda que os tratos culturais desde as capinas até a colheita sejam de inteira responsabilidade dos parceiros. No sistema de porcentagem, há uma série de critérios para definir as respectivas obrigações. Em alguns casos, o fornecimento de todos os insumos fica a cargo do proprietário. Nestes casos, é entregue mais da metade da produção, mesmo porque o custo comprovado com insumos se constitui em eficaz instrumento de convencimento de que a relação de trabalho é justa. Observa-se que a maioria dos contratos concede aos camponeses de 35% a 40% das colheitas. Em geral, esses contratos pressupõem a cultura intercalar para consumo da família, com a entrega de uma parte da respectiva produção.

Outros contratos ainda os colocam como meeiros, e eles têm de repartir os custos da produção e a colheita da cultura comercial. Quanto às culturas de autoconsumo, nem sempre o proprietário retém uma parte para si. Por fim, há contratos em que os camponeses se responsabilizam inclusive pelo fornecimento de insumos, entregando ao proprietário de 30% a 40% do café colhido.

Os parceiros são bastante vulneráveis aos momentos de fraco desempenho econômico dessas lavouras, seja em função de quebras na colheita ou preços insatisfatórios. E isso não está relacionado apenas à diminuição da renda obtida, mas, sobretudo, à decisão de o proprietário manter ou não a atividade.

Isso ficou particularmente visível em 2001, momento em que essa dupla combinação chegou a extremos: a geada do ano anterior praticamente eliminou a colheita e os preços chegaram ao patamar mais baixo das últimas décadas. Com isso, muitos proprietários não se dispuseram a realizar investimentos na lavoura, reduzindo ou até eliminando gastos com adubo e veneno. Entretanto, sem essas inversões, as colheitas nos anos subsequentes ficam praticamente inviabilizadas.

Esse tem sido um fator de crescente insegurança, já que muitos camponeses vivem exclusivamente da parceria e, mesmo entre as famílias que

POR UMA GEOGRAFIA DOS CAMPONESES **339**

combinam essa relação de trabalho com a exploração das terras próprias, sua renda é insuficiente para a própria manutenção, pelo menos se mantidos os atuais padrões de consumo dessas famílias.

Além disso, o não investimento em café sinaliza para a possibilidade de erradicação futura, caso as condições de produção e comercialização se mantenham, situação essa que certamente eliminaria as colônias de parceiros.

O fantasma da erradicação do café está sempre a rondar essas comunidades, já que elas estão cercadas por pastagens ou terras mecanizadas que, no passado, foram cafeeiras. Nas palavras dos próprios camponeses, muitos moradores da periferia das cidades foram porcenteiros nessas propriedades, sendo expulsos com a substituição dessa cultura:

> Quando o café vai bem, a gente já ganha menos que os sitiantes porque têm que dar a parte do patrão. Agora, imagine quando chega a hora de colher e não tem nada. Daí tem que vender o que tinha guardado, mas também não tem preço. Então a gente perde o sono, porque tem de pensar como é que vai conseguir passar mais um ano e fica com medo do patrão desistir do café. Eu acho que só vão sobrar os porcenteiros antigos, aqueles que o patrão não vê jeito de mandar embora. (E., Água das Laranjeiras, Pitangueiras)

Note-se que o risco de desativação de algumas colônias é real, mesmo porque os preços baixos, aliados ao aumento dos custos dos insumos, têm gerado uma perda de renda entre os próprios proprietários das áreas cultivadas nesses moldes. É bom lembrar que estes também foram se enfraquecendo à medida que declinava a renda nessa cultura, dificultando a sua migração para as lavouras mais rentáveis. Portanto, há casos em que a lavoura de café é mantida em virtude dos altos investimentos necessários para a conversão em lavouras mecanizadas.

Por outro lado, pesam ainda as relações pessoais estabelecidas com os parceiros em décadas, mesmo porque muitos proprietários nunca se mudaram do lugar, estando de tal modo articulados à comunidade que a decisão em manter a cultura é resultado de um crivo moral. Não obstante, o risco permanece quando da transferência da propriedade para os herdeiros, muitos dos quais vivendo longe e sem qualquer relação com a comunidade.

Se para aqueles que possuem pequenas áreas a insegurança quanto às condições futuras de reprodução se coloca nesses termos, o que não dizer daqueles que dependem exclusivamente da parceria na cafeicultura para se reproduzirem! Nesses casos, nos momentos de crise, o trabalho acessório de parte da família tem se constituído em um recurso para que permaneçam na parceria. Aliás, os proprietários não fazem restrição ao trabalho externo dos porcenteiros, desde que a lavoura sob seus cuidados tenha precedência.

Contudo, as ocasiões em que os parceiros mais necessitam de uma oportunidade de auferirem renda fora da propriedade são aquelas em que as ofertas de trabalho no entorno são limitadas, pois, nos bairros rurais, é o café que mais mobiliza trabalhadores externos e, na falta deste, são poucas as possibilidades de trabalho temporário.

Lembremos que no Paraná a quebra de safras em virtude de geadas é recorrente, embora raramente na intensidade verificada em 2000. Por isso, a prática de conservar a maior parte possível da produção para esses momentos. Tradicionalmente, diante dos estoques baixos, a quebra das safras vinha acompanhada de altas nos preços, beneficiando aqueles que tinham "segurado" parte das colheitas anteriores. No entanto, isso não ocorreu nesse ano, face à mudança no mercado internacional do café, deixando os camponeses atônitos, até mesmo por não conseguirem compreender tal mudança de lógica, a qual ainda não haviam provado.

A surpresa está no fato de que geada sempre fora sinônimo de alta nos preços, o que não quer dizer que os mesmos não conheçam a enorme oscilação de renda nessa cultura. Talvez por essa razão seja tão comum encontrar entre os parceiros essa dupla condição: proprietários que não podem abdicar da relação de parceria, mas que possuam terras próprias para incrementar sua renda e assegurar, no limite, a produção de alimentos necessários ao consumo da família. Nos relatos sobre a lógica que preside a ordenação do tempo e do espaço produtivo, a autonomia está sempre vinculada ao fato de disporem livremente de um pedaço de chão para esse fim:

> No café, o dono fica com 60% da produção, mas é ele quem dá o adubo e o veneno, a gente só entra com o trabalho. A gente também planta no meio do café mas aí o gasto é por nossa conta. Do que tirar é meio a meio. Mas não tem jeito de pôr vaca no meio do café, não é? Então na nossa chacrinha [2,4 hectares] é melhor, porque tudo o que se tira da roça e das criações é nosso e dá para o gasto. (D., Colônia Mantovani, Cambé)

Vê-se que a posse de gado leiteiro é um indicativo de que a família desfruta de uma situação mais confortável. E isso é mais verdadeiro ainda para

POR UMA GEOGRAFIA DOS CAMPONESES **341**

esses parceiros proprietários, tendo em vista que somente a terra própria é a garantia de que podem fazê-lo.

Os acordos mais antigos, onde resistem as colônias nas quais moram esses trabalhadores, muitos dos quais há décadas, tendem a conservar as práticas de produção para o consumo, sobretudo na forma intercalar e, mais raramente, o direito ao uso do pasto. Já os cafezais mais recentes, implantados sob a lógica do adensamento, são cada vez mais restritivos, inclusive à parceria.

Apesar de termos clareza de que, no café, essa seja uma relação em franca retração, não é possível abordar o processo de territorialização camponesa na região, desvinculado da mesma. E isso não se deve apenas a sua influência na ocupação pioneira da região, mas também à sua participação na emancipação dos camponeses, que com ela chegaram ao *status* de proprietários.

A presença numérica desses em relação ao conjunto pesquisado é tão significativa que somente reforça a compreensão de que estamos diante de um processo de recriação do campesinato na região, ainda que o remembramento, que consiste na transferência da terra camponesa para outros camponeses, seja bastante expressivo.

Essa constatação, no entanto, não permite que ignoremos o contexto de aumento da produtividade no campo, pois isso conduziria a equivocadas conclusões. Em outras palavras, o número de trabalhadores ocupados na agricultura caiu e isso é verdadeiro também para os camponeses. Não obstante, há que se considerar que muitos proprietários de agora são os camponeses sem terra de 10, 20 ou 30 anos atrás, momento em que a proporção daqueles que detinham a posse precária desse meio de produção era muito maior.

Esta é uma evidência que, desde a abertura da fronteira paranaense, uma parte do campesinato envolvido com a cultura cafeeira vem alcançando uma ascensão fundamental, a passagem para a condição de proprietários. E isso se aplica também àqueles que conseguiram comprar terras suficientes para o sustento da família, como se depreende do depoimento a seguir:

A gente não tinha nada, a gente começou do zero, trabalhando por dia, aí a gente falou, vamos pegar junto, vamos trabalhar, vamos conseguir comprar um pedaço de terra. Fizemos isso, dedicamos uns 15 anos, trabalhando e aquele negócio, esquecendo o mundo, dedicando só pra isso, sem festa, sem nada, só o básico mesmo. Nós fizemos tudo isso pra viver um pouco melhor. Para chegar nesses oito alqueires nós compramos sete partes. (G., Água do Cardoso, Bela Vista do Paraíso)

Devemos lembrar, no entanto, que essa passagem nem sempre é automática e a combinação anterior é um exemplo disso. A completa autonomia demanda recursos não apenas para a compra da terra, mas para o estabelecimento da moradia, das instalações produtivas e até mesmo compra de equipamentos, como comprova esse relato:

> Quando eu comprei aqui, isso era uma propriedade abandonada, tudo cheia de leiteiro, árvores assim que não tinha proveito, então a gente destruiu para fazer lavoura de café, uma pastagem, mas o recurso era pouco, então a gente teve que trabalhar de empregado. Eu trabalhei de tratorista uns quatro anos na usina [de açúcar e álcool], depois que eu já estava aqui. Então eu também deixei a propriedade, meio que parei porque a gente não tinha recurso e o juro era muito caro, então captar empréstimo particular em banco é pior ainda. Então eu tive que abandonar a propriedade para trabalhar de empregado. Depois que meus filhos cresceram, eles estão trabalhando de empregado e eu estou na propriedade, a esposa faz a parte dela e eu faço a minha também. (J., Água Clara, Nossa Senhora das Graças)

Essas trajetórias indicam que a diferenciação não é um processo automático e tampouco definitivo. Esse mesmo camponês nos informou que as próximas safras seriam decisivas para definir a continuidade ou a interrupção da exploração econômica da propriedade. Mais uma vez a baixa renda acena para a necessidade de ele se empregar novamente na usina, a fim de arrecadar os recursos necessários para o investimento na propriedade, ainda que praticamente todo o salário dos três filhos seja aplicado no sítio. Note-se que essa é mais uma das razões pelas quais o café é a cultura por excelência dos camponeses, sobretudo no sistema espaçado, que é mais resistente: uma vez formado, mesmo que seja abandonado ele não perecerá. A retomada da produção depende da eliminação do mato e das aplicações regulares de adubo e veneno.

> Devagarzinho a gente adquiriu umas criaçãozinhas com recursos próprios mesmo, então estamos tirando leite, é pouco, mas a gente vai tentando ver se consegue fazer uma granja, um poço artesiano, qualquer atividade que possa melhorar a vida da gente... O dinheiro que a gente procura no banco os juros são altos, então a gente tem que trabalhar de empregado e ao mesmo tempo aplicar o que sobra do gasto da gente. Também a gente procura gastar o mínimo para não ficar devendo, porque se ficar devendo não sobra para fazer o que a gente quer. Então a gente está procurando ver se nos anos que vão vir consegue

POR UMA GEOGRAFIA DOS CAMPONESES **343**

trabalhar na propriedade e ver se melhora. Eu tenho essa propriedade já faz 15 anos. Aí em 1985 eu tive acesso a empréstimo para tocar uma lavoura de algodão. Num alqueire eu colhi 400 arrobas... daí eu trabalhei até 1990 mais ou menos. De 1990 a 1995 eu venho regredindo, de 1995 até 2001 eu fiquei parado, trabalhei para fora, eu e a família toda. Agora eu plantei esse pouquinho de café aqui e o resto é pastagem. Mas a pastagem tem que ser recuperada. (J., Água Clara, Nossa Senhora das Graças)

A lógica do trabalho acessório aparece com toda clareza nesse depoimento. Notemos que o assalariamento não adquire o sentido de proletarização, mas de fortalecimento da condição camponesa. Os filhos estão empregados para angariar recursos para maiores investimentos dentro da propriedade, condição para conquista da autonomia da família como um todo.

Se corrigir a defasagem a gente pode até crescer, essa propriedade pode gerar recursos para a família e ainda sobrar. Dois alqueires são suficientes para uma família de quatro ou cinco pessoas viverem dignamente, para não precisarem trabalhar de empregado. Trabalhando sim, mas dentro da propriedade. (J., Água Clara, Nossa Senhora das Graças)

Observamos, no desabafo acima, que a ideia de dignidade está relacionada ao trabalho camponês. Perpassa o relato a necessidade de recursos para que o investimento possa reverter em um patamar de produtividade capaz de absorver a família inteira. É nesse sentido que números muitas vezes tomados como evidências da proletarização, podem ocultar estratégias de fortalecimento do campesinato.

A transição de camponeses sem terra para camponeses proprietários, por vezes, implica combinações dessa natureza. Na área estudada, essa transição é marcante, tendo o café como maior impulsionador da mesma. Entretanto, isto se deve aos níveis pretéritos de renda que essa cultura proporcionou, já que atualmente os camponeses cafeicultores mal estão conseguindo investir o suficiente para permanecer na atividade.

Por outro lado, é bom lembrar que outras culturas desenvolvidas no sistema de parceria também abriram caminho para a compra de terra. E deve-se lembrar de que, ao se tornarem proprietários, a tendência é que os mesmos perpetuem a atividade que os tornara proprietários. A trajetória de viticultores e mesmo da maior parte dos olericultores entrevistados revela isso:

Depois que nós conseguimos comprar a terra, tivemos que deixar ela parada uns oito anos, enquanto ia fazendo as coisas devagar. O recurso que dava para tirar da porcentagem era pouco, então ainda falta muita coisa. Por enquanto, só dá para plantar jiló, abobrinha, pimenta, pimentão...essas coisas que não precisam de irrigação, porque a chácara é alta e ainda não tem bomba.(B., Bairro dos Moreiras, Tamarana)

Da mesma forma que esses camponeses conseguiram se manter em terras próprias, após muitos anos de trabalho como parceiros na olericultura, outros não alcançaram esse nível de renda, mantendo-se ainda como parceiros. Tal como no café, as oportunidades de colocação estão relacionadas à grande demanda por mão-de-obra, além de tratar-se de uma atividade de baixo valor agregado.

Cumpre salientar que, do ponto de vista dos proprietários da terra, a parceria na olericultura costuma ser estabelecida por famílias camponesas com níveis mais altos de renda e, menos comumente, por proprietários absenteístas. Nestes casos, essa relação de parceria tende a ser vantajosa à medida que os custos e os riscos são repartidos. Some-se a isso o fato de a intensividade da atividade ocupar uma parcela mínima da propriedade, passível de ser desdobrada em usos diversos, sobretudo pecuária de corte, face à baixa ocupação de mão-de-obra.

Por outro lado, a relação de parceria nos sítios camponeses está relacionada à insuficiência da força de trabalho da família para os trabalhos na horta. A foto a seguir mostra o trabalho conjunto de membros da família proprietária e da família parceira na seleção da cebola cultivada para comercialização.

Trabalho em família na seleção da cebola a ser comercializada

POR UMA GEOGRAFIA DOS CAMPONESES **345**

Essa é uma evidência de que a parceria se enquadra em uma lógica de complementaridade fundamental para a permanência de ambos na atividade. Entretanto, a família parceira desfruta de uma autonomia parcial, pois se acha enquadrada em uma lógica produtiva ditada pela família proprietária, estando subordinada às decisões do que e como produzir.

Desse modo, camponeses parceiros e camponeses proprietários dividem obrigações e funções definidas. Os primeiros cedem moradia e terra para que os outros empreendam os cultivos por conta e risco, para posteriormente dividirem os resultados. É importante salientar que o aumento da produção nesses termos é que permite a viabilização do transporte, um dos fatores de maior peso na composição dos custos na atividade.

Ademais, a lógica da olericultura acaba impondo a complementaridade nesses termos. Como vimos, os camponeses olericultores inseridos no circuito comercial estão diante de uma imposição de produtividade severa. A combinação da alta perecibilidade desses alimentos com os baixos valores agregados comporta praticamente duas possibilidades: ou uma produção pequena articulada à venda direta aos consumidores, ou uma produção em escala suficiente para satisfazer a voracidade dos atacadistas e, ainda assim, extrair o necessário para a reprodução da família.

Paradoxalmente, a pesquisa de campo evidenciou que, de certa forma, os camponeses das zonas olericultoras, como Tamarana, apesar de cultivarem hortas maiores, o que não dispensa o estabelecimento da parceria, chegam a se reproduzir em piores condições do que aqueles que já têm sua freguesia nos municípios onde residem, e vendem a produção de porta em porta.

Por outro lado, há olericultores que conseguiram acumular na atividade, havendo inclusive hortas cultivadas por trabalhadores assalariados. Nesses casos, não só a infraestrutura já é mais adequada, o que inclui sistema próprio de transporte, como também os processos de produção são mais complexos, a ponto de lhes permitir o estabelecimento de contratos para fornecimento direto a grandes redes de distribuição, como hipermercados.

Não obstante, o diferencial na olericultura é a capacidade de investimento. A pequena demanda em termos de área abre a possibilidade de reprodução autônoma para famílias que ascenderam a essa condição ao longo de anos de trabalho em terras alheias. No entanto, para sua permanência na atividade, é necessário superar a principal dificuldade, que é a colocação da produção no mercado. Vimos que eles respondem a esse desafio com as mais variadas estratégias, entre as quais uma modalidade de ajuda mútua, que consiste na produção articulada na comunidade, de modo que vários vizinhos possam enviar conjuntamente a produção para o mercado, garantindo, ao mesmo tempo, quantidade para colocação na Ceasa e viabilização do transporte.

Essa prática torna-se bastante significativa para famílias depauperadas, no limite da satisfação das necessidades básicas, as quais dependem primordialmente desses laços para continuar se reproduzindo. Nesses casos, a ajuda mútua também se manifesta no esforço da comunidade em contratar parte dessas famílias, sempre que possível, para auxiliar nas tarefas internas. Nos casos observados, ambas as partes evocaram o sentido da ajuda para qualificar a relação.

Para os camponeses que os empregam, a contratação muitas vezes seria dispensável, mas a necessidade dos vizinhos e a comodidade de um auxílio nas tarefas mais pesadas contribuem para tal. Trata-se, na realidade, de uma coexistência entre camponeses "fortes" e "fracos", na qual o apoio dos primeiros é fundamental para a recriação dos segundos.

> Aqui quase todo mundo é forte... Eles têm seu sitinho de cinco, dez alqueires... Então eles sempre dão um serviço ou outro para a gente. Agora bem dizer nós somos os únicos fracos, porque, antes de dar serviço para os outros, precisamos que os outros deem trabalho para a gente.(M., Barra Bonita, Primeiro de Maio)

Aqui, o conceito de "forte" é utilizado em referência a camponeses remediados, com propriedades que não ultrapassam 30 hectares e chegam a abrigar várias famílias nucleares. Contribui para essa visão a privação quase completa dos meios de produção dessa família, a qual dispõe de um pequeno terreno para plantio de horta comercial, associado ao domínio de pouco mais de dois hectares cedidos pelo pai, mediante o pagamento de 25% de renda. Cumpre salientar que o sítio de menos de dez hectares abriga quatro filhos e suas respectivas famílias, todos em situação parecida. É a renda paga pelos mesmos que garante a sobrevivência dos pais, que já não têm condições físicas para trabalhar na lavoura.

> Nós aqui não temos nada, só o dia para trabalhar e a noite para descansar. É por isso que eu rezo muito, rezo quanto posso pra Deus olhar para a minha família e não deixar nada faltar. (M., Barra Bonita, Primeiro de Maio)

Apesar da extrema vulnerabilidade, pois a sobrevivência depende do trabalho acessório, em determinados períodos do ano, é o trabalho na terra

POR UMA GEOGRAFIA DOS CAMPONESES   347

própria que garante a reprodução da família. Isso depende de uma combinação singular entre condições climáticas e adaptação da unidade produtiva a determinados cultivos.

Na região em questão, o inverno é um período que apresenta uma dupla possibilidade: tanto os olericultores podem "acertar" como perder tudo. A vulnerabilidade da maior parte das verduras e legumes ao frio faz com que nem todos arrisquem a cultivá-las nos meses propensos a temperaturas mais baixas, em que efetivamente ocorrem perdas.

Assim, há uma tendência de diminuição da oferta e, consequentemente, aumento dos preços. Aqueles que conseguem colher nesses períodos muitas vezes alcançam um rendimento extraordinário, comparando-se às demais épocas do ano, nas quais há produtos em relativa abundância no mercado.

> Nós já tentamos plantar vagem no verão, mas a gente desistiu, porque a produção não é boa e os preços baixam demais, às vezes não se ganha nem para o frete. Então a gente prefere plantar coisas para comer e trabalhar para fora. Agora, quando chega o inverno, aí é a horta em primeiro lugar. A horta é abençoada, é dela que vem o pão. Nela a gente trabalha contente, cada um acorda cedo e já sabe o que fazer... ela é a nossa salvação. Eu já falei para os meninos que no inverno a horta dá mais, que não precisa procurar serviço. (M., Barra Bonita, Primeiro de Maio)

A precedência da horta em relação à venda da força de trabalho evidencia quanto a terra é fundamental para a reprodução camponesa. Como se pode observar, é a escassez desse meio de produção que lança as famílias para o limiar da diferenciação, colocando em risco a própria reprodução camponesa. É o que podemos depreender das explicações dadas pela família ao fato de não terem plantado feijão naquele ano. O preço da semente foi a razão da ausência dessa lavoura; ao indagarmos se eles não costumavam reservar parte da produção para esse fim, fomos informados de que a colheita anterior havia sido ruim, e todo o feijão colhido fora consumido pela família.

Esse depauperamento representa uma ameaça real à condição camponesa, a qual não passa despercebida aos demais camponeses, que sentem na pele as dificuldades da atividade e assistem, impotentes, à partida de vizinhos e até familiares que não conseguiram sobreviver na terra.

> Pelas minhas contas, nos últimos anos, 62 pessoas foram embora e só 12 vieram morar aqui. Uns que eram porcenteiros e a geada do ano passado matou o café e eles tiveram que procurar outra colocação, outros porque moravam de favor na terra de parentes e compraram um pedacinho de terra em outro lugar, outros

se desacorsoaram com a lavoura e foram embora para a cidade. Alguns deles já voltaram, porque na cidade está pior. (A., Barra Bonita, Primeiro de Maio)

Esse relato é um exemplo do quanto é dinâmico o processo de territorialização camponesa. Como se pode observar, nosso interlocutor relata a expulsão de parceiros, a criação de camponeses autônomos, mas a expropriação não aparece relatada, mesmo porque na área de estudo esse é um fato menos comum.

Vimos que a maior parte dos camponeses proprietários testemunham a ascensão a essa condição. Nessa mesma comunidade, encontramos situações que revelam isso, como, por exemplo, o caso de uma família cujo patriarca começou no Nordeste uma verdadeira perambulação pela terra de trabalho. A família foi para São Paulo, para trabalhar como diarista, passando por "todos os lugares onde tinha serviço". No Paraná, após trabalharem como porcenteiros no café, conseguiram comprar quatro alqueires de terra, dos quais a família sobrevive. Esses são apenas alguns indicativos de que no interior da classe camponesa há uma enorme mobilidade; essa tanto pode se manifestar no sentido de fortalecimento da condição camponesa como na diferenciação para além da classe.

Do mesmo modo que a proletarização é uma possibilidade real, outros exemplos sugerem o contrário. No trabalho de campo, constatamos quanto é recorrente a alternância da condição camponesa, que pode ser resumida no movimento de "recamponeização" e "descamponeização". Trata-se, pois, de um processo tão dinâmico como contraditório, que comporta as mais diferentes trajetórias circunscritas ao trabalho na terra.

Portanto, a conquista da autonomia se dá por diversos caminhos. Encontramos alguns que chegaram a essa condição graças à decisão da justiça em lhes conceder legalmente a propriedade de uma terra trabalhada por duas gerações. Por outro lado, encontramos filhos de camponeses que acabaram se proletarizando, mas, como empregados, foram acumulando para a compra da terra própria. Alguns comprando algumas vacas e vendo o rebanho crescer, apascentando-o em beiras de estrada, pagando aluguel de pasto, algumas vezes ao próprio patrão.

Outros tocando arrendamento concomitantemente ao assalariamento, contando com a força de trabalho da esposa e dos filhos, já que o contrato de trabalho nas fazendas normalmente é estabelecido apenas com o chefe da família, ainda que, via de regra, os demais membros também trabalhem.

POR UMA GEOGRAFIA DOS CAMPONESES **349**

São inumeráveis as estratégias utilizadas na conversão para camponeses proprietários. Evidentemente, após alçados a essa condição, o desafio passa a ser a permanência na terra, sendo necessário recorrer a diversos expedientes para extrair dela o suficiente para o sustento da família.

As estratégias para a manutenção da terra são as mais diversas: o arrendamento de parte do sítio é um expediente a que recorrem aqueles que não possuem nem recursos financeiros nem maquinário para o plantio mecanizado. Não obstante, é preciso esclarecer que essas decisões são tomadas sempre que o sustentáculo da sua condição autônoma estiver ameaçado. Assim, na iminência de perda da terra, os camponeses optam por um nível mais baixo de rendimento, desde que a propriedade não corra risco, como se depreende na declaração a seguir:

> No ano passado eu tive que vender até uma moto para pagar dívida porque a lavoura não correu bem. Eu vi que só faltava perder a terra, que era a única coisa que eu tinha. Por isso resolvi arrendar quatro alqueires para o vizinho, que tem todo o maquinário, ele me dá 30% da colheita. Se der bem é bom para os dois, se não der nada, eu não perdi nada, porque continuo com a terra. (A., Barra Bonita, Primeiro de Maio)

Vemos que o cálculo do nosso interlocutor opera, no limite, com a manutenção da condição camponesa. E no caso em questão, em igual quantia de terra cultiva café, no meio do qual planta milho, arroz e feijão. Há uma pequena área de cana, que alimenta a produção de rapadura, vendida diretamente aos consumidores, assim como o mel, cujas colmeias estão em uma mata de outra propriedade.

Portanto, as unidades camponesas se reproduzem porque há um rigoroso cálculo que antecede qualquer atividade, com base em uma racionalidade mediada pelo montante de dinheiro disponível para o investimento, sem prejuízo da segurança alimentar da família.

> Nós demos em arrendamento a terra para um homem que tinha as máquinas de plantar direto e a gente queria ver se era bom mesmo, mas para nós não deu certo. Quando a gente viu, o colonião estava invadindo a roça e o homem disse que não tinha importância, que era assim mesmo. Aí a gente se desesperou, pegamos na enxada e tivemos que arrancar touceira por touceira... Deus me livre, foi para nunca mais. (M., Barra Bonita, Primeiro de Maio)

Essa situação ilustra a diversidade de estratégias produtivas de acordo com o estoque de terras e a disponibilidade de instrumentos e força de trabalho. No caso assinalado, trata-se de um sítio de quatro alqueires, dos quais metade foi arrendada para a soja. Vemos que eles o fizeram para experimentar, por não deter as condições técnicas e instrumentais para fazê-lo por si. Entretanto, as técnicas utilizadas para conter a proliferação do colonião não foram consideradas razoáveis pela família, ainda que para o arrendatário ela estivesse dentro dos padrões de normalidade. Certamente o desencontro está no cálculo diferenciado que fazem: enquanto para o arrendatário isso representava apenas alguns metros de cultura perdida, para os camponeses mais empobrecidos o avanço do colonião representava uma perda dupla, pois, além da menor colheita, haveria gastos superiores para limpar o terreno no futuro, demandas incompatíveis com o seu nível de renda.

Por outro lado, essa corrida por alternativas também contribui para a mobilidade social no interior da classe. Se anteriormente apontamos a cessão da terra em arrendamento, há também o arrendamento de áreas no entorno do sítio. Via de regra, o arrendamento é praticado por camponeses que já possuem mais recursos, notadamente máquinas, e o fazem para otimizar as condições produtivas.

Assim, ao reduzirem a ociosidade dos instrumentos e da força de trabalho, conseguem um incremento de renda que aos poucos os fortalece, a ponto de alguns chegarem à condição de camponeses ricos. Com isso, parte deles acaba investindo em terras, aumentando de tal modo o patrimônio que, por vezes, há a contratação de empregados. Outros optam pelo investimento na diversificação do sítio, o que igualmente pode requerer a contratação de assalariados.

Note-se que o limiar da diferenciação está posto quando a contratação de trabalhadores deixa de ser eventual e passa a suplantar a importância da mão-de-obra familiar nas atividades produtivas. Entretanto, não se trata de uma transição automática ou obrigatória, como se a lógica camponesa devesse necessariamente ser substituída pelas práticas capitalistas da noite para o dia. O que se verifica é um lento processo, que poderá se manifestar a longo prazo, e isso dependerá sobretudo da trajetória dos filhos.

Na pesquisa de campo, foi possível identificar duas tendências: a primeira é a da provável diferenciação, à medida que os filhos estão sendo preparados para uma profissão externa à propriedade. Essa preparação manifesta-se no incentivo ou mesmo na frequência aos cursos superiores: "A terra é pouca, não tem como eles constituírem suas famílias e continuarem aqui". (M., Bratslawa, Cambé).

POR UMA GEOGRAFIA DOS CAMPONESES   351

Nestes casos, a recriação camponesa é algo improvável se os filhos de fato se inserirem no mercado, sobretudo com formação superior, o que em tese assegura oportunidades privilegiadas em comparação aos demais trabalhadores. Todavia, o fato de os pais ainda estarem em condições de explorar a propriedade faz com que as estratégias e tradições típicas do modo de vida camponês sejam mantidas.

Outra possibilidade é a recriação camponesa a despeito desse processo de enriquecimento. Temos visto que as limitações materiais da propriedade camponesa constituem-se no principal fator de expulsão dos filhos. Assim, um patamar de renda mais elevado permite a absorção das novas famílias que vão surgindo com o casamento dos mesmos.

É nessa perspectiva que se enquadra o remembramento da propriedade camponesa: a compra de terra não sinaliza a especulação, mas a adequação do patrimônio à dinâmica demográfica familiar. Encontramos casos de famílias em que três gerações se reproduzem nesse sistema, embora o recurso aos arrendamentos seja bastante acentuado, pois a ampliação do patrimônio fundiário raramente acompanha o crescimento da família.

O que chama a atenção em ambos os casos é que, apesar de já desfrutarem de um nível de renda perfeitamente compatível com a total inserção no mercado, as práticas camponesas são mantidas. As atividades de consumo, como o cultivo de arroz, feijão, mandioca, abóbora, a horta e criações não são abandonadas, assim como as práticas domésticas de preparação dos alimentos: fabricação de linguiça, queijo e demais derivados de leite, torração e moagem manual do café, fabricação de sabão etc.

Por outro lado, as atividades comerciais já revelam um elevado patamar de investimento. Quando a terra é pouca, a regra é a diversificação, com destaque para a avicultura articulada com as culturas mecanizadas de soja, milho e trigo. Quando já se incorporaram mais terras ao patrimônio, a regra é privilegiar as lavouras mecanizadas, muitas vezes articuladas aos arrendamentos, para melhor utilização das máquinas.

Não obstante, os métodos de trabalho já são diferenciados. A integração ao sistema cooperativista é regra, assim como o trânsito no sistema financeiro. Diferentemente dos camponeses empobrecidos, cuja aversão aos bancos é evidente, os últimos utilizam os financiamentos sem parcimônia, tanto para custeio agrícola como para investimentos na propriedade.

352 ELIANE TOMIASI PAULINO

É justamente o fato de estarem integrados ao sistema financeiro que eventualmente pode trazer profundos desequilíbrios à unidade econômica, a ponto de provocar quedas significativas no padrão de vida e mesmo desestruturações produtivas severas.

> A gente mexia com muita terra, eram 11 alqueires nossos mais 50 arrendados. Só que nos três últimos anos, a lavoura foi um fracasso, foram duas secas na época da soja e uma geada na do trigo. Para pagar as dívidas vendemos o trator e o caminhão que já estavam pagos e a colhedeira que era financiada. Dela a gente já tinha pago 30% mais dois mil sacos de soja. Uma vida de trabalho se foi. Mas é melhor ir o ferro do que a terra... essa, graças a Deus, a gente conseguiu segurar. (O., Água do Limoeiro, Alvorada do Sul)

Esse é apenas um dos vários exemplos de camponeses que, ao optaram pelas lavouras mecanizadas, passaram a expandir a produção com arrendamentos, dada a pequena quantidade de terras próprias. Contudo, o fato de financiarem a compra do maquinário os deixou vulneráveis aos maus resultados das colheitas, razão pela qual as dívidas se tornaram uma bola de neve, obrigando-os a se desfazer de toda a estrutura montada para uma atividade de larga escala. Entretanto, o fato de terem conservado a terra permitiu um arranjo interno de modo a assegurar a sobrevivência da família.

Não obstante, há casos em que até uma parte da terra acaba sendo vendida para pagar dívidas contraídas na produção. Deve-se lembrar de que esses riscos são diretamente proporcionais à dimensão da lavoura comercial que a família se arrisca a empreender:

> Talvez em um ano a gente toca o pé em tudo, então a gente ficou com medo disso. Nós vendemos 24 alqueires de terra, para nós é bastante. Foi com o algodão, vendemos também um trator e um caminhão trucado. Qualquer financiamento é difícil de pagar, até um Pronaf de cinco mil reais, tem um colega meu aqui que todo ano ele reforma, porque não consegue pagar. (G., Água da Gruta, Itaguajé)

É importante destacar que esses insucessos não implicam a proletarização, mas a retomada de uma cautela por demais significativa entre os camponeses. Uma vez livres da armadilha financeira, dificilmente os mesmos voltarão a se articular ao mercado nesses termos. Entre aqueles que afirmaram ter passado por essa experiência, a maioria retomou as atividades desativadas em favor da especialização. Encontramos uma família que, após perder praticamente tudo em um arrendamento de cerca de 300 hectares

POR UMA GEOGRAFIA DOS CAMPONESES **353**

de terra, readequou o sítio à pecuária leiteira, passando a viver da venda do leite direto aos consumidores e das atividades para o autoconsumo.

Como vemos, a preservação da terra é fundamental para suportar eventuais insucessos. Não é sem razão que essa aparece como um bem inalienável, sendo acionados todos os recursos possíveis para preservá-la. Aliás, a clareza de que ela é fundamental para a segurança da família, faz com que a maior parte deles se submeta a duras privações caso apareça a oportunidade de comprar mais terra:

> Esse ano apareceu a oportunidade de a gente comprar dois alqueires aqui na divisa do sítio. Para não perder, vendemos o trator e o caminhão. Eles já estão fazendo muita falta, mas é um investimento que valeu a pena, porque bem dizer nós conseguimos dobrar a área, então a produção vai aumentar. (J., Água do Coqueiro, Iguaraçu)

Como se pode observar, não é sempre que aparece a oportunidade de comprar áreas contíguas. Em geral, a ampliação do sítio nesses termos é possível, porque processos de herança envolvem muitos sítios camponeses. Nesses casos, aqueles que saíram da terra tendem a vender aos que permanecem, os quais têm prioridade na compra, muitas vezes facilitada.

Para a família, parece inadmissível a compra da propriedade por estranhos. Do ponto de vista simbólico, esse desfecho é sinônimo de fracasso, pois, se os antepassados conseguiram comprar a terra, como explicar o fato de eles não conseguirem mantê-la? É por essa razão que os mecanismos de herança tendem a se ajustar de forma a manter a indivisibilidade do sítio em favor daqueles que ali vão permanecer, trabalhando em conjunto com o patriarca. Além disso, há uma tendência dos que ficam trabalharem juntos, independentemente do número de famílias nucleares que possa haver. Essa é a única forma de evitar o fracionamento da propriedade e racionalizar os meios produtivos disponíveis.

Entretanto, esses ajustes dependem do tamanho da propriedade e da dinâmica demográfica das famílias. Caso o patrimônio fundiário se mantenha inalterado, em determinado momento o problema da saturação da propriedade emergirá. Em outras palavras, há um limite para a constituição de novas famílias na mesma porção de terra, embora isso seja muito variável em função dos próprios critérios de bem-estar estabelecidos pelas mesmas. Ainda assim, o esforço de manter unidas famílias extensas tende a se sobrepor às limitações materiais que vão surgindo para o trabalho conjunto:

354　ELIANE TOMIASI PAULINO

A gente quer melhorar alguma coisa, pôr as coisas no mercado para ver se consegue segurar todo mundo aqui. Aqui a gente é acostumado a trabalhar, não tem jeito de ficar parado, então a gente tem que arrumar alguma coisa para trabalhar, não vai ficar parado. Eu tenho uma ambição: aqui no sítio nós somos quatro irmãos, minha área é de leite e a dos outros meninos é de lavoura, de mandioca. Tem também arrendamento fora. Agora nós começamos com rapadura, mas esse ano eu não quis tocar arrendamento. Agora se a rapadura der certo, mais para a frente nós vamos voltar a trabalhar juntos. Agricultura não dá, ficar correndo pra cá e pra lá que nem doido, se der certo a gente vai ficar tudo junto de novo, a gente trabalhou junto até agora. (G., Água da Gruta, Itaguajé)

Assim, à medida que o patrimônio escasseia, o trabalho conjunto vai ficando mais difícil, pois aumentam os riscos de perdas ante os insucessos da lavoura, já que a parte da renda retida é menor, face à necessidade de pagar pelo uso da terra e maquinários alheios.

Porém a entropia é igualmente ameaçadora, se pensarmos na perspectiva de reprodução dos filhos que vão atingindo a idade adulta. Atualmente, a expulsão nesses termos tende a colocar aos que partem piores condições de reprodução, face à saturação e consequente elevação do nível de qualificação exigido pelo mercado de trabalho, o que dificulta a sua inserção formal. Assim, muitos acabam se deslocando para a informalidade rural e urbana, em condições de trabalho e rendimento bem mais precários que num passado recente.

O mesmo se aplica ao mercado formal de trabalho em que, via de regra, as oportunidades se limitam às ocupações de baixa remuneração. Segundo os pais e mesmo alguns que passaram por essas experiências, os capitalistas dão preferência aos camponeses recém-chegados pelo fato de os mesmos serem íntegros, extremamente disciplinados e aptos às tarefas mais desgastantes.

As fábricas preferem filhos de agricultor por causa da confiança e também porque estamos acostumados a trabalhar pesado. Eu trabalhava numa fábrica de doces, ficava na caldeira, era uma semana de dia e outra de noite. Eu aguentei dois anos, aí a gente concluiu que estava pior do que na roça. (P., Bairro São Rafael, Rolândia)

A confiança a que se refere esse interlocutor, a qual se torna um diferencial para a contratação, remete ao conjunto de valores morais que o campesinato preserva, mesmo porque a vida comunitária impõe mecanismos reguladores de conduta. Como se sabe, a desagregação atrelada à margi-

POR UMA GEOGRAFIA DOS CAMPONESES **355**

nalização social que a vida na cidade impõe, e que reflete a própria ordem capitalista, muitas vezes consegue esfacelar esses valores.

O desgaste do trabalho aliado às privações próprias de quem tem que sobreviver apenas do salário é que expõe a dimensão da exploração que esses camponeses não conhecem diretamente. A consciência de que a inserção integral no mundo monetarizado é proibitiva, às vezes é atingida somente quando os mesmos passam a depender do dinheiro para satisfazer todas as necessidades. É por essa razão que a produção para o próprio consumo é repartida com os filhos que se mudaram para a cidade. Arroz, feijão, carne, ovos, frutas, verduras e legumes, enfim, tudo o que o sítio produz é enviado para que esses possam suprir ao máximo as necessidades alimentares sem a mediação do mercado.

Ainda assim, situações de baixos salários ou desemprego fazem com que alguns já comecem a desenhar um movimento inverso, de filhos de camponeses expulsos da terra que começam a retornar ao sítio paterno juntamente com a sua prole:

> Ele vivia na cidade e olhe que tinha um bom salário: ganhava quatrocentos reais por mês. Mas o dinheiro era pouco... era aluguel, luz, água, comida, porque nem sempre dava para vir aqui buscar as coisas. No fim desistiu e está trabalhando comigo de novo. Não vê dinheiro, mas a família não passa falta de nada. (J., Guairacá, Londrina)

Cumpre salientar que o retorno dos filhos muitas vezes requer uma readequação do sítio, assim como a diversificação das atividades. A necessidade de construir uma casa a baixos custos é enfrentada com criatividade: casas de madeira, abandonadas, sinais de um processo de esvaziamento do campo, costumam ser quase integralmente aproveitadas.

Encontrar quem queira vendê-las é tarefa fácil, pois há proprietários que raramente visitam suas terras; nesses casos, sempre há o risco de estranhos ocupá-las. Segundo os camponeses, tem havido um aumento de procura por essas casas, pois aqueles com menos recursos que se casam e permanecem nas propriedades também estão utilizando esse expediente. Durante a pesquisa, constatamos que com cerca de R$ 1.500 era possível comprar uma casa bem conservada.

A preferência dos camponeses pelas mesmas não se explica apenas pelo baixo preço, mas pela qualidade da madeira, hoje inexistente, ou pelo menos inacessível. Além disso, o trabalho de reconstrução é mais simples, muitas vezes feito por eles próprios.

356   ELIANE TOMIASI PAULINO

Todavia, a absorção de novas famílias exige mais do que a construção de uma moradia. O desafio é aumentar a renda da propriedade, e isso depende das reservas econômicas das famílias. A implantação de atividades intensivas tem sido uma saída para aqueles que dispõem de mais recursos; quanto aos mais empobrecidos, eles buscam desde os arrendamentos até o trabalho acessório e, por vezes, a combinação de ambos.

No caso de trabalho autônomo em terras arrendadas, esses sujeitos combinam outras atividades. As mais comuns são o trabalho temporário no campo e na construção civil, havendo também a intermediação de pequenos negócios, como venda de animais e produtos da lavoura.

Merece destaque a visão dos rendeiros sobre o que é essencial e o que é acessório para a sobrevivência da família. Ao pedirmos para um deles classificar as diferentes atividades de acordo com a respectiva contribuição para a manutenção da família, ele foi categórico: colocou em primeiro plano a sua atividade como pedreiro, pois atua esporadicamente como construtor no distrito onde reside. No entanto, o desdobramento da conversa apontaria uma ordem diversa:

> A roça não dá quase nada não. Eu ganho um pouco melhor quando pego uma casinha para levantar, para rebocar, esses serviços eu faço de vez em quando. Com eles eu chego a ganhar até 700 reais num mês, trabalhando com o meu filho, coisa que a gente nunca consegue na roça. Mas só que tem uma coisa, aqui todo mundo já sabe que eu não posso descuidar do meu serviço: quando dá a hora de plantar, de capinar, de passar veneno, eu largo o que estou fazendo e vou cuidar da roça. Na roça tudo tem o seu tempo e isso vem em primeiro lugar. (J., Guairacá, Londrina)

Cremos que a hierarquização operada nesse relato aponta para dois planos imbricados, mas claramente distintos dentro da lógica camponesa: o monetário e o não monetário. Note-se que ao se referir aos ganhos monetários, a roça fica em plano secundário, isso talvez em função da própria condição de rendeiro, cuja capacidade de empreendimento está diretamente relacionada aos parcos recursos disponíveis. Em outras palavras, esse camponês enquadra-se naquilo que eles mesmos classificam como "fracos", visto não possuir trator e demais implementos, o que o obriga a cultivar pequenas áreas, mediante o pagamento de determinadas tarefas mecanizáveis, em particular, o preparo da terra. Some-se a isso, a necessidade de entregar uma parte da produção ao proprietário, quantia essa que pode chegar à metade da colheita obtida, dependendo do acordo acertado.

POR UMA GEOGRAFIA DOS CAMPONESES   **357**

Por essa razão, a lavoura comercial em terras alheias pouco pode representar em termos monetários, porém é um dos caminhos para o acesso à terra e às culturas alimentares. Note-se que a roça é a atividade primaz e está relacionada ao serviço próprio. Destarte, depreendemos ser os cultivos para o consumo a principal fonte de ingresso de alimentos na mesa da família.

Ter direito à terra que abastece a cesta alimentar pressupõe cultivar lavouras comerciais, dado que não pode ser desconsiderado, quando se verifica que a cessão de terras pelos proprietários tem como princípio o rendimento monetário, muitas vezes potencializado pela economia de escala, especialmente quando os mesmos dispõem de terrenos maiores, cultivados por vários rendeiros.

Como se viu anteriormente, o engodo da referência monetária pôde ser percebido pelo mesmo camponês, ao relatar que seu filho, que hoje se encontra novamente na casa paterna, saiu da terra em troca de um salário considerado muito bom, mas teve de abandonar o emprego, pois tais rendimentos não lhe permitiram pagar aluguel, água, energia e comprar os alimentos necessários ao sustento da família:

> Quando a gente vê essa dinheirama, não desconfia que não dá para nada. Aqui a gente tem tudo e qualquer dinheirinho vai para as coisas extras. Lá na cidade não, é uma galinha, um arroz, até água, tudo tem que ser comprado e é muito caro. (J., Guairacá, Londrina)

Portanto, por maiores que sejam as dificuldades econômicas desses camponeses, o empobrecimento não pode ser relacionado a uma situação de miséria absoluta, tão comum entre os trabalhadores marginalizados nas cidades. Pelo menos do ponto de vista do acesso aos alimentos, isso não se aplica, já que, em geral, os mesmos têm uma mesa variada e farta. São consumidos ovos, leite, verduras, legumes, cereais e carne, oriundos da produção própria, a qual ocupa lugar de destaque na lógica de reprodução da família.

Assim, ao afirmarem que a situação no campo está muito difícil, sempre se referem aos preços que devem pagar para produzir e o que podem receber ao final, transações que se situam no interior do circuito monetário. Por outro lado, quando o assunto é tratado no interior das relações não monetárias, o que inclui a produção para o autoconsumo e o próprio trabalho, a avaliação é oposta: em um mundo onde tantas pessoas em situação social idêntica à sua padecem de fome, eles garantem seu próprio alimento em situação de ponderável fartura.

O próprio esforço físico está sendo atenuado com as melhorias técnicas incorporadas: a luz elétrica traz a água encanada, antes retirada manualmente dos poços ou transportada das minas em latas. Muitas das tarefas braçais na lavoura já são realizadas por máquinas; ainda que muitos deles não as possuam, o acesso é garantido mediante pagamento em dinheiro ou em espécie. Enfim, por menor que seja a possibilidade de auferir renda monetária, para muitas famílias o acesso à terra representa a superação da marginalização urbana, expressa na dificuldade em atender às mais básicas necessidades, que são a moradia e a alimentação. Àqueles cujo atendimento dessas demandas ainda é o maior desafio, a terra nunca deixou de ser uma saída.

O bairro rural e os sítios: a ordenação territorial camponesa

Partindo do pressuposto de que toda reprodução social se faz a partir de um determinado substrato, até então procuramos demonstrar quanto ele pode ser dinâmico, tendo em vista o imbricamento de diferentes variáveis em sua constituição. Por serem condicionantes e, ao mesmo tempo, condicionadas pelo movimento da realidade, a combinação dessas variáveis se manifesta em "imagens territoriais", nas palavras de Raffestin (1993, p.152), as quais nada mais são que os signos propriamente geográficos instituídos pelos sujeitos sociais. Esses signos são a exteriorização das relações de poder que permeiam a simbiose com o espaço e que, em síntese, consistem na construção do território.

Assim, antes de nos determos nos marcos geográficos imprimidos pelos camponeses, somos impelidos a tocar na questão da construção do território. Conforme nos lembra Raffestin (1993, p.144), o território não é o espaço, mas uma produção derivada da sua apropriação. Nessa perspectiva, o território é um espaço transformado pelo trabalho ali contido, o qual é delineado por estratégias de organização e controle do mesmo. Portanto, essa apropriação não é uma ocorrência natural, mas um dado concreto da luta dos seres humanos pela sua sobrevivência.

POR UMA GEOGRAFIA DOS CAMPONESES   **359**

Dessa maneira, a produção do território é a expressão de tais lutas, daí a afirmação de que o mesmo se inscreve em um campo de poder. Sendo o território capitalista o produto da interação entre sociedade, espaço e tempo, o que define as parcelas camponesas do território é uma lógica singular de classe pautada em um circuito diverso de produção, troca e consumo, se manifestando em "imagens territoriais" ou simplesmente marcos geográficos, sendo o bairro rural sua expressão não só privilegiada, mas estruturante.

Não obstante, apesar de o bairro rural comparecer como marco geográfico primaz dessas parcelas do território, tendo em vista a forma diferenciada com que a classe camponesa se reproduz e as produz, é conveniente extrapolar esse recorte, buscando evidências de sua articulação na escala analítica proposta por este livro.

Cumpre destacar que esse recorte não prima pelo mesmo princípio de homogeneização do qual se serve o Estado para gerir o território capitalista sob sua jurisdição, antes se prende aos elementos que evidenciam uma unidade construída nas estratégias de classe. Daí o sentido de apoiar-se no pressuposto da unidade na diversidade, sobretudo porque a área pesquisada não é homogênea nem do ponto de vista físico, nem econômico e tampouco político-administrativo, já que a mesma está dividida em duas capitais regionais que a polarizam, respectivamente, Londrina e Maringá.

Por outro lado, a existência de dois tipos dominantes de solos produz uma diferenciação geográfica significativa. Não se trata apenas de opor as diferenças físicas dos solos arenosos às terras roxas, mas destacar os desdobramentos dessa diferenciação face à utilização econômica dos mesmos.

Poder-se-ia traçar uma linha imaginária, dividindo a região estudada no sentido leste-oeste ao meio, encontrando-se a terra roxa a leste e os solos arenosos a oeste. Evidentemente não se trata de uma divisão rigorosa, pois, ao longo das margens dos principais rios da área estudada, como o Paranapanema, o Bandeirantes e o Pirapó, há uma faixa de terras roxas, ao mesmo tempo que, nos domínios do basalto, são encontradas manchas de solos litólicos.

Isso posto, merece destaque o fato de que, na porção oeste, conforme a divisão proposta, ao predomínio das pastagens se combina à diversificação das culturas de cunho comercial pelos camponeses.

Em relação à porção leste, notamos que a pouca terra lhes impõe desafios maiores no que tange à geração de renda monetária, razão pela qual encontramos uma combinação mais expressiva de atividades comerciais

360 ELIANE TOMIASI PAULINO

numa mesma unidade produtiva, além daquelas caracteristicamente volta-das para o autoconsumo. Assim, embora as condições pedológicas do areni-to sejam privilegiadas do ponto de vista físico, já que os mesmos não sofrem com a compactação provocada pela mecanização, a limitação química afeta diretamente a renda dos camponeses.

Por outro lado, nos solos derivados do basalto, cujas propriedades quí-micas asseguram fertilidade maior, nas propriedades menores o café é a principal lavoura comercial, ainda que a sua associação às culturas interca-lares seja significativa. Via de regra, aparece associado ao milho, que se des-tina à alimentação das criações, além do arroz, feijão, legumes e tubérculos.

Essa diferenciação entre características físicas e químicas do solo não pode passar despercebida, já que, entre os produtores de maior renda, a agricultura não se realiza sem a devida adequação dos solos às práticas tec-nificadas já destacadas. Ocorre que uma ponderável parcela de camponeses recorre muito pouco às máquinas, se limitando a utilizá-las para o preparo da terra em época de plantio. Desse modo, se para os demais, sejam capita-listas ou camponeses ricos, a respectiva intervenção nas qualidades físicas e químicas com vistas ao cultivo apresenta uma certa equivalência em termos de custos nos dois tipos de solos, isso não se aplica na mesma proporção aos camponeses mais empobrecidos.

Portanto, a necessidade de corrigir as deficiências de nutrientes é de-sigual para ambos, o que em última instância indica que, para plantar no arenito, há um gasto maior com adubos. Embora se possa admitir que nas lavouras mecanizadas essa relação seja próxima ao equivalente, já que a descompactação dos solos lhes impõe um custo elevado, de forma alguma ela o é quando se analisa a agricultura tradicional: os camponeses do arenito devem dispor de mais recursos para explorar igual quantidade de terra que seus pares que atuam no basalto, já que aqueles não sofrem o problema da compactação dos solos.

Isso é evidenciado nas respostas espontâneas dos camponeses já em nossa primeira aproximação. Aqueles da porção leste, cuja quantidade de terra não sustenta o cultivo das lavouras de soja, trigo e milho, ao serem inquiridos sobre o que plantam, referem-se enfaticamente ao café. São necessárias horas de conversa e incursões pela roça para observar que a esse se combina o plantio de feijão, arroz, milho, os cultivos do excedente, com aqueles da cesta interna de consumo, como mandioca, batata, amendoim, ervilha, verduras etc.

POR UMA GEOGRAFIA DOS CAMPONESES **361**

Por outro lado, em grande parte das pequenas unidades produtivas do arenito, a essa mesma pergunta eles respondem: um pouco de tudo. Aí se encontra com maior frequência a existência de várias atividades comerciais, com destaque para o leite e o café, além dos cultivos do excedente. Dessa maneira, a dificuldade em obter renda suficiente para a satisfação das necessidades monetárias parece ser a principal razão de uma maior diversificação de atividades comerciais.

Notamos que, de imediato, os camponeses contabilizam apenas os cultivos que asseguram retorno monetário, omitindo a produção de autoconsumo, razão pela qual é tão frágil o critério de renda monetária para delinear o perfil das unidades agrícolas.

De qualquer modo, onde as pastagens dominam, entre os camponeses prevalece a pecuária leiteira. O café se mantém no posto de cultura permanente por excelência das pequenas propriedades, eventualmente dividindo espaço com a fruticultura, especialmente os citros.

Embora a granelização do leite já atinja patamares elevados na região, é comum encontrar nas porteiras dos sítios os abrigos para os galões de leite. Dependendo do horário, ainda se pode ver esses recipientes aguardando a passagem de leiteiros que atuam na informalidade.

Por outro lado, na porção leste, as lavouras são predominantes. Dependendo da época, a vista é prodigiosa. No verão, a soja reina, embora divida espaço com o milho, o café e a policultura. No inverno, quando os milharais estão amadurecendo, há enormes bandos de pássaros: pombas, anus, chupins, maritacas, gaviões e tantos outros que, atraídos pela abundância de alimento, alçam barulhentos voos apenas com nossa proximidade ameaçadora.

Quanto ao trigo, a semeadura em tempos diferentes divide o território em diversos tons e texturas: cachos amarelando, outros ainda verdes, outros ainda desabrochando. Ao soprar do vento, pode-se ver um indescritível balé nessa plantação, que se move em direções descontínuas numa suave canção de palhas se tocando. Contrasta com os trigais a aveia preta, de um verde muito vivo e brilhante, como que a denunciar o privilégio de estar plantada em terras tão especiais.

E há os cafezais. Apenas raramente ocupam áreas expressivas. No geral, são encontrados na beira da estrada, por ser essa a parte mais alta das propriedades, constituindo-se em cartão de visita da propriedade camponesa.

O fato de se estar numa área de transição entre a zona tropical e a subtropical faz com que as quedas de temperatura sejam comuns no inverno, sendo recorrentes as geadas, sobretudo nas terras mais baixas. É por essa razão que os cafezais são plantados sempre na parte mais alta da propriedade, o que livra a cultura das geadas anuais. Nota-se que os fenômenos climáticos devastadores obedecem a períodos mais longos, podendo ser destacados os anos de 1975 e 2000, intercalados por geadas de menores consequências para os cafeicultores.

Das comunidades às cidades, os elementos que conferem unidade às parcelas camponesas do território vão se somando. Por vezes, nos deparamos com velhos tratores retirando a colheita da roça e ainda por ser devidamente preparada para o envio ao mercado. É o que se pode observar na foto a seguir, a qual retrata o transporte do feijão da roça para o terreiro da casa, onde será seco e posteriormente debulhado.

Pai e filho transportando o feijão colhido

Outras vezes são vistas as carroças dirigindo-se para as cidades com a produção camponesa, ou dela retornando, com produtos para a lavoura ou para a família. Cumpre salientar que, em termos de densidade populacional, há distritos maiores que algumas cidades sede de município, de modo que não é possível analisar separadamente os fluxos estabelecidos. De qual-

POR UMA GEOGRAFIA DOS CAMPONESES 363

quer forma, alguns distritos adquirem a mesma funcionalidade do bairro rural, diferindo-se mais em relação à concentração espacial das moradias.

Aliás, o tempo dos distritos e das cidades pequenas do norte do estado é o tempo do campesinato, regido pelas relações pessoais. Isso não se deve apenas a sua presença corriqueira nesses núcleos, mas também ao fato de que a maior parte de sua população mantém vínculos estreitos com o campo, vivendo da exploração de terras próprias ou alheias.

Alguns são proprietários de pequenos sítios, que se mudaram para a cidade em busca de mais conforto; ainda que continuem a cultivá-los, encontram-se diante de uma dependência monetária ameaçadora à família, já que, além da diminuição da renda agrícola, a ausência do sítio limita a produção para o consumo próprio. No caso das criações, é impossível conservá-las, face à necessidade de vigilância constante.

Outros são camponeses rendeiros, que moram na cidade por não terem um pedaço de chão só seu; vivem assim na dependência do acesso precário à terra de trabalho.

Por fim, há os proletarizados, testemunhos da modernização conservadora, que lançou enorme contingente de trabalhadores na mais aviltante marginalidade. Como assalariados temporários, trabalham quando e onde houver serviço. Geralmente se dividem entre a cana-de-açúcar, a qual já ocupa 9%[6] da área cultivada na região e as colheitas de café no entorno e até em outros estados, sobretudo em Minas Gerais, para onde se desenha uma importante migração pendular. Afora isso, são poucas as possibilidades de emprego, pois, nas cidades menores, não há agência bancária, o comércio é incipiente e as fábricas são raras. Cidades empobrecidas e encolhidas pela lógica selvagem da acumulação ampliada, em um circuito que igualmente envolve a agricultura, a base da economia local.

A relação de consumo dos capitalistas desse setor com os núcleos urbanos dos municípios onde desenvolvem suas atividades chega a ser risível, inclusive no que se refere aos insumos para a produção. A comercialização dessas mercadorias se faz predominantemente com os camponeses, os quais tendem a satisfazer suas necessidades de consumo nos núcleos urbanos de seus municípios.

---

6 Cf. dados compilados do Relatório Realidade Municipal da Emater em 2001.

Por outro lado, a relação de consumo dos camponeses nas cidades intermediárias e médias tende a se diluir na densidade humana e econômica comandada pelo capital. Nelas, a presença camponesa não pode ser observada senão nas periferias, no movimento decorrente da comercialização direta de produtos vegetais e animais *in natura*, bem como os processados artesanalmente.

Considerando-se que essa organização territorial revela como são elaboradas as formas de existência do campesinato, há que se verificar como é manifestado aquilo que Raffestin (1993, p.156) denomina "nodosidades territoriais" que, no caso em questão, se materializa nos bairros rurais.

O bairro rural é a expressão maior de uma combinação singular de estratégias, com vistas à reprodução de classe. De antemão, faz-se necessário esclarecer que limitar a existência camponesa à sua moradia em tais bairros não é apropriado. Isso porque há enclaves camponeses cercados por propriedades tipicamente capitalistas.

Assim, o território capitalista está marcado por esta unidade contraditória: o uso capitalista propriamente dito e o uso camponês. A dinâmica desses dois usos revela o estágio da luta de classes na região. Quando o primeiro se expande, destruindo o segundo, sua hegemonia, em geral monocultora, se implanta. Quando o segundo se expande, o primeiro se retrai e aí o domínio camponês se instala. A policultura avança e o campo se mantém povoado.

Em outras palavras, o fato de haver propriedades camponesas rodeadas por propriedades capitalistas não basta para descaracterizá-las. Portanto, essa distribuição espacial não as torna menos camponesas, a não ser que a essência de classe tenha se perdido no isolamento, até porque não se pode pensar em um território homogêneo, definido a partir de limites rígidos. A recíproca é igualmente verdadeira, pois, a despeito de o bairro rural ser uma produção por excelência das relações camponesas, nem todas as propriedades que se encontram nos seus limites o são.

Portanto, não se evoca a noção de contiguidade ou dispersão geográfica, mas a teia de relações que se estabelecem a ponto de imprimir uma unidade de classe em frações do território transformado, via trabalho camponês. Portanto, o bairro rural é expressão dessa unidade instituída por uma lógica singular; ao mesmo tempo que é individual, centrada na autonomia da família, é também comunitária, face à dimensão estruturante e socializante das mais diferentes trocas que aí se estabelecem. Embora não se possa falar

POR UMA GEOGRAFIA DOS CAMPONESES **365**

num arranjo espacial único, os bairros rurais tendem a seguir um padrão geográfico definido.

Outro elemento introduzido na paisagem pela predominância da pequena propriedade é o *habitat* disperso: [...] um corredor de habitações, mais ou menos alinhadas à meia-vertente, separadas uma das outras por espaços variáveis. As habitações estão usualmente situadas na faixa de pastos, não muito próximas do curso d'água, quase sempre no ponto em que as vertentes deixam seu perfil de inclinação suave para caírem abruptamente sobre os rios. Cercadas de árvores frutíferas, contribuem para a humanização da paisagem, sem se falar nos acréscimos ainda trazidos pelas demais benfeitorias, que lhes ficam adjuntas: depósitos, celeiros, cercados para o gado ou animais domésticos... (Müller, 2001, p.105)[7]

Embora essa descrição tenha sido feita há quase meio século, pode-se dizer que ela se mantém extremamente atual quando se deseja fazer um retrato do arranjo geográfico predominante nos bairros rurais do norte do Paraná. Contribui para isso a peculiar ocupação da região, cujo loteamento obedeceu ao critério das aguadas, ou seja, cortes longitudinais tendo como limite os espigões, onde são construídas as estradas, com os cursos d'água ao fundo. Assim, os bairros geralmente se caracterizam por propriedades longas, mas com testadas estreitas.

Alguns deles mais parecem uma vila: à entrada da via de acesso principal encontramos a igreja, o salão de festas, o campo de futebol e eventualmente as escolas, em sua grande maioria, já desativadas. Ao longo da estrada que corta o bairro estão as moradias, muitas vezes dispostas em um alinhamento regular, paralelo e bem próximo à via.

Em termos de instalações, não se pode falar em um padrão, pois os bairros comportam camponeses pobres, remediados e algumas vezes até ricos. Assim, as atividades empreendidas pelas comunidades, que muitas vezes são condicionadas pelo grau de concentração de renda, se refletem nas instalações produtivas e demais condições de conforto da família. Os galpões onde são guardados os instrumentos de trabalho e insumos, assim como as tulhas, onde são armazenadas as colheitas, normalmente são contíguos às moradias. Em alguns bairros, a maioria das casas é antiga e pouco confortá-

---

7 Originalmente publicado no Boletim Paulista de Geografia nº 22, p.55-97, mar.1956.

vel, normalmente de madeira. Água encanada e energia elétrica já são bens de consumo incorporados ao cotidiano camponês, assim como televisão, geladeira, fogão a gás etc. Outros já se caracterizam pela predominância de boas casas de alvenaria, telefone, instalações produtivas e maquinários mais modernos, como que a denunciar a maior apropriação de renda.

Assim, o bairro rural é o *locus* privilegiado dessas combinações, a diversidade que adquire significado a partir da unidade instituída na lógica de classe e, por essa razão, unidade territorial singular. Nessa perspectiva, a identidade de classe encontra-se de tal forma imbricada nas práticas cotidianas que não é possível pensar na dinâmica do bairro apenas do ponto de vista da reprodução material das famílias.

> [...] o bairro é na realidade uma célula de comunidade social onde existem certos tipos de relações sociais a lhe darem corpo: laços de parentesco ou de vizinhança, reforçados frequentemente pela existência de uma venda, capela ou escola cujo raio de ação marca comumente os limites do bairro. (Muller, 1946, p.142)

Como se vê, o papel da identidade social na construção da unidade territorial manifesta pelo bairro rural é inequívoca. Não obstante, é bom lembrar que a autora tinha como referência uma organização que foi profundamente modificada em face das redefinições operadas no sentido da acumulação capitalista na última metade do século XX.

Desse modo, diríamos que, atualmente, o espaço extradoméstico de maior importância para os bairros rurais dessa região são as capelas, em torno das quais gira a vida comunitária. Não que as vendas e as escolas tenham sido completamente banidas, mas elas são bastante raras. Quanto às escolas, muitas foram fechadas à medida que diminuía a clientela, face à combinação de duas variáveis: migração e redução do número de filhos. Por outro lado, outras foram fechadas pelo governo Jaime Lerner, em suas investidas contra os gastos públicos com a educação. Somente em quatro dos bairros rurais visitados ainda há escolas ativas, as quais atendem alunos das quatro séries iniciais, além da alfabetização de adultos. Na foto a seguir vemos uma escola rural de ensino fundamental, frequentada por cem crianças das quatro séries iniciais, a maior em número de alunos entre as que se encontram em funcionamento.

Escola rural da comunidade Araguari em Arapongas

Cumpre salientar que o funcionamento dessas escolas não está relacionado apenas ao número de educandos dessa fase escolar vivendo nas comunidades, mas às lutas travadas pelas mesmas para assegurar o seu funcionamento, como conta uma professora:

> Essa escola já foi ameaçada de fechar várias vezes, mas a comunidade daqui não aceita de forma alguma, ela só está aberta de tanto o pessoal brigar. Nós achamos que a escola na cidade não é a mesma coisa, os costumes não são os mesmos. Essa escola é uma parte da comunidade, eu estudei aqui e agora sou a professora. A antiga, que mora do outro lado da água, deu aula aqui até se aposentar. (S., Água da Areia, Prado Ferreira)

Como se pode observar, o empenho em manter a escola viva é também uma forma de assegurar que os valores camponeses sejam perpetuados e, com eles, a própria comunidade. Aquelas que tiveram as suas escolas fechadas veem com preocupação o envio das crianças para a cidade.

> [...] aluno tinha, fecharam a escola a gente nem sabe por quê. É pura política, não é? Agora ficou pior, porque o ônibus corta todas essas estradas pegando alunos, então eles saem muito cedo e voltam muito tarde. E o pior é que, depois de conhecer e viver a vida da cidade, muitos não vão querer ficar na roça.(M., Barra Bonita, Primeiro de Maio)

A sedução da cidade sobre as crianças parece ser a principal preocupação de nossa interlocutora, que vislumbra a possibilidade de essa medida provocar um esfacelamento de alguns valores que sustentam a comunidade.

Entretanto, a própria dinâmica demográfica das famílias camponesas acena para a irreversibilidade de tais medidas, já que a curto e médio prazo são poucos os bairros rurais que apresentarão uma demanda capaz de lotar salas de aula. Como se sabe, atualmente prevalecem as diretrizes que propõem para a educação pública as mesmas regras do mercado, instituídas a partir do parâmetro custo monetário.

O fechamento da maioria das vendas é outro sinal de que os bairros rurais não têm mais a densidade populacional de outrora. Some-se a isso o fato de que a mobilidade dos camponeses hoje é outra: a maioria possui veículo próprio e também mais tempo, já que a incorporação parcial de tecnologia aumentou a produtividade do trabalho permitindo o deslocamento rotineiro para a cidade, onde a variedade e os preços das mercadorias são mais atrativos.

Não obstante, as vendas ainda ativas funcionam como uma extensão das atividades camponesas, já que seus proprietários em geral são membros da comunidade, combinando esse comércio com as demais tarefas do sítio. Para tanto, há horários específicos de funcionamento, normalmente ao final da tarde, se caracterizando mais como ponto de encontro dos homens do que propriamente entreposto comercial.

Outro ponto de encontro e fator de proximidade dos camponeses é o campo de futebol, ativo em muitos bairros rurais. Diríamos que, do ponto de vista do lazer, esse é o espaço mais importante das comunidades. É para esse local que a maior parte dos moradores converge nos domingos à tarde, sem distinção de idade e gênero. Na foto a seguir, é possível observar uma lavoura de milho delimitando um campo de futebol, à esquerda; a construção da direita é uma venda, que também se encontra ativa.

Campo de futebol no bairro Santa Inês, Água do Ó, Santa Fé

POR UMA GEOGRAFIA DOS CAMPONESES   369

Há comunidades onde os torneios são corriqueiros, vindo inclusive times da cidade para disputarem partidas. Trata-se mais de um ponto de encontro do que um espaço de competição, pois nem sempre há times completos com moradores do bairro, como conta uma camponesa:

> Ah! de domingo o campo é uma festa, a gente vai para conversar... ali todo mundo se encontra e só vai embora quando começa a anoitecer. Às vezes, se perguntarem para as mulheres quanto ficou o jogo, a gente nem sabe, porque o campo é só um pretexto para a gente se encontrar. (A., Colônia Mantovani, Cambé)

Embora haja bairros que ostentam tradição e muitas glórias dos times locais de futebol, havendo verdadeiras coleções de quadros, troféus e medalhas, em geral exibidos em lugar privilegiado da casa dos diretores que também são membros da comunidade, alguns deles sofrem o seu desmantelamento. Visitamos uma comunidade onde a tradição de décadas se perdeu porque o campo de futebol foi incorporado às áreas de cultivo do proprietário absenteísta que, em dado momento, achou por bem acabar com o usufruto comunitário de uma parte de suas terras.

Ao indagar aos camponeses a razão pela qual não construíam outro campo, a justificativa basicamente foi a mesma: embora o poder público municipal tivesse se sensibilizado, comprometendo-se a construir outra praça de esporte, o espaço deveria ser cedido pela comunidade. Todos lembraram que ninguém poderia se dar ao luxo de perder uma terra densamente ocupada com lavouras e criações, já que a área média das propriedades é de 5 hectares. "A terra é muito pouca por aqui. Ninguém pode perder um pedaço do tamanho de um campo de futebol porque depois vai fazer muita falta." (J., Água Ouro Fino, Londrina)

Vemos, assim, os efeitos nefastos da insuficiência de terras para a própria comunidade. Não obstante, os jogadores do time local tentam uma solução para esse impasse. O caminho seria a compra comunitária de uma área nos arredores em condições adequadas à construção do campo. Contudo, esbarram na resistência dos médios e grandes proprietários em fazê-lo, já que com o campo se instaura um fluxo de pessoas nem sempre desejável nas propriedades regidas pela lógica privatista, totalmente alheia ao sentido comunitário desse empreendimento.

Não obstante, há casos em que o sentido capitalista da apropriação da terra chega a adquirir uma conotação imoral segundo a concepção camponesa. Visitamos uma comunidade em Arapongas onde a velha capela fora cercada com arame farpado, interditada portanto após a venda da propriedade que a sediava a um capitalista, que não vira nessa capela senão uma afronta à terra de negócio e ao espaço privado sobre o qual deveria prevalecer a sua vontade individual.

Esse fato revela o contraste entre duas lógicas opostas que, por vezes, coloca em xeque o valor dos compromissos verbais, amplamente reconhecidos pelos camponeses. Como se sabe, os acordos firmados nesses termos adquirem para essa classe um caráter irrevogável: é a força da palavra que, uma vez dada, não poderá ser retirada. Aliás, esse é um dos mecanismos que funda a legitimação dos sujeitos perante a comunidade; o outro é o trabalho. Assim, a valorização pessoal está pautada em dois critérios: a capacidade de honrar os compromissos assumidos e a incansável disposição para o trabalho.

É sabido que essas variáveis são fundantes da ética camponesa, o que indica que o mesmo código utilizado internamente extrapola os limites da comunidade e intervém em sua relação com o mundo da mercadoria, razão de muitos dissensos. Talvez seja por essa razão que a dependência aos financiamentos bancários seja tão temida, uma vez que os juros ao final tendem a ser uma incógnita e os camponeses que os assumem são premidos a honrá-los, em grande medida por causa de seus valores. Isso é comprovado com o desabafo de uma camponesa de Bela Vista do Paraíso:

> A gente trabalha por dia, se algum caso a lavoura não der, nós pagamos com o que nós trabalhamos. Nós nunca ficamos devendo no banco. Nós pagamos de qualquer maneira, a gente paga antes do prazo, ele vende o que a gente tira e ele paga antes do prazo todo ano. No ano passado a geada matou tudo... a gente perdeu as lavouras... tudinho... tudinho... Aí ele tinha feito um seguro que ajudou a pagar um pouco, mas só que ainda ficamos devendo. Aí a gente plantou a soja, o primeiro dinheiro que a gente pegou, correu e foi lá e pagou o resto. Você vê, eu deixo de comprar um móvel para casa, eu deixo de comprar o que for preciso... se for preciso a gente trabalha por dia para pagar uma dívida no banco. (G., Água do Cardoso, Bela Vista do Paraíso)

Como se pode observar, o compromisso assumido tem precedência sobre qualquer situação, inclusive aquelas que estão fora de controle, como é o caso da frustração de safras. Enquanto a maior parte dos tomadores de financiamentos agrícolas rola indefinidamente as dívidas com base nesses argumentos, os camponeses submetem-se à privação que for necessária, colocando

POR UMA GEOGRAFIA DOS CAMPONESES   371

em primeiro plano seu pagamento. Essa mesma fidelidade se aplica aos compromissos assumidos com atravessadores, comerciantes de insumos etc.

Essa é uma das evidências de que a relação que estabelecem com os agentes do capital é orientada, de sua parte, pelos mesmos princípios que norteiam suas relações pessoais. Daí a dificuldade em se relacionar em pé de igualdade com a sociedade mercantilizada, já que na lógica camponesa a ordem moral tem precedência. É o que determina um conflito entre o legítimo e o legal, este último de difícil assimilação nas práticas cotidianas.

No caso da interdição da capela, motivada pelo irrevogável direito de propriedade, a comunidade informou que não lhe ocorrera proceder ao desmembramento do terreno, até porque a construção física era a prova maior do direito costumeiro. Porém, vendas sucessivas da propriedade na qual estava sediada bastaram para que o compromisso moral se dissolvesse por completo.

No plano simbólico, essa perda evidencia a supremacia de uma ordem que violenta os códigos reguladores da vida comunitária. Mas isso não implica admitir que ela tem poder de extirpá-los, talvez até os municie de referências para práticas futuras. Mesmo porque a forma não suprime o conteúdo. Missas, terços, e demais encontros religiosos, agora, são realizados nas casas dos moradores, em esquema de rodízio. Mas isso certamente não dispensa a necessidade de construírem uma nova capela, já que o chamamento desse símbolo à unidade comunitária é inquestionável.

Todavia, no processo contraditório da territorialização camponesa, também nos deparamos com uma situação inversa: a da reabertura de uma capela após 20 anos de abandono. Esse é um fato que merece destaque em função das circunstâncias que o envolvem.

Localizada em uma antiga fazenda cafeeira, a conversão para os cultivos mecanizados implicou a expulsão das famílias que ali trabalhavam em regime de parceria, tornando obsoleta a igrejinha, que acabou literalmente cercada pelas lavouras. Para a nova atividade, uma das famílias permaneceu, em regime de trabalho que mesclava assalariamento com usufruto de terras para produzir para o próprio consumo. Enquanto ali permaneceram, seus cinco filhos cresceram e casaram-se sem nunca terem deixado de trabalhar na fazenda. Entretanto, a transmissão da mesma em herança acabou desestruturando a atividade produtiva, pois os herdeiros, em poucos anos, dilapidaram o patrimônio herdado e deixaram de pagar os salários desses trabalhadores.

Como resgate da dívida trabalhista, a justiça lhes concedeu 12 hectares, nos quais estavam as moradias, bem como a igreja. Estivemos nesse local alguns dias após a decisão judicial e, para nossa surpresa, encontramos uma das novas proprietárias juntamente com os filhos e sobrinhos trabalhando na limpeza interna da capela. Sua primeira comunhão fora feita ali. Ela conta:

> Você não se assuste, porque faz muitos anos que não tem missa aqui. Quando arrancou o café e o povo foi embora, o dono perdeu o interesse nela, até a estradinha que tinha para chegar aqui virou roça. Agora está melhor porque a gente já carpiu em volta, fez outro caminho e devagar estamos limpando por dentro. A gente não vê a hora de ver ela aberta, cheia de gente de novo. (N., Água dos Cágados, Sertanópolis)

Essa situação é duplamente emblemática: primeiro, porque representa uma reconversão à plena autonomia camponesa, já que essa fora precariamente usufruída durante longo período. Isso se manifesta inclusive na opção adotada para a utilização produtiva das terras, onde foram privilegiadas as atividades intensivas, capazes de absorver grande parte da mão-de-obra familiar; segundo, porque os signos que as famílias procuram reconstruir na sua terra de trabalho são justamente os signos que as reintegram ao universo comunitário e, por conseguinte, de classe.

> Tem que arrumar o telhado, trocar o forro, rebocar as paredes do lado de fora, trocar os vidros das janelas e a porta de entrada. Depois é só lavar bem, pintar as paredes e envernizar os bancos. É coisa cara e demorada, eu calculo uns quatro ou cinco meses, mas já ganhamos a porta e todo mundo vai ajudar um pouquinho. Até o padre nós já temos. (J., Água dos Cágados, Sertanópolis)

Vemos que o simples esforço de restauração da capela já é um indício de envolvimento comunitário, o que evidencia seu inalienável poder de coesão. Aliás, não se poderá falar em bairro rural sem associá-lo aos signos da devoção camponesa, materializados em templos e em práticas que asseguram a realização das rezas e cerimônias religiosas: de pequenas e modestas capelas de madeira a construções até mais imponentes que a igreja matriz de algumas cidades pequenas; em praticamente todos os bairros, encontramos uma capela ativa. Na foto a seguir, vemos uma capela; a construção que aparece do lado esquerdo é o salão de festas.

Capela e Salão de Festas em Água da Valência, Ângulo

No caso dos católicos, a maioria, cada comunidade tem designado o seu rezador, seus ministros e até diáconos, que representam uma ponte entre os desígnios da igreja e dos próprios fiéis. Cabe ao rezador conduzir os eventos religiosos dentro da comunidade, entre os quais se destacam os terços, realizados semanalmente, seja na capela ou em rodízio nas casas. Ele conduz também outras cerimônias ligadas a datas específicas, como as novenas de Natal e da Páscoa. Nesses eventos há uma fusão entre a devoção e a diversão, havendo portanto uma transcendência do caráter religioso, já que as ocasiões que permitem o encontro da comunidade são ocasiões de festa, literais ou não.

Isso é bastante visível quando se compara a leitura que fazem das missas dentro e fora da comunidade, pois, neste caso, tendem a assinalar a participação como cumprimento do dever cristão. Ocorre que nas igrejas da cidade, quando os fiéis são em grande número ou estranhos aos camponeses, a identidade comunitária tende a se dissolver, já que essas pessoas não pertencem diretamente ao seu círculo de relações. Por essa razão, as missas fora da comunidade não são valorizadas como fator de encontro, como o são as internas, assim como os terços e novenas. Naquele caso a missa se encerra nela mesma. Acabada a cerimônia, o encontro se esgota, indo cada qual para sua casa.

Embora tais eventos sejam extremamente valorizados, a falta de padres impõe um rodízio nos bairros, predominado as missas quinzenais e mensais.

Talvez seja por essa razão que muitas comunidades expressam descontentamento em relação à frequência dessas celebrações nas respectivas capelas.

> Nós achamos que deveria ter pelo menos uma missa por semana. Tanto se fala que o agricultor deve permanecer no campo, mas a gente tem que ir para a cidade para quase tudo. Os padres tinham que incentivar a gente a ficar aqui, e não ter que ir na cidade até para rezar. (R., Água da Areia, Prado Ferreira)

Além da disponibilidade de sacerdotes nos respectivos municípios, o dinamismo das comunidades também é fator fundamental na definição da programação religiosa das capelas, sendo que as celebrações conduzidas pelos membros da comunidade buscam suprir parcialmente a lacuna das missas. Por representar um dos principais eventos do bairro rural, a missa envolve grande preparação e expectativa. O ambiente é cuidadosamente preparado e quase todos os camponeses se programam para ir à igreja. De vários deles ouvimos que seu único passeio é ir à missa.

A dimensão do sagrado presente na pronunciada religiosidade camponesa faz da capela um espaço de profunda reverência. Os registros simbólicos partilhados na história comum, e em comum, alimentam um zelo surpreendente: embora permaneçam fechadas praticamente a semana inteira, encontramos comunidades onde as mulheres fazem revezamento para manter o ambiente da capela sempre agradável, não faltando as flores frescas no altar.

Isso posto, não é possível defini-la como marco inalienável do bairro rural sem examinar-lhe a outra face, que melhor exprime a dimensão agregadora da igreja: a festa. Em outras palavras, nas comunidades camponesas a combinação entre o sagrado e o festivo é indissociável.

E a festa a que nos referimos pode ser apreendida em diferentes matizes: ao se referirem aos eventos religiosos como missas e celebrações, não raro fazem menção à festa que é a reunião da comunidade. Iria mais além para demonstrar que esses eventos, muitas vezes, acabam em festas propriamente ditas: em várias comunidades visitadas, nessas ocasiões, cada família, a seu critério, leva doces, salgados e refrigerantes e, após a celebração, reúnem-se no salão de festas da igreja e aí permanecem "enquanto tiver assunto".

As datas religiosas mais importantes, como é o caso das festas juninas e dia da padroeira, são transformadas em festas comunitárias, para as quais todos contribuem com alimentos prontos ou preparados em conjunto. Com relação às festas juninas, visitamos uma comunidade que conserva uma tradição curiosa. A cada ano, uma família cede a casa para a realização da mesma. Durante a festa, é escolhida a família que o fará no ano seguinte. Essa recebe uma flor artificial, que será conservada em sua casa até a realização da festa, quando é passada à outra família. Trata-se de uma flor que circula há décadas entre a comunidade, simbolizando o compromisso de manter a tradição.

O dia da padroeira é outro dia de festa nos bairros rurais: encontramos uma comunidade que tradicionalmente comemora essa data com um enorme bolo, além de sanduíches e refrigerantes, tudo doado pelos moradores. Visitamos o bairro durante os preparativos da festa. Um bolo de 100 kg estava sendo feito em uma das casas, envolvendo uma legião de voluntários entre mulheres ocupadas em sua produção e crianças, incumbidas de recolher as doações no bairro. Como essas eram voluntárias, alguns ingredientes sobraram e outros faltaram, sendo devidamente trocados na venda do bairro.

É para esse dia que são programados os eventos religiosos de maior significação: batismo, crisma, primeira comunhão, regulamentações de casamento etc., o que confirma a justaposição dessas duas esferas. Disse uma moradora de Tamarana: "A gente já programa as coisas da igreja para cair no dia das crianças, que é também o dia de Nossa Senhora Aparecida. Então a festa fica completa, não é?". (B., Bairro dos Moreira, Tamarana).

Há uma outra modalidade de festa, diferente em essência das assinaladas, pois, embora conserve a dimensão congraçadora, tem por objetivo arrecadar fundos para a manutenção do espaço de celebração. É com essas festas que se constroem e se mantêm as capelas, somado ao fato de que uma parte da receita é destinada a entidades de caridade ou à diocese à qual pertencem.

A regularidade e o caráter dessas festas variam de acordo com as implicações monetárias das obras necessárias. Quando a capela está em situação precária e a comunidade se decide pela construção de uma nova, as festas tendem a ser intensificadas, de modo a arrecadar os recursos necessários em menos tempo. Durante a pesquisa, encontramos quatro capelas em fase de construção ou recém-acabadas, sinal inequívoco de que o processo de territorialização camponesa é marcado por um ritmo contraditório que se manifesta em refluxos, mas também em revitalizações de comunidades.

Nesse caso, é muito comum a nova capela ser produto dos recursos e do trabalho dos próprios camponeses, já que a construção é feita em regime de mutirão. A comunidade doa as "prendas", que são o resultado daquilo que ela mesmo produz: leitoas, frangos e até novilhas movimentam tantas festas quantas forem necessárias para a construção. É importante destacar que, além do trabalho na construção propriamente dito, todos doam, preparam e depois compram a comida durante a festa, o que configura uma tripla contribuição que os mesmos fazem sem pesar algum. Ao contrário, o trabalho dedicado à devoção é visto como libertador do cansaço próprio das atividades cotidianas, como conta o organizador das festas de Água da Marrequinha, Londrina:

> As festas mais importantes aqui são Santo Antonio e São Sebastião. Toda festa que tem eu sou o presidente, assim eu saio pedindo aqui na água, é frango, é leitoa, é dinheiro, a gente aceita tudo, de um ovo a um boi tudo é prenda. São Sebastião é um santo muito milagroso, as pessoas têm muita fé, fazem promessa de dar uma leitoa, o que podem não é? É assim que vêm as prendas... sempre já fazem na intenção do dia do padroeiro. A festa é sempre na semana que cai o dia de São Sebastião. (A., Água da Marrequinha, Londrina)

Como se pode perceber, há uma circularidade entre a religiosidade e a festa: as prendas são, antes de mais nada, o pagamento de promessas pelas dádivas recebidas, sendo fundamentais para que a festa aconteça. Por outro lado, a festa alimenta a igreja e, por conseguinte, a religiosidade por ela capitaneada. Isso não se aplica apenas à dimensão material, face aos recursos monetários que a mantêm de pé, mas sobretudo porque reaviva os laços comunitários que lhe conferem sentido.

Outras vão ainda mais além, em termos de organização e amplitude. A maior parte delas é bastante tradicional, atraindo pessoas não só do município como da região, repetindo-se de uma a duas vezes ao ano. O fato de extrapolar os limites do bairro rural impõe uma certa profissionalização da organização, sendo que nessas festas já atua uma comissão permanente, eleita pela comunidade, a qual trabalha praticamente o ano inteiro para o seu sucesso.

Entretanto, essas tendem a ser qualitativamente diferentes das primeiras, pois muitas vezes as doações da comunidade são insuficientes para a sua realização, de modo que já se impõe a compra de alimentos a serem servidos. Considerando as formas como são organizadas, bem como o impacto das mesmas nos municípios circunvizinhos, as classificaremos como festas "públicas" em oposição às primeiras, mais reservadas. Quanto aos participantes, a presença dos citadinos é marcante, alguns dos quais antigos moradores dos arredores.

POR UMA GEOGRAFIA DOS CAMPONESES **377**

Em outras palavras, enquanto algumas são eventos locais, restritos à comunidade, outras chegam a ser grandiosas, contando com a participação maciça de pessoas externas à comunidade e, por vezes, constituindo-se no evento festivo de maior importância do município.

Tivemos a oportunidade de constatar a movimentação no bairro em uma dessas ocasiões. Homens e mulheres trabalhando afobadamente desde a madrugada do sábado para preparar as carnes e os acompanhamentos. Depois, a limpeza e a arrumação do salão de festas e, no meio da tarde, mulheres na cozinha e homens nos fornos e churrasqueiras, para que, já na chegada dos primeiros convivas, tudo estivesse pronto. Como a referência do consumo, portanto da quantia necessária a ser preparada, é sempre a festa anterior, podem ocorrer surpresas. Já no sábado à noite, foram consumidos praticamente todos os frangos que haviam sido providenciados para os dois dias, obrigando os organizadores a saírem no domingo pela manhã em busca de novo estoque. Para tanto, tiveram que se deslocar a uma cidade distante uns 70 quilômetros.

No almoço desse dia, por volta das 12 horas, já não havia leitoas, pois o movimento fora muito superior ao esperado. Aliás, em praticamente todas as comunidades visitadas, a informação é que todo o alimento preparado é vendido. Isso não se explica apenas pelo fato de que a arrecadação seria comprometida se houvesse sobras, mas sobretudo porque o desperdício é totalmente contrário à ética camponesa.

Isso só confirma o pressuposto anterior de que algumas cidades pequenas da região estão profundamente marcadas pelo processo de territorialização camponesa. Outrossim, esse é mais um exemplo de que esse processo se manifesta em pontos que estão articulados em redes: as datas dessas festas, embora fiéis a um calendário religioso, são cuidadosamente estabelecidas a partir de um "acordo" regional, de modo que nem mesmo em municípios vizinhos as festas coincidam. Não se trata de um acerto verbal entre as diferentes comunidades, mas um entendimento que já está incorporado às tradições, o que assegura um rodízio fundamental para o sucesso das mesmas.

Por fim, há que se lembrar que as festas maiores nem sempre contam com a aquiescência do sacerdote designado para a comunidade, o qual tem a palavra final sobre o caráter das mesmas. Alguns deles resistem em autorizar a comercialização de bebidas alcoólicas, pois a combinação dessa com a concentração de estranhos pode ser explosiva. Por outro lado, festa sem álcool não é atrativa, de modo que a amplitude das festas tradicionais depende de decisões que muitas vezes fogem ao controle da comunidade, o que explica um ciclo de refluxos e expansão das mesmas. Devemos assinalar, contudo, que não há uma relação direta entre visibilidade e vitalidade dos bairros rurais, pois alguns dos bairros mais dinâmicos não possuem a tradição das festas públicas, mas sim daquelas mais reservadas, restritas à comunidade.

Além das festas, outras práticas igualmente indissociáveis da lógica de reprodução camponesa se repetem nos bairros rurais. Trata-se de diferentes expressões de ajuda mútua, as quais são calcadas nas relações de parentesco e vizinhança. Assim, tais práticas desenham uma densa rede no interior do bairro rural, como subdividindo-o, pelo menos se considerarmos os fluxos delineados pela frequência e intensidade das relações que acabam instituindo os vários grupos de afinidade no interior desse.

Desse modo, ainda que situações ocasionais impliquem mobilização ampla, a exemplo das festas e celebrações, tão valorizadas na perspectiva do encontro, as relações cotidianas desenrolam-se em um plano no qual a proximidade geográfica tanto pode ser fator fundamental de aproximação quanto reflexo desta.

Aliás, a própria diferenciação nesses termos nos permite localizar no tempo e no espaço o processo de territorialização, embora seja impróprio tomar a classificação a seguir como algo rígido, já que nos bairros rurais a diversidade impera.

Assim, quando as relações de parentesco são predominantes, via de regra estamos diante de trajetórias camponesas consolidadas há mais tempo, muitas vezes originadas já no processo de colonização. Desse modo, diante da indicação "aqui é todo mundo meio aparentado", sabe-se de antemão que a recriação camponesa da família no local já se encontra na segunda e até terceira geração. Neste caso, prevaleceram mecanismos de herança, bem como trocas matrimoniais significativas no interior do bairro, situação recorrente no passado.

Por outro lado, bairros onde essa situação é mais diluída são especialmente marcados por duas possibilidades: a primeira seria o processo de territorialização mais recente, ancorado na transição de camponeses sem terra para camponeses proprietários, por meio das diferentes trajetórias já destacadas anteriormente. A segunda possibilidade, mais sombria do ponto de vista de sua consolidação como sujeitos autônomos, está relacionada à extrema escassez de terra, a qual não comporta a subdivisão da propriedade a ponto de permitir a recriação de várias famílias nucleares na propriedade. Em ambos os casos, os laços são constituídos face ao fator vizinhança, ou seja, a proximidade geográfica surge como fator fundamental para a identidade que serve de base para as práticas de ajuda mútua.

Assim como as festas, não se poderão analisar as práticas de ajuda mútua a partir de um padrão, já que as estratégias são bastante variáveis entre as comunidades, no interior delas e inclusive no decorrer dos ciclos agrícolas.

Em um bairro rural onde as propriedades camponesas não excedem a 20 hectares, e cuja lavoura comercial é o café, tivemos a oportunidade de presenciar o desencadear dessa prática. A lavoura de milho, plantada no meio do café, estava no ponto de colheita e o tempo ameaçava chuva. Como o seu destino não era a comercialização, mas a estocagem em espigas para a alimentação das criações, a chuva provocaria estragos, pois a umidade compromete a conservação do produto, razão pela qual todos trabalhavam afobadamente na colheita manual: quatro homens, o proprietário do sítio e três vizinhos. Trata-se de uma tarefa custosa, já que a cultura intercalar não permite a entrada do trator na roça. Assim, as espigas colhidas iam para balaios que, quando cheios, eram levados nos ombros até os limites da lavoura e despejados em montes. Após concluída essa etapa, um dirigia o trator e os demais recolocavam o milho na carreta, para posteriormente descarregá-lo no paiol.

Terminada a colheita, todos se reuniram na casa do proprietário, onde os aguardava um café passado na hora e uma mesa farta. Instalou-se um clima de festa, pois a chuva começara a cair e, com o milho salvo, era muito bem--vinda. Em suas palavras, o dia estava ganho, expressão que foi se desdobrando em vários significados: por causa da colheita bem-sucedida; porque o dia de trabalho estava encerrado e, por fim, porque o trabalho compartilhado e o retorno das chuvas após a estiagem de inverno anunciavam a retomada do ciclo reprodutivo camponês. Como conta o camponês de um bairro de Cambé:

> A gente troca serviço porque nosso ganho é pouco, se pagar pela mão-de--obra não sobra nada. Além de ser difícil pagar, tem o problema do serviço que nunca é feito igual. A gente cuida das coisas do outro como cuida das nossas, sempre rende mais. (N., Água do Saltinho, Cambé)

380   ELIANE TOMIASI PAULINO

Assim, a troca de dias de serviço é um mecanismo que possibilita o equilíbrio da demanda por força de trabalho durante todo o ciclo agrícola, inclusive nos períodos de intensificação do trabalho. Enquanto uns resolvem essa alternância com contratações temporárias, logo, com dispêndio monetário, outros a solucionam fora do circuito monetário, trocando trabalho, conforme se verifica no relato. Como a colheita é episódica e ocupa poucos dias, o grupo circula nas respectivas propriedades e consegue realizar o trabalho a contento.

Outro elemento que depõe a favor dessa prática é o extremo cuidado dispensado às tarefas, o que não se poderá esperar de contratados esporádicos, sem vínculo com a terra ou seu proprietário. Desse modo, trocar dias de serviço é uma forma de potencializar os poucos recursos disponíveis.

Vimos, no entanto, que a ajuda mútua não se constrói apenas em função dos resultados satisfatórios do ponto de vista econômico, já que a convergência dos indivíduos para um fim comum é fundamental para a sua permanência. Dessa maneira, a tendência é que a mesma se estabeleça entre grupos homogêneos, cujas afinidades vão além da identidade pessoal, estendendo-se para as formas coincidentes de uso da terra. Daí a rede densa anteriormente destacada, pois as várias atividades no interior do bairro contribuem para a existência de vários grupos estáveis de ajuda mútua.

Entretanto, não se trata de associações rígidas ou excludentes, já que seus componentes podem participar simultaneamente de vários grupos, dependendo da especificidade de tarefas a realizar. Assim, pode-se colher em conjunto com um grupo, atuar no esquema de complementaridade de máquinas e ou ferramentas com outro, transportar mercadorias em conjunto com outro e assim por diante.

Além disso, a regularidade e a intensidade das trocas obedece às estratégias produtivas e aos próprios ciclos climáticos. Assim, atividades em que a mão-de-obra familiar é suficiente dispensam a ajuda mútua; por outro lado, em anos de boas colheitas ela poderá ser intensificada, dada a necessidade de se aumentar o número de braços trabalhando num período abreviado de tempo, a fim de evitar a deterioração da produção na roça. Por fim, quebras ou perdas de safras podem dispensar tal prática naquele ciclo agrícola.

Portanto, a ajuda mútua está de tal forma articulada à dinâmica do bairro rural que não é possível apreendê-la isoladamente, mesmo porque a combinação entre a conjuntura externa, interna ao bairro e interna a cada unidade camponesa é que irá definir, em cada momento, o patamar de ajuda mútua necessário ou desejável.

Por outro lado, é importante destacar que a ajuda mútua não representa um peso, como soaria para os cidadãos urbanos, uma tarefa extra. Para o camponês, o trabalho mútuo é uma partilha que ultrapassa o sentido da obrigação, sendo coroado pela festa do cotidiano compartilhado. Em geral, o dia em que ocorre essa prática não termina na roça, mas em confraternização na casa do anfitrião, que serve aos demais o que tiver de melhor em sua despensa. O remanescente dessa prática é bastante evidente nas periferias, repleta de expulsos do campo. Ao contarem com a ajuda mútua na construção das casas, ao término da fase que permite a moradia, o dono da casa providencia a melhor festa que pode, normalmente churrasco ou uma rodada de bebidas.

As possibilidades são tantas que a cultura do milho, tomada como exemplo dessa prática, desdobra-se em outras combinações. Enquanto a ajuda mútua descrita anteriormente foi verificada no interior de uma atividade voltada para o próprio consumo, portanto em escala menor, ela também se manifesta em culturas comerciais. De antemão, faz-se necessário esclarecer que a mesma se desenrola entre camponeses com pouca terra, o que inviabiliza a mecanização de todas as etapas do processo produtivo.

Desse modo, o trator é utilizado apenas para o preparo da terra e nem todos os camponeses o possuem. Nesse caso, há trocas com os vizinhos, mediante o pagamento das horas trabalhadas. Para o plantio, tanto pode ser usada uma máquina manual, conhecida por matraca, como a semeadeira de tração animal. Quando a área a ser cultivada é maior, normalmente os camponeses utilizam a segunda, já que o rendimento da matraca é baixo e a semeadura não pode esperar, devendo acontecer preferencialmente com a terra úmida, logo após a chuva.

Para a manutenção das lavouras, utiliza-se enxada ou arador de tração animal, dependendo da extensão da lavoura. Apenas circunstancialmente utilizam-se herbicidas, pois, além de os preços serem proibitivos, os camponeses desconfiam de seus efeitos deletérios, como relata um camponês de Água da Marrequinha, Londrina:

> Para plantar na mão, primeiro a gente risca com o burro e depois usa a matraca; no meio do café é sempre na mão. Eu paguei R$ 18 a hora pelo trator no ano passado. O trator é do meu vizinho que toca café aqui de porcentagem, ele também tem uma chacrinha lá embaixo... Para limpar o milho eu chapeio,

382 ELIANE TOMIASI PAULINO

eu tenho um burro, aqui é tudo "no jeito", se não der com o burro a gente faz com a enxada, se tiver muito mato a gente compra *round-up* também. (A., Água da Marrequinha, Londrina)

Com exceção do aluguel do trator, que já acontece dentro de um esquema de trocas pessoais, já que os preços cobrados pouco excedem o custo de manutenção da máquina, as etapas que antecedem a colheita são feitas individualmente. Não obstante, essas etapas já evidenciam a articulação entre o grupo de ajuda mútua, pois a colheita deverá coincidir, a fim de assegurar um volume que compense, na perspectiva do atravessador, o deslocamento de caminhão e máquina para o referido bairro.

Chegado o momento da colheita, cada família se encarrega de quebrar o seu próprio milho, que é disposto em montes no meio da roça. Feito isso, todo o milho é transportado na carroça para um ponto estratégico da propriedade, próximo à estrada, sendo coberto com lona sempre que houver ameaça de chuva. Assim, essa tarefa é realizada, concomitantemente, em várias propriedades vizinhas, o que antecede a debulha, quando é contatado o atravessador com o qual acertaram a entrega da colheita. Os desavisados, que porventura venham a transitar pelo bairro em uma dessas ocasiões, poderão não compreender a razão de tantos montes de milho dispostos ao longo da estrada. Isso é feito para facilitar o deslocamento do veículo que carrega a máquina debulhadora e que farão posteriormente o transporte da colheita.

A debulha é uma tarefa que exige muitas pessoas trabalhando ao mesmo tempo, pois a máquina deve ser continuamente alimentada com um grande volume de espigas. É nesse momento que se configura a ajuda mútua entre os vizinhos, pois todos circulam entre as propriedades envolvidas na lida, não havendo qualquer cobrança monetária entre eles. Assim, enquanto uns enchem os balaios, outros os transportam até a máquina, onde duas pessoas vão despejando o milho. O revezamento nessas tarefas assegura o ritmo intenso, indispensável para o melhor aproveitamento da colheita, já que quanto mais cheio estiver o tanque, menos grãos serão eliminados com a palha e o sabugo triturados.

Aliás, são exatamente esses rejeitos que impelem os camponeses a negociar a venda da colheita nesses termos, uma vez que o deslocamento da máquina implica um custo que lhes é repassado, por meio do rebaixamento do preço por saca limpa. Assim, embora percam no preço recebido, a palha que será incorporada como fertilizante natural resulta em economia com

POR UMA GEOGRAFIA DOS CAMPONESES **383**

adubação e mesmo preservação do solo. Isso não seria possível caso entregassem o milho diretamente para as máquinas beneficiadoras da cidade.

É isso que se verifica em relação ao café, pois não há máquinas itinerantes, sendo necessário beneficiá-lo na cidade. Assim, sempre que possível, a palha do benefício é trazida de volta. Para os camponeses, essa é uma forma de extrair o máximo da propriedade, já que a palha é utilizada como esterco, diminuindo os gastos com aquisição de adubo. Segundo eles, essa seria uma forma de "ganhar" o beneficiamento do café:

> Dias de serviço nós trocamos, quando é para debulhar milho a gente não paga ninguém. Na debulhadeira precisa de seis a sete pessoas, porque, se ela trabalhar sem muito milho, joga muito fora. Então tem que ter bastante gente enchendo os balaios e jogando na bica... e a gente já está combinado antes. Quando acaba aqui vai ali, então a gente coopera, quando vem a máquina, faz o serviço para todo mundo. Aqui é bom por causa disso, o pessoal é de combinar... quando vai debulhar o pessoal já sabe... os antigos já são assim mesmo e os novos que vão chegando vão entrando com esse sistema da gente. (A., Água da Marrequinha, Londrina)

Como se pode observar, a ajuda mútua é uma prática completamente incorporada a algumas atividades dentro do bairro rural, como é o caso da lavoura tradicional de milho. É curioso notar que em vez de a ajuda mútua se perder com a chegada dos "novos", que tanto podem ser os filhos dos camponeses como novos moradores do bairro, ela se renova, já que os mesmos acabam se inserindo no sistema. Entretanto, a ajuda mútua inscreve-se em um código de reciprocidade em que os dias de trabalho e o esforço despendido são rigorosamente calculados, gerando uma conta virtual de débitos e créditos sobre a qual eles jamais perdem o controle.

> Se alguém precisa de uma mãozinha, sempre vem outro ajudar, às vezes um precisa muito e o outro precisa pouco, aí a gente troca. Mas eu não esqueço os dias de serviço que eu tenho que dar. Se é um dia, é um dia, se é meio dia de serviço, é meio dia de serviço que a gente vai dar. Se ele não precisar agora, fica para depois, mas a gente não pode falhar. É assim que a gente combina. (A., Água da Marrequinha, Londrina)

Notamos nessa fala do camponês de Água da Marrequinha que "combinar" tem um duplo sentido: combinar indica acordo estabelecido, mas pode também significar elo de ligação. Assim, as boas relações são conservadas à medida que os sujeitos honram o código de trocas. Aquele que não o fizer, tende a ser excluído da rede de cooperação e isso parece se aplicar aos recém-chegados, já que os mais antigos não concebem a ideia de romper o pacto comunitário.

Esse é o sentido da expressão "falhar", que tanto indica hiato no encadeamento de um determinado processo quanto falta de correspondência às expectativas comunitárias. Nas áreas onde se agrupam os porcenteiros, em que a mobilidade é maior, notamos que a comunidade cria mecanismos de expulsão para aqueles que não incorporam o código de reciprocidade. Outrossim, ao se referirem a fatos dessa natureza, associam-no a indivíduos ou famílias recém-chegadas e não ao rompimento entre os membros da comunidade.

> Nós já tivemos um caso desses aqui, era um pessoal novo que chegou para tocar café de porcentagem, mas a gente logo viu que eles não tinham o mesmo jeito da gente. Sabe, os costumes eram outros, daí o pessoal foi dando um jeito até que eles não quiseram ficar mais, foram embora. (A., Colônia Mantovani, Cambé)

Não obstante, a ajuda mútua pode ser observada para além da troca de dias de serviço. Assinalaríamos, como uma das formas mais recorrentes nos bairros rurais, o costume da partilha dos frutos do trabalho camponês. Produtos da horta e do pomar são frequentemente trocados. Aos vizinhos também são distribuídas partes dos animais de médio e grande porte abatidos. Por fim, a troca também envolve os produtos da lavoura de consumo próprio, o que significa poupar esforços e aumentar a rentabilidade, à medida que destinam áreas maiores a um único produto.

Embora essas trocas sejam submetidas ao parâmetro da equivalência monetária, há quase um acordo prévio, estabelecido em observância à maior aptidão dos terrenos e da tradição das famílias. Essas trocas são bastante comuns entre os produtos de baixo consumo, a exemplo do amendoim e milho-pipoca, que não compensaria plantar só para o consumo próprio. Assim, as trocas nesses termos garantem um consumo ainda mais diversificado, sem que cada unidade sacrifique o seu potencial em função da extrema fragmentação das atividades.

> Esse ano eu plantei só amendoim, que eu troquei com o vizinho, que colheu bastante arroz. A gente faz assim, vê quanto é que vale um e quanto vale o outro e quase sempre acerta nas quantidades. Dinheiro, você sabe, não é sempre que a gente tem. (N., Água do Saltinho, Cambé)

POR UMA GEOGRAFIA DOS CAMPONESES   385

Ainda do ponto de vista da complementaridade, tivemos a oportunidade de verificar o entrelaçamento das atividades entre unidades camponesas que desenvolvem a piscicultura: algumas delas criam os peixes e repassam para o vizinho que tem um pesqueiro. Ao indagar sobre a lógica que presidia essa "divisão" no bairro, dois critérios foram destacados. Primeiro, disponibilidade de mão-de-obra para se envolver com o pesqueiro; segundo, precisão, já que para mantê-lo em funcionamento é necessário abdicar do descanso semanal, especialmente o domingo, exatamente o dia em que o movimento é mais intenso.

Mesmo aqueles que não se inserem diretamente nessas modalidades de troca, por atuarem em atividades especializadas, como olericultura e fruticultura, não costumam comprar os alimentos básicos no mercado, mas sim dos vizinhos. Isso assegura gastos menores com a alimentação, dada a diferença entre o preço pago ao produtor e ao consumidor final. Como se pode observar, os camponeses restringem ao mínimo possível os gastos monetários, o que dá preciosas pistas de sua capacidade de se reproduzir diante da crescente interferência do capital com vistas à apropriação da renda, manifesta, por exemplo, na descompensação entre o custo da produção e o preço final da colheita.

Além de atividades complementares, como as descritas, em alguns casos esse critério perpassa o planejamento estratégico para a viabilização da lavoura: trata-se da aquisição combinada das máquinas entre a vizinhança. Ou seja, quando um tem a plantadeira, o outro tem a colheitadeira, e sabe--se de antemão que os respectivos procedimentos serão feitos pelo vizinho. Por outro lado, muitos não dispõem de máquina alguma, mas igualmente estão incluídos entre os que serão atendidos.

Embora essa prática esteja assentada na observância e repasse recíproco dos respectivos custos monetários de manutenção do equipamento, a mesma assegura a execução do serviço no devido tempo, posto que uma das grandes dificuldades dos produtores pequenos é encontrar quem o faça. Aliás, são práticas como essas que viabilizam a lavoura mecanizada entre os camponeses, pois o preço e os custos das máquinas são incompatíveis com a escala individual da atividade, sendo a racionalização obtida por meio desse "acerto" comunitário.

Vê-se, no entanto, que não se trata de empréstimo das máquinas, mas de serviço executado para o outro, já que os camponeses não abrem mão do controle sobre seus instrumentos de trabalho.

Você sabe que a máquina na mão do dono dura muito mais, porque a gente zela. Além do mais, cada um sabe lidar melhor com o seu maquinário, então a gente combina assim: quem tem a plantadeira, planta na sua terra e depois vai plantar na do outro. Quando chega a colheita, ele colhe a sua depois vem fazer a nossa. A gente acerta de acordo com o trabalho que cada um teve. (E., Água do Caçador, Cambé)

Entre as modalidades de ajuda mútua, considera-se essa uma das mais refinadas, por se manifestar em bairros onde o grau de concentração da renda das famílias é maior. Isso é visível na quantidade de terras, propriedade de tratores, colheitadeiras e até caminhões para o transporte. Assim, a mecanização, ao contrário do que se poderia supor, também comporta práticas de cooperação, mais uma prova do equívoco de se creditar à forma a supressão automática do conteúdo.

Outra indicação de que os laços de cooperação não se desfazem com o avanço das técnicas foi vista em um bairro rural, no qual funciona uma indústria doméstica de café moído; em uma década, essa evoluiu da produção totalmente artesanal, com torrador e moinhos manuais, para uma torrefação semiautomática.

Essa mesma família se divide entre essa atividade, o cultivo de café e citros, além de uma pequena produção para autoconsumo. Apesar de movimentarem uma razoável quantia de café, em parte adquirido junto a corretores de Londrina e Maringá, praticamente todo o café produzido na comunidade lhes é vendido, pois os mesmos pagam um preço um pouco superior ao praticado no mercado. Por outro lado, a facilidade de obter o produto já pronto, dispensando o trabalho de beneficiar, torrar e moer manualmente o café seduziu a comunidade, que recorre continuamente à pequena indústria, levando o café em coco para trazê-lo moído, sendo cobrada deles uma taxa ínfima por isso.

Nessa situação, há uma relação de troca assegurada por laços de vizinhança, pois o empreendimento cresceu em meio à própria comunidade, o que faz com que os mesmos procedimentos continuem sendo adotados. Isso, por vezes, diminui o potencial produtivo da máquina, já que o volume trabalhado é grande em relação à demanda individual dos moradores, embora os mesmos ainda continuem utilizando o serviço.

Outra evidência de que a parcela do território dominada pelos camponeses se constrói a partir das relações pautadas na ajuda mútua manifesta-se

POR UMA GEOGRAFIA DOS CAMPONESES   387

nas práticas de inserção dos camponeses mais empobrecidos nas unidades vizinhas, nos momentos em que as tarefas não podem ser realizadas somente pela família. Tivemos a oportunidade de partilhar um desses momentos na colheita da laranja, que estava sendo realizada pela família proprietária e por porcenteiros de café que residem no próprio bairro. Apesar do ritmo e intensidade do trabalho, a atmosfera era de descontração e festa, como que a denunciar a rara ocasião em que os preços de mercado estavam remunerando o trabalho camponês.

Segundo o proprietário do pomar, todas as tarefas que a família não consegue realizar são repassadas para esses vizinhos, pois a colheita do café é anterior à da laranja, havendo, portanto, uma ociosidade da mão-de-obra familiar no bairro:

> Tem hora que nós não conseguimos dar conta do serviço, aí a gente chama os vizinhos que estão meio parados. Com eles não precisa se preocupar se o serviço vai sair ou não vai sair bem feito. Eles são de confiança, cuidam das coisas da gente como se fossem deles. Pode largar na mão deles que o serviço sai. (T., Água da Areia, Prado Ferreira)

Outro desdobramento dessa prática seria a solidariedade da comunidade para com membros do bairro que, em determinadas conjunturas, necessitam de auxílio. Nesse caso, não prevalece o critério da reciprocidade, já que a intervenção se faz no sentido do resgate da condição camponesa ameaçada.

Em um bairro, nos deparamos com uma dessas evidências: uma família de porcenteiros, antigos moradores do lugar, tinha perdido havia quatro anos a "colocação", já que o café fora arrancado. Mudaram-se então para um município vizinho, onde passaram esse período cuidando de uma propriedade de pecuária extensiva em troca do direito de moradia, nada recebendo por isso.

Nesse período, com o assalariamento eventual de alguns membros da família mais as reservas anteriormente feitas, foram formando um pequeno rebanho bovino, diariamente apascentado nas beiras de estrada e recolhido ao anoitecer. Ao surgir a oferta de um pequeno pedaço de terra no antigo bairro, a comunidade não só se empenhou para que eles a comprassem como inclusive cedeu uma casa ao lado da Capela São Benedito, em Miraselva, para que eles pudessem morar até construírem a sua no sítio recém-adquirido.

Porém, os custos de instalação são muito altos, pois se trata de terra nua, de modo que terão que construir casa, cercas, fazer poço e até mesmo puxar

388 ELIANE TOMIASI PAULINO

energia. Para angariar os recursos para tanto, já que tudo o que possuíam foi vendido para comprar o sítio, combinam os primeiros cultivos na terra própria com a venda da força de trabalho nos arredores.

A ajuda aos camponeses mais empobrecidos, às vezes, pode se manifestar num envolvimento restrito aos vizinhos. Encontramos uma família camponesa cuja renda monetária vem da fabricação e venda direta de vassouras, do leite tirado de quatro vacas e da parceria estabelecida com um olericultor vizinho, o qual lhe repassa verduras para que ela tenha mais um produto a oferecer à freguesia das várias cidades vizinhas, percorridas semanalmente de ônibus.

Embora as práticas destacadas tenham por fundamento a viabilização da unidade camponesa, outras formas de cooperação são recorrentes entre os camponeses. Aliás, o bairro rural é o espaço de trocas por excelência. Ali se trocam experiências e conhecimento visando à potencialização dos recursos disponíveis. Trocam-se mudas e sementes. Trocam-se ovos e emprestam-se galos para melhorar galinheiros que estão "refinando". Emprestam-se os melhores cachaços para a fertilização das fêmeas. Emprestam-se e trocam-se touros para evitar problemas genéticos no rebanho. Enfim, a unidade do bairro rural está justamente calcada em inumeráveis práticas de ajuda mútua, muitas das quais certamente não puderam ser apreendidas pela metodologia em que se funda essa pesquisa.

Entretanto, há que se ponderar que diante do processo de modernização da base técnica da agricultura, os bairros rurais sofreram indiscriminadamente perdas populacionais. Essas perdas estão diretamente relacionadas às formas de acesso à terra. Quando precárias, no caso da parceria, houve aqueles que simplesmente desapareceram, sendo ainda possível encontrar seus sinais em algumas colônias em ruínas. Em se tratando de bairros formados predominantemente por camponeses proprietários, sem dúvida houve uma diminuição do número de moradores, pois a atual conjuntura técnica e econômica não só expulsa filhos de camponeses como redefine o tamanho das famílias. Essa mudança na dinâmica populacional dos bairros afeta a comunidade, especialmente os mais velhos, que veem na expulsão de muitos do seu círculo de relações uma ameaça à sua própria condição de classe autônoma:

> Hoje o povo reclama que está difícil, mas é que eles são novos ainda. Quando eu cheguei aqui, não tinha estrada, não tinha energia nem esses maquinários. A roça era feita no braço e preço nunca teve. Mas era um tempo de muita união,

POR UMA GEOGRAFIA DOS CAMPONESES **389**

disso sim eu sinto saudade. A gente saía para visitar os compadres, às vezes era tão longe que tinha que voltar só no outro dia. Hoje está diferente, às vezes um vizinho fica doente e a gente só fica sabendo quando topa com ele já bom. (A, Barra Bonita, Primeiro de Maio)

Como se vê, o que está em confronto é o tempo retido no imaginário, no qual as influências do mundo externo eram tão frágeis que a comunidade se reproduzia quase à margem de suas determinações. Embora igualmente produtores de mercadorias, o bairro funcionava principalmente como uma unidade onde as relações internas eram mais intensas.

Hoje, independentemente das particularidades dos bairros rurais, os termos das relações que estão na base da reprodução social são outros. A começar pela família, já que alguns filhos foram banidos da condição camponesa, face às restrições dos meios de produção; daí se subsume que o contato com a lógica do capital deixou de ser algo distante. A velocidade atrelada à abreviação do tempo, com fins à acumulação ampliada do capital, infiltrou-se inclusive no bairro:

> Se você me perguntar sobre dinheiro, eu digo que hoje está muito mais difícil para ganhar e a gente precisa dele. Mas se você me perguntar sobre o resto, eu digo que hoje a vida na roça é mais fácil. Meu pai derrubou mata virgem no machado e o café queimado no ano passado foi cortado com a motoserra. Quando a gente precisa ir para a cidade, pega o carro e vai num instante ou vai na estrada e espera o ônibus. Antes, tinha que marchar a pé, 10, 15 km. Então eu digo que o aperto que a gente vive é para pagar o conforto que a gente tem. (E., Água do Caçador, Cambé)

Assim, fica evidente que o camponês conseguiu incorporar itens de conforto, o que torna o seu trabalho menos desgastante. Contudo, ao preço da urgência da mercadoria, que lhe cobra o aumento da produtividade do trabalho, tal qual ocorre com os demais membros da sociedade capitalista. É esse tempo que implica a redefinição das relações comunitárias, bem como as modalidades de cooperação. Talvez seja por isso que muitas de suas falas são pura nostalgia, de um tempo em que a sociabilidade camponesa estava fundada em relações menos complexas.

Ainda que os camponeses sejam movidos por lógica diversa, conforme se viu neste livro, o fato de uma parte de sua produção ser convertida em mercadoria, e outra ser consumida por eles próprios, não só os obriga a conhecer a sua cadência, como lhes impõe mais pressa. Premidos pela sujeição da renda da terra, têm que se desdobrar para garantir a sobrevivência da família e isso rouba o tempo da convivência comunitária. Não surpreende, portanto, a extrema valorização de ocasiões em que o encontro é oportunizado, pois o universo camponês rejeita a coisificação da mercadoria, sendo mediatizado pela visão totalizadora na qual as relações pessoais são fundantes.

> Enquanto no operário manifesta-se o *indivíduo*, o fragmento a que ele foi reduzido pela contratualidade das relações sociais, no camponês manifesta-se a *pessoa*, o ser inteiro ainda que mediado pela coisificação da mercadoria [...]. A consciência do camponês expressa a consciência da pessoa, que é extensão da família e da comunidade e dos laços comunitários. É mais uma consciência afetiva de pertencimento a um sujeito coletivo real, um corpo natural de que se faz parte desde sempre, desde o nascimento. [...] Por isso, nas comunidades camponesas [...] o trabalho e a festa se mesclam nos mutirões, nas festas celebrativas do fim da colheita. (Martins, 2002, p.75, grifo do autor)

Nessa perspectiva, o que mais poderá vulnerabilizá-los não é o descompasso entre preços e custos da produção, um fator externo com os quais eles têm conseguido lidar com estratégias próprias, e sim, o eventual isolamento e a diluição dos laços de solidariedade; esses é que são ameaçadores, quando instalados no interior de suas próprias relações. É por isso que essa parece ser uma de suas principais preocupações quando se projeta o futuro.

Esse é um dos motivos pelos quais muitas comunidades que já tinham deixado para trás as tradições festivas as estão retomando. Não resta dúvida de que, dos bailes tradicionais às celebrações regadas à partilha de comida e bebida, houve mudanças. O mesmo se aplica aos padrões pretéritos e atuais de ajuda mútua.

É assim que as relações no interior do bairro rural vão se redefinindo. Nesse movimento, o processo de territorialização camponesa evoca uma soldagem que poderia parecer inusitada, caso se leve em conta a trajetória dos sujeitos sociais que são o fundamento desse livro. Como vimos, sua condição de classe construiu-se por intermédio do consentimento em pagar a renda capitalizada da terra, de uma vez, tornando-se proprietários ou, parceladamente, pagando renda em dinheiro ou em produto.

Essa condição em si seria mais que suficiente para torná-los conservadores em relação aos camponeses que conquistam a terra de trabalho com lutas políticas. Esse fato, somado à manipulação ideológica, cria um distanciamento que os impede de incluir os primeiros na identificação coletiva

POR UMA GEOGRAFIA DOS CAMPONESES 391

de classe. Entretanto, apenas o distanciamento assegura essa consciência dividida: foi o que concluímos ao ouvir os camponeses de um bairro de Arapongas que, em determinado momento, ganharam novos vizinhos: os assentados de um projeto de reforma agrária.

> Quando a gente viu a movimentação dos sem-terra na fazenda do lado de cima da estrada nós ficamos assombrados. A gente pensava que o negócio deles era a bagunça e que o sossego da comunidade tinha chegado ao fim. Passado um tempo, descobrimos que eles são trabalhadores como nós, a terra deles também não fica parada. No fim, eles deram vida nova à comunidade, eles são participativos, em tudo que são convidados aparecem. Também nas festas de lá eles convidam e a gente vai. (J., Água do Araguari, Arapongas)

É com essa perspectiva que procuramos analisar a geografia do bairro rural. Como a sua unidade é fruto de uma combinação particular de variáveis, derivadas da articulação entre sociedade, tempo e espaço, há que se admitir que nele não existem fronteiras estáveis nem tampouco definitivas. É essa riqueza que conserva o bairro como retrato privilegiado da parte do território dominada pelos camponeses.

Em relação aos sítios, o arranjo interno guarda relação com um padrão que se repete, embora não seja exclusivo: do ponto de vista da divisão do trabalho, há uma definição de papéis ligados a idade e gênero. Cuidar da horta, das criações, do preparo do café quase sempre é uma tarefa dos idosos ou das crianças, ficando o serviço mais pesado para os adultos. As mulheres são responsáveis pelo zelo da casa, das roupas e preparo das refeições. No geral, suas tarefas são mais domésticas, o que não quer dizer que as mesmas não trabalhem na roça, sobretudo nos períodos de colheita, quando toda a força de trabalho possível é mobilizada.

Quando a família é extensa, em virtude da absorção daquelas que vão sendo constituídas com o casamento dos filhos, é comum a exploração conjunta da propriedade, sendo divididos os resultados da atividade. Nesse caso, uma parte da produção para autoconsumo, em particular as miudezas, como hortas e pequenas criações, são internas a cada uma das famílias nucleares. Entre os homens que estão ativos, é visível uma divisão de trabalho: normalmente o filho mais velho é o que estabelece o elo entre a propriedade e a cidade, ficando responsável pelos "negócios" da família. É ele quem negocia e entrega as colheitas, procede à compra dos insumos e administra as esferas fiscal e bancária que envolvem a atividade.

Quando não está ocupado com essas demandas externas, junta-se aos demais. Mesmo internamente, há uma certa divisão do trabalho, já que a identificação com as diferentes tarefas, manifestadas no gosto e na habilidade em realizá-las, parece ser decisiva quando se procede a sua distribuição.

Quanto à permanência dos filhos na propriedade após o casamento, isso via de regra se aplica aos homens. É pouco comum encontrar uma exploração camponesa em que cunhados ou genro e sogro trabalhem juntos, a não ser nos casos em que não haja filhos homens na família ou situações de acolhimento da família da filha em função de dificuldades econômicas.

Assim, os papéis desempenhados internamente obedecem a uma inter-complementaridade, em que a sua importância na reprodução da unidade não deriva da respectiva força física, mas do lugar que os mesmos ocupam na hierarquia familiar e comunitária.

Quanto à "imagem territorial" dos sítios, igualmente parece prevalecer um padrão: à frente das casas pode-se encontrar jardins repletos de espécies floríferas, com destaque para a roseira. Neles as folhagens são raras e não há gramíneas, o que confere um aspecto muito alegre à casa. Apesar de precederem as mesmas, no sentido de quem chega pela via de acesso principal, parecem intocados; diríamos que são espaços reservados, pois a circulação das famílias se faz por uma entrada lateral, havendo até aqueles que são cercados, para evitar que as galinhas cisquem ou animais transitem, estragando as plantas.

A área de circulação, sempre associada à porta da cozinha é, no geral, coberta com gramíneas. Gramar a área de circulação é uma forma de manter um tapete vivo à porta de entrada, cuja conservação é difícil, especialmente em dias chuvosos. Na terra roxa, o solo argiloso acaba formando placas de barro nos calçados que, não se tomando cuidado, são levadas para dentro de casa, para desespero das mulheres, que valorizam ao extremo a arrumação da casa, ao contrário dos homens.

Essa característica do solo faz com que algumas famílias instalem à porta de entrada um acessório adicional: um raspa-pés, construído com uma fina régua de metal disposta na horizontal, apoiada nas duas extremidades por suportes que conferem um vão livre de aproximadamente 30 cm e uma altura de mais ou menos 10 centímetros do chão. Assim, antes de adentrar a casa, esfregam-se os pés nessa haste até que o barro seja removido, completando-se a limpeza passando os pés na grama.

O forno de barro, com formato do tipo iglu ainda é comum. Com frequência, está localizado a uma certa distância da casa, protegido por um pequeno coberto de telhas. O curioso é que, nas comunidades onde as casas estão próximas umas das outras, há menos fornos que moradias. Isso porque seu uso acaba sendo comunitário e às vezes até coletivo. Comunitário quando cada um o utiliza para assar os pães e bolachas em dias diferentes; coletivo quando é utilizado por mulheres de mais de uma casa, para "aproveitar" o calor. Em geral, essa prática se faz no interior da mesma família, juntando-se cunhadas, sogra etc. Na foto a seguir, vê-se um forno sendo usado para assar pães.

Cumpre salientar que nem sempre o forno de barro é o mais usado para o preparo de tais alimentos, já que o fogão a gás tem seu lugar garantido em praticamente todas as casas. Assim, a rapidez e a eficiência do forno a gás têm provocado a substituição parcial do primeiro.

Pão caseiro sendo assado em forno de barro no bairro dos Moreiras, em Tamarana

Muitas casas contam com duas cozinhas, uma do lado externo, geralmente ampla e semiaberta, onde fica o fogão a lenha e a mesa onde a família faz as refeições. É ali também que se recebem as visitas informais, pois a comida faz parte do ritual de bem receber.

Entre o fogão a gás e o de lenha há um uso articulado: para os procedimentos rápidos, utiliza-se o primeiro, e o fogão a lenha é usado para os preparos que produzem mais sujeira ou exigem maior quantidade de calor, como feijão, doces e frituras, bem como tarefas mais pesadas e ocasionais como torrar café. Para fazer sabão, ferver água para limpar as criações abatidas e providenciar o seu pré-cozimento, quando é o caso, normalmente se improvisa um terceiro fogão, em local distante da casa e próximo da lida.

Nas visitas, não pudemos deixar de observar o quanto são fartas as mesas dos camponeses, mesmo daqueles que dispõem de pouca terra. Encontramos famílias com propriedades de até 5 hectares, divididos entre o café, as pastagens e os cultivos para o consumo. A escassez de terra os obriga a um arranjo um pouco diferenciado da propriedade, onde o cultivo intercalar é amplamente utilizado.

A dona da casa prepara o café para a visita no fogão a lenha

Nas partes mais baixas vamos encontrar o cultivo do arroz, que requer áreas mais úmidas, assim como as pastagens, onde podem se contar algumas criações, animais de tração e vacas de leite. Esses animais são aquilo que podemos denominar pecúlio camponês. As vacas porque garantem não só o leite, mas uma cria anual, que pode ser vendida sempre que houver uma necessidade súbita de dinheiro. No entanto, o pasto insuficiente obriga os camponeses a um controle permanente do rebanho, o que igualmente se aplica aos animais de tração, que raramente ultrapassa um equino ou muar, o suficiente para as tarefas corriqueiras da roça.

Entre os camponeses, o critério utilizado para avaliar o sucesso ou o fracasso dos cultivos é nada mais que a possibilidade de satisfazer as necessidades de consumo da família. No limite, a fome é o que representaria esse divisor de águas. É por isso que não raciocinam com base na projeção de colheita.

Primeiro porque a alimentação básica é assegurada pela colheita anterior. Diferentemente da maioria dos trabalhadores urbanos, cuja parte ponderável da renda mensal é utilizada para saldar os débitos efetuados com alimentação no mês trabalhado, ou, na melhor das hipóteses, é utilizada para comprar aquilo que será consumido nos próximos 30 dias, o camponês trabalha com outra referência de tempo.

Para produzir o seu alimento, há um ciclo a ser observado: entre todas as etapas envolvidas no processo, desde o preparo da terra, espera da chuva para plantar, maturação e espera de tempo climático propício para colher, leva-se até seis meses, no caso das lavouras temporárias, e até vários anos para extrair a primeira colheita das lavouras permanentes. Isso implica uma inversão da lógica de reprodução, pois não se trabalha para comer, mas se come para trabalhar e assim garantir o alimento na próxima estação. Não obstante, deve-se contar com a frustração das colheitas, o que implica armazenar para além da quantia a ser consumida num único ciclo, como se nota nesse relato de um camponês do bairro de Água da Marrequinha:

Aqui eu só vendo as sobras, o que eu ponho dentro de casa que é para o gasto, isso aí não tem dinheiro que paga.... depois ia ter que trabalhar para comprar. Então a gente guarda o arroz em casca, limpa quando precisa e o feijão guarda com a munha, que é para não carunchar. O fubá tem que comprar pronto porque não tem nenhuma máquina por perto para fazer com o milho da gente. Então o milho é só para as criações, mas você vai ver, o paiol está cheio mesmo. Eu não crio porco para venda, mas para o gasto eu sempre tenho. Então a vida do lavrador é colher, vende as sobras porque o que é para o gasto tem que tirar primeiro e guardar. Às vezes chega no fim do ano um vizinho precisa, aí eu empresto, eu dou, eu compro ou eu vendo, colhendo de novo aí a gente acerta. A vida aqui é dura, mas é melhor do que aqueles que estão na cidade, não para todos, não é? (A., Água da Marrequinha, Londrina)

396 ELIANE TOMIASI PAULINO

Cremos que esse relato sintetiza a lógica que preside o funcionamento do sítio: a satisfação das necessidades de consumo da família está em primeiro lugar e, sempre que possível, será assegurada internamente. Note-se que o depoente acentua a dificuldade de obter os alimentos no mercado, pois isso implicaria sobrecarga de trabalho, naturalmente em função dos preços que se teria que pagar por eles.

Por fim, observa-se que a sua referência de tempo é construída em torno do ano agrícola, a partir do qual é elaborado o planejamento que preside a organização produtiva da unidade. Note-se que esse planejamento contempla necessidades de consumo que extrapolam os limites da unidade doméstica e se inscreve no circuito da ajuda mútua. Ou seja, há um estoque extra para o caso de algum vizinho precisar, sendo que os acertos igualmente são feitos de acordo com o ciclo das colheitas e calculados em espécie. Desse modo, mesmo que realizados em dinheiro, a referência é o preço ao produtor, e não os preços praticados na cidade.

Portanto, o fundo de reserva, sobretudo alimentar, é indissociável da lógica camponesa. Onde o solo é fértil, nota-se que o critério de segurança alimentar é mediado pela fartura. O feijão é armazenado com a palha, a munha a que se referiu nosso interlocutor, mas não admite longa estocagem. É por isso que a cada ciclo agrícola o feijão é cultivado, sendo os estoques mais antigos convertidos em semente. Na sequência, pode-se observar o feijão recém-colhido secando ao sol. Na parte mais alta está a lavoura de café, com plantio intercalar de mandioca. Na parte mais baixa vê-se o milharal e entre esses, algumas ruas de cebola e alho, pés de quiabo e pimentão.

O fato de o feijão comparecer como alimento obrigatório à mesa camponesa faz com que muitos cultivadores não procedam ao plantio de uma única vez, pois a insuficiência ou excesso de chuvas poderia comprometer a colheita, logo, a provisão para o ano agrícola. Daí o costume de efetuar a semeadura em etapas, com intervalos de alguns dias entre elas. Além de minimizar os efeitos de possíveis intempéries, isso desconcentra a colheita, sendo possível fazê-la somente com a força de trabalho da família.

A retirada da casca do feijão pode ser feita manualmente ou com máquinas; no primeiro caso, o mesmo deve ser disposto no terreiro, onde se bate com uma vara até a separação dos grãos; atualmente, aqueles que possuem automóvel ou trator estão abreviando esse procedimento; para tanto, basta passar o veículo sucessivas vezes sobre o feijão que todos os grãos se soltarão das vagens.

Lavoura camponesa, Água do Cardoso, Bela Vista do Paraíso

Quanto ao cultivo do milho, se guardado em espigas também admite longa estocagem, sobretudo porque os camponeses já recorrem a métodos que garantem a sua conservação. Um deles é a adequação dos paióis, agora construídos suspensos por tubos de PVC, que impedem o acesso dos roedores. O outro é a pulverização das espigas com substâncias anticarunchos. Os estoques são manejados de acordo com o tempo de estocagem, sendo consumido sempre o milho mais antigo. Via de regra, a cada colheita, os paióis são abarrotados e só então será destinado o restante ao mercado, como conta esse camponês de Água da Marrequinha:

> Isso aqui é a minha poupança, eu nunca deixo faltar. Quando chega o milho novo, a gente primeiro enche o paiol, o que sobra é que a gente vê o que vai fazer. Pois, veja você, eu não sei quanto vai dar a próxima colheita e não posso ficar sem milho nunca, porque, se faltar, como é que vão ficar as criações? (A., Água da Marrequinha, Londrina)

Apesar de bastante depreciado no mercado em relação aos demais cereais, o milho é um fundo de reserva importantíssimo, pois garante a alimentação das criações, geralmente dos suínos e galinhas. Apenas eventualmente destinadas ao mercado, essas criações são as fontes básicas de carne consumida internamente, principalmente quando as famílias são mais empobrecidas e não dispõem de terra suficiente para a manutenção de bovinos para o provimento de carne.

Já o arroz dura anos, desde que mantido em casca. É a sua retirada que permite a deterioração, razão pela qual o beneficiamento é feito sempre em pequenas quantidades, em máquinas beneficiadoras na cidade ou, eventualmente, no pilão. Via de regra, entre as culturas de excedente, a de arroz é a que alcança as condições mais insatisfatórias de comercialização, sendo generalizada a ideia de que não "compensa" vendê-lo. Esses dois fatores explicam por que nem sempre se encontrarão ciclos sucessivos dessa lavoura na mesma propriedade, pois, diante de boas colheitas e preços pouco atrativos, tende-se a conservá-lo para o consumo interno, e só será cultivado novamente quando o estoque estiver baixo. Enquanto isso, a terra destinada ao arroz terá outra finalidade ou, se cultivado na várzea, essa ficará em repouso para recuperação natural da fertilidade.

Entretanto, o cultivo de arroz de várzea tende a recuar, já que a legislação ambiental no tocante à recuperação das matas ciliares começa a ser implementada. São 30 metros a contar das margens dos córregos e 50 metros das nascentes que devem ser destinados à preservação permanente, estando interditados a qualquer tipo de uso, sendo permitida apenas a criação de corredores que permitam a chegada do gado até a água.

Em muitas propriedades, essas áreas, antes destinadas ao arroz, já se acham cercadas e começam inclusive a dar sinais de regeneração da vegetação. Apesar da falta de terra, a interdição de uma área preciosa é aceita com resignação e, em alguns casos, até com uma certa expectativa de vê-la novamente transformada em mata.

> Esse mesmo córrego que passa aqui, passa lá na frente daqueles eucaliptos, onde era a fazenda que eu morava. Há uns 30 anos, na beira dele, eu me lembro muito bem que só tinha três pés de árvore nativa e o resto era plantação. Eu não sei há quantos anos uma faixa na beira do córrego foi abandonada e o que eu sei é que hoje tem uma mata fechada, linda, até parece que nunca foi mexida. Aqui também vai ficar assim, porque é só o gado não pisar e ninguém mexer que a área vai se recuperando. A gente sabe que tem que fazer isso se quiser que os filhos e netos continuem vendo essa água aí. (S., Água do Cardoso, Bela Vista do Paraíso)

Essa ponderação de um camponês do bairro de Água do Cardoso, em Bela Vista do Paraíso, muito mais rara entre os capitalistas, explica-se pelo fato de que a classe camponesa se recria a partir da manutenção da terra de trabalho. Diferentemente dos capitalistas, para os quais o uso predatório dos recursos pode e é compensado pela mobilidade patrimonial e territorial, os camponeses sabem que a autonomia futura depende da preservação dos recursos presentes. É isso que lhes impõe uma relação menos predatória com o ambiente, faltando-lhes mais orientação para fazê-lo a contento.

Portanto, a tradição ainda é uma das variáveis que mais contribuem para a ordenação geográfica do espaço produtivo camponês, o qual conserva um padrão peculiar: na parte mais alta do sítio se privilegia a lavoura comercial e, na parte mais baixa, da moradia até o limite da propriedade, o uso da terra tem como finalidade maior o consumo familiar. Ao redor das casas vamos encontrar os pomares, onde praticamente há fruta o ano inteiro, em virtude da variedade cultivada. As frutas mais comuns são mamão, banana, manga, abacate, jabuticaba, goiaba e citros.

Encontramos também as hortas, que obedecem a um ciclo articulado às estações do ano. Nos meses quentes, as folhagens são menos presentes, pois o calor excessivo interfere no seu desenvolvimento e qualidade. Do final do outono ao início da primavera, quando as temperaturas são amenas, muitas delas são exuberantes, em quantidade muito superior à capacidade de consumo da família. Para essa produção excedente, um destino comum: a distribuição a quem quer que venha visitar a propriedade:

> Nós não vamos plantar para vender, é só para o gasto... quer dizer, eu falo pro gasto mas é para sobrar um pouquinho que aí vem um irmão da cidade, vem e leva. Todo mundo que vem aqui leva, é alface, repolho, couve, é batata... tem uma mandioca boa... todo mundo leva. É aquilo que eu falei, claro que a situação é difícil, mas com aquele mandiocal... com tudo isso ninguém passa fome. (S. e G., Água do Cardoso, Bela Vista do Paraíso)

Como se pode observar, não está se falando de sobras, mas de um dimensionamento da produção que assegure uma reserva a ser eventualmente distribuída. Esse é um dos canais em que a cordialidade camponesa mais se manifesta: é muito difícil deixar um sítio camponês com as mãos vazias e somos testemunhas disso: frutas, verduras, feijão, café, mandioca, ovos, queijo, doce de leite, vassoura, sabão etc. nos foram dados em abundância durante a pesquisa de campo.

Outra presença comum nos quintais são as galinhas caipiras. Não raro, o terreiro conta com dezenas delas, sempre a cantarolar. Essa é uma pista para localizar onde estão os ovos, já que, a cada postura, segue-se uma verdadeira sinfonia. Contudo, dependendo dos tipos e disposição dos cultivos, a criação solta é inviabilizada, pois essas aves costumam fazer estragos. Nesses casos costumam ser mantidas em cativeiro, porém em menor número, pois os custos com alimentação aumentam. Por fim, quando se desenvolve a avicultura, as galinhas caipiras não são permitidas, pois o fato de serem mais resistentes pode transformá-las em vetores permanentes de contaminação do aviário.

Havendo criação de suínos, as instalações são afastadas da residência, em geral mais ao fundo do sítio. Os caipiras são absolutamente predominantes, uma vez que a sua criação implica produção de carne a um custo muito baixo, já que as sobras da horta e da roça fazem parte de sua alimentação:

> A gente cria o porco caipira, faz questão de conservar, embora na hora de vender vende até mais barato porque aquele de granja tem mais carne... A gente faz questão de criar porque tem a horta. Você planta abóbora, aquela que você não come, não utiliza, você não vai deixar perder, o porco caipira come. Aquele repolho que eu te mostrei, as folhas você dá para eles e eles comem e o porco de granja não come. Então o porco caipira aproveita todos os restos de mantimentos, da horta, tudo o que se planta na roça ele come os restos. O de granja não, ele só come mesmo a ração preparada e para nós aqui que é mais para o gasto e menos para vender é mais interessante o caipira. É para não perder nada, tudo aquilo que você mexe é para não perder. (S., Água do Cardoso, Bela Vista do Paraíso)

Assim, observa-se que seus criadores explicitam bem mais do que a necessidade de incrementar o cardápio da família. No sítio camponês, o porco caipira entra na cadeia produtiva como um "reciclador" vivo, que permite aproveitar todas as sobras de alimentos. São nessas práticas que a extrema parcimônia ante os recursos se manifesta, sendo que nem mesmo a abundância é capaz de levá-los ao esbanjamento. Esse é, sem sombra de dúvida, outro traço que confere singularidade à classe camponesa. Enfim, é essa lógica que preside a ordenação interna do sítio. Vimos que os anos fartos alimentam o ciclo da comercialização de excedentes, pois os estoques de segurança são inalienáveis, a não ser em situações de extrema vulnerabilidade econômica da família.

Com exceção das unidades que sobrevivem da comercialização diversificada, alguns alimentos estão fora da lógica do excedente, sendo produzidos exclusivamente para a família, como é o caso do amendoim, batata-doce, mandioca, frutas, verduras e das pequenas criações.

O mesmo se dá com o leite, nas unidades que não fazem dessa uma atividade comercial. Nesses casos, conservam-se poucas vacas, apenas para garantir o suficiente para o consumo *in natura* ou transformado. Nos períodos em que o potencial de produção é superior à capacidade de consumo, ganha-se com a melhor alimentação dos bezerros, que acabam se desenvolvendo mais rápido.

> Aquilo ali é uma pequena área, mas tem feijão, tem mandioca, tem café, tem cebola, tem alho, tem abóbora, ali na horta tem repolho, tem pimentão, tem ovo, tem porco, tem o ranchinho onde a gente cria frango. Então eu falo, a gente tem em primeiro lugar que aprender a gostar daquilo que produz porque senão não vai adiantar. Então nesse caso vai plantar por plantar e vai comprar comida? Conta em sacolão eu não faço não. [...] Eu adoro até a própria serralha [erva nativa], que eu carpi esses dias, que nasce sozinha, ela faz até bolinho de serralha. [...] Assim quando ela está novinha é como se fosse uma alface, quando ela fica mais velha, ela costuma pegar ela e picar, ela bate e mistura para fazer um bolinho, frita, a gente adora. Então eu gosto de um repolho, quiabo, quando é época de quiabo isso aí enche de quiabo. Olha, eu faço todo dia de quatro a cinco misturas no almoço e na janta, eu falo pra eles, ah! é de graça mesmo, mistura tem que fazer não é? Até esses dias atrás tinha três vacas dando leite, era toda semana 3 ou 4 queijos, que é um alimento! Um queijo você come a semana inteira, de manhã um pedaço de queijo no café. Se um dia você for na cidade, aí é que você vai lembrar como isso é importante, aqui é qualquer hora beliscando... quer dizer, isso é o campo. (S. e G., Água do Cardoso, Bela Vista do Paraíso)

Como se pode observar, o acesso à terra pode assegurar a alimentação completa da família, como contam esses camponeses de Bela Vista do Paraíso, embora nem todas optem por cultivar todos os itens que compõem a cesta de consumo. Conforme indicamos anteriormente, essas opções resultam das conveniências de cada família, contribuindo para isso os níveis de renda e a dinâmica demográfica interna.

O fato de conservarem a potencialidade de produzir por si próprios os meios de vida, com o trabalho que se materializa na produção, talvez explique a valorização da fartura e a concepção quase ritual do alimento. Na foto a seguir, todos os alimentos que estão à mesa foram produzidos no próprio sítio: arroz, feijão, alface, pimentão, tomate, linguiça, ovos e queijo.

Essa família de Água do Limoeiro, em Alvorado do Sul, se alimenta daquilo que produz

Raramente se poderá sair de uma casa camponesa sem almoçar ou tomar um farto café, acompanhado de queijo, bolachas, pão, doce de leite, tudo resultado da produção doméstica. Refeições essas em que a maioria dos ingredientes é extraída do quintal e da lavoura.

Nesse sentido, não se pode associar o café à propriedade pequena apenas pelo seu caráter comercial. Essa bebida é o símbolo maior da cordialidade camponesa e não aceitá-lo é quase uma indicação de que o visitante não está aberto à reciprocidade. E até no sabor trata-se de um café diferenciado, pois, além do simbolismo, os processos que o envolvem são basicamente artesanais e materializam o trabalho de todos os membros ativos da família.

Após a colheita, o café vai para o terreiro, até a completa secagem. Por estar entre os trabalhos considerados "leves", esse processo geralmente envolve os membros da família de menor vigor físico, como crianças e idosos, que se encarregam de revolvê-lo várias vezes ao dia para uma secagem homogênea, juntando-o em montes sempre ao final da tarde ou diante da ameaça de chuva. Dependendo da escala de produção, no terreiro são dispostos vários lotes, de acordo com a retirada da roça, e os que o manejam sabem perfeitamente diferenciar o "ponto" de secagem.

Uma vez seco, o mesmo suporta estocagem bastante prolongada, outra característica que o torna atrativo para os camponeses. Entre os mesmos, o café é visto como uma poupança, à qual vão recorrendo à medida que precisam satisfazer as necessidades monetárias. Como vimos, em um passado

POR UMA GEOGRAFIA DOS CAMPONESES **403**

mais remoto, essa estratégia foi responsável pela transformação em massa de porcenteiros em sitiantes.

Atualmente, os ganhos deprimidos não estão permitindo empreendimentos dessa natureza, ainda que a estocagem do produto seja uma constante. Durante o trabalho de campo, constatamos a comercialização habitual de café, apesar da ausência de colheita em virtude da devastadora geada ocorrida no ano anterior. Os camponeses sabem, pela experiência, que tanto os eventos climáticos mais rígidos quanto os preços são cíclicos e se preparam para eles, sempre que possível, com uma reserva em espécie.

Da parte retida para o consumo, o passo seguinte é o beneficiamento. Apesar de predominar o recurso às máquinas beneficiadoras, mediante o pagamento por saca limpa, ainda é possível encontrar famílias que o fazem em pequenas máquinas manuais ou mesmo no pilão.

Após o beneficiamento, o café é torrado, sendo generalizado entre os camponeses a utilização de torrador manual. Esse utensílio consiste numa esfera com capacidade média de 5 litros, acondicionada em um suporte que possui uma manivela que deve ser girada ininterruptamente enquanto o café estiver sobre a chama do fogão a lenha. Torrar o café é uma tarefa delicada, porque o sabor da bebida é totalmente influenciado pela intensidade e duração da exposição ao calor.

Essa é uma tarefa preferencialmente feminina e geralmente reservada a uma pessoa apenas, geralmente a dona da casa, que já possui experiência em fazê-lo. Normalmente, a quantidade torrada é dimensionada para um consumo de poucas semanas, para não perder a qualidade. Torrar o café é quase um rito, para o qual a pessoa se programa, reservando lenha e escolhendo dias e horários "de folga", pois a tarefa não pode ser interrompida. Além disso, face ao intenso e prolongado calor a que se expõe, é costume o resguardo por algumas horas para evitar choques térmicos.

Depois de torrado, o café vai para um pequeno moinho manual, sendo comum moê-lo em pequena quantidade, para consumi-lo sempre fresco. Enquanto a torração é feita quinzenalmente, podendo ser mensal caso o consumo seja baixo, moer o café é uma tarefa diária, na qual em geral se revezam as mulheres da casa. Quanto mais curto for o tempo entre esse procedimento e o preparo final, mais saborosa será a bebida.

Diria que o café é um dos símbolos da produção doméstica, já que a família detém o controle de todas as etapas do processo. Nele, a imbricação

404 ELIANE TOMIASI PAULINO

entre o saber e o fazer atende a uma demanda interna de consumo, já que a produção para o mercado se faz com o produto "em coco".

Esse é apenas um indicativo da manutenção de certas produções artesanais que muitos sequer imaginam que persistem no campo. O ralador de cozinha é um desses utensílios. Para fabricá-lo, abrem completamente uma lata de 18 litros, que recebe centenas de furos com um prego, cuidadosamente dispostos um ao lado do outro. Feito isso, invertem a folha e as extremidades são pregadas em uma tábua do mesmo tamanho, estando pronto o utensílio: "Eu não gosto daquele ralinho comprado. Pra fazer doce de mamão e ralar mandioca para fazer farinha aquele não serve. Agora com esse é fácil, sai rápido porque ele é grande". (E., Água da Marrequinha, Londrina)

Outra prática comum é a produção do sabão. Encontramos os mais diversos tipos de sabão caseiro e raramente o costume de comprá-los. Os que têm criação utilizam as vísceras dos animais abatidos, tanto os suínos quanto os bovinos. No caso de frangos de granja, utilizam a gordura.

> Acha que a gente vai jogar isso [gordura animal] fora? A gente tem o costume de aproveitar tudo, aqui não pode desperdiçar nada. Trabalho dá, mas fica um sabão que você precisa ver. Roupa na roça suja muito e o sabão da cidade não limpa e é muito caro, então, por que que a gente vai comprar? (D., Colônia Mantovani, Cambé)

Encontramos sabão de abacate e até sabão de óleo comestível já utilizado. Esses são menos trabalhosos, porque não precisam ir ao fogo, mas podem causar estranhamento e até acidentes quando são introduzidos:

> Eu aprendi a fazer sabão de óleo outro dia, mas achava que o que queimava no outro era a quentura, por causa do fogo. Quando acabei de bater, coloquei as mãos dentro para despejar certinho nas caixas e nem me lembrei da soda. O que me salvou foi que tinha leite em casa e eu deixei as mãos mergulhadas por bastante tempo, até a queimadura passar... a pele das mãos nem saiu. (E., Água da Marrequinha, Londrina)

A manutenção da produção artesanal estende-se inclusive a produtos alimentícios hoje produzidos estritamente em escala industrial. Surpreendemo-nos em uma propriedade ao nos depararmos com uma mesa forrada por uma toalha e coberta com macarrão. "É para enxugar, senão embolora. Trabalhoso é, mas quando não tem muito serviço na roça, dá para fazer." (M., Bratslawa, Cambé).

POR UMA GEOGRAFIA DOS CAMPONESES 405

Não obstante, muitos alimentos e objetos da produção doméstica adquirem um caráter comercial, sendo responsáveis pelo ingresso da renda monetária na unidade camponesa. Nesse sentido, poderíamos dizer que, no norte do Paraná, a indústria artesanal doméstica é expressiva, embora se trate de uma produção pequena, normalmente restrita ao mercado local.

Dados da Emater apontam a existência de 249 pequenas fábricas envolvidas no processamento artesanal de alimentos, sendo os mais comuns queijos, doces, açúcar mascavo, melado, rapadura, aguardente, vinho e farinha de mandioca.[8] Lembramos que esses dados se referem apenas àquelas fábricas localizadas no campo e que processam alimentos para comercialização, o que nos indica que a indústria camponesa vai mais além, pois o processamento de alimentos para o consumo da família, como vimos, é marcante, bem como a produção de artefatos, havendo aqueles que também têm um caráter comercial, porém de circulação restrita ao campo, como é o caso de balaios.

No caso do queijo, são 154 fábricas com produção média anual de 257 toneladas. Isso representa menos de 5 kg/dia por unidade produtora, o que nos dá a dimensão da pequena escala de produção dessa indústria doméstica, normalmente articulada a uma freguesia permanente na cidade ou cidades mais próximas. Entre os derivados do leite, a produção comercial de queijo é a mais expressiva, e tem maior destaque na área do arenito onde, entre os camponeses, predomina a pecuária leiteira. Desse modo, não deixa de ser expressivo o número de famílias que incrementa a renda ou sobrevive da sua produção e comercialização direta. Aqueles que se dedicam a essa produção mostraram que essa tem sido uma alternativa aos baixos preços pagos ao leite pela indústria,[9] sendo que muitas vezes a combinam com a comercialização do leite *in natura*. Entretanto, vimos que essas atividades estão sendo alvo de cerceamento, o que desenha um cenário pouco promissor para sua manutenção nesses termos.

Entretanto, o doce de leite pode e tem surgido como alternativa, já que o cozimento prolongado diminui os riscos comuns ao consumo do produto *in natura*. É evidente que mesmo essa opção supõe uma produção restrita e marginal, pois a mesma é passível de problemas com a fiscalização, ainda que muito se fale em agregação de valor para a produção camponesa.

---

8 Dados extraídos do Relatório Realidade Municipal da Emater de 2001.

9 Em 2001, cada queijo produzido com cerca de 6 litros de leite era vendido a cerca de R$ 3,00.

Ainda assim, a produção de doce de leite é bastante importante. Embora não seja possível precisá-la, já que os dados tomam em conjunto a produção do doce e a de compotas, contamos 32 fábricas, com uma produção média diária de cerca de 3 kg por unidade produtora. É evidente que as médias aqui apresentadas ocultam os extremos, havendo fábricas de doce de leite que já cresceram a ponto de buscarem registro na Secretaria de Saúde, ainda que os métodos de produção tenham se mantido em bases totalmente artesanais.

Tivemos a oportunidade de conhecer uma dessas minifábricas, na qual o doce é produzido em dois grandes tachos colocados sobre um fogão a lenha tradicional. Ao leite é adicionada uma determinada quantia de açúcar, sendo mexido manualmente com uma espátula de madeira até alcançar a consistência adequada à produção em pasta ou em barra. O equipamento mais sofisticado do processo é uma batedeira, utilizada na sequência para batê-lo até alcançar o "ponto". Para a produção do doce em barra, utilizam-se formas igualmente artesanais. Todo o processo é realizado pela família, com exceção da venda, que é feita por um vendedor externo.

Quanto às fábricas menores, o esquema de venda do doce não é o mesmo que o do queijo, já que não há regularidade no consumo do primeiro. Desse modo, a sua venda requer uma circulação maior, envolvendo mais que uma cidade, quando pequena. A baixa renda que a atividade proporciona[10] obriga os camponeses a se deslocarem de ônibus, o que é feito uma ou duas vezes por semana, inclusive para evitar a sobrecarga àqueles que se dedicam às demais atividades na propriedade.

Por outro lado, essas pequenas fábricas que processam apenas o leite produzido internamente tendem a apresentar uma sazonalidade maior da produção, já que, no período das águas, o volume de leite aumenta, ainda que os camponeses estejam investindo em alimentação suplementar para o rebanho no período de estiagem. Mesmo para aquelas de maior porte, que já captam a matéria-prima fora, é difícil manter a regularidade da produção ao longo do ano, pois seus fornecedores são os camponeses do entorno, que também possuem recursos limitados para garantir uma produção estável.

Não obstante, os camponeses fornecedores de leite e esses pequenos fabricantes desenvolveram uma relação quase que simbiótica, já que estes

---

10 Em 2001, o preço médio alcançado por quilo de doce de leite era de R$ 2,00.

POR UMA GEOGRAFIA DOS CAMPONESES   **407**

chegam a pagar mais que o dobro dos preços praticados pelos laticínios na região, absorvendo uma produção que os primeiros encontram dificuldade para colocar diretamente no mercado informal. A nosso ver, essa complementaridade é fundamental para a viabilização econômica de ambos.

Quanto ao vinho, na região estudada há nove indústrias artesanais, com uma produção anual média de 1.500 litros cada. Relataremos brevemente a histórias de duas delas, a fim de ilustrar como o processo de recriação camponesa é dinâmico, na medida em que combina tradição com estratégias inovadoras, sempre que as condições de produção assim o exigem.

A primeira delas surgiu há dois anos, em uma propriedade tradicionalmente voltada à produção comercial de uva de mesa, embora combine essa com uma série de atividades, como lavouras mecanizadas, café, avicultura e produção de alimentos para o próprio consumo. Ocorre que os cachos menos graúdos ou irregulares acabavam se transformando em alimento para as criações, por não serem aceitos no mercado. Para aproveitá-los, a família se lançou na produção de vinho, atividade que os genitores desenvolviam no passado em escala estritamente doméstica.

Trata-se de uma produção totalmente artesanal que foi iniciada a título de experiência, sendo a bebida envasada em litros ou garrafões e vendida aos vizinhos e conhecidos. Não obstante, a grande aceitação do vinho animou a família a ampliar a produção, inicialmente com cerca de 400 litros anuais. Para isso, erradicaram a uva itália, desvantajosa em relação a outras variedades, como a benitaca e a rubi, plantando no lugar variedades adequadas à produção vinícola. Como se pode observar, essa estratégia lhes permitirá um aumento da renda, inclusive porque os rejeitos da produção comercial continuarão a ser utilizados.

A outra fábrica visitada funciona desde 1964, e a produção anual é de cerca de mil litros e já se encontra a cargo da segunda geração de produtores. Trata-se de uma propriedade igualmente diversificada, com café, lavouras mecanizadas e de autoconsumo. São 136 pés de uva em produção, mais 330 plantados há dois anos, com vistas ao aumento da produção de vinho.

Trata-se de uma fábrica igualmente artesanal, na qual os equipamentos foram projetados e construídos por eles próprios, com base em adaptações. Aliás, as adaptações e invenções são comuns para facilitar o trabalho camponês, notadamente aquelas que acoplam motores a determinados utensílios manuais. No caso em questão, para amassar a uva, começaram

408 ELIANE TOMIASI PAULINO

com uma prensa de madeira manual. Posteriormente, essa foi substituída por um pequeno cilindro de pão, que acabou sendo melhorado, ganhando ranhuras para evitar que o mesmo "patinasse" com a uva. Por fim, a esse acoplaram um velho motor de máquina de lavar e prometem outras invenções quando a nova lavoura entrar em produção.

> Nós bolamos o cilindro para funcionar à mão, depois nós inventamos de pôr o motor e é mais rápido, 50 a 55 kg de uva é a base de sete minutos para amassar, então é uma facilidade. A hora que essa aqui começar a produzir, a gente vai ter que bolar uma coisa maior. Foi meu vizinho que deu a ideia, ele me deu o motor para experimentar, funcionou e aí eu comprei dele. No cilindro eu coloquei uma polia de plástico e não aguentou, espanou toda a rosca. Agora eu estou bolando, já arrumei uma polia de alumínio e estou vendo um jeito de pôr essa no cilindro, porque aí não vai dar mais problema. (N., Lupionópolis)

Amassar a uva é a primeira etapa do processo de produção, que acontece em dezembro, concomitantemente à colheita. Após descansar cerca de uma semana juntamente com o bagaço, é feita a primeira filtragem, sendo o bagaço aproveitado para a produção de vinagre.[11] O suco é depositado em cartolas de 100 litros, juntamente com uma determinada quantia de açúcar, devendo passar por mais três filtragens a um intervalo de 30 dias cada. Um quilo de uva somado à adição de açúcar rende cerca de 700 mililitros de vinho.

Nessa fábrica, apesar da produção maior, o sistema de comercialização é igualmente doméstico: os consumidores são, em sua grande maioria, moradores da cidade, que vêm pessoalmente até a casa/fábrica doméstica buscar o vinho ou o vinagre, devendo trazer o vasilhame. É importante destacar que o vinho não é envasado na hora, mas o vasilhame cheio deve ser trocado por um vazio, havendo umas poucas garrafas ou garrafões cheios, os quais são repostos à medida que são vendidos. Aqueles que vêm comprá-los deixam o vasilhame equivalente ao que levam, para que a família não precise gastar. Quando são pessoas de fora da cidade, é cobrado um preço ligeiramente superior, que permita a reposição do pequeno estoque.

O projeto de ampliar a produção tem razão de ser: além de acessível, trata-se de uma bebida de sabor inigualável, por ser totalmente pura.

---

11 O vinagre é vendido ao preço de R$ 1,00 o litro.

POR UMA GEOGRAFIA DOS CAMPONESES   **409**

Dá uma rendinha, mas não é ruim não, esse ano deu 1.060 litros a dois reais, mais o açúcar, o trabalho da gente, mas sempre um lucrinho deixa. [...] eu começo a vender vinho na Semana Santa, para a Páscoa. Na metade do mês de junho já acabou tudo, vem até gente de longe buscar, um é dez, o outro é 30, o outro quando quer já não tem mais. Todo mundo vem em casa buscar vinho, a gente não sai vendendo.(N., Lupionópolis)

Como se pode observar, os camponeses de Lupionópolis estabeleceram um preço com uma modesta margem de ganho, que assegura a remuneração do trabalho de acordo com o seu parâmetro do que é justo. É por isso que esse vinho é vendido a um valor irrisório, se comparado àqueles disponíveis no mercado, de igual qualidade.[12]

O mesmo critério pode ser observado numa pequena fábrica doméstica de rapadura, recém-instalada em Itaguajé:

A nossa rapadura tem um preço simbólico ainda, 50 centavos a peça. Estamos vendendo barato, mas, em grande produção, dá para tirar alguma coisa. Eu faço quatro tachos por dia, dá umas 100 peças. No mercado eles estão revendendo a 80 centavos, porque eles pegam barato, não é? Então, se a gente conseguir vender a 80 centavos já está bom. (G., Água da Gruta, Itaguajé)

Cumpre destacar que essa é uma atividade com a qual os mesmos estavam familiarizados, já que os pais produziam e comercializavam rapadura no passado. Para a instalação da fábrica, o investimento foi mínimo, pois, com exceção da cobertura e do fogão a lenha no lado externo da moradia de um dos irmãos, o restante foi reaproveitado da fábrica antiga ou adaptado. O saber, imprescindível para o sucesso da produção, foi passado do pai para os filhos, embora os mesmos tenham recebido orientação da Emater.

Para saber o ponto da rapadura tem que tirar na água, eu não deixo ficar empedrada, eu dou um ponto mais fraco que é para ela ficar macia. Cada um tem um sistema, se for para transportar para longe aí vai ter que dar um ponto mais firme, senão ela quebra. (G., Água da Gruta, Itaguajé)

Quanto à comercialização, predomina a venda direta na cidade e muitos vêm comprá-la na propriedade. O projeto é diversificar a produção, pas-

---

12 Em 2001, tanto o produtor de Cambé quanto o de Lupionópolis vendiam o vinho a um preço que variava de R$ 2,00 a 2,50 a garrafa, de acordo com o tamanho da embalagem.

sando a produzir açúcar mascavo, o qual deverá ser entregue a uma empresa que atuaria como atravessadora, já que a mesma também comercializa esse produto. Outra unidade produtora de rapadura, em Primeiro de Maio, apela para a diferenciação do produto, igualmente a partir de uma invenção própria:

> Estava difícil vender a rapadura e um dia eu tive uma ideia: fazer ela igual queijo em nozinhos. Aí eu fui tentando um jeito até que deu certo. Eu peguei umas tábuas e fiz um tabuleiro com pés e enchi ele de furos. Quando a rapadura está no ponto, a gente despeja em cima dele, a rapadura passa nos furos e, conforme vai pingando, vai formando os nozinhos embaixo. Como é diferente, o povo compra. (A., Barra Bonita, Primeiro de Maio)

Como se vê, algumas vezes é preciso inovar para se manter no mercado, sobretudo se esses camponeses negociam sua produção artesanal em cidades pequenas, onde o mercado consumidor é restrito, especialmente em virtude do baixo poder aquisitivo da população. Outros produtores adotam um ritmo intermitente, ativando e desativando a fábrica de acordo com as respostas do mercado. Em outras palavras, quando os consumidores perdem o interesse, paralisam a atividade por um determinado período, retomando-a quando voltam a procurar o produto.

Por fim, há aqueles que a produzem sazonalmente. Em uma dessas unidades, a produção de rapadura é produzida na entressafra das hortaliças. A essas, soma-se a produção de vassoura, pasta de alho, milho verde e mandioca descascada, sendo toda a matéria-prima produzida internamente. Todos esses produtos são vendidos de porta em porta, embora a maior parte seja por encomenda. Como muitas dessas vendas são feitas a prazo, recorre-se à caderneta onde são anotadas as compras e respectivas dívidas dos fregueses.

Nesse caso, a invenção com vistas à racionalização do trabalho também foi verificada: trata-se de uma máquina de lavar mandioca, cuja pressão retira a casca escura, facilitando o manuseio.

É importante destacar que cada uma dessas produções domésticas demanda um conhecimento específico: a família de Centenário do Sul que comercializa a mandioca descascada informou que o fato de haver um intervalo entre o descascar e o cozinhar os obriga a deixar a mandioca em repouso um determinado tempo, antes de prepará-la para a venda.

POR UMA GEOGRAFIA DOS CAMPONESES **411**

Da hora que a gente descasca a mandioca até a hora que vende demora às vezes até meio dia, não é? Então não pode lavar antes de uma hora e meia, senão ela azula todinha. Isso é porque a planta tem leite, tem que esperar assentar. Se a gente não souber a ciência de cada planta, não adianta nem mexer. (J., Água do Monjolo, Centenário do Sul)

Esse saber camponês conserva-se justamente porque o processo produtivo se faz no interior da família, passando de geração a geração. Por vezes, é a troca de experiências na comunidade que garante a sua difusão, viabilizando a produção camponesa.

A consciência de que o profundo conhecimento dos elementos da natureza é fundamental para que os empreendimentos sejam bem-sucedidos também pode ser verificada no relato do mesmo camponês que produz rapadura em nozinhos, que também é apicultor. Diante de condições adequadas à apicultura, como a existência de matas no sítio, essa é uma alternativa barata aos camponeses, já que a mesma não pressupõe grandes investimentos e tampouco a imobilização de terras. Eventualmente, até mesmo algumas famílias empobrecidas, cuja terra é pouca, conseguem desenvolver a atividade mediante a autorização de colocar as caixas em propriedades com matas ou cultivo de eucalipto no entorno.

Eu comecei com a apicultura porque não tinha um centavo no bolso e já não sabia o que fazer e a apicultura é a única coisa que a gente não precisa de dinheiro nenhum para começar... é só fazer as caixas e colocar na mata no período da enxameação. Se não tiver tábua no sítio, pode fazer com bambu que dá certo do mesmo jeito, mas tem que ter ciência, porque senão as abelhas não vêm. (A., Barra Bonita, Primeiro de Maio)

Nota-se aqui uma racionalidade própria: o camponês procura incessantemente estratégias de reprodução de sua condição camponesa, porém para isso é preciso ter domínio sobre o como fazer. Esse apicultor deu-nos uma aula sobre a necessidade de respeitar a natureza, sob pena de perecermos junto com ela. Ao falar das colmeias, recorreu a um conjunto de preceitos geográficos e ecológicos para nos mostrar quanto a apicultura é dependente destes.

Falou-nos das floradas como condição básica para a produção do mel, vinculando-a aos profundos impactos ambientais das lavouras mecanizadas na região, com destaque para a aplicação de agrotóxicos nas culturas de verão, especialmente a soja, momento em que o enxame sofre violenta redução, afetando-o diretamente. Ele nos mostrou a dificuldade de empreender

412   ELIANE TOMIASI PAULINO

essa atividade no seu sítio, cuja largura é de 200 metros, sendo desejável um raio de 5 km distante de moradias para a instalação das caixas. A distância inadequada para a segurança de sua família e dos vizinhos levou-o a colocar as caixas numa mata isolada, porém, distante do sítio. Explicou como se organizam as colmeias, para nos mostrar como expandiu a sua produção: essa é constituída no momento em que o enxame é superior à capacidade de abrigo de uma caixa. Quando essa começa a saturar, são colocados favos em outra caixa vazia, atraindo assim parte do enxame para a mesma. Com essa transferência, as abelhas operárias elegem uma delas para rainha, sendo esta alimentada com geleia real para alcançar o porte e a condição de rainha.

O camponês de Primeiro de Maio contou sobre o princípio de preservar as árvores onde são encontradas abelhas, apontando uma técnica de extrair o mel sem sacrificar a árvore:

> Eu faço um corte de comprido no tronco, porque assim a árvore consegue se curar, ela fecha de novo... passa o tempo e pode até vir outro enxame aí. Se eu derrubar a árvore é diferente, porque sem mata não tem abelha. Por que que eu vou acabar com as duas coisas se não tem precisão? (A., Barra Bonita, Primeiro de Maio)

Vemos aí a profunda avaliação do ciclo da vida, no qual ele próprio se considera incluído. É por isso que o usufruto da natureza é mediado pelo critério de precisão, ou seja, a apropriação tem estreita ligação com a satisfação de um patamar de necessidade, que não se resume à dimensão imediata, sendo ponderadas as condições futuras de reprodução. Mais adiante veremos como o critério de precisão é acionado para definir os níveis de intensificação do trabalho.

A ciência a que se referem esses camponeses manifesta-se na lida diária com as mais diferentes atividades com as quais os mesmos se envolvem. Aliás, o fato de terem uma produção diversificada e estritamente relacionada aos elementos da natureza não só os torna senhores de um saber amplo, como lhes incute uma visão quase totalizante do mundo que os cerca. Como se sabe, a separação do trabalhador dos meios de produção lhe impõe uma visão de tal forma fragmentada que, até mesmo a dinâmica da natureza, é apreendida a partir de uma perspectiva contemplativa, quando não passa despercebida. Quanto aos camponeses, esses processos são cotidianamente vivenciados, de modo que o sítio é, de certa forma, regido pelos mesmos.

A ilustração da página seguinte mostra um calendário agrícola desenhado por um camponês a nosso pedido. Considerando a disposição desse desenho, é possível observar uma representação de tempo que está em desacordo com a hierarquia a que estamos habituados. Ou seja, o ano camponês não começa em janeiro, mas no momento em que se inicia o ciclo produtivo mais importante para os mesmos. Outro dado que chama a atenção no desenho é a indicação das festas que acontecem na capela, o que evidencia quanto esses planos estão imbricados na representação da condição camponesa.

Assim, o universo camponês é regido por um tempo astronômico, sendo o sol a fonte de vida e, por isso, referência primaz. Por outro lado, fenômenos que interferem na sua regularidade, como eclipses, são cercados de temores, sendo que as perdas na lavoura, após a sua ocorrência, lhes são atribuídas. No período em que realizamos o trabalho de campo, ocorreu um eclipse solar e, a partir de então, muitos remeteram problemas da lavoura e mesmo perdas de safra a esse evento.

> Não é tudo que sente a eclipse. Você pode reparar que o feijão plantado no meio do café está com as folhas enrugadas, a gente calcula uma perda de 50%. Foi a eclipse... Mas para o café foi até bom, porque ela veio no mesmo dia da geada... o sol demorou mais para sair. Então, o gelo foi derretendo devagar e não estragou tanto o café, porque o que mata o café não é o gelo, mas a quentura do sol em cima dele. (A., Água das Laranjeiras, Pitangueiras)

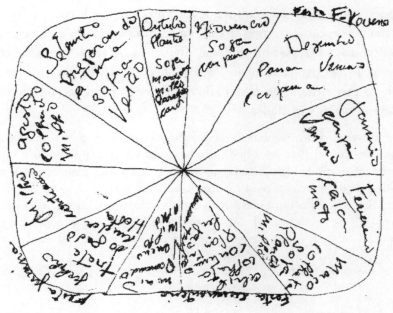

Calendário camponês

414 ELIANE TOMIASI PAULINO

Os desdobramentos dos fenômenos são interpretados à luz dos resultados observados concretamente, embora a força da crença por vezes possa obliterar as demais variáveis que contribuem para a evolução não habitual do ciclo vegetativo.

De qualquer modo, os camponeses compreendem e se integram a um tempo circular, ordenando seu espaço a partir de suas fases. Assim, as estações do ano são percebidas a partir da duração do dia, de modo que o inverno é o tempo dos "dias curtos" em oposição aos "dias compridos" de verão. Como vimos, na região o verão é a estação chave para o equilíbrio interno, pois com ele se reinicia um novo ciclo produtivo. Nessa época, os ciclos vegetativos são abreviados, em virtude da intensidade de energia solar que incide sobre a terra.

O verão também é o período de colheitas maiores e incertezas menores, pois a quebra das safras ocorre predominantemente no inverno, seja em função das quedas de temperatura, seja em função das estiagens típicas dessa época do ano. O caso do milho, cultivado tanto no verão quanto no inverno, é elucidativo, pois o intervalo entre o plantio e a colheita é mais longo, chegando a se estender por mais duas semanas. Além disso, ainda que o tempo "corra bem", sem geadas ou estiagens prolongadas, a colheita é menor, razão pela qual a cultura de inverno é conhecida como safrinha.[13]

Essa percepção de tempo se estreita em função de um outro elemento astronômico: a lua. Assim, algumas atividades são feitas mediante estrita observação do calendário lunar. Isso se aplica ao corte de madeira a ser utilizada na propriedade, ao enxerto de frutas, à poda e até mesmo ao plantio de determinadas variedades.

A uva só pode plantar na nova de julho ou na nova de agosto, que é quando tem que podar. É na nova que a uva brota mais bonita, mais sadia. O que eu também gosto de plantar na nova é o arroz, nós vamos plantar uns 25 ou 30 litros, se der bom, vai produzir uma média de 18 sacas, é só para o gasto da família. Mas a lua nova não funciona para tudo, tinha um balaieiro aqui que dizia que tem que cortar o bambu na minguante, para não carunchar. Ele pegou meus bambus a porcentagem, ele me dava 20% dos balaios, deu uns 350 ou 400 balaios. Os meus foram cortados da minguante para a nova, e foram os primeiros que caruncharam. (N., Lupionópolis)

---

13 Dados do Relatório Realidade Municipal da Emater, indicam que em 2001, na média regional, a colheita do milho safrinha foi 30% inferior à da safra de verão.

POR UMA GEOGRAFIA DOS CAMPONESES **415**

Nada melhor que esse relato para ilustrar a ordenação singular do sítio camponês. Nota-se que, em poucas palavras, nosso interlocutor de Lupionópolis não apenas indica a orientação astronômica de sua atividade, como demonstra a lógica que a move. A começar pela diversidade de estratégias produtivas e de relações, que inclui até a parceria para produção de artefatos, no caso os balaios. Por fim, nota-se que o cálculo da lavoura camponesa é feito em espécie, ao contrário da unidade capitalista, que dimensiona sua atividade a partir de um cálculo definido pelo investimento monetário.

Dessa maneira, não é apenas a referência de tempo que obedece à lógica da reprodução familiar, pois, como vimos, esse é hierarquizado de acordo com a ordenação interna do sítio. Se o tempo camponês não é o tempo do capital, profundamente articulado ao calendário gregoriano, as próprias medidas negam o caráter mercantil da produção.

Durante a pesquisa de campo, pudemos observar quanto é ambíguo o critério de mensuração que norteia a produção camponesa. Recorreremos mais uma vez ao exemplo do milho, pois essa é uma cultura em que estão articulados o consumo interno e a comercialização.

Quando indagamos sobre os resultados da produção intercalar, via de regra, os camponeses a dimensionam a partir da unidade "carros de milho". Assim, um carro corresponde a 40 balaios ou dez sacas limpas. Outras vezes, tomam-se como referência balaios de milho, sabendo-se que são necessários cerca de quatro balaios para compor uma saca e cerca de 120 espigas para compor um balaio.

É importante destacar que essas medidas referenciam apenas a parte da produção que circula dentro da parte do território dominada pelos camponeses, sendo inclusive utilizadas nas negociações feitas em espécie entre eles, bem como em empréstimos a serem saldados nas próximas colheitas. Por outro lado, a parte debulhada ou colhida por máquinas é dimensionada em sacas, a medida definida pelo e para o mercado. Nessa ordem, o plantio para o consumo também não reconhece o critério formal de medidas.

> A gente não vive só da porcentagem na amora, porque planta para o gasto e tem também as criações, 40% de tudo o que produzir é nosso. Esse ano nós já plantamos cinco litros de amendoim, deu até bom, sete sacos. Foram também quatro quilos de milho, tiramos 56 balaios. Sem contar as 3 mil covas de mandioca e uma leira de batata doce, horta, porco, galinha e vaca de leite. Então a gente bem dizer tem de tudo, não é? (V., Tupinambá, Astorga)

416   ELIANE TOMIASI PAULINO

Como se pode observar, o cálculo é feito em quantidade de sementes, em covas, que significa mudas, e em leiras, que igualmente indica a dimensão da lavoura a partir do arruamento, unidades essas que fogem ao padrão de mensuração do mercado. Portanto, apesar de as relações mercantis estarem totalmente imbricadas à lógica de reprodução camponesa, não são essas que necessariamente definem a ordenação dessa porção do território.

> Eu planto milho sabendo que está fora de época, mas eu sei que mesmo que der umas espiguinhas pequenas, se não servir para os porcos, serve para as vacas e é assim... porque a gente depende de tudo isso. Tem gente que não se preocupa em plantar uma carreira de milho, porque acha que vai perder tempo... Eu não, eu tenho que usar todo o potencial da minha terra porque o pequeno tem que usar. (S., Água do Cardoso, Bela Vista do Paraíso)

Em geral, mesmo a lavoura comercial envolve um cálculo não monetário, em que os custos e as perdas são calculados em espécie, como se vê nesse relato colhido em Lupionópolis:

> Nós perdemos sete sacos de semente em três alqueires de feijão, teve que passar o trator em cima, porque enrugou a folha e não deu uma vagem, não deu um caroço. Já esse aqui em cima, da mesma semente daquele, deu quase 25 sacos por alqueire. (N., Lupionópolis)

O que mais surpreende é que mesmo nesses casos, a ética camponesa contrária ao desperdício prevalece na administração das perdas, como fica claro no desabafo desse camponês de Itaguajé:

> Nós perdemos a produção... só perdeu o preparo do solo e os tratamentos do feijão. O que nós colhemos só deu para pagar os bóia-frias, não deu nada mesmo. Mas nós somos daquele tipo que não gosta de perder nada, já que plantou, tem que tirar da roça. O prejuízo já tinha acontecido, então mais prejuízo não ia dar mesmo. Nós colhemos só para não deixar na roça. (G., Água da Gruta, Itaguajé)

A ideia de perda que perpassa suas interpretações está relacionada a uma noção de desperdício que lhes parece inaceitável. Isso porque os recursos, as colheitas, o bom tempo, enfim, a combinação dos elementos que viabilizam a sua reprodução são em geral recebidos como dádiva, daí o seu caráter quase sagrado.

POR UMA GEOGRAFIA DOS CAMPONESES   417

O próprio uso da terra obedece a esse princípio: visitamos uma família que encontrou uma solução criativa para resolver um problema ambiental sem sacrificar o uso produtivo. Trata-se de uma área em acentuado declive, sendo a água da chuva contida por vários terraços nas cotas mais baixas. Contudo, aquele mais próximo ao riacho estava contaminando a água com agrotóxicos, já que se tratava de uma área de lavouras.

Em vez de inutilizar a área, toda a extensão do terraço foi escavada para a colocação de lonas plásticas, a fim de evitar a infiltração da água contaminada no solo e posterior contaminação do riacho. Sobre a lona foram depositados cacos de tijolos e, sobre esses, foi colocada uma camada de terra de aproximadamente 50 centímetros, sendo essa área integralmente cultivada.

Os tijolos foram aproveitados do próprio local, pois no passado aquele sítio havia sediado uma olaria. Segundo a família, ao comprarem o sítio, havia uma grande área imprestável, dado o acúmulo desse material. A retirada dos cacos foi feita gradativamente, sendo toda a área aproveitada com pastagens e lavoura de arroz. O material que permanecera durante anos empilhado num canto do sítio foi aproveitado para a readequação do terraço, sobre o qual passaram a cultivar ervilha, quiabo, batata-doce e milho fora de época.

Outra evidência da racionalidade camponesa pode ser vista nas áreas mecanizadas, já que a plantadeira deixa espaços vazios na parte externa dos terraços, bem como nos limites da área mecanizada. Para que não fiquem ociosos, os mesmos são cultivados com milho ou feijão, utilizando-se a máquina manual (matraca). Contudo, essa lavoura complementar deve obedecer a um regime de tempo diferente da lavoura comercial, devendo a colheita ser antecipada, para evitar que a colheitadeira a destrua.

Como se vê, o aproveitamento máximo da terra é uma de suas marcas. Outras vezes, esse aproveitamento consiste na remonta de culturas na mesma área, o que permite mais colheitas durante o ano agrícola. Assim, quando a cultura estiver próxima do amadurecimento, o novo plantio é feito, obedecendo a um arruamento intercalar. Entretanto, isso deve ser cuidadosamente calculado, de modo que a colheita possa ser efetuada no momento em que começar a atrapalhar o desenvolvimento da nova lavoura. Da mesma forma, a remonta pressupõe plantio e colheita manuais, para evitar estragos em ambas, como comprova esse relato obtido em Bela Vista do Paraíso:

418 ELIANE TOMIASI PAULINO

Isso é para fazer o dia útil. Quando chega a tarde eu posso dizer, hoje eu trabalhei, graças a Deus. Quando a gente não tem o que fazer, pega a matraca e sai plantando em qualquer pedacinho que está vago. A gente costuma fazer isso quando a outra planta já está crescida, porque quando aquela chega, a gente tira com cuidado e assim a mais nova cresce, dando mais produção. Não é sempre que dá certo, às vezes dá bem, às vezes a produção é pouca. Se não der nada ainda assim serve para o gado ou para os porcos... a gente não perde nada, tudo se aproveita. (S., Água do Cardoso, Bela Vista do Paraíso)

Essa ocupação esmerada e intensiva do solo indica que o espaço é sagrado e não há terra para ser desperdiçada. É por isso que existe uma hierarquia e uma lógica dentro dos próprios quintais, onde seu uso é essencialmente produtivo, dominando as árvores frutíferas e a horta. Flores, só o suficiente para "deixar a casa alegre" e, geralmente por imposição das mulheres, que valorizam ao extremo a aparência da moradia.

Entretanto, por mais sagrado que seja esse espaço, os camponeses são premidos a agredi-lo, sobretudo porque a sua inserção no mercado assim o exige. Ninguém melhor que os camponeses para testemunhar a contaminação dos alimentos e os impactos dos agrotóxicos no meio ambiente. Todos têm uma história para contar sobre um acidente, uma intoxicação, uma alergia causada em membros da família, ou na comunidade, por alguns desses produtos.

Ao fazerem suas opções por determinados cultivos, a questão dos agrotóxicos não é desconsiderada, e isso é particularmente visível entre aqueles cujas condições concretas permitem fazer opções menos agressivas. Por outro lado, ante a intolerância física a essas substâncias, alguns são forçados a mudar as atividades, buscando aquelas que ainda se sustentam sem o uso intensivo de veneno. Não obstante, cremos que a expressão política da discordância em relação a esse modelo se manifesta na recusa em recorrer ao pacote tecnológico para sua produção doméstica, quase inteiramente livre de veneno, como conta essa camponesa de Sabáudia:

Na horta a gente não coloca veneno nenhum. Se der praga, a gente tenta controlar tirando um a um ou jogando água e sabão, fumo, ou prefere até deixar perder. Hoje na roça tudo é veneno, até nas coisas que a gente come? Ah, isso não tem precisão! (S., Água do Pirapó, Sabáudia)

Já vimos como o critério de precisão opera no dimensionamento das práticas camponesas. Durante a pesquisa, em diversas ocasiões a mesma foi

POR UMA GEOGRAFIA DOS CAMPONESES **419**

evocada: ora para indicar o planejamento das atividades para autoconsumo, ora para justificar a intensificação ou diminuição do sobretrabalho da família. É a precisão manifesta em dificuldades momentâneas ou duradouras que lança os camponeses no assalariamento temporário. Por outro lado, é a ausência dessa, face à conquista de uma situação mais confortável, que os faz abandonar as atividades esgotantes, ainda que essas tenham sido decisivas para o equilíbrio alcançado.

> Nós já trabalhamos muito, nossos filhos cresceram trabalhando de sol a sol. Nós mesmos fizemos essa casa e a deles, quando casaram... É, bem dizer, agora a labuta é pouca, nem café não tem mais. Agora é só lavoura mecanizada, a gente completa plantando e colhendo para os vizinhos e também arrumando as máquinas de quase todo mundo que mora daqui até o Pirapó. Então, agora a gente não precisa mais se matar, porque graças a Deus não tem mais precisão. (J. e N., Vila Progresso, Sabáudia)

Vê-se assim a comprovação da tese chayanoviana de que o sobretrabalho cessa à medida que são satisfeitas as necessidades de consumo da família. Não obstante, esse patamar confortável de renda não implica a diferenciação automática de classe. Na propriedade de 20 hectares sobrevivem as duas famílias, cuja renda é complementada com a prestação de serviços de plantio e colheita para os vizinhos, já que eles dispõem das máquinas para tal. Para driblar a ociosidade dessas máquinas, arrendam cerca de 40 hectares. Por estarem estrategicamente localizados entre a cidade e uma estrada que interliga quatro comunidades, montaram uma oficina, de modo que grande parte dos consertos de maquinários e veículos do entorno são realizados pelo patriarca e o filho, ofício que aprenderam por si, à medida que as próprias máquinas exigiam reparos.

As confortáveis casas de alvenaria foram construídas exclusivamente por eles, assim como os galpões, a mangueira, enfim, todas as instalações do sítio. Possuem horta, pomar, criam suínos, galinhas, gado leiteiro (todos os animais são tratados pelo nome), fabricam pães, bolachas, enfim, recorrem pouco ao mercado urbano para satisfazer suas necessidades.

Mas nem mesmo a confortável situação econômica é capaz de romper com a racionalidade que lhes é própria: a prudência em relação aos gastos monetários. Isso se aplica aos camponeses em geral, ainda que a maior parte deles disponha de conforto, propiciado por itens de consumo antes privilégio dos citadinos.

Entretanto, na lógica camponesa, o consumo é invariavelmente submetido ao crivo da "precisão", pois a condição de classe impõe uma necessidade permanente de poupança, até mesmo para fazer frente à necessária
aquisição ou manutenção dos meios de produção, notadamente da terra.

Nos três últimos anos eu tinha uma lavoura de 200 sacas de milho safrinha
por alqueire, tivemos uma lavoura de soja de 140 sacas por alqueire e o terceiro
ano seguido o milho deu 170. Nós compramos um pedaço de terra aqui, um
alqueire e pouquinho. Então isso é festa, isso cobre aquelas pequenas coisas que
nós não temos... para mim é uma alegria maior, eu acho que é uma conquista.
Se eu quiser eu posso comprar todas essas coisas, mas eu jamais faria isso, eu
jamais venderia um alqueire de terra para ter essas pequenas coisas. (S., Água
do Cardoso, Bela Vista do Paraíso)

Como se pode observar nesse depoimento, diante da possibilidade de
aumentar o sítio, o camponês não mede esforços para tal. É preciso lembrar
que isso surge quase como uma imposição, pois ele luta permanentemente
para extrair renda suficiente para a sobrevivência da família. E não é apenas
o problema da sobrevivência imediata que está colocado, mas o da própria
recriação camponesa, ameaçada pela saturação do patrimônio fundiário
com o crescimento dos filhos.

Nessa perspectiva, nada tem mais importância do que a terra, razão pela
qual nosso interlocutor denomina de pequenas coisas itens de consumo que
os mesmos podem abdicar. Ainda que sua condição presente já lhe permita
possuí-los, o amanhã está no seu horizonte e somente quando a sua condição for avaliada como estável, eles se permitirão adquirir mercadorias que
subtraem renda, em vez de somar ao patrimônio produtivo.

Você sabe por que nós não compramos a parabólica também? Você viu
aquele poço ali em cima? A bomba estragou e foi R$ 2.500 para pagar em cinco
famílias. Eu tive que mandar um par de pneus do tratorzinho pra ressolar,
porque eu vou precisar para plantar. Ficou quase R$ 500 e uma parabólica não
custa isso, mas pra nós é importante nós sabermos que nós temos o tratorzinho
pra plantar, para passar um veneno na nossa lavoura. Você vê, a gente tem que
escolher... o cara que vive de salário às vezes tem essas coisas melhor do que nós,
só que eu falo: se nós vendermos o tratorzinho eu compro tudo isso aí, só que
o tratorzinho é importante pra nós... é uma coisa muito importante. Então veja
bem, nós investimos o dinheiro da lavoura em coisas que são muito importantes
pra nós e isso dá alegria também. (S., Água do Cardoso, Bela Vista do Paraíso)

Esse é mais um indicativo de que as trajetórias camponesas se confundem com a saga pela terra, porém não acabam por aí, pois a permanência na mesma pressupõe sucessivas batalhas. E não se pode perder de vista que a lógica que orienta o investimento se enquadra naquilo que Chayanov (1974) define como investimento voltado à diminuição da penosidade do trabalho.

Essa prerrogativa é indissociável da busca do bem-estar da família e, nesse sentido, não há dúvida de que o bem-estar é algo que os mesmos perseguem. Apenas isso é secundário, já que conservar os instrumentos de sua autonomia é uma necessidade inalienável. Observemos que esse é o sentido dado pelo nosso interlocutor: as pequenas coisas, produto da lógica onde tudo acaba sendo consumível e consumido, são talvez um consolo a quem não conhece a alegria, o gosto da autonomia propiciada pelo controle dos meios de produção.

> Outra coisa que a gente não falou é que ser camponês, trabalhar como eu trabalho, tem uma coisa que vale a pena que é a liberdade. Eu posso imaginar, amanhã eu vou pular cinco horas da manhã e vou começar... eu faço isso porque eu sou livre. Agora, se eu não quiser ou não puder ir trabalhar, eu posso ficar aqui sentado, tranquilo, não vai ter problema nenhum. Então o que é bom é que tem dificuldades, mas tem as coisas boas, não é verdade? (S., Água do Cardoso, Bela Vista do Paraíso)

Portanto, esse é o sentido da luta obstinada dos camponeses pela manutenção da terra de trabalho. A posse da terra encarna a rara possibilidade de ser sujeito de sua própria criação, de dispor livremente de seu tempo, de seu espaço e de seu saber. Enfim, enquanto as demais classes partilham uma existência em fragmentos, os camponeses constroem sua existência a partir de experiências integralizadoras, contrárias ao processo de alienação.

Considerações Finais

No campo, as "imagens territoriais" manifestam as diversas combinações de uso econômico do solo, aliadas às diferentes formas de reprodução social vinculadas à agricultura. Transitar por essa porção geográfica é deparar-se com uma diversidade instigante, cuja riqueza de detalhes sugere que a trama de relações não se esgota nos limites das propriedades individuais, nem no sentido econômico da atividade, mas em uma ordenação espacial derivada de lógicas opostas.

Por um lado, depara-se com as terras de negócio,[1] voltadas à extração da mais-valia dos trabalhadores nela ocupados e ou objeto de extração da mais-valia social; por outro, encontram-se as terras de trabalho, controladas por camponeses que, mediante o trabalho familiar, extraem daí a sua sobrevivência.

Aqui se impõe a necessidade de resgatar uma importante distinção que esses termos implicam; enquanto a terra de trabalho remete à propriedade familiar, a terra de negócio faz referência à propriedade capitalista. Ainda que estejamos diante da propriedade privada da terra em ambos os casos, há que se atentar para conteúdos distintos: enquanto o sentido desta é a exploração do trabalho alheio e ou a apropriação da mais-valia social, a primeira tem por princípio a reprodução da família a partir de seu próprio trabalho. Com efeito, a sua presença marcante destoa do anúncio de desaparecimento da classe camponesa, mostrando que não se trata de resíduo a ser removido pelo avanço, em tese progressista, das relações capitalistas na agricultura.

---

1 Caio Prado Júnior (1980), ao advertir sobre a urgência da reforma agrária, serviu-se dessa expressão para explicitar o caráter especulativo da grande propriedade.

424 ELIANE TOMIASI PAULINO

O mesmo se aplica ao poder de banimento imputado ao mercado, como se o aprofundamento das trocas, em si, pudesse traçar seu destino inexorável (que também não se cumpriu). Feito jogo de encaixe, no qual a realidade tem que caber na teoria, recorre-se então ao jogo de palavras: estar-se-ia diante de agricultores familiares e suas adjetivações.

Afora essas interpretações equivocadas que, para Martins (1995), resultam mais de posições doutrinárias que propriamente teóricas, na área de estudo a presença camponesa se impõe e pode ser identificada pelos marcos geográficos destoantes das parcelas onde o capital está territorializado. Contudo, não há fronteiras uniformes segregando-as, mas frações do território em que imperam as relações tipicamente capitalistas, lado a lado com aquelas sob controle camponês.

Em outras palavras, o processo de territorialização camponesa não pressupõe contiguidade geográfica, mas um arranjo feito mosaico, em que ambas as formas de produzir no campo se sucedem consecutivamente. Por serem portadoras de lógicas distintas, o modo como ambas ordenam o espaço também são destoantes, o que não demanda muito esforço quando se pretende identificá-las.

Desse modo, alguns marcos são próprios da geografia dos camponeses. Eles sugerem que a trama de relações não se esgota nos limites das propriedades individuais, nem tampouco no sentido econômico da atividade, mas em uma ordenação territorial coerente com as condições materiais e sociais de reprodução dessa classe.

Enquanto na escala do bairro rural, o que sobressai é a dispersão, de certa forma orientada, das construções, que trazem consigo os signos agregadores da vida comunitária, notadamente a igreja e o campo de futebol, no interior dos sítios a própria lógica de ordenação do espaço e uso da terra acabam por testemunhar sua presença.

Com efeito, a ponderável diversidade, própria do modo de vida camponês, é que diferencia as parcelas do território sob seus domínios, quando confrontadas com as explorações tipicamente capitalistas. O próprio arranjo geográfico dos sítios é revelador da organização compatível com as duas dimensões aí materializadas: a produção econômica e a reprodução social.

No caso das unidades capitalistas, via de regra, a ordenação espacial denuncia o sentido meramente econômico da propriedade, no qual o trabalhar e o morar são mutuamente excludentes. Pelo fato de a reprodução social se dar fora desses limites, tais unidades exprimem uma lógica entrópica, de presença viva esparsa e ausência de conexões com o entorno.

Essa é a característica visível de sua ordem intrínseca, pautada por um nível de articulação com as estruturas estritamente moldadas pelas trocas mercantis, cujos elos de ligação estão na cidade. Desse modo, as unidades tipicamente capitalistas materializam condições de produção e reprodução que, ao mesmo tempo que acabam por criar um vínculo direto com aquela, resultam em isolamento no campo, na perspectiva das relações sociais.

Do ponto de vista dos trabalhadores ocupados nessa modalidade de produção, a separação entre capital e trabalho igualmente se manifesta na descontinuidade entre local de produção econômica e local de reprodução social, situação que é própria da sujeição do trabalho ao capital. Dessa maneira, a autonomia que se alimenta do controle sobre o processo produtivo, pelas mãos de famílias que possam viver e trabalhar na propriedade, é substituída pelas regras do assalariamento, em que os trabalhadores vêm e vão ao ritmo das tarefas a serem cumpridas.

Nessa ordem, ainda que alguns deles possam viver na propriedade, os laços comunitários serão sempre frágeis, seja devido à rotatividade, própria da instabilidade da relação de trabalho, seja em virtude da dificuldade de estabelecer uma relação de pertencimento ao lugar.

Portanto, a maneira como os camponeses se articulam a uma ordem mais ampla, assim como regem o seu tempo e seu espaço, instituem marcos geográficos distintos, posto que estes são expressões concretas do conteúdo e da lógica de classe.

No âmbito da circulação das mercadorias, igualmente nos deparamos com lógicas distintas, pois os camponeses se reproduzem por meio da forma simples de circulação das mercadorias (M-D-M), na qual a produção é vendida, para se obter o dinheiro necessário para comprar aquelas que não são produzidas. Quanto aos capitalistas, o movimento obedece à fórmula D-M-D', ou seja, o dinheiro é investido na produção de mercadorias para que, ao serem vendidas, lhes proporcionem uma quantia ampliada de dinheiro.

O ciclo *M-D-M* parte de um extremo constituído por uma mercadoria e conclui no outro configurado por outra mercadoria, a qual sai da circulação e entra na órbita do consumo. Portanto, o consumo, a satisfação de necessidades ou, em outra palavra, o *valor-de-uso*, é seu objetivo final. *D-M-D'*, ao contrário, parte do extremo constituído pelo dinheiro e retorna finalmente a esse mesmo extremo. Seu objetivo impulsionador e seu objetivo determinante é, portanto, o *valor-de-troca* mesmo. (Marx apud Oliveira, 2001, p.52, 53, grifo do autor)

Por conseguinte, o caráter *sui generis* do campesinato se manifesta nesse objetivo que o impulsiona: o controle sobre a terra, para assegurar a reprodução social. Porém, há que se ponderar que a ordem capitalista o envolve, na perspectiva de que o processo de territorialização camponesa está inteiramente articulado ao princípio da formação do capital. Como vimos, trata-se de mecanismo distinto da reprodução ampliada do capital, uma vez que esta se dá exclusivamente no circuito propriamente capitalista, por meio do cálculo em que parte da riqueza produzida pelo trabalho vendido aos proprietários dos meios de produção é convertida em salário e parte irá compor a taxa de lucro (mais-valia). Quando a exploração da terra está pautada nessa relação, estar-se-á diante da territorialização do capital.

Por outro lado, no processo de formação do capital, em que necessariamente concorrem relações não capitalistas, não é o trabalho que está sujeito aos capitalistas, mas a renda da terra, que está contida na produção camponesa. No momento em que essa produção é comercializada a um preço inferior ao valor trabalho ali contido, ocorre a transferência da renda. Essa é a lógica da monopolização do território pelo capital.

Considerando que a produção camponesa comparece como matéria-prima importante para diversos setores da indústria de alimentos, há um enorme conflito de interesses em torno da definição de seus preços, pois esses determinam quem irá apropriar-se da renda da terra. Não obstante, nos casos em que o produtor-proprietário da terra é igualmente um capitalista, a luta envolve também a apropriação do trabalho não pago aos assalariados, a qual igualmente estará centrada em torno dos preços da produção.

Em suma, o princípio da valorização, intrínseco ao processo de acumulação ampliada do capital, se alimenta, por um lado, de trabalho excedente e, por outro, de produto excedente, entendendo-se que excedente não é aquilo que sobra, mas aquilo que excede às necessidades mínimas para que, respectivamente, operários e camponeses se reproduzam socialmente.

O processo de valorização é assim compreendido como fruto do processo de transformação pelo qual a produção e a reprodução passam. Isso significa que, sob o modo capitalista de produção, a valorização é produto do trabalho

POR UMA GEOGRAFIA DOS CAMPONESES **427**

humano nas suas diferentes mediações sociais, a produção é produto contraditório de constituição do capital e a reprodução é produto do processo de reprodução ampliada do capital. (Oliveira, 2002, p.74, 75)

Esses apontamentos sinalizam, portanto, que a produção do capital deve ser contínua, pois, como adverte Oliveira (2001, p.18), os capitalistas não se reproduzem apenas por herança, pois, socialmente falando, devem nascer a cada dia. Destarte, o fato de a classe camponesa ser fundamental no esquema de produção de capital é um indicativo de que ela é um elemento de dentro do capitalismo. Contudo, trata-se de uma combinação contraditória, já que envolve uma luta ferrenha dos camponeses para permanecerem como tais. Ainda que se possa vislumbrar na recriação camponesa um pressuposto do capitalismo, não se poderá deixar de vislumbrar nessa luta a potencialidade para sua superação, logo que a luta camponesa tem conteúdo anticapitalista, sendo a única classe que pode visualizar/viver a expropriação.

Essa é uma ameaça permanente, visto que a maior parte da produção camponesa é carreada para estruturas capitalistas consolidadas. É o momento em que a desvalorização do seu trabalho se torna explícita, uma vez que este não é tomado como parâmetro para a composição do preço a ser pago pela produção convertida em mercadoria. É por essa razão que, ao serem inquiridos sobre os custos de produção, os camponeses tendem a desconsiderar o fator trabalho, computando apenas os gastos monetários que tiveram, como confirma o depoimento a seguir:

...o trabalho a gente não conta... O dia que o povo da roça fizer isso abandona tudo... Você não vê que quando a gente entrega a colheita, gasta quase que o mesmo tanto em semente, adubo e veneno para plantar de novo? (L., Água Clara, Nossa Senhora das Graças)

É exatamente esse trabalho, metamorfoseado na renda que escapa das mãos camponesas, que se converte em taxa de lucro na cidade, por meio da mediação de agentes dos diferentes setores capitalistas. Ainda que em determinadas conjunturas, os camponeses consigam auferir a renda da terra, vê-se que os preços dos produtos primários em contínua queda se devem ao fato de que os capitalistas estão cobrando no preço da matéria-prima seu lucro.

Desse modo, ao vender ao capitalista o produto de seu trabalho a um preço baixo, que, por sua vez, também o vende barato, os camponeses estão dando de graça à sociedade a sua renda da terra, que é o seu trabalho. Dessa feita, no movimento geral da sociedade, os trabalhadores pagarão menos pelo produto, o que permite aos capitalistas rebaixarem os salários. Essa tem sido a regra no movimento contraditório de acumulação ampliada do capital.

A distância abissal existente entre o preço das mercadorias quando em poder dos produtores e ao fim do circuito, já à disposição dos consumidores finais, dá preciosos indicativos da escala dessa transferência de renda. Não é por acaso que, no balanço do Produto Interno Bruto (PIB), a participação do setor agrícola sempre tem importância menor, mesmo onde a agricultura se constitui na atividade econômica por excelência.[2]

Portanto, a existência desse mecanismo de trocas explicita uma sangria de riquezas, fato que se reflete nas condições de vida dos camponeses. Não foram poucos os que, no esforço de explicitarem os limites para sua reprodução social, destacaram a dificuldade de conservar os componentes mobilizados em suas atividades, face ao retorno econômico incompatível com o seu desgaste natural, incluindo-se aí a força de trabalho, os instrumentos de trabalho e a própria terra.

Certamente, essas são evidências das contradições que são próprias do momento atual, no qual a concentração de capitais igualmente conduz à concentração de riquezas. Embora estejam inseridos em um circuito de autonomia, contrário à forma dominante em nossa sociedade, já que a regra é o trabalho convertido em mercadoria, os camponeses igualmente estão diante do processo de transferência exponencial da mais-valia, mediante a transferência da renda. Isso os lança não apenas na necessidade de aumentar a produtividade para compensar o rebaixamento do valor do trabalho vivo, mas, de um modo geral, também implica a interdição acentuada ao acesso a determinados bens, inclusive àqueles de caráter básico, relativos à saúde, à cultura e ao lazer.

Não obstante, é necessário assinalar que, entre as famílias pesquisadas, a fartura de alimentos é um diferenciador em relação aos trabalhadores proletarizados que compõem a base da pirâmide do mercado de trabalho. Contudo, sua condição diferenciada não se resume apenas à questão alimentar, mas a de indivíduo em sua plenitude, dadas as condições de integração social totalmente diversa da condição proletária.

---

2 Segundo o Ipardes, em 2001 a participação da agricultura no PIB do estado do Paraná foi de 12%.

POR UMA GEOGRAFIA DOS CAMPONESES   **429**

O operário se situa no mundo por meio do seu *trabalho*. [...] As relações de trabalho são suas relações primárias e fundantes. [...] A consciência do operário expressa a consciência do indivíduo vinculado aos seus iguais pelo contrato de trabalho [...]. É a produção que faz do operário um membro de sua classe e não o nascimento e o pertencimento natural. (Martins, 2002, p.71, 75, grifo do autor)

Portanto, é o trabalho que dá ao proletariado a noção de pertencimento, ao mesmo tempo que seu trabalho sempre se manifesta como parcial, como fragmento que adquire consistência tão-somente no conjunto da produção, na qual a sua participação está diluída. Trata-se de uma inserção social mediada pelas mercadorias que impõem a sua alienação, por força do trabalho coletivo. Daí o próprio trabalhador desprovido dos meios de produção se situar como fragmento, que perde a referência como pessoa sempre que privado dessa condição.

Por não viver o processo de alienação do trabalho, o camponês se integra ao mundo como pessoa, que assim se reconhece mesmo diante do empobrecimento provocado pela interdição ao próprio usufruto da renda da terra gerada pelo trabalho da família.

O camponês se situa no mundo por meio do seu *produto*. Seu trabalho se oculta no seu produto. [...] O vínculo do camponês com a sociedade é um vínculo pessoal; a pessoa inteira se põe nele, e não apenas aquilo que diz respeito ao trabalho. (Martins, 2002, p.71, 76, grifo do autor)

Trata-se, portanto, de condições opostas de existência, ainda que se possa estar diante de situações econômicas parecidas. A começar pela imbricação da produção às demais esferas da reprodução social, que revela a potencialidade política dessa classe na luta contra o capital, à medida que lhe confere uma representação totalizante daquilo que a cerca. É essa experiência totalizante que lhe permite reconhecer-se nos produtos do seu trabalho e situar-se no mundo da mercadoria, a partir deles.

É nesses termos que se coloca a autonomia que move os camponeses, o que nos permite vislumbrar na lógica da classe, manifesta na luta pela manutenção da condição autônoma, o sentido de sua recriação. Assim eles prosseguem, combinando itens da modernidade com as tradicionais estruturas de reprodução da unidade familiar e comunitária.

BIBLIOGRAFIA

ABRAMOVAY, R. *Paradigmas do capitalismo agrário em questão*. Tese (Doutorado) – Instituto de Filosofia e Ciências Humanas, Universidade Estadual de Campinas, São Paulo, 1990.

ALMEIDA, R. A. *Identidade, distinção e territorialização*: o processo de (re)criação camponesa no Mato Grosso do Sul. Tese (Doutorado) - Faculdade de Ciências e Tecnologia, Universidade Estadual Paulista, Presidente Prudente, São Paulo, 2003.

AMIN, S., VERGOPOULOS, K. *A questão agrária e o capitalismo*. Rio de Janeiro: Paz e Terra, 1977.

ANDRADE, M. C. *A terra e o homem no nordeste*. São Paulo: Brasiliense, 1964.

ANDRADE, P. F. S. *Citricultura no Paraná*. Disponível em: <http:www.mailto.pr. gov.br>. Acesso em: 15 jul. 2002.

ARCO. Discutindo a parceria. *Revista do pequeno produtor*, Brasília, ano I, n.2, p.6-24, mar.2002.

ASSOCIAÇÃO BRASILEIRA DE FIAÇÕES DE SEDA. *Boletins Informativos*. São Paulo: Abrasseda, 2001.

ASSOCIAÇÃO BRASILEIRA DOS EXPORTADORES DE CITRUS. *Banco de dados*. Disponível em: <http:www.abecitrus.com.br>. Acesso em: 3 ago. 2002.

ASSOCIAÇÃO BRASILEIRA DOS PRODUTORES DE PINTOS DE CORTE. *Banco de dados*. Disponível em: <http:www.aviculturaindustrial.com.br>. Acesso em: 12 jul. 2002.

BARBERATO, C. Novos rumos para o cooperativismo. *Folha de Londrina, Folha Rural* (Londrina), 06 jul.2002, p.12-15.

BARTRA, A. *El hombre de hierro*: los limites socialies y naturales del capital. México: Unam-Itaca, 2008.

BENJAMIN, C. *et al. A opção brasileira*. Rio de Janeiro: Contraponto, 1998.

BITTENCOURT, G. A. *Banco da Terra*: análise econômica e exemplos de financiamentos. Disponível em: <http:www.dataterra.org.br>. Acesso em: 30 out. 2002.

BOMBARDI, L. M. *O bairro reforma agrária e o processo de territorialização camponesa*. Dissertação (Mestrado) – Faculdade de Filosofia, Letras e Ciências Humanas, Universidade de São Paulo, São Paulo, 2001.

BOURDIEU, P. *O poder simbólico*. 3. ed. Bertrand Brasil: Rio de Janeiro, 2000.

BRAGUETO, C. R. *A inserção da microrregião geográfica de Londrina da divisão territorial do trabalho*. Dissertação (Mestrado) – Faculdade de Filosofia, Letras e Ciências Humanas, Universidade de São Paulo, São Paulo, 1996.

BRASIL. *Constituições do Brasil*. São Paulo: Saraiva, 1954.

BRASIL. *Constituição de 1988*. 4. ed. São Paulo: Saraiva, 1990.

CALABI, D.; INDOVINA, F. Sobre o uso capitalista do território. In: *Archivio di studi urbani e regionali*. Veneza, anno IV, n.2, 1973 (Mimeografado).

CAMPOS FILHO, M. M. *Bonificação por volume e preço ao produtor*. Disponível em: <http:www.milkpoint.com. br>. Acesso em: 30 jun. 2002.

CAMPOS, N. J. *Terras de uso comum no Brasil*. Tese (Doutorado) – Faculdade de Filosofia, Letras e Ciências Humanas, Universidade de São Paulo, São Paulo, 2000.

CANCIAN, N. A. *Cafeicultura Paranaense 1900/70*. Curitiba: Grafipar, 198_.

CANDIDO, A. *Os parceiros do Rio Bonito*. 7. ed. São Paulo: Duas Cidades, 1987.

SAEZ, H. C. *Filosofía y ciencia en la geografía contemporánea*. Barcelona: Barcanova, 1981.

_____. *O nascimento da ciência moderna e a América*: o papel das comunidades científicas, dos profissionais e dos técnicos no estudo do território. Maringá: UEM, 1999.

CARVALHO, M. P.*Comparação de custos entre tanques de expansão*. Disponível em: <http:www.milkpoint.com.br>. Acesso em: 14 jul. 2002.

CARVALHO, M. S. *A pequena produção de café no Paraná*. Tese (Doutorado) – Faculdade de Filosofia, Letras e Ciências Humanas, Universidade de São Paulo, São Paulo, 1991.

CASADO, V. Plano de safra privilegia modernização das cooperativas. *Folha de Londrina, Folha Rural* (Londrina), 18 jul. 2002, p.15-18.

CERNEV, J. *Liberalismo e colonização*. Londrina: Eduel, 1997.

CHAYANOV, A. V. *La organización de la unidad económica campesina*. Buenos Aires: Nueva Visión, 1974.

_____. Sobre a teoria dos sistemas econômicos não capitalistas. In: SILVA, J.G.; STOLCKE, V. *A questão agrária*. São Paulo: Brasiliense, 1981. p.133-166.

COBRA, A. N. *Em um recanto do sertão paulista*. São Paulo: Hennies, 1923.

COMPANHIA MELHORAMENTOS NORTE DO PARANÁ. *Colonização e desenvolvimento do norte do Paraná*. Maringá: CMNP, 1975.

CORREA, V. P.; ORTEGA, A. C. *Pronaf*: Qual o seu real objetivo e público alvo? Disponível em: <http:www.dataterra.org.br>. Acesso em: 28 jun. 2002.

POR UMA GEOGRAFIA DOS CAMPONESES **433**

COSTA, E. V. *Da Monarquia à República*: momentos decisivos. 4. ed. São Paulo: Brasiliense, 1987.

COSTA, O. R. G. *A Reforma Agrária no Paraná*. Tese (Professor Titular em História) – Universidade Federal do Paraná, Curitiba, 1977.

DENARDIN, V. *Paraná tenta reduzir custo de alimentação do rebanho*. Disponível em: <http:www.milkpoint.com.br>. Acesso em: 28 ago. 2002.

DINIZ, J. A. F. *Geografia da Agricultura*. São Paulo: Difel, 1984.

EMPRESA PARANAENSE DE ASSISTÊNCIA TÉCNICA E EXTENSÃO RURAL. *Arenito caiuá*: integração agricultura e pecuária. Curitiba: SEAB, 1998.

_____. *Banco de dados*. Disponível em: <http:www.pr.gov.br/emater>. Acesso em: 05 fev. 2002.

_____. *Construindo a extensão do futuro*: uma proposta p/ a Extensão Rural Oficial do Paraná. Paraná: Imprensa Oficial, 2001.

_____. *Relatório Realidade Municipal 2001*, interno aos Escritórios Municipais. (Não publicado).

ENGELS, F. *As guerras camponesas na Alemanha*. São Paulo: Grijalbo, 1977.

FABRINI, J. E. *Os assentamentos de trabalhadores rurais sem terra do centro-oeste/ PR enquanto território de resistência camponesa*. Tese (Doutorado) – Faculdade de Ciências e Tecnologia, Universidade Estadual Paulista, Presidente Prudente, São Paulo, 2002.

FAO – Organização das Nações Unidas para a Agricultura e Alimentação. *Food Outlook*: FAO/GIEWS, 2002. Disponível em: <http:www.apras.org.br>. Acesso em: 30 jun. 2002.

FERNANDES, B. M. Questões teórico-metodológicas da pesquisa geográfica em assentamentos de Reforma Agrária. *Boletim Paulista de Geografia*, São Paulo, n. 75, p.83-129, dez. 1998.

FONSECA, L. F. L. *O caso dos supermercados*: seu impacto sobre a cadeia do leite e estratégias para controle do abuso econômico. Disponível em: <http:www. milkpoint.com.br>. Acesso em: 30. jun. 2002.

FRANCO, M. S. C. *Homens livres na ordem escravocrata*. 3. ed. São Paulo: Kairós, 1983.

FRUTICULTURA NO MUNDO. *Correio Popular online*. Disponível em: <http:www.cpopular.com.br>. Acesso em: 17 jul. 2002.

GARCIA JUNIOR, A. R. *O Sul*: caminho do roçado. São Paulo: Marco Zero, 1989.

GEERTZ, C.. *A interpretação das culturas*. Rio de Janeiro: LTC, 1989.

GOLDEINSTEIN, L.; SEABRA, M. Divisão territorial do trabalho e nova regionalização. *Revista do Departamento de Geografia*, São Paulo, n.1, p.21-47, 1982.

GOODMAN, D. E.; SORJ, B.; WILKINSON, J. Agroindústria, políticas públicas e estruturas sociais rurais: análises recentes sobre a agricultura brasileira. *Revista de Economia Política*, São Paulo, v.5, n.4, p.31-55, out. dez. 1985.

GRAMSCI, A. *A questão meridional*. Rio de Janeiro: Paz e Terra, 1987.

GUIMARÃES, A. P.*Quatro séculos de latifúndio*. Rio de Janeiro: Paz e Terra, 1981.

GUIMARÃES, V. A. Mercado em mudanças. *Folha de Londrina, Folha Rural* (Londrina), 20 jul. 2002, p.10.

HOLLOWAY, T. H. *Imigrantes para o café*. Rio de Janeiro: Paz e Terra, 1984.

INSTITUTO BRASILEIRO DE GEOGRAFIA E ESTATÍSTICA. *Censo Agrícola do Estado do Paraná*. Rio de Janeiro: IBGE, 1950.

_____. *Censo Agrícola do Estado do Paraná*. Rio de Janeiro: IBGE, 1960.

_____. *Censo Agropecuário do Estado do Paraná*. Rio de Janeiro: IBGE, 1970.

_____. *Censo Agropecuário do Estado do Paraná*. Rio de Janeiro: IBGE, 1975.

_____. *Censo Agropecuário do Estado do Paraná*. Rio de Janeiro: IBGE, 1980.

_____. *Censo Agropecuário do Estado do Paraná*. Rio de Janeiro: IBGE, 1985.

_____. *Censo Agropecuário do Estado do Paraná*. Rio de Janeiro: IBGE, 1996.

INSTITUTO NACIONAL DE COLONIZAÇÃO E REFORMA AGRÁRIA. *Banco de dados*. Disponível em: <http:www.incra.gov.br>. Acesso em: 29 out. 2002.

INSTITUTO PARANAENSE DE DESENVOLVIMENTO. *Cooperativas e agroindústrias*: estratégias de desenvolvimento e reflexos estruturais. Curitiba: Ipardes, nov.1985.

_____. *Diagnóstico da base produtiva do Paraná-anos 80*. Curitiba: Ipardes, 1991.

_____. *Estrutura da economia paranaense segundo o enfoque de complexos industriais*. Curitiba: Ipardes, 1997.

_____. *Indicadores analíticos*: Paraná. Curitiba: Ipardes, 1994.

_____. *O Paraná*: economia e sociedade. Curitiba: Ipardes, 1991.

JOFFILY, J. *Londres-Londrina*. Rio de Janeiro: Paz e Terra, 1985.

KAUTSKY, K. *A questão agrária*. 3. ed. São Paulo: Proposta, 1980.

KOHLHEPP, G. Mudanças estruturais na agropecuária e mobilidade da população rural do Paraná. *Revista Brasileira de Geografia*, Rio de Janeiro, v.53, n.2, p.79-94, abr. jun. 1991.

KRUG, E. E. B. *Sistemas de Produção de leite*. Porto Alegre: Palloti, 2001.

LAMARCHE, H. (coord.). *A agricultura familiar*. Campinas: Unicamp, 1993.

LEÃO, I. Z. C. C. *O Paraná nos anos setenta*. Curitiba: Ipardes, 1989.

LEFEBVRE, H. *La pensée de Lenine*. Paris: Bordas, 1957.

_____. *Lógica formal/lógica dialética*. Rio de Janeiro: Civilização Brasileira, 1991.

LÊNIN, V. I. *Capitalismo e agricultura nos Estados Unidos da América*: novos dados sobre as leis do desenvolvimento do capitalismo na agricultura. São Paulo: Brasil Debates, 1980.

_____. *O desenvolvimento do capitalismo na Rússia*. São Paulo: Abril Cultural, 1982.

POR UMA GEOGRAFIA DOS CAMPONESES   435

_____. *Que fazer?* São Paulo: Hucitec, 1978.

LOUREIRO, M. R. G. (Org.). *Cooperativas agrícolas e capitalismo no Brasil*. São Paulo: Cortez, 1981. p.133-155.

LUXEMBURG, R. *A acumulação de capital*. Rio de Janeiro: Zahar, 1976.

MAACK. R. *Geografia física do estado do Paraná*. 3. ed. Curitiba: Imprensa Oficial, 2002.

MARTINS, J. de S. *A sociabilidade do homem simples*. São Paulo: Hucitec, 2000.

_____. *A sociedade vista do abismo*. Petrópolis: Vozes, 2002.

_____. (org.). *Henri Lefebvre e o retorno à dialética*. São Paulo: Hucitec, 1996.

_____. *O cativeiro da terra*. São Paulo: Ciências Humanas, 1979.

_____. *O poder do atraso*. São Paulo: Hucitec, 1994.

_____. *Os camponeses e a política no Brasil*. 5. ed. Petrópolis: Vozes, 1995.

MARX, Karl. A Mercadoria. In: *Contribuição para a crítica da economia política*. 3. ed. Lisboa: Estampa, p.27-67, 1974.

_____. *As lutas de classes na França*. São Paulo: Global, 1986

_____. *O Capital* livro primeiro, volume I. Tomo I. São Paulo: Nova Cultural, 1985.

_____. *O Capital* livro terceiro, volume VI. Rio de Janeiro: Civilização Brasileira, 1974.

_____. *O 18 Brumário de Luís Bonaparte*. São Paulo: Moraes, 1987.

MENDRAS, H. *Sociedades camponesas*. Rio de janeiro: Zahar, 1978.

MONBEIG, P. *Pioneiros e fazendeiros de São Paulo*. São Paulo: Hucitec, 1984.

MORO, D. *A Substituição de culturas, modernização agrícola e organização do espaço rural no Norte do Paraná*. Tese (Doutorado) – Instituto de Geociências e Ciências Exatas, Universidade Estadual Paulista, Rio Claro, São Paulo, 1991.

MOTTA SOBRINHO, A. *A civilização do café (1820-1920)*. São Paulo: Brasiliense, 1978.

MOURA, M. M. *Os deserdados da terra*. Rio de Janeiro: Bertrand Brasil, 1988.

_____. *Os herdeiros da terra*. São Paulo: Hucitec, 1978.

MULLER, N. L. Contribuição ao estudo do norte do Paraná. *Revista de Geografia*, Londrina, v.10, n.1, p.89-118, jan.jun. 2001.

_____. Sítios e sitiantes no estado de São Paulo. Tese (Doutorado) – Faculdade de Filosofia Ciências e Letras, Universidade de São Paulo, São Paulo, 1946.

NASCIMENTO, A. P. Integrada quer faturar R$ 380 milhões este ano. *Folha de Londrina, Folha Rural* (Londrina), 06 jul. 2002, p.7.

NEVES, E. M. *Citricultura*. Disponível em: <http:www.watson.fapesp.br>. Acesso em: 06 jul. 2002.

NOGUEIRA, M. P. *Uma radiografia do último ano*: relembrar para não esquecer. Disponível em: <http:www.milkpoint.com.br>. Acesso em: 14 jul. 2002.

436 ELIANE TOMIASI PAULINO

OLIVEIRA, A. U. A apropriação da renda da terra pelo capital na citricultura paulista. *Terra Livre*, São Paulo, ano 1, n.1, p.26-38, 1986.

_____. A geografia agrária e as transformações territoriais recentes no campo brasileiro. *In*: CARLOS, A. F. A. (Org.) *Novos caminhos da geografia*. São Paulo: Contexto, 2002. p.63-110.

_____. *Agricultura camponesa no Brasil*. 4. ed. São Paulo: Contexto, 2001.

_____. Agricultura e indústria no Brasil. *Boletim Paulista de Geografia*, São Paulo, n.58, p.5-64, set.1981.

_____. Geografia e território: desenvolvimento e contradições na agricultura. *In*: Encontro Nacional de Geografia Agrária, 12, 1994, Águas de São Pedro. *Mesas Redondas*. Rio Claro: IGCE, 1994. p.24-51.

_____. *Integrar para não entregar*. Campinas: Papirus, 1988.

_____. *Modo de produção capitalista e agricultura*. São Paulo: Ática, 1986.

_____. O marxismo, a questão agrária e os conflitos pela terra no Pontal do Paranapanema. *In*: COGGIOLA, O. (Org.). *Marx e Engels na História*. São Paulo: Humanitas, 1996.

_____. A questão da aquisição de terras por estrangeiros no Brasil: um retorno aos dossiês. Agrária, São Paulo, n.12, p.3-113, 2010.

_____. et al. Situação e tendências da geografia. *In*: *Para onde vai o ensino de geografia?* São Paulo: Contexto, 1998. p.24-29.

OLIVEIRA, B. A. C. C. *Tempo de travessia, tempo de recriação*: profecia e trajetória camponesa. Tese (Doutorado) – Faculdade de Filosofia, Letras e Ciências Humanas, Universidade de São Paulo, São Paulo, 1998.

PADIS, P. C. *Formação de uma economia periférica*: o caso do Paraná. São Paulo: Hucitec, 1981.

PARANÁ. Câmara Legislativa. *Mensagem da primeira sessão da Câmara*, por Bento Munhoz Rocha Neto. Curitiba, 1961. p.61-63. (Não publicado).

PARANÁ. *Constituição de 1947*. Curitiba: Imprensa Oficial, 1966.

PARANÁ. Departamento de Terras e Colonização. *Relatório*, por Antonio B. Ribas. Curitiba, 1940. (Não publicado).

PARANÁ. Fundação Instituto Agronômico do Paraná; Empresa Brasileira de Pesquisa Agropecuária. *Levantamento de reconhecimento dos solos do estado do Paraná*. Londrina: Embrapa/Iapar, 1984.

PARANÁ. Secretaria de Agricultura e Abastecimento. *Banco de dados*. Disponível em: <http:www.pr.gov.br>. Acesso em: 16 ago. 2002.

PELEGRINO, É. Por que os comitês educativos fracassaram? *Folha de Londrina, Folha Rural* (Londrina), 6 jul. 2002, p.20.

PEREIRA, L. P. A função social do crédito agrário. *Revista de Direito Agrário*, Brasília, ano 17, n.16, p.123-132, jan. jun. 2001.

POR UMA GEOGRAFIA DOS CAMPONESES   437

PRADO JÚNIOR, C. *A questão agrária no Brasil*. 3. ed. São Paulo: Brasiliense, 1981.

_____. *História econômica do Brasil*. São Paulo: Brasiliense, 1986.

RAFFESTIN, C. *Por uma geografia do poder*. São Paulo: Ática, 1993.

RODRIGUES, R. L. *Cooperativas agropecuárias e relações intersetoriais na economia paranaense*. Tese (Doutorado) – Escola Superior de Agricultura Luiz de Queiróz, Universidade de São Paulo, Piracicaba, São Paulo, 2000.

SALLUM JÚNIOR, B. *Capitalismo e cafeicultura*. São Paulo: Duas Cidades, 1982.

SANTOS, J. V. T. *Os colonos do vinho*. 2. ed. São Paulo: Hucitec, 1984.

SANTOS, M. *A natureza do espaço*. São Paulo: Hucitec, 1996.

_____. *A urbanização brasileira*. São Paulo: Hucitec, 1993.

SCHNEIDER, J. E. O cooperativismo agrícola na dinâmica social do desenvolvimento periférico dependente: o caso brasileiro. In: LOUREIRO, M. R. G. (Org.). *Cooperativas agrícolas e capitalismo no Brasil*. São Paulo: Cortez, 1981. p.11-40.

SHANIN, T. A definição de camponês: conceituação e desconceituação-o velho e o novo em uma discussão marxista. *Estudos Cebrap*, Petrópolis, n.26, p.43-79, 1980.

_____. *La classe incomoda*. Madrid: Alianza, 1993.

SILVA, L. O. *Terras devolutas e latifúndio*: efeitos da Lei de 1850. Campinas: Unicamp, 1996.

SILVA, M. A. M. *Errantes do fim do século*. São Paulo: UNESP, 1999.

SILVA, S. *Expansão cafeeira e origem da indústria no Brasil*. São Paulo: Alfa Ômega, 1976.

SORJ, B. *Estado e classes sociais na agricultura brasileira*. Rio de Janeiro: Zahar, 1980.

SOUKI, G. Q. *PNMQL*: ingenuidade ou malícia? Disponível em: <http:www. milkpoint.com.br>. Acesso em: 30 jun. 2002.

STOLCKE, V. *Cafeicultura: homens, mulheres e capital*. São Paulo: Brasiliense, 1986.

THOMPSON, E. P. *A formação da classe operária inglesa*. Rio de Janeiro: Paz e Terra, 1987.

_____. *Costumes em comum*. São Paulo: Companhia das Letras, 1998.

TOMAZI, N. D. *Certeza de lucro e direito de propriedade*: o mito da CTNP. Dissertação (Mestrado) – Universidade Estadual Paulista, Assis, São Paulo, 1989.

UNIFRANGO. *Incertezas no mercado avícola*. Disponível em: <http:www.e. country. com.br>. Acesso em: 30 jun. 2002.

VALVERDE, O. Evolução da Geografia Brasileira no após-guerra: carta aberta de Orlando e Orlando. *Boletim Paulista de Geografia*, São Paulo, n.60, p.5-19, jan. jun. 1984.

_____. *Geografia Agrária do Brasil*. Rio de Janeiro: INEP, 1964.

VEIGA, J. E. *O desenvolvimento agrícola*: uma visão histórica. São Paulo: Hucitec, 1991.

VENTURA, G. *Aumenta a concentração na produção de leite*. Disponível em: <http:www.milkpoint.com.br>. Acesso em: 30 jun. 2002.

438 ELIANE TOMIASI PAULINO

WACHOVICZ, R. C. *História do Paraná*. Curitiba: Vicentina, 1998.

WESTFALEN, M. C. *Pequena História do Paraná*. São Paulo: Melhoramentos, 1953.

WOLF, E. *Guerras camponesas no século XX*. São Paulo: Melhoramentos, 1984.

_____. *Sociedades camponesas*. Rio de Janeiro: Zahar, 1976.

WOORTMANN, E. F. *Herdeiros, parentes e compadres*. São Paulo: Hucitec, 1995.

WOORTMANN, E. F.; WOORTMANN, K. *O trabalho da terra*: a lógica e a simbólica da lavoura camponesa. Brasília: UNB, 1997.

WOORTMANN, K. *Com parente não se neguceia*: o campesinato como ordem moral. *Anuário Antropológico 87*, Brasília, ano 3, p.11-73, 1990.

SOBRE O LIVRO

Formato: 16 x 23 cm
Mancha: 27,5 x 49 paicas
Tipologia: Horley Old Style 11/15
Papel: Off-set 75 g/m² (miolo)
Cartão Supremo 250 g/m² (capa)
1ª edição: 2006
2ª edição: 2012

EQUIPE DE REALIZAÇÃO

Coordenação Geral
Marcos Keith Takahashi

Cromosete
Gráfica e editora ltda.
Impressão e acabamento
Rua Uhland, 307
Vila Ema-Cep 03283-000
São Paulo - SP
Tel/Fax: 011 2154-1176
adm@cromosete.com.br